"十二五"普通高等教育本科国家级规划教材

首届辽宁省教材建设奖优秀教材

辽宁省"十二五"普通高等教育本科省级规划教材

U0884161

CONSUMER BEHAVIOR

DUFEP

新概念教材：换代型系列

高等院校本科市场营销专业教材新系

中国高等院校市场学研究会组编

消费者行为学

荣晓华 编著

第七版

7th edition

东北财经大学出版社
Dongbei University of Finance & Economics Press
大连

图书在版编目（CIP）数据

消费者行为学 / 荣晓华编著．—7版．—大连：东北财经大学出版社，2024.1（2025.6重印）

（高等院校本科市场营销专业教材新系）

ISBN 978-7-5654-5124-9

Ⅰ．消…　Ⅱ．荣…　Ⅲ．消费者行为论-高等学校-教材　Ⅳ．F713.55

中国国家版本馆CIP数据核字（2024）第009529号

东北财经大学出版社出版

（大连市黑石礁尖山街217号　邮政编码　116025）

网　　址：http://www.dufep.cn

读者信箱：dufep@dufe.edu.cn

大连金华光彩色印刷有限公司印刷　　东北财经大学出版社发行

幅面尺寸：185mm×260mm　　字数：460千字　　印张：21

2024年1月第7版　　2025年6月第4次印刷

责任编辑：石真珍　周　晗　　责任校对：何　群

封面设计：张智波　　版式设计：原　皓

定价：52.00元

教学支持　售后服务　　联系电话：（0411）84710309

如有印装质量问题，请联系营销部：（0411）84710711

总　序

东兔西乌，岁月如流。呈现在读者面前的这套“高等院校本科市场营销专业教材新系”，从发轫到今天形成较成熟、完整的体系，已整整走过了40多个春秋。在这近半个世纪的岁月中，我国社会经济在改革开放浪潮的席卷下，发生了极其深刻的变化，业已嬗变成社会主义市场经济。与这一进程基本同步的市场营销学及其系列课程的重新引进和建设，也从不完善到逐步完善，取得了有目共睹的骄人成绩。溯源徂流，这些成就的获得，与我国市场营销学界的勇于探索及创新是分不开的。

早在党的十一届三中全会前夕，我国市场营销学界一些原来从事部门经济教学的同道，就从当时我国传统计划经济体制的“紧箍”有所松动、改革开放的红日即将喷薄而出等迹象，见微知著，预期商品和市场的培育问题必将成为我国经济工作的主线，有必要改弦更张，重新引进适应我国商品、市场发展要求的市场营销学及其相关课程。1978年秋，南方的个别高校在制订新的教学计划时，遂将市场营销学、消费心理学、广告学首先列入商学专业的教学计划，并于1979年在校内外先后开设这些课程，受到在校学生及业务部门培训人员的广泛欢迎。

改革开放初期，企业开始自主经营、自负盈亏，市场问题日渐凸显，市场营销学已开始派上用场，受到广大工商企业经营管理人员的欢迎，各地开设市场营销学的院校也越来越多，业务部门开办的市场营销学培训班更如雨后春笋。这种喜人形势的出现，与广大市场营销学者的潜心探索和艰辛努力分不开。此时我们的营销学界从无到有，从不成熟到较成熟，很快编写出一批各有特色、繁简不一的市场营销学及某些相关课程的教材，为市场营销学在我国的启蒙和推广做出了初始的贡献。1984年全国高等财经院校市场学教学研究会（此为中国高等院校市场学研究会的前身）的成立及1991年中国市场学会的成立，更有组织地推动了市场营销学教学、科研工作的迅猛发展。20世纪90年代初，各地编写的市场营销学专著及教材达200余种，此时市场营销学在我国已基本普及。

随着改革开放的进一步深入，其攻坚战的拉开及商品、市场的大发展，如何与此相适应，使市场营销学在普及的基础上进一步提高，是我国广大营销学者面临的新课题。这包括两方面的具体任务：一是要从着重引进国外教材的“拿来”阶段上升到引进与总结相结合的新阶段，着重探讨和创建更贴近我国国情、对我国企业市场营销活动更具直接指导意义的市场营销学体系；二是要从以市场营销学单科教材或配以少数相关教材为主的“短腿”教材建设，推进到以市场营销学这一主导课程为基础，将各主要市场营销组合因素细化为探讨更深入、内容更专一而又相互紧密联系的系列课程教材建设。经过日益壮大的市场营销学界近10年的共同奋战，这两项任务在20世纪千年纪元结束之际已基本完成，不仅全国出版的市场营销学主教材已累计达300余种，各种新增的分支专业市场营销学教材大量涌现，而且质量和水平都大大提高。

然而，客观形势总是向前发展的，市场营销学的学科建设也永无止境。在新世纪，市场营销学的学科建设也给自身提出了新的要求和任务，特别是党的二十大报告中提出了“推进文化自信自强，铸就社会主义文化新辉煌”的重大任务，就“繁荣发展文化事业和文化产业”作出部署安排。21世纪是高新技术的时代，世界经济将经历空前深刻的变化。为迎接这种新的挑战，重要任务之一是要建设一支能适应新世纪科学技术和社会经济大发展环境的未来型企业家队伍。企业家必须重点掌握的市场营销学，在培养未来型企业家的系统工程中，具有举足轻重、功关大局的地位。因此，如何在原教材建设日锻月炼的基础上，以只争朝夕的精神，尽快编写出一套体系更完整、内容更先进、更适合培养未来型企业家的新教材，便成为我国市场营销学界的当务之急。

无独有偶，我国财经类出版社中最具实力和影响力之一的东北财经大学出版社（以下简称东财大出版社）也匠心独运，主动提出要与中国高等院校市场学研究会（以下简称研究会）联合组织编写出版“高等院校本科市场营销专业教材新系”（以下简称“新系”）的设想。这真是一拍即合。在东财大出版社的大力倡导、策划和支持下，研究会从全国各地组织了几十位市场营销学专家，对“新系”的种类构成，教材建设的任务、原则与途径进行了认真、深入和细致的研讨，确定编写相关主干课程的教材。

目前业已推出的这批“新系”教材的主要特点如下：

1.首创“换代型”：在内容与形式上都有重大更新，符合全国教育工作会议和教育部关于高等院校教学改革与教材建设的最新精神。其内容更新不仅在于完全摆脱了过去部门经济学的“政策学”窠臼，还在于扬弃了改革开放后第一代市场营销学教材中残留的计划经济旧内容，总结和探讨了在当今市场经济和全球化大潮席卷下企业应树立的新营销观念和策略思想，以及应掌握的最新营销理论和技术。其形式更新主要围绕贯彻知识、能力、技术三位一体的教育原则，重塑教材的赋型机制。各门课程教材在结构、栏目、体例和写作风格上均有所突破，大量运用图表、案例、专栏等形式，强化了对学生的素质、知识、操作与创新能力的训练。

2.中西合璧：结合我国市场营销的国情，大力借鉴发达国家最具代表性、最新版教材之所长。过去我国在引进和建设市场营销学系列课程中，曾有过两种做法或主张，即或者原原本本地“拿来”，或者完完全全地“中国化”。这两者都各有其特定的历史背景和局限性。20世纪70年代末到80年代初，由于我国各级学府睽违市场营销学已达30余年，很多人对市场营销学尤其是现代市场营销学为何物知之甚少，并且我国也鲜有市场营销工作的实践和经验，因此强调先原原本本把外国教材引进来，再逐渐消化、融会贯通，可谓顺理成章。不过，这里有个引进版教材不完全适合中国国情的问题。到了90年代，市场营销学及其系列课程已在我国普及，广大工商企业已有大量的市场营销实践和不少成功经验，此时有的同道提出教材建设要搞本国化也是水到渠成。然而，这里也同样有个本国化如何与市场营销学的普遍原理相结合的问题。与上述两种做法或主张不同，“新系”一方面十分重视总结我国丰富的市场营销实践和经验，将其提升到理论高度；另一方面也充分借鉴了发达国家一些最具代表性和普遍适用性的市场营销学新理论、新技术，力求做到既博采中外所长，又独树一帜。

3.作者阵容强大：众多资深营销学家联袂组成编委会，十余所著名高校管理院系的知名专家、教授领衔编撰。“新系”整个编撰队伍由来自我国各地不同高等学府的数十位知名专家、学者组成，他们中的大多数是我国一级学术社团——中国高等院校市场学研究会——的核心会员，此外还包括其他学术社团及国内部分高校的著名跨世纪学科带头人。“新系”中的各门课程教材，除各由不同学校及不同学术专长的多位学者共同承担编写任务外，其主要体系、内容、结构还经编写指导委员会及全体编写人员集体讨论，互提意见和建议，从而很好地发挥了集思广益、增强互补性的作用，使教材质量更上一层楼。

高尔基说过：“科学的大胆的活动是没有止境的，也不应有止境。”巴甫洛夫也曾有类似的警世名言：“科学需要一个人贡献出毕生的精力”“科学要求每个人有极紧张的工作状态和伟大的热情”。“新系”的建设应该说也是一种科学的大胆的活动，同样不应有止境。我们现在奉献给读者的这套教材，其成就犹如我国著名作家姚雪垠所指出的那样，“都是整个过程里面一个段落的小结，它既是一次小结，同时也是新的开始”。我想，我们全体“新系”的作者都会汲取这些至理名言，以极大热情，通过不断修订，使“新系”的更新与国内外市场营销的学科新发展及实践新探索保持同步，为培养新世纪高素质市场营销专业人才而贡献力量！

何永祺

第七版前言

随着市场的不断变化，市场营销也在不断变化，因为总是会有新的观点、新的理念、新的案例出现。正如菲利普·科特勒所说的，这种变化越来越快——从20世纪50年代的产品导向，到70年代的顾客导向，到90年代的品牌导向，再到21世纪10年代的数字导向和社交与价值观导向。作为市场营销学的重要基础，消费者行为学必须跟上市场变化的节奏，所以每隔3年左右就要对教材进行修订。

本教材的内容与结构安排如下：首先阐明了解消费者行为的重要意义及消费者行为的研究方法，然后从分析消费者的购买决策入手，全方位地剖析影响消费者购买决策与购买行为的因素：一是影响消费者行为的个人因素，包括消费者的感知、需要、动机和情绪，消费者的学习和态度，消费者的个性、自我意识、生活方式等；二是影响消费者行为的环境因素，包括社会文化、社会阶层、参照群体、家庭、情境、场景等方面；三是影响消费者行为的营销因素，包括商品名称、商标、商品包装、价格、促销组合以及网络营销中的消费者行为。

本教材第七版在第六版的基础上做了进一步的修改与完善，具体如下：

（1）为了进一步领会党的二十大精神，推进党的二十大精神进课堂、进教材、进头脑，本教材围绕“立德树人”根本任务，以研究和落实“人才强国战略”，“培养造就大批德才兼备的高素质人才”为教材改革的重要任务。因此，本次修订一方面新增了与党的二十大精神相关的“立德树人小思考”栏目，另一方面为了贯彻落实习近平总书记关于“使各类课程与思想政治理论课同向同行，形成协同效应”的要求，在每章设立了“课程思政”栏目，以引导学生树立正确的世界观、人生观和价值观，也可以为教师在讲课过程中融入相关思政内容提供参考。

（2）更换了每一章的引例、课后的案例（基本训练中的“案例分析”）及大部分章节中的同步案例（“观念应用”），力求使每一个案例都更具时效性、前沿性与代表性，而且与各章节内容更加吻合。此外，将书中所有的统计数据更新至能够获得的最近年份的数据。

（3）为迎合“互联网+教育”的发展趋势，与新媒体相融合，本教材设计了相关链接、即测即评等数字资源，并将这些内容制作成二维码放在书中相应章节，读者扫码即可阅读或答题。

（4）利用现代信息网络技术平台建立消费者行为学的教学体系。编者专门为本教材配备了多媒体教学网络课件、电子教案、课后习题参考答案与提示以及“教学互动”“观念应用”的“分析提示”，使用本教材的任课教师可登录东北财经大学出版社网站（www.dufep.cn）查询或下载这些网上教学资源。

本教材第七版由大连交通大学荣晓华教授修订。在修订过程中，编者查阅、参考了大量文章和信息资料，在此对所有的作者一并致谢。另外，由于编者的学识有限，书中肯定还存在不少纰漏和不足，恳请各位同仁、读者谅解并不吝赐教。

本书自2002年初版问世以来，历经6次再版、30多次印刷，衷心感谢各位同仁、读者的支持与厚爱。你们的认可是我继续努力、精益求精的动力。

荣晓华

2023年11月

目 录

第一篇 消费者行为基础

第二篇 消费者决策与消费行为

第三篇　个人因素与消费者行为

第五篇　营销因素与消费者行为

第一篇　消费者行为基础

第 1 章

导论

学习目标

通过本章学习，你应该达到以下目标：

知识目标：了解消费者行为的基本概念；认识研究消费者行为的重要性；了解市场细分的意义与方法；了解数字化消费者行为的特点及企业的营销对策。

能力目标：具有运用市场细分的有关知识对特定产品进行市场细分的能力，并在此基础上具有为企业制定相应的营销战略的能力。

引例

雪中飞的韧性从何而来

2017年，在电商冲击、库存压力、竞争加剧之下，中国服装行业经历了一系列洗牌。当时雪中飞的年销售额仅有2亿元，早已不再是那个2013年拥有20亿元销售额的行业佼佼者。

从2018年开始，雪中飞执行“新梦想、新品牌、新零售、新团队”战略，以适应新竞争环境为核心，更新发展目标、品牌定位和组织体系。在此基础上，雪中飞开始启动“互联网+”运营模式，布局快手等新的渠道，不断深耕普惠赛道。

据悉，2021年雪中飞的销售额达到44亿元。雪中飞的表现证明“老”品牌们并不迟缓，有效的转型策略反而激发出更大的增长潜力。

雪中飞的转型经验显示，“老”品牌快速形成新竞争力的核心是围绕用户进行调整和升级价值创造体系，解决用户的真正痛点和需求。具体来说，雪中飞通过新的渠道有效触达普惠用户人群，为其提供兼具设计感和性价比的高品质羽绒服，满足这类人群的消费升级需求。

产品能力是支撑雪中飞转型的基础。无论渠道怎么变化，最终留住消费者的依然是产品和服务的品质。深耕羽绒服品类20多年，雪中飞拥有一套完整的产品设计研发、供应链整合、制造及零售体系，具备持续输出原创产品的能力，能保证为消费者提供符合国家标准的高质量羽绒服产品。

同时，借助快手电商等新渠道带来的沟通能力，雪中飞与年轻用户进行更多互动与交流，更好洞察用户需求，让年轻用户能够参与到设计中来，以原有的供应链体系支撑更灵活的、损耗更低的产品研发过程。

在官方旗舰店获得成功之后，雪中飞童装业务也在2023年入驻快手。通过大量的前期调研与准备，雪中飞童装确定了目标人群为30～40岁的女性群体，因此以“打深度爆款”为主要策略，利用短视频获取产品相关数据，通过300元以下的薄利爆款进行反季销售，快速获得了粉丝积累和品牌声量，开播一个月，单月销售额就达到100万元。

在快手平台上，雪中飞的目标也不是服务所有平台用户，而是聚焦于找到年轻的价值人群，洞察他们的消费升级需求，进行产品的更新迭代，为这些人带去更时尚、更有活力的产品，从而建立品牌影响力。

资料来源 未来消费．从2亿到44亿，雪中飞的韧性从何而来［EB/OL］．［2023-11-07］．https://36kr.com/p/1990941591824643.

从上述案例可以看出，面对已经到来的移动互联网和数字经济时代，消费者的消费行为已经发生了根本性的变化。在当今竞争越来越激烈的市场上，了解消费者行为发展变化的趋势，开发出消费者喜欢的产品，才是企业的生存、发展之道。因此，在本书的第1章，我们首先要探讨以下几个基本问题：什么是消费者行为？为什么要研究消费者行为？消费者行为研究的内容有哪些？企业如何应对数字化消费者时代的到来？

1.1 消费者行为概述

在现实生活中，每个人都必须使用和消费食品、服装、住房、交通设施、医疗设施、教育设施、娱乐设施、体育设施，以及各种各样的生活必需品，甚至是理论、思想。可见，从某种意义上说，我们每个人都是消费者。

从根本上讲，消费者是一个由希望满足他们需求的欲望而驱动的潜在群体构成的。市场之所以启动，是因为产品或服务迎合了消费者的需求并满足了他们的欲望。那么，当今的“消费者”究竟是什么样的呢？我们一时也很难说清楚。这里先介绍几个相关概念。

1.1.1 消费

经济发达社会通常被称为消费社会。生活在这一社会中的人们，要花相当多的时间从事消费活动。一般认为，消费是指人们为满足需要而消耗各种物质产品及非物质产品的行为和过程。人类的消费活动与人类的产生相伴而来，是人类赖以生存和发展的最古老的社会活动和社会行为，是社会进步与发展的基本前提。

人的消费在广义上包括生产性消费和生活性消费；而狭义的消费仅指生活性消费，即我们日常生活中所说的消费。生产性消费是指在物质资料生产过程中各种工具、设备、原材料等生产资料以及劳动力的使用和耗费。生活性消费是指人们为了满足自身需要而消耗各种物质产品、精神产品和劳动服务的行为和过程。本书所论及的消费一般指的是狭义的消费。

1.1.2 消费品

在对消费品进行定义之前，首先要介绍什么是产品。产品是用来使用或消费以满足某种欲望和需要并因此而提供给市场的一切东西。它可以是有形产品（如一辆轿车）、一种服务（如理发）、一个主意或观念（如“不要乱扔垃圾”），也可以是这三种的任意组合。产品的主要特征包括包装、式样、颜色、型号等。

根据消费者的意图，产品可分为工业品和消费品。二者之间最根本的区别在于它们的预期用途。如果是用于商业，那么产品被定义为工业品或产业用品。工业品是用于制造其他产品或提供服务、用于促进企业经营以及向其他消费者转售的产品。消费品是用来满足消费者个人需求的产品。因此，工业品和消费品的区分，以及工业市场和消费市场的区分，主要根据顾客的购买目的而定，而不是根据产品的种类来划分的。

【教学互动1-1】

同一个产品既会被定义为工业品又会被定义为消费品吗？请举例说明。

互动要求：教师不直接提供上述问题的答案，而是引导学生结合本节教学内容就这些问题进行独立思考、自由发表见解，组织课堂讨论。

按照不同的分类方式，消费品可以分为不同的类型。

1）按照商品的价格、购买的频率等分类

按照商品的价格、购买的频率等进行分类，消费品可以分为四种类型：便利品、选购品、特殊品、非寻求品。

（1）便利品

便利品是消费者不需要费力就能买到的价格便宜的商品。对于有些商品，消费者不愿意花大气力去搜寻和购买，比如软饮料、清洁剂、笔记本等。

消费者经常购买便利品并且没有详细的计划，但他们仍然了解一些受欢迎的便利品品牌，如可口可乐、白猫（洗洁精）等。企业通常需要对便利品进行广泛的分销，以便有足够的销售量来实现预期的利润目标。

（2）选购品

选购品的价格一般比便利品的价格高，而且销售选购品的商店也少一些。消费者在购买选购品时，一般要对几个品牌或几家商店进行比较，看款式、适用性、价格与其生活方式的协调性如何，他们愿意花费一些精力以取得自己期望的利益。

选购品分为两种：同质品和异质品。消费者认为同质品的质量基本相似，但价格明显不同，所以有选购的必要，如冰箱、电视等；相反，消费者认为异质品的质量是不同的，如家具、住宅等。消费者在选购异质品时会用比较多的心思，因为价格、质量、特征等差异很大。对异质品进行比较的好处是“为自己挑选到最好的商品或品牌”，因而消费者做出的决定通常极具个性。

（3）特殊品

当消费者广泛地寻求某一特殊商品而又不愿意接受替代品时，这种商品即为特殊品，如奔驰汽车、劳力士手表等。

特殊品的经销商们经常运用突出地位感的精选广告保持其商品的特有形象，分销也经常被限定在某一地区的一个或很少几个销售商店里，所以，品牌名称和服务质量非常重要。特殊品不涉及购买者对商品的比较，购买者只需花时间找到该商品的经销商即可。

（4）非寻求品

如果一种产品不为其潜在消费者所了解或消费者虽然了解也不积极问津，那么这种产品就是非寻求品。新产品在通过广告和分销提高知名度以前都属于非寻求品。

一些商品永远都是非寻求品，特别是我们不愿意想起或不喜欢为它们花钱的商品。保险、丧葬用品、百科全书等物品都是传统的非寻求品，都需要借助鼓动性强的销售人员和有说服力的广告促进销售。销售人员总是尽力地接近潜在消费者，因为消费者大多不会主动去寻找这类产品。

2）按照信息不对称的程度分类

根据信息不对称的程度，消费品可以分为搜寻品、体验品、信任品。

（1）搜寻品

搜寻品是指消费者在购买商品之前通过自己检查就可以知道其质量的商品。对于搜寻品而言，生产者无法隐藏产品质量的信息，因此生产者和消费者之间不存在产品质量方面的信息差异，质量信息在生产者和消费者之间是完全对称的。同一时期消费者购买品质有保证的产品，比如华为手机、格力空调等时，选择在任何一家店铺购买这类产品都不用考虑价格是否太贵、品质是否有差别，因为全国统一定价、统一品质，所以在购买搜寻品的时候，消费者只需要直接找到这类商品下单就行了。价格敏感型消费者可能还会再比比价格，看看哪家会更便宜。

（2）体验品

体验品是指消费者需要亲自体验后才知道商品质量是否有保障、才能做出购买决策的商品。比如，水果店里的葡萄，消费者要尝尝才知道甜不甜；再比如衣服，消费者要试一下才知道合不合身。

对于这类商品，用户往往需要先去寻找、体验一下品质和效果，讨价还价、货比三家后，好帮助自己做出效用最大化的选择；如果看到商品就直接购买，那么失败的风险可能会比较大——想想你有多少次买的衣服不合适需要退换货、随便走进一家餐馆后发现饭菜一点都不好吃。

（3）信任品

信任品是指消费者在使用后或交易后也无法立刻验证产品质量的一类商品。比如，护肤品、保健品等商品，消费者就算把商品用了大半瓶也很难感知到它的作用，更别说买之前的小小试用装了。因为消费者没有机会验证，所以通常依靠心智和想象来判断和做决策。

这类商品需要卖方通过各种方式来增加买方对于产品的信任度，比如请知名人士代言、树立品牌形象、展示用户使用评价、专家研究、科学权威背书等。

1.1.3 消费者

消费者就是购买与使用各种产品或服务的人。具体地说，消费者是各种消费品的购买者、付款者和使用者，因为消费行为作为一个过程是动态的，购买者不一定是使用者，而使用者也不一定是付款者。比如，我们常常为别人买东西，别人也常常为我们买东西。所以，仅仅把消费者理解为购买者是片面的。

成功的营销人员应该了解上述各个消费者角色的价值。首先，产品或服务的设计必须符合使用者的需要，因为如果产品或服务不能满足使用者的需求，那就根本不需要付款者和购买者这两个角色了。其次，付款者的地位很重要，因为如果价格或其他经济因素不能使付款者满意，使用者就根本不会购买该商品。而没有付款者，就谈不上营销活动。最后，购买者的任务是找到商家并以某种方式获得商品。如果购买者接触商品或服务的通道受到限制，购买者就不会购买这种商品，使用者也就无法使用这种商品。因此，营销人员必须想方设法使购买及获得商品或服务的过程变得方便，以使购买者更容易地完成任务。

从以上的分析中可以看到，消费者的内涵至少包括以下几个方面：

1）消费者的消费性质属于生活消费

消费者的生活消费包括两类：一是物质资料的消费，如衣、食、住、行、用等方面的消费；二是精神消费，如旅游、文化、教育等方面的消费。

2）消费者的消费客体是商品和服务

商品指的是与生活消费有关并通过流通过程推出的那部分商品，不管其是否经过加工制作，也不管其是否为动产或不动产。服务指的是与生活消费有关的、有偿提供的、可供消费者利用的任何种类的服务。

3）消费者的消费方式包括购买、使用（商品）和接受（服务）

消费者对商品的消费，即购买和使用商品，既包括消费者购买商品用于自身消费，也包括购买商品供他人使用或使用他人购买的商品；消费者对服务的消费，不仅包括自己付费自己接受服务，而且包括他人付费自己接受服务。不论是商品的消费还是服务的消费，只要是将有偿获得的商品和接受的服务用于生活消费的人，就属于消费者。

另外，因为本书所论及的消费主要是狭义的消费，即生活消费，相应地，这里的消费者主要指的是自然人，他们是为了满足自己的生活需要而进行消费的，而这种消费的来源是他们的各种收入。当然，集团消费或组织消费也是消费者行为学研究的对象（通常称为工业用户），但本书将重点聚焦个体消费者。

1.1.4 消费者行为

了解了消费、消费者的含义，消费者行为这一概念就很容易掌握了。所谓消费者行为，就是指人们为满足需要和欲望而寻找、选择、购买、使用、评价及处置产品和服务时介入的活动和过程。

消费者行为是与产品或服务的交换密切联系在一起的。在现代市场经济条件下，企业研究消费者行为是着眼于与消费者建立和发展长期的交换关系。为此，企业不仅需要了解消费者是如何获取产品与服务的，而且需要了解消费者是如何消费产品，以及产品在用过之后是如何被处置的。这是因为消费者的消费体验、消费者处置旧产品的方式和感受均会影响消费者的下一轮购买。传统上，对消费者行为的研究重点一直放在产品、服务的获取上，关于产品和服务的消费与处置方面的研究则相对被忽视。随着消费者行为研究的深化，人们越来越深刻地意识到，消费者行为是一个整体，是一个过程，获取或者购买只是这一过程的一个阶段。因此，研究消费者行为既应调查、了解消费者在获取产品、服务之前的评价与选择活动，也应重视消费者在获取产品、服务后的使用、处置等活动。只有这样，对消费者行为的理解才会趋于完整。

1.1.5　消费者市场

现代营销学给市场下了一个定义：市场是那些具有需要得到满足的需求，同时有能力获得这种需求的人、集团或组织。市场营销活动，是企业为了适应市场的变化，满足消费者或用户的需求而开展的一系列活动，这种活动以消费者需求为核心，因此，可以说市场就是需求。需求又是顾客提出来的，所以也可以说市场是由顾客构成的。总之，市场是购买者的需求总和，即人口、购买力和购买动机三要素的综合体现。市场可以按不同的研究目的，从不同角度进行多种多样的分类。按上述对消费和消费者的划分，我们可以把市场分为消费者市场和工业市场或组织市场。消费者市场是由为满足个人生活需要而购买商品的所有个人或家庭组成，是产业市场乃至整个经济活动为之服务的最终市场，也称消费（品）市场。

2003—2022年是中国消费市场的黄金20年，也是中国消费市场蓬勃发展的20年。20年来，中国互联网产业迅速、全面地渗透到消费生活中，数字经济的发展改变了人们的生活习惯和消费方式。从一线城市到更为庞大的县域市场，中国消费市场经历了一轮又一轮变革。回望过去，中国消费市场20年的变迁主要经历了以下几个阶段：

1）蓄势消费阶段（2003—2008年）

中国加入WTO后，吸引了包括无印良品、阿玛尼、宝格丽、迪卡侬等大量外资品牌进入，与淘宝、京东、支付宝、大众点评、优酷等本土创新平台的崛起相交织，为后续消费的蓬勃发展奠定了坚实的基础。这一阶段由于国家宏观政策引导扩大内需，鼓励消费，各行各业生产力旺盛，竞争加剧，消费者成为市场追逐的核心。这一时期的消费关键词有淘宝、京东、大众点评、B2C、笔记本电脑等。

2）井喷消费阶段（2009—2012年）

2009年，3G技术的引进促进了中国移动通信的快速发展，推动了智能手机的普及和移动互联网的崛起。同时，扩大内需依然是经济发展的基本立足点和长期发展战略，消费成为经济增长的内生动力。随着3G时代的开启，互联网电商蓬勃发展，使消费者线上购买习惯更加成熟，线上消费快速增长。随着微博（2009年上线）、微信（2011年上线）等社交新媒体的兴起，推动了共享经济（如滴滴）、到家经济（如饿了么）等服务型业态的崛起，不仅为消费者提供了更为便捷和个性化的服务体验，更推动着消费者需求朝着体验式消费方向持续升级。这一时期的消费关键词有物联网、共享经济、微信、移动支付、智能终端等。

3）升级消费阶段（2013—2016年）

2013年年底，4G牌照正式发放，标志着我国移动互联网正式进入4G时代，更快速的数据传播，更高质量的音频、视频传输，为中国新兴产业发展提供了更多可能性。在这一阶段，互联网进一步与传统行业融合，如互联网+电商、互联网+金融、互联网+社交等，“互联网+”的消费正在成为经济发展的重要推动力，也促进了消费模式的转型，升级到了享受型和发展型消费的新阶段。同时，随着消费观念的持续升级，叠加“大众创业，万众创新”的引导，大量的本土消费品牌陆续出现（如理想汽车、蕉下、三顿半、Babycare等）。文化自信与本土认同的逐渐加深，使得这一时期的消费者有了更多的消费选择。这一时期的消费关键词有互联网+、4G、新消费、拼多多、在线教育等。

4）多元消费阶段（2017—2019年）

随着5G通信、人工智能的快速发展和数字化变革的持续深入，人们的消费方式、结构、场景等出现了更加多元化的发展趋势，同时，直播电商、社交电商、即时零售等新模式也迅猛兴起。随着90后、95后成为消费主力军，消费需求发生了明显的变化。一些新锐品牌洞察到消费者需求的分化特征，进行了产品的差异化创新，持续引领新时代消费的爆发与升级。这一时期的消费关键词有短视频、大数据、新零售、直播电商等。

5）韧性消费阶段（2020年至今）

2020年新冠肺炎疫情暴发，持续三年的疫情防控，对旅游、交通、餐饮等消费服务业造成了很大的冲击，国内生产总值、社会消费品零售总额、人均消费支出均出现不同程度的下降。在这种宏观经济环境下，消费者的消费观念也出现了巨大的变化，他们开始回归理性，为自己的真实需求买单。同时，内容种草、电商直播等形式一度成为品牌的增长引擎，但随着流量红利的逐渐消失，品牌流量营销也必须趋于理性。因此，如今的消费者在消费支出上变得更加谨慎，他们的消费态度也愈加理性和务实。可以说，当前的中国市场已经进入了一个消费升级与降级同时存在的、更复杂多元的消费生态。这一时期的消费关键词有情绪价值、理性消费、元宇宙、悦己消费、兴趣电商等。

【观念应用1-1】

海伦司为何选择了“低头”?

最近，曾被很多年轻人称为“酒吧界的蜜雪冰城”或“夜店场的拼多多”的海伦司，做出了一个令人意外的决定，即第二次开放重启了加盟计划。海伦司从最开始短暂地尝试过加盟模式，到后来坚定地转向全直营模式，并以此迅速成长为小酒馆界的龙头企业，实现了港股上市。可以说，海伦司成功的一大基石就是直营，但现在其却自己否定了自己，所以此次转型也被外界视为海伦司“向现实低头”的开始。不过有意思的是，贴在海伦司身上“低价”标签中的蜜雪冰城和拼多多却在近两年过得相当滋润。比如蜜雪冰城，现在的门店数量已经突破了20 000家。拼多多更是明显，天眼查App显示，其不仅营业收入从2020年的594亿元，翻倍涨到了2022年的1 306亿元，并且消费者口碑还从曾经的“并夕夕”获得了极大的提升……

事实上，自三年疫情以来，整个消费市场都似乎发生了某种新的变化趋势。曾经圈地自萌的边角料店、临期店突然爆火，硬折扣店又在悄然遍布于各大城市街头，甚至就连618电商狂欢节，低价也再一次成为电商“御三家”（京东、阿里巴巴、拼多多）的竞争主线。

在这种情况下，靠低价和性价比从酒吧界出名的海伦司无疑更有机会才是，但现在为何却选择了“低头”?

资料来源 刘能. 转身第四消费时代，新消费品牌们的生死局［EB/OL］.［2023-12-13］. https://news.hexun.com/2023-06-21/209041203.html.

问题：请评析上述案例。

相关链接1-1

谁是那支“时代口红”?

1.2 研究消费者行为的意义

研究消费者行为的意义是多方面的。我们每个人做出的消费行为决策不仅会影响我们自己现在及将来的生活，而且会影响国家政策的制定以及政府对众多的行业（如运输业、原材料制造业）和市场的调配，甚至会直接地影响一些产业的发展和另一些产业的衰落。具体地说，研究消费者行为有以下几方面的意义：

1.2.1 研究消费者行为有助于保护企业资源

消费者是企业的主要资源。这主要表现在：

1）消费者是企业利润的源泉

有了消费者，才有市场，才能为企业带来利润。消费者购买的产品越多，为企业带来的利润就越高。有资料显示：我国品牌的顾客忠诚度平均为34.8%，持续购买率仅为12.4%。国际著名品牌的顾客忠诚度一般都在60%以上，持续购买率也在50%以上。这说明，我国的消费者资源还远未得到充分挖掘，企业还要付出更多努力，培育消费者对品牌的情感，强化消费者对品牌的忠诚度。

2）消费者能够驱动企业经营战略的发展

企业在制定经营战略时，必须把消费者作为一种推动力量和战略资源来考虑。消费者的消费倾向、消费观念的变化会驱动企业经营战略的调整和发展。罗莎贝斯·莫斯·坎特认为，在新经济中，企业必须与顾客建立“战略伙伴关系”，听取顾客的意见，满足他们的要求，才能有的放矢地生产和销售产品。

3）消费者在驱动企业提高产品和服务质量方面起关键作用

品牌竞争激烈而残酷，谁失去消费者，谁就将失去市场，失去生存空间。消费者的力量驱动着企业创新技术，努力提高产品和服务质量。现在，质量问题不但受到企业的普遍重视，而且被提到国家发展战略的高度。中国的“质量万里行”活动对树立全民族的质量意识、提高企业产品与服务质量产生了深远影响。欧美国家和日本等都设立了各种质量奖，鼓励企业提高产品和服务质量。比如欧洲质量奖，仅“顾客满意”一项的分值就定为200分。在这些国家的质量体系中，“顾客”被定义为“企业最直接的客户”，他们分布于企业生产产品和提供服务的整个链条中。

4）消费者在驱动企业市场开拓方面起着基础作用

企业的市场开拓是在消费者的基础上进行的，如果没有消费者人数的增长和忠诚度的提高，市场开拓就毫无意义，因而企业要研究消费者的特点，研究品牌之间的关系，选择正确的开拓策略。有些企业投入巨大的营销资源，做广告，建立分销网络，推行代理制，实行区域一体化，然而收效甚微，一个重要原因是它们忽视了消费者这个基础。

1.2.2 研究消费者行为有利于企业赢得消费者

现代市场营销观念以它最基础的形式阐明，一个企业要想获得最大利润就必须去预测和满足消费者的需求，了解消费者产生购买行为的原因、过程以及影响因素。世界著名的管理学大师彼得·F.德鲁克认为，企业的目标就在于创造并保留满意的消费者。虽然企业一定要赚钱，但德鲁克认为赚钱不是企业的目标。而企业要想赚到钱，就必须满足消费者的需要，赢得消费者的满意。

对于消费者来说，企业营销活动的结果就是满足自己的需要。消费者所购买的不论是有形的产品还是无形的服务，都是为了满足一定的需要。因此，一个企业所做的任何调整都应该首先有利于消费者，这不仅是因为企业认识到消费者是它们的衣食父母，而且因为随着现代科学技术（比如计算机技术）的发展，企业能从个体层次上了解其产品的消费者究竟是哪些人、营销战略对他们有哪些影响以及他们将如何变化等。试想，一个失去消费者的企业如何能实现其利润目标，而没有利润企业又怎么能生存？因此，判定企业成败的关键，便是能否赢得消费者的满意以及满意的程度如何，即消费者的满意度如何。

营销实践表明，消费者的需要得到满足的程度越高，他们的满意度就越高，因而企业就会有更好的发展势头。这也就是为什么越来越多的企业开始青睐关系销售。关系销售持这样一种观点：把消费者看作是企业的长期“财富”，而不是一次性购买者。很多企业逐渐意识到，留住一个老客户比吸引一个新客户更容易，而且更便宜。关系销售的本质就是发现哪些消费者对企业具有真正价值，当然他们不一定是最富有的，或者是花费最多的消费者。

【观念应用1-2】

为顾客“多走一步”

星巴克中国携手高德地图宣布共同打造以消费者为中心设计的全新零售渠道——“沿街取”服务，开创“在途”这一创新消费场景。京沪两地的顾客纵使身处通勤高峰、繁忙路段也不必下车，顾客在高德地图App上设置目的地与导航路线后，便可在“顺路搜”页面上找到“沿街取”服务图标，选择沿途合适的星巴克门店下单，取餐点也将被增设为路线中的途经点。

根据顾客的地理位置与预估抵达时间，门店内的星巴克伙伴会在收到下单、制作、送餐通知后进行相关操作，顾客只需打开车窗接过咖啡即可，获得线上线下无缝融合、高度定制化的流畅体验。

这一创新的灵感源自星巴克对顾客需求的深入洞察。依托自身高密度的门店网络、运营优势，以及高德地图精确至分钟级的路线规划、实时交通路况等核心能力，“沿街取”服务得以实现。

资料来源　MONICA DAI. 消费洞察丨“讨好”消费者，品牌的那些“小花招”[EB/OL]. [2023-12-13]. https://c.m.163.com/news/a/I76PAJ8J051993MA.html.

问题：你如何看待星巴克的为顾客“多走一步”？

1.2.3　研究消费者行为有助于帮助和引导消费者

从个人的角度来说，我们人人都是消费者。我们希望企业能够基于对消费者行为的了解而生产出满足我们需要的产品，同时，作为消费者的我们也希望通过对消费者行为这一学科相关知识的了解，使自己成为一个精明的消费者，学会理性消费。比如，企业为了提高产品的知名度，请明星做产品的形象代言人，让消费者因为喜欢明星进而喜欢其产品，产生“爱屋及乌”效应。然而，消费者如果认为某某是大牌明星，其代言的产品质量就一定好，那就是不明智的了。最典型的例子就是，某大牌明星为国内一个中低档化妆品品牌做广告，而人们都知道她自己根本不会使用这个牌子的化妆品。

另外，与企业相比，消费者是单个的、弱势的，因此消费者是需要引导和创造的。这里所说的引导消费者主要表现在引导消费者形成正确的消费观念和消费方式。比如，改革开放前，我国的社会生产力总体水平比较低，商品匮乏，人们的消费观念和消费方式比较单一，勤俭节约是当时的消费主流，人们崇尚的是“新三年，旧三年，缝缝补补又三年”的消费理念。随着人们生活水平的提高，消费观念发生了很大变化，“花明天的钱，买今天的享受”已为越来越多的人所接受。因此，当前时尚营销的一个重要特点就是“引导需求，创造消费者”。

1.2.4　研究消费者行为可以有效地帮助企业制定市场营销战略

在市场经济条件下，社会生产力飞速发展，商品供应丰富，消费需求复杂多变，形成了供过于求的买方市场，这使企业之间的竞争日益加剧。另外，今天的消费者与以前相比有着更好的教育背景、更强的消费能力和灵活性，以及更广泛地选择消费的机会。所有这一切都要求企业必须获得消费需求的信息，研究消费者的行为及影响消费者行为的各种因素，有针对性地制定相应的市场营销战略，提高企业的竞争力。

企业制定营销战略的目的主要是提高消费者行为的能力和频率，例如频繁地光顾某一特定商场或频繁地购买某一特定商品。为此，企业在营销战略中涉及的消费者问题主要包括以下几个方面：

市场细分——哪些消费者是我们产品的主要市场？我们应该根据哪些消费者特征来细分产品市场？

产品——消费者目前使用什么产品？消费者从这一产品上获得了哪些利益？

促销——哪些促销手段可以影响消费者购买和使用我们的产品？对于我们的产品而言，哪些广告最有影响力？

定价——在不同目标市场中，价格对消费者的重要性如何？价格调整对购买行为有哪些影响？

分销——消费者在哪里购买我们的产品？不同的分销系统是否可以改变消费者的购买行为？

1.2.5 研究消费者行为有利于国家宏观经济政策的制定和生态环境的保护

1）有利于国家宏观经济政策的制定

国家的经济政策是制约国民经济发展的决定因素，其制定必须以市场商品供应与消费需求的客观状况为依据。只有透彻地了解消费者的购买行为与心理的规律，把握影响消费者购买行为的各种因素，准确地预测消费需求的变动趋势，才能制定正确的财政政策、金融政策、投资政策、工商管理政策和各项法律，实现商品供应与商品需求的平衡，促进国民经济健康协调地发展。不然，就可能出现有效需求不足或过度消费、超前消费等现象，进而导致国民经济发展失衡，影响人民生活水平的提高。

2）有利于生态环境的保护

科学技术和社会生产力的进步既能以空前的规模和速度创造社会财富，又能以空前的规模和速度毁坏生态环境。由于缺乏保护生态环境的意识，许多企业为了自身利益而在生产和经营活动中肆意破坏生态环境，许多消费者也为了眼前的利益和暂时的享受而污染生态环境，导致生态环境急剧恶化，人类的生存岌岌可危。比如，经济的发展使得越来越多的人有能力购买家用小汽车，更有汽车制造商鼓励人们贷款购买汽车。这样做一方面使得人们以车代步，减少了以步行锻炼身体的机会，增加了患病的可能性；另一方面城市汽车的增加在造成交通拥挤的同时，也加重了空气污染，更为严重的是，这也增加了对不可再生资源（如石油）的需求和消耗。因此，研究消费者行为和心理有助于人类正确认识自己的需求，减少无益消费和有害消费，减少污染，回收资源，保护生态环境。

【立德树人小思考 1-1】

党的二十大报告指出，“必须牢固树立和践行绿水青山就是金山银山的理念，站在人与自然和谐共生的高度谋划发展”。结合上述思想谈谈为什么研究消费者行为有利于生态环境的保护。

1.3 消费者行为学的研究内容

如前所述，消费者行为就是指人们为满足需要和欲望而寻找、选择、购买、使用、评价及处置产品和服务时介入的活动和过程。实际上，这一过程就是消费者的购买决策过程。消费者行为学是研究消费者为满足其需要和欲望而选择、获取、使用和处置产品、服务的活动和过程，以及影响这一活动和过程的各种因素，如图1-1所示。

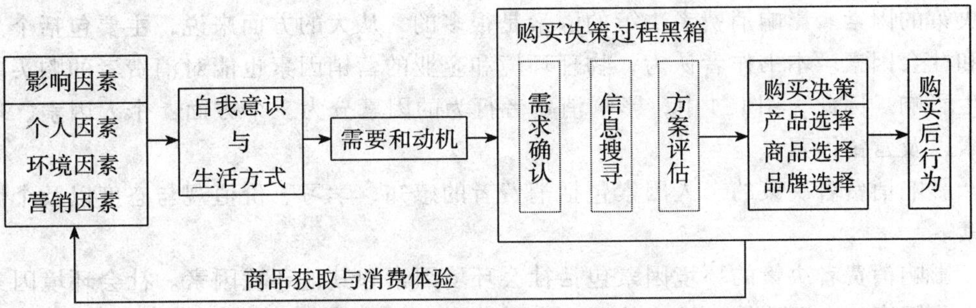

图1-1 消费者购买行为分析模型

图1-1是一个分析消费者购买行为的简单模型，我们以此模型来描述消费者行为的一般结构与过程，同时据此统领全书内容。消费者在各种因素（包括个人因素、环境因素和营销因素）的作用下，形成一定的自我意识与生活方式，特定的自我意识与生活方式能导致消费者产生相应的需要和动机。为了满足这些需要和动机，消费者就会产生相应的购买行为。一旦消费者面临问题情境（需求确认），消费决策过程将被启用。这一过程所带来的购买行为的实现与消费体验又会对消费者的内部特性和外部环境产生影响，从而最终引起消费者自我意识与生活方式的调整或改变。

根据上述定义以及图示，我们可以用更简单的过程把消费者行为学的研究内容理解为以下几个方面：消费者为什么购买（购买需要和动机）、怎样购买（购买决策过程）以及影响购买行为的各种因素（包括个人因素、环境因素和营销因素）。

1.3.1 研究消费者的需要和动机

心理学研究表明，人的行为的出发点和原动力就是人的需要。所谓需要，就是个体缺乏某种东西时的主观状态。要了解消费者的行为，首先就应该研究消费者的需要，如图1-2所示。

图1-2 需要与行为的关系

1.3.2 研究消费者的购买决策

消费者行为学研究的主要内容之一是消费者的购买决策，因为消费者行为学要解决的根本问题就是“消费者是如何进行购买决策的”。假如我们能够了解消费者的购买决策过程及影响因素，就可以通过影响和控制这些因素来影响消费者的购买行为，从而达到提高营销绩效的目的。从图1-1我们可以看到，消费者的决策过程主要包括需求确认、信息搜寻、方案评估、购买决策以及购买后行为。

1.3.3 研究影响消费者行为的各种因素

从某种意义上说，消费者行为学研究的内容就是消费者的决策过程以及影响消费者决策的因素。影响消费者决策的因素是很多的，从大的方面来说，主要包括个人因素和社会因素。本书作者认为，物理环境和企业的营销因素也能对消费者的购买决策产生影响。因此，图1-1中，影响消费者行为的因素分为三个方面：个人因素、环境因素以及营销因素。

影响消费者决策的个人因素包括消费者的感知、学习、价值观与态度以及个性等因素。

影响消费者决策的环境因素包括社会环境因素和其他环境因素。社会环境因素包括文化因素、参照群体、社会阶层、家庭等。其他环境因素包括购物环境因素、情境因素等。

影响消费者决策的营销因素主要包括商品因素、定价因素以及与促销组合有关的因素等。

鉴于以上对消费者行为学研究内容的理解，本书的体系正是围绕上述三个方面展开的。

1.4 消费者行为与企业营销战略

企业面对着成千上万的消费者，他们的需求和欲望千差万别并且分散于不同的地区，又随着环境因素的变化而变化。对于这样复杂多变的大市场，任何一家规模巨大的企业、资金实力雄厚的大公司，都不可能满足全部顾客的所有需求；又由于生产企业受资源、设备、技术等方面的限制，也不可能满足全部顾客的不同需求。企业只能根据自身的优势条件，从事某方面的生产、营销活动，选择力所能及的、适合自己经营的目标市场，因此有必要细分市场。

1.4.1 市场细分

1）什么是市场细分

市场细分的概念是美国市场学家温德尔·史密斯于20世纪50年代中期提出来的。所谓市场细分，就是指按照消费者的需求与欲望把一个总体市场划分成若干个具有共同特征的子市场的过程。因此，分属于同一细分市场的消费者的需求和欲望极为相似；而分属于不同细分市场的消费者对同一产品的需求和欲望则有明显的差别。例如，有的消费者喜欢计时基本准确、价格比较便宜的手表，有的消费者需要计时准确、耐用、价格适中的手表，有的消费者则需要计时准确、具有象征意义的名贵手表。手表市场据此可细分为三个子市场。

近年来，市场细分的一个亮点就是发展了数据库营销。数据库营销是利用现代计算机技术搜集、处理、分析企业的客户资料，包括既有客户组成，产品购买分布，客户购买时间、方式、金额分析等，寻找最有价值的客户群体，并与之建立稳定、长期的关系。互联网数据中心认为，大数据相关技术的发展，将创造出一些新的细分市场。例如，以数据分析和处理为主的高级数据服务，以数据分析作为服务产品提交的分析即服务（Analyze as a Service）业务；将多种信息整合管理，实现对大数据统一访问和分析的组件产品；基于社交网络的社交大数据分析；甚至会出现大数据技能培训市场，如教授数据分析课程等。

2）市场细分的作用

在工业化初期，由于物资短缺，商品供不应求，企业一般实行大市场营销，即企业大量生产某种产品，并通过众多的分销渠道推销产品，试图以这种产品来吸引所有的购买者。实行大市场营销可以大大降低成本，获得更多的利润。后来，由于科学技术的进步、科学管理和大规模生产的推广，市场上逐渐出现了商品供大于求的局面。因为同一行业中各卖方的产品大体相似，所以卖方不能完全控制产品的销售价格。这样，卖方便逐渐认识到产品差异的重要性。有些企业开始实行产品差异市场营销，即企业生产多种多样的产品，推出外观、质量、式样、型号不同的产品，但这时的产品差异并不是由市场细分造成的，因为产品的差异还未能与不同消费者的需求有意识地匹配起来。20世纪50年代，西方国家在“买方市场”条件下，开始实行目标市场营销，即企业辨别各个不同的市场部分或购买者群，选择其中一个或几个部分为目标市场，集中力量更好地为目标市场服务。由此可见，企业实行市场细分有以下好处：

（1）有利于企业巩固现有市场阵地。通过市场细分，企业可以充分把握各类消费者的不同需要，并依此开展营销活动，更好地满足消费者的需要，稳定企业现有市场。

（2）有利于企业发现新市场，选择新市场。通过市场细分，企业可以了解市场各方面的购买能力、潜在需求、消费者满足程度和竞争状况，从而可以及时发现新市场，采取对策，获得竞争优势。

（3）市场细分可以使企业以最小的投入取得最大的效益。通过市场细分选择目标市场，企业可以有的放矢地采取适当的市场营销措施。首先，可以按目标市场需要的变化，及时调整产品结构，确保产品适销对路；其次，可以正确安排和调整分销渠道、广告宣传等，使产品能迅速到达目标市场，从而以最小的投入取得最大的经济效益。

3）市场细分的依据

一种产品的整体市场之所以可以细分，是由于消费者或用户的需求存在差异。引起消费者需求差异的变量有很多，企业一般是组合运用有关变量来细分市场，而不是采用某一个变量。细分消费者市场的变量主要有四类，即地理变量、人口变量、心理变量、行为变量，见表1-1。以这些变量为依据来细分市场就产生了地理细分、人口细分、心理细分和行为细分四种市场细分的基本形式。

表1-1　　　　　　　　　　　　**消费者市场细分的变量**

细分变量	具体变量	典型分类
地理变量	地理区域	南方、北方、东北、平原、山区等
	气候	寒带、温带、亚热带、热带
	城乡	大、中、小城市，镇、乡、村，郊区和农村
	人口密度	高密度、中密度、低密度
人口变量	性别	男、女
	年龄	老年、中年、青年、少年、儿童、婴儿
	文化程度	高等教育、中等教育、初等教育
	职业	公务员、教师、工人、医生、军人等
	民族	汉族、满族、蒙古族、回族、壮族、苗族等
	种族	黄种人、白种人、黑种人等
	宗教	基督教、佛教、伊斯兰教等
	家庭人口	多、少
	家庭生命周期	单身期、初婚期、满巢期、空巢期和解体期
	国籍	中国、美国、英国、日本等
	收入	高、中、低、贫困
	社会阶层	上层、中层、下层
心理变量	生活方式	享受型、地位型、朴素型、自由型
	个性特征	随和、孤僻、内向、外向
行为变量	利益追求	便宜、实用、安全、方便、服务
	购买时机	平时、双休日、节假日
	购买状态	未知、已知、试用、经常购买
	使用程度与使用状态	大量使用者、中量使用者、少量使用者、非使用者，经常使用者、初次使用者、曾经使用者和潜在使用者
	对市场营销因素的反应程度	对产品、价格、渠道、促销、服务等的敏感性
	偏好与态度	极端偏好、中等偏好、没有偏好，热心、积极、不关心、消极、敌意

（1）按地理变量细分市场，就是按照消费者所处的地理位置、自然环境来细分市场，如根据国家、地区、城市规模、气候、人口密度、地形地貌等方面的差异，可以将整体市场分为不同的小市场。地理变量之所以作为市场细分的依据，是因为处在不同地理环境下的消费者对于同一类产品往往有不同的需求与偏好，他们对企业采取的营销策略与措施会有不同的反应。比如，在我国南方沿海一些省份，某些海产品被视为上等佳肴，而内陆地区的许多消费者则觉得味道平常。又如，由于居住环境的差异，城市消费者与农村消费者在室内装饰用品的需求上大相径庭。

（2）按人口变量细分市场，就是按人口变量，如年龄、性别、家庭规模、家庭生命周期、收入、职业、文化程度、宗教、种族、国籍等细分市场。消费者需求、偏好与人口变量有着很密切的关系，比如，收入水平很高的消费者一般是高档化妆品、名贵轿车的买主。人口变量比较容易衡量，有关数据相对容易获取，因此企业经常以人口变量作为市场细分的依据，这是市场细分最常用的方法。

利用人口变量成功细分消费者市场的例子非常多，比如高露洁牙膏和牙刷，就分别建立了不同的生产线，以便为儿童、成年人和老年人提供不同的产品。

（3）按心理变量细分市场，就是根据购买者的生活方式、个性特点等心理因素细分市场。市场细分的心理变量主要有生活方式、个性特征、偏好等。总之，心理变量是细分市场中比较复杂的标准，企业必须根据消费者的不同心理进行市场调研，从而获得可靠的信息，用来确定自己的目标市场。

（4）按行为变量细分市场，就是根据购买者对产品的了解程度、态度、使用情况及反应等将他们划分成不同的群体。许多人认为，行为变量能更直接地反映消费者的需求差异，因而成为市场细分的最佳起点。例如，城市公共汽车运输公司可根据上班高峰时期和非高峰时期乘客的需求特点划分不同的细分市场并制定不同的营销策略；生产果汁饮料的企业可以根据消费者一年四季对饮料口味的不同需求，将消费者划分为不同的子市场。一些保健品，如“脑白金”、“黄金搭档”和“黄金酒”等都无一例外地将产品定位为礼品、健康品，并通过广告成功引导有这类需求的消费者做出购买决策。虽然广告做得并不精美，但与其细分市场和整个营销体系结合起来，经典性不言而喻。

4）市场细分的原则

企业实施市场细分策略，必须充分注意市场细分的实用性和有效性，使之能为企业选择目标市场提供有价值的依据。为此，市场细分必须遵循一定的原则。

（1）一致性。在一个细分市场内，目标群体的需求必须相似；否则，企业的产品就会遇到和现存产品同样的问题，它不能很好地满足每一个人的需求。

（2）可衡量性。细分市场的需求特征必须是可以衡量的。为了估计每一个细分市场的大小，营销人员通常利用二手人口统计资料，如国家或省市统计局发布的数据，或者自己进行市场调研获得数据（我们将在下一章详细讨论有关的消费者研究方法）。

（3）可进入性。对于要作为目标的市场部分，营销人员必须能够以一种经济的方法接近它并为之服务。除了特定的杂志等媒体之外，现在越来越多的企业通过互联网来实现与顾客的低成本接触，比如向计算机用户周期性地发送与特定主题相关的电子邮件。

（4）效益性。一个细分市场要成为有价值的目标市场，必须有足够数量的消费者，以便可以针对他们的特定需求或兴趣设计产品或进行促销活动。因此，细分市场的规模要足够大，有足够的利润就会吸引企业去经营。

（5）可识别性。如前所述，一种产品的整体市场之所以可以细分，是由于消费者或用户的需求存在差异，而营销人员必须能够辨识这些差异。当然，有的细分变量比较容易识别，如地理位置、性别、职业等；有的细分变量可以通过问卷调查得到，比如文化程度、收入、婚姻状况等；有的细分变量，如生活方式、个性特征等，就比较难以辨识。对于运用这种无形的消费者特征作为市场细分基础的营销人员来说，了解消费者行为的知识是非常有用的。

1.4.2 产品定位

正因为没有任何一种产品能让所有消费者达到最佳的满意度，所以企业在开发新产品的时候，就必须对市场进行细分，以确定目标市场。这就涉及给产品定位的问题，也就是说，通过市场细分，企业应该确定生产什么样的产品来满足目标顾客的需求。

所谓产品定位，就是在消费者头脑中为产品确立某种地位或树立某种形象，使该产品与其他同类竞争产品相区别。产品的定位并不是指产品本身，而是指产品在潜在消费者心目中的印象，亦即产品在消费者心目中的地位。

产品定位与市场定位是有一定区别的。具体说来，市场定位是指企业对目标消费者或目标市场的选择，而产品定位是指企业用什么样的产品来满足目标消费者或目标市场的需求。从理论上讲，企业应该先进行市场定位，然后才进行产品定位。产品定位是将目标市场与企业产品结合的过程，也是将市场定位企业化、产品化的过程。

产品定位的关键是要在消费者心目中形成一个对特定品牌的印象。特别是对于新开发的产品来说，如何评估竞争产品已有的地位，并据此选择自己进入市场的方式与切入点是非常重要的。比如，“健力宝”当初进入市场的时候，面对的是几乎饱和的软饮料市场和强大的竞争对手，如可口可乐和百事可乐等，因而“健力宝”把自己定位为“运动饮料”并取得了成功。另一个比较典型的成功范例就是“七喜”的“非可乐”定位策划。在“七喜”刚投放市场的时候，消费者早已认定可乐是令人喜爱的软饮料，认为“七喜”不过是一种简单的混合饮料而加以拒绝。营销人员通过精心策划，在各种促销宣传中把“七喜”定位为可乐的替代性饮料——非可乐，同时把它定位为供消费者饮用的软饮料，最终取得了非常大的成功。

产品定位的方式有功能型、形象型以及品牌型等，但无论企业采用哪种定位方式，都需要找出自己独特的产品卖点与价值主张。产品只有与众不同，只有“出类拔萃”，才能获得更多的利润与更大的拓展空间。

1.5 数字化消费者行为时代的到来

数字化消费是网络经济形态下新兴的消费方式，是通过互联网特别是移动互联网进行的各种消费的统称。如今，数字化浪潮席卷全球，深刻影响了消费者的消费方式和体验。移动设备、社交媒体、电子商务、在线支付和数字视频的快速兴起，让消费者能够以全新的方式与亲朋好友保持联系，便捷地进行网上购物，不断刷新生活体验。面对已经到来的移动互联网和数字经济时代，消费者的消费行为发生了根本性的变化。现代科学技术手段及大数据的广泛应用，使得了解、把握和研究消费者行为的方法也与此前完全不同。

1.5.1 数字化消费者行为的兴起

第一代互联网解决了人们对查找问题答案的需求，门户网站应运而生，人们使用信息的效率和准确性提高了，同时可以与别人分享。以搜索引擎技术导入的第二代互联网使人们把相关信息和相关人群互联在一起，出现了与其匹配的信息提供和技术应用手段，为信息使用和电子商务平台化奠定了基础。这一时期的应用使互联网公司在广告模式以外发展了大量其他的盈利模式，互联网公司在收入和公司价值方面都有很大提高。第三代互联网利用文字、图像、视频、音频和其他内容都可以被数字化这一特点，形成以“社交”平台为主的信息流通和交易方式。第三代互联网公司与第二代互联网公司并存，但显示出其在用户端的应用软件上与第二代互联网公司竞争加剧的态势。第四代互联网即移动互联网使人们使用信息和消费产品的中间花费大大降低，它的到来挑战和改变了产品和消费者之间很多层面的关系，其中包括对现行供应链的挑战，使传统的销售、市场营销和企业品牌的功能在企业运营系统中实现整合。同时，其终端又是最接近消费者的，是品牌和消费者的最亲密接触点。

可见，搜索是PC互联网时代的产品。在PC互联网时代，人、信息、商品三者都是高度离散化的存在，人与人、人与商品、人与信息，都需要中间的媒介进行连接。这种连接，尤其是人与商品、人与信息的连接，都是通过中心化的搜索功能实现的。

这也衍生了第一种电商交易模式：以货为主。互联网在这一阶段的使命是满足已存在的消费者需求，解决“网上有商品”的问题，就能够带来第一批电商用户。中国的第一代互联网企业，包括雅虎、搜狐等门户网站，都是解决了“从无到有”的问题。这种模式也衍生出了“搜索”这种购物形态。消费者想到要买什么，就可以在淘宝、京东等购物平台上进行搜索，“淘”也成为第一代网购消费者的典型行为。搜索的优势是建立在信息的中心化分发基础之上的，消费者搜索时通常带有强烈的目的性。例如，天冷了就会去搜毛衣、羽绒服，想喝可乐就会直接搜百事或者可口可乐，而不是其他商品。

随着移动互联网的兴起，中心化的信息分布形式被打破，人们的网络行为开始呈现出多元化特征，从过去将互联网作为信息工具，转而将互联网作为一种生存形式，除了搜索信息之外，社交、娱乐、餐饮都在互联网化。比如，作为全球十大零售商之一的法国欧尚集团联手代理商推出GPS质量标签活动，用“真实”证明一切。每一个商品标签上都精确标注着食物来源地的经纬度，利用谷歌的街景技术，消费者可以扫码查验食品产地及其环境，实景查看当地农民和工人生产产品的全过程。通过该活动，欧尚的运输量激增了12%，“被GPS定位的食物”销量实现25%的增长。在移动互联网带来的变革下，消费者行为的种种变化表明数字化消费者时代已经到来了。

1.5.2 数字化消费者行为的特点

数字化消费者是相对于传统消费者而言的，从这个角度来说，我们可以把数字化前后的消费者分别称为“传统人”和“数字人”。与传统消费者行为相比，数字化消费者行为的特点主要表现在以下几个方面：

1）移动设备全面普及

中国互联网络信息中心（CNNIC）的数据显示，截至2023年6月，我国网民规模达10.79亿人，互联网普及率达76.4%。各类互联网应用持续发展，即时通信、网络视频、短视频用户规模分别达10.47亿人、10.44亿人和10.26亿人。由于数字化产品及服务的加速发展，网民的数字技能水平稳步提升，至少掌握一种初级数字技能的网民占整体的比例为86.6%。此外，60岁及以上网民、农村网民等重点群体也逐步掌握了数字技能。我国消费者跨越了使用台式机和笔记本电脑进行购物的时代，直接进入移动设备网购的时代。

2）获取信息的方式改变

由于各种数字化媒体、社交媒体对传统媒体的大范围取代，媒介传播环境和信息获取环境出现了新的变化。传统的传受关系被颠覆，消费者从不完全信息状态迈向完全信息状态。消费者获取信息的路径、信息传播的方式与效果以及信息利用的有效性等都完全不同了，这使原本处于被动地位的消费者拥有更多的话语权和参与权，消费者的中心地位得以凸显。

3）线上线下全渠道购买

是网购，还是去逛商场？要便宜，还是要便利？如今，二者逐渐形成一种平衡，从对立走向结合。网购持续发展的同时，实体店也逐渐完善。线上购物主打方便快捷，实体店消费则强调餐饮、购物、休闲、娱乐一体化的无缝综合体验，甚至从某种程度上讲，消费者对“逛”式体验的追求、对休闲与社交的需求都进一步推动着线下消费的迅速回暖。

调查发现，2019年中国网民中约有58.4%的人每月进行多次网购。与此同时，线上活跃的消费者也是线下消费的活跃群体。而且，随着购物信息更加透明化，消费过程中的比价行为变得越来越大众化。使用手机比价已不再是单纯的省钱行为，而是带着一种数字时代的消费烙印，高收入者利用手机比价反而更加活跃。消费者喜欢货比三家，其诉求不是单纯地追求价格最低，而是比较商品的各方面信息，力求做一个“精明的消费者”。对消费者而言，个人的时间成本也是金钱，他们热衷比价的同时也意识到时间的重要性。

4）社交媒体营销盛行

社交媒体网站已不再只是消费者与朋友、家人及志趣相投的陌生人进行交际的工具，还能满足各种娱乐、购物和日常生活需求。社交媒体对消费者购买决策的影响与日俱增，品牌的成败将日渐取决于社交媒体营销能否成功将口碑转化为销量。社交电商以移动社交平台作为主入口，已经成为电子商务一种成功的衍生模式。消费者现在能够在社交平台上完成整个购物过程，包括搜索品牌、购买产品直至提交评价。

年轻和高收入群体作为线上社交的活跃群体，成为“社交购物”的领跑者。而在这一趋势中，愈加细分的社交圈层、社交分享的力量最具影响力。

兴趣圈正成为消费的新推手。调查显示，近九成消费者有自己的兴趣圈，其中以美食、旅游、运动健身等最为普遍。兴趣圈对消费者的购买产生极为可观的影响力，多数消费者表示更愿意相信和购买兴趣圈中推荐的产品，哪怕价格偏高也往往接受。数字时代社交以及分享的便利，使得消费呈现出“购买—分享—再购买”的循环式连锁反应。

5）共享经济模式受青睐

一个人购买的产品和服务可以同时让多人使用，不仅能够充分发挥这种产品和服务的价值，而且让别人共同使用不会增加成本，只会增加效益，这就是共享经济的本质。越来越多的消费者希望可以更有价值、更合理地去使用物品，比如通过共享使商品的使用价值最大化。

很多消费者使用过共享单车或者滴滴、优步等专车、快车服务。消费者对于共享服务的期待并不仅限于交通出行，他们同样期待在图书、音像、体育用品、厨房用品、数码产品等相关领域实现共享服务。共享可以使社会资源得到更合理的利用，免去拥有一个商品带来的很多麻烦，这是消费者参与共享经济的主要原因。伴随着共享经济的崛起，越来越多的消费者选择协作消费模式，而不是拥有某一个商品。

【课程思政1-1】

“名媛”拼单现象

2020年10月12日，一则“上海名媛”群的聊天记录被曝光，揭露了群内上海“名媛”们的日常。随着“名媛”拼单事件不断发酵，这些所谓的假名媛真正的生活也令人好奇：外表光鲜亮丽的背后，名媛们到底是靠什么来消费的？

在这些“名媛”的聊天记录中，五星级酒店是拼的，爱马仕包是拼的，就连顶级下午茶也是拼的，除此之外，她们还拼会员、拼宠物、拼信用卡，各种各样的拼单应运而生。

通过互相拼单，“名媛”们可以用极低的成本来装饰自己的朋友圈，提升品位，从而打造出让人羡慕的生活。

高质量的朋友圈被“名媛”们认为是拓展人际关系的利器，社交平台为“名媛”们提供了舞台。

她们通常都不够富有，有的甚至月薪只有5 000元。“名媛”拼单采用共享经济模式，硬生生将高品质生活变成了平民级别，每晚3 000元的五星级酒店15人平分每人仅需200元，500元的顶级下午茶6人平摊每人只需付85元。

很多遥不可及的东西，通过拼单可以符合心理价位，即便如此，每月发十几条朋友圈，“名媛”们依然要投资数千元，这对她们仍是不小的负担，信用卡与花呗是她们资金的来源。

资料来源 张浩东．“名媛”拼单背后 其实是和工薪族一样靠信用卡花呗度日［EB/OL］．［2023-12-13］．https://zhuanlan.zhihu.com/p/265772962.

问题：你如何看待上海“名媛”的拼单事件？你赞同这种共享经济模式吗？说出你的理由。

1.5.3 数字化营销

在数字革命的背景下，营销人员面对的挑战是：从“如何找到这些人”到“如何找到这些人在不同时间和空间中的需求”；从过去以单一或分散的方式去形成和这群人的沟通信息和沟通方式，到现在如何和这群人即时沟通，即时响应、即时解决他们的需求，同时和消费者在买卖关系以外，建立更深层次的伙伴间的互信、双赢关系。

完整的数字化营销指的是营销全流程的数字化，即产品、价格、渠道、促销整个流程的数字化，也可称为4P的数字化。

1）产品——数字化生存

产品是营销的最基本要素，没有产品，其他的都是无稽之谈。所以，营销流程的第一步是将产品变成数字。所有商品能不能变成数据库，是能否在特殊情况下开展商业活动的前提。比如，腾讯开发的“网上售楼处”小程序，通过线上的个性化展厅以图片、文字、视频全面展示户型、配套等细节，同时通过VR看房、直播等形式，在一定程度上实现了房产的数字化。

书籍的数字化可以说是做得最早的。在没有互联网的时候，人们买书必须去书店，看书必须抱着一本实体书，而现在人们足不出户就可以坐拥一座大的图书馆，微信读书时时都在将成千上万本图书进行数字化。

2）价格——精准化测试

在营销组合中，价格是唯一能直接创造收入的因素，其他因素都只能增加成本。传统时代产品定价大部分靠线下调研完成，在今天这一行为完全可以在线上完成，并且这种方式能更精准地预测消费者的喜好。

假设一个品牌研发了某种新品，它可以在电商平台上投放一波广告，在获得一部分消费者的同时也获得他们的反馈——产品哪里好、哪里不好，增添什么功能会更好，价格是高还是低。品牌可以根据反馈调整产品和价格，在产品销量增加的同时加大广告投放力度。这一过程不光完成了产品正式上市前的调研，还能让产品和广告投放的风险大大降低。

3）渠道——智慧化零售

在线下销售时，品牌很多时候都会推荐会员卡。一些品牌针对微信生态，将公众号和会员卡绑定，使消费者成为公众号+电子会员卡的双重用户，用户每次的阅读、点击、消费、售后等数据都会被记录，这就为品牌以后有针对性地做促销广告积累了数据基础。

当带有优惠券的促销广告出现在用户的朋友圈时，用户会领取优惠券，其中一条路径是将其存入卡包，去线下完成购买，另一条路径是直接被引导到品牌的小程序商城中，在微信生态完成购买。

所以，一些零售品牌借助微信公众号+卡包+朋友圈广告+小程序商城的生态构建私域流量池，完成了纯线下商业到线上线下融合的转变。比如，家乐福就比较早地布局了这个生态。如果消费者关注了家乐福公众号，就会被引导绑定会员卡，绑定后会员卡会留在卡包里，再将消费者直接导流到购物商城的小程序中。三者相互促进和导流，形成稳定的私域流量。

微信生态在今天依然是拥有巨大流量的生态，利用好公众号+小程序+卡包，盘活自己的用户，是品牌建立私域流量的一个重要手段，也是线下零售商业的有效补充渠道。

4）促销——链路化营销

所谓链路化营销就是消费者看到了，感兴趣了，直接完成购买，整个购买过程都在一条链路之中，而传统意义上的营销路径是消费者看到—感兴趣—多次回忆想起—很久之后再购买。

在2020年新冠肺炎疫情期间，一年一度的世界移动通信大会取消，因此不少手机品牌也取消了新产品的发布和营销活动，但小米选择在这期间按计划通过线上直播的形式发布旗舰手机。腾讯在疫情期间推出直播营销，用户可以在腾讯视频和看点直播上边看边互动，由于看点直播和卖家的公众号打通，用户可在观看直播的同时直接完成抢购，卖家实现“直播带货”。直播带货、短视频带货这些方式的火爆正体现了链路化营销的特点。

1.5.4 数字化时代企业的应对策略

随着云技术的应用和普及，大数据在分析经济、灾害预报、产品、消费，甚至在了解股市走向方面得到了越来越多的运用。今天，如果一个人想吃一餐饭，可能不是自己做决定，而是大众点评帮他做了决定。

那么，数字化时代企业的应对策略有哪些呢？

1）利用大数据分析来吸引消费者

如果说过去用来做广告的100元花费中只有50元打动了消费者，难以回答的问题是：那50元是不是白花的？如何减少那50元没起作用的花费？今天有了数字平台，营销人眼中的消费者形象将更加清晰，他们对消费者的了解也更加真实和准确。

已有的调查数据表明，虽然中国消费者从理论上来说是关注品牌的，但是他们与某一具体品牌产品却很少能建立紧密的联系。市场上，更多的中国消费者喜欢某一产品种类，喜欢试用各种不同的品牌。这说明，在中国建立品牌忠诚度非常困难，而且要通过传统平面媒体和电视广告与消费者互动使他们成为回头客更是难上加难。然而，正是这些困难给大数据分析提供了机会。

具体而言，在营销方面，大数据分析有助于商家判断营销活动与营销渠道的有效性，并按需制定营销与促销活动；在客户方面，大数据分析有利于商家找出可能会放弃产品和服务的客户，通过分析访问公司网站的客户的行为，了解哪些页面最有用、哪些最无用，并找出客户投诉的模式；在销售方面，大数据分析有利于商家找出最具价值或潜在价值的客户，找到交叉销售的机会，确定最佳销售方法或技巧等。

2）打造以消费者为导向的产品

利用数字技术把握消费者动向、测试设计理念、联合创造产品和服务以及定制个性化方案，让消费者参与产品和服务的设计。小米就是通过挖掘成千上万名消费者的数据来找出现有产品的痛点，并为规划未来产品进行实际调查的。小米还利用粉丝俱乐部这个平台，在新品上市之前让粉丝测评产品样机。

3）打造针对性强、社交性强的品牌

在线下时代，一个人的社交动员能力再强，大概率也只能找到数十个消费者，但在移动互联网平台上，只要能有机会把同好聚集在一起，人群效应和规模效应就能实现数量级的提升。这正是移动互联网给零售带来的新机会：以人为本、人来找人。企业可以利用社交媒体找到目标客户群，寻找那些目标客户群关注的博客达人和视频博主，鼓励他们宣传产品。三只松鼠就深谙此道。通过竞技游戏、激活客户留言板块并在优酷视频网站上发布有趣的卡通视频，三只松鼠强化了自身的核心价值并提高了品牌知名度。

4）打造无缝个性化体验

人们对个性化的期待值越来越高，每天都有新的机会出现，企业必须极致敏捷，才能把握众多时机。要想实现这一点，首先必须采取敏捷制造方法。博世力士乐公司在100多家工厂推广了敏捷制造方法。单臂机器人作为该公司的自动生产助手，可以完成装配和焊接等复杂的任务。这些机器人也可重新配置，灵活性极强。当其位于德国洪堡的工厂的产品需求发生变动时，博世力士乐仅需一个周末就能完成对现有生产线的调整。同时，博世力士乐正致力于提升人类员工的灵活性和适应性。

某眼镜公司通过结合线上和线下商铺的方式也获得了成功，满足了消费者在购买前试戴眼镜的强烈愿望。该公司打造了一款在线的虚拟3D模型，消费者用家中电脑的网络摄像头进行拍摄，就能看到自己试戴不同款式眼镜的效果。消费者还能利用该公司的移动应用程序在家中让专业的配镜师帮自己检查视力。

5）打造端到端消费者互动

通过端对端消费者互动，商家可以在购物前与消费者建立联系，在购物后依然与消费者保持联系，打造良好的口碑。此类策略包括打造社交媒体渠道，让消费者之间可以互动，提供“推荐好友获取积分”的优惠，如果消费者愿意给产品评分或进行点评，还可以在购物后邀请他们参与调查。

相关链接1-2

支付宝“按方抓药”解决商家数字化诉求

总之，在数字化时代，企业通过大数据精准了解消费者的心理对营销来说具有特别重大的意义。企业必须采取更多以数据为导向的营销措施。随着搜集数据的能力日益强大、成本下降与数据平台更加易于使用，这一变革也将越来越容易。最关键的是，要真正懂得，营销业者的目标不是建立数据库，而是利用数据平台精准细分消费者，拉近与消费者的关系和与消费者实时互动，使他们成为自己品牌的忠实用户。

本章小结

本章主要介绍了消费者行为的含义、研究消费者行为的意义、消费者行为与企业营销战略的关系以及数字化消费者行为的兴起。

消费者行为，就是指人们为满足需要和欲望而寻找、选择、购买、使用、评价及处置产品和服务时介入的活动和过程。消费者行为学是研究消费者为满足其需要和欲望而选择、获取、使用和处置产品、服务的活动和过程，也包括影响这一活动和过程的各种因素。研究消费者行为的意义主要包括：有助于企业资源的保护；有利于企业赢得消费者；可以帮助和引导消费者；可以有效地帮助企业制定市场营销战略；有利于国家宏观经济政策的制定和生态环境的保护。

市场细分就是指按照消费者的欲望与需求把一个总体市场划分成若干个具有共同

特征的子市场的过程。细分消费者市场的变量主要有四类，即地理变量、人口变量、心理变量、行为变量。以这些变量为依据来细分市场就产生了地理细分、人口细分、心理细分和行为细分四种市场细分的基本形式。市场细分的原则至少有以下几个：一致性；可衡量性；可进入性；效益性；可识别性。

产品定位就是在消费者头脑中为产品确立某种地位或树立某种形象，使该产品与其他同类的竞争产品相区别。

与传统消费者行为相比，数字化消费者行为的特点主要表现在以下几个方面：移动设备全面普及、获取信息的方式改变、线上线下全渠道购买、社交媒体营销盛行、共享经济模式受青睐等。

主要概念

消费　消费者　消费者行为　消费者市场　市场细分　产品定位　数字化消费者行为

基本训练

□ 知识题

1.1　阅读理解

1）试述研究消费者行为的意义。

2）为什么说消费者是企业的重要资源？

3）市场细分的原则有哪些？

4）数字化消费者行为的特点有哪些？

5）数字化时代企业的应对策略有哪些？

1.2　知识应用

即测即评

□ 能力题

1.1　实务题

找出三个你认为以某个特定的消费心态细分市场作为目标市场的广告，就实现它们各自的目标而言这几个广告是成功的吗？

1.2　综合题

如果你是国内某家电企业的高层领导者，面对日益激烈的市场竞争，你将怎样制定基于消费者行为的营销战略？请搜集国内家电企业相关资料进行说明。

1.3 案例分析

小鹿妈妈的困局

牙线作为口腔护理用品具有使用频次高、易消耗的特点，在我国庞大的人口基数和需求的支撑下，牙线产业发展稳健，产业边界持续拓宽。

但这个品类受到了发展的限制，毕竟长期以来，只靠尼龙线和塑料制作的牙线，由于工艺简单，一直是一个门槛较低的赛道，市场向来只有品类，没有品牌。消费者购买牙线时，品牌意识较弱，更注重的是产品本身的价格。这种现象在牙刷和打火机等高频低值消费品中也较为常见。

2016年，成立于安徽省合肥市的小鹿妈妈，谋定了这块尚待成熟的市场，不同于其他口腔护理品牌，小鹿妈妈率先专注牙线这个口腔细分领域，以"简单粗暴"的"牙线就是小鹿妈妈"的品牌口号，试图率先占据消费者心智，抢占口腔护理细分市场。

7年来，小鹿妈妈试图通过对产品的差异化打造来赢得市场。从材质上，它主打的聚乙烯纤维材质70%用于防弹衣、防弹头盔、军用设施和设备的防弹装甲、航空航天等军事领域。这种线材不易断裂、不易起毛、细滑、能够轻松滑入齿缝。近3年来，小鹿妈妈实现了中国牙线行业的全渠道销量第一，无论是线上还是线下渠道，它都以超过20%的市场份额有力地抢占了牙线行业的"大蛋糕"。

但纵观销售数据，在电商平台搜索中，牙线品类低价热卖榜里都能找到小鹿妈妈的身影，这也正说明，小鹿妈妈没有被市场困住，却被困在"低价"里。

资料来源 IRENE L. 小鹿妈妈，困在牙线的"低价"里［EB/OL］.［2023-10-16］. https://www.cmovip.com/detail/34764.html.

问题：

1）你如何看待小鹿妈妈的困局？

2）你的建议是什么？

第2章

消费者研究

学习目标

通过本章学习，你应该达到以下目标：

知识目标：了解消费者行为研究的历史；认识消费者行为研究的理论来源，特别是有关心理学方面的知识；掌握消费者行为学的研究方法，并认识消费者行为研究中应注意的问题。

能力目标：具有运用消费者行为学的研究方法来分析和预测消费者行为的能力。

引例

泡泡玛特：以消费者为核心量化一切运营

在泡泡玛特数字化的会员体系里，超过90%的消费者信息被沉淀下来，这些信息不是简单的ID，而是他们的消费行为，比如喜欢什么IP，喜欢什么样的玩具类型，由此结合相关的触点开展下一步的工作。比如，公众号每月4次的触达、小程序的主动复访结合微信朋友圈广告的投放，同时与社群连通互动。这些有效触点的整合与运营数据的监测，形成了闭环体系，结合企业本身的经营优势，在这种不断高效的运营模式下，使得品牌享受到了连接顾客与消费给品牌带来的商业红利。

据不完全统计，泡泡玛特在微信上覆盖了超过10万个粉丝社群，其中90%是玩家自发建立。泡泡玛特相信一群“好玩的人”会吸引更多“好玩的人”，热爱潮流玩具的氛围可以互相传递。泡泡玛特认为潮玩IP某种程度就是话题本身，品牌要做的，是引导用户跟随兴趣自发交流。在视频号上，泡泡玛特创新直播方式，让直播间用户一起抽盲盒，现场找到抽到隐藏款的玩友，打造氛围感。这些活动进一步强化了潮玩的内容与社交属性，帮助泡泡玛特获取了大量新用户。

泡泡玛特用户运营有两大关键指标：入会率和次日留存。提高入会率，关键是优化会员体系中的入会场景，包括注册程序、沟通话术等。目前，泡泡玛特主要有两种入会路径：一是店员主动咨询，协助用户注册；二是自助入会，用微信扫码付款时，直接跳转小程序，自助入会推行一年以来，通过这个途径入会的会员比例已超过50%。除了线下门店引导之外，泡泡玛特使用腾讯广告触达线下门店无法覆盖的用户。比如，通过朋友圈广告增加曝光，为小程序和公众号打开新的流量入口。

次日留存的优化，关键是产品和活动机制是否有足够的吸引力。比如，在结账时提供优惠券、通过到货提醒鼓励用户订阅通知，让用户有动力持续签到打卡。

此外，小程序的标签能力帮助泡泡玛特打通了私域生态内的会员数据，让用户在不同触点的访问、购买、订阅行为清晰可见，加上地域、年龄、偏好组合，最终形成用户分层、优化运营方式的重要依据。

通过私域将消费者触点与交易链路打通以后，泡泡玛特的消费者调研，从以往传统的抽样调研变成了不同消费特性的全量调研。无论是应用在NPS（净推荐值）满意度调研，还是对于IP类型更深层次的洞察，乃至是品牌与消费者之间的定位问题，在一定程度上减轻了传统调研团队的负荷，也为偏重后台战略战术制定的团队提供了一定的便利与帮助。

资料来源　唐露尧．泡泡玛特：如何以消费者为核心量化一切运营？［EB/OL］．［2023-12-13］．http://www.cppcns.com/news/roll/609171.html.

上述案例表明，企业每时每刻都要关注消费者需求的变化。在信息爆炸的今天，所有企业都需要及时转变思维，将洞察消费者当作每天都应该去做的事情，还应该以最近的距离和最真实的场景去研究消费者。本章主要介绍消费者行为研究的历史以及研究消费者行为的方法。

2.1 消费者行为研究的历史

早在商品交换出现之后，商品的生产者和销售者就开始了对消费者行为的研究。作为一门学科，消费者行为研究是现代商业活动不断发展的产物。推动其发展的根本动力主要与消费者行为的合理化、宏观经济与社会的健康稳定发展以及企业的市场营销活动有关。具体地说，消费者行为研究的历史大体上可以分为三个时期：

2.1.1 萌芽时期

这一时期从19世纪末开始至20世纪30年代，研究消费者行为与心理的理论开始出现并得到初步发展。工业革命以后，资本主义经济进入繁荣发展阶段，西方国家的生产力大幅度提高，商品生产的速度超过了市场需求。市场需求的有限性使得产品能否卖出去成为决定企业生死存亡的关键。为此，经营者们开始重视推销商品与刺激需求。为适应这种需要，学者们着手研究商品的需求与销售问题。最早从事这项研究的是美国社会学家凡勃伦。他在1899年出版的《有闲阶级论》中提出了广义的消费概念，提出了炫耀性消费及其社会含义。他认为，人们对服装、首饰、住宅等物品的过度消费源于一种炫耀心理。

凡勃伦的这些研究引起了心理学家和社会学家的兴趣。1901年，美国著名社会学家W. D. 斯科特首次提出，要运用心理学原理指导广告宣传。同一时期，美国明尼苏达大学心理学家H. 盖尔出版了《广告心理学》，系统论述了在商品广告中如何运用心理学原理以引起消费者的注意与兴趣。1908年，美国社会学家E. A. 罗斯出版了《社会心理学》，着重分析了个人和群体在社会生活中的心理与行为，开辟了群体消费心理的研究领域。1912年，德国心理学家闵斯特伯格的《心理学与经济生活》问世，他最早研究了广告面积、色彩、文字运用等因素与广告效果的关系，阐述了广告和橱窗对消费心理的影响。1920—1930年，丹尼尔·斯塔奇出版了《斯塔奇广告回忆指南》和《广告学原理》，着重论述消费心理学在广告中的运用。许多学者在市场营销学和管理学的著作中也研究了消费心理与消费行为问题，“行为主义”心理学之父约翰·华生的刺激-反应理论揭示了消费者接受广告刺激与产生行为反应的关系，被广泛地运用于消费者行为研究中。

总之，这一时期的各项研究从各个侧面涉及了消费心理与行为问题，为消费者行为学的产生奠定了基础，但是研究的范围比较狭窄，研究的重点是促进企业的产品销售，而不是满足消费需求；研究方法是从经济学或心理学简单移植过来的，而且主要局限于理论层面，在实践中的应用较少，尚未引起社会和企业界的广泛重视。

2.1.2　应用时期

这一时期从20世纪30年代开始至60年代，消费者行为研究得到迅速发展并广泛地应用于企业的市场营销实践中。1929—1933年的世界性经济危机使得商品市场完全转变为供过于求的市场。

第二次世界大战期间，由于商品供应不足等原因，人们对消费者行为研究的兴趣暂时降低，但是也有一些卓有成效的研究结果，比如心理学家K.勒温关于人们对动物内脏的态度改变的研究。

第二次世界大战以后，西方国家庞大的军事工业迅速转向民用产品的生产，市场商品供应急剧增多，产品更新换代加快，消费者的需求也不断变化，购买行为更加难以捉摸，企业之间的竞争更加激烈。企业的经营观念从生产观念转向销售观念，企业开始重视广告和推销，重视分析、预测消费需求。在此背景下，越来越多的心理学家、经济学家、社会学家纷纷加入到这一研究行列中，由此推动了消费者行为学的发展。

20世纪50年代以来，心理学在各个领域的研究应用都取得了重大成果，吸引更多的学者进入这一领域，提出了更多的新理论。美国密歇根大学的G.卡陶纳开展了消费期望和消费态度的研究；哥伦比亚大学的拉吉斯费尔德和E.卡兹开展了“人格的影响”的研究；哈佛大学的R. A.鲍尔开展了“知觉到风险”的研究；诺兰集团公司的罗杰·L.诺兰开展了新产品“初步设计”和“定位”的研究；加利福尼亚大学的心理学家M.海尔通过两组不同消费者在购买速溶咖啡问题上的回答找出了家庭主妇不喜欢购买速溶咖啡的真正原因，提出了消费者潜在的或隐藏的购买动机理论；美国著名心理学家马斯洛在系统地研究了人的需要的基础上，提出了“需要层次论”。这些研究成果丰富了消费者行为学的内容，促使其从其他学科中分离出来，成为一门独立的学科。1965年，美国俄亥俄州立大学正式提出了第一个“消费者行为学”教学大纲。1968年，美国德赖登（Dryden）出版社出版了由J. F.恩格尔、R. D.布莱克韦尔、D. T.科拉特合著的《消费者行为学》，该书引用了作者们多年的研究成果和其他专家学者的理论、技术及案例，构建了消费者行为学的体系结构，为这门学科的建立奠定了基础。

2.1.3　发展时期

20世纪60年代以后，消费者行为研究呈加速发展趋势，研究文献的数量和质量有了明显提高，研究范围不断扩展，研究方法也日益多样化。这主要表现在两大方面：一是综合运用相关学科的最新研究成果。计算机、经济学、经济数学、行为学、社会学、运筹学、市场营销学、管理学等学科的研究成果广泛地运用于消费者行为研究中。现代信息处理方法的运用和消费者购买模型的建立标志着消费者行为理论的研究发生了根本性的变化，消费者行为分析有了更加科学的方法和更加完善的理论。1969年创立的美国消费者研究会的会员是由心理学、农业经济学、建筑学、法学、医学、市场营销学、数理统计学、工程学等各个领域的专家组成的，这能起到多学科相互渗透、相互促进的作用。二是研究领域不断扩大和深化。有关消费者行为研究的论著迅速增加，研究的内容也扩大到文化消费、消费决策模式、消费生态、消费政策、消费者保护、消费信息处理、消费心理内在结构、消费信用、消费法学等领域。据统计，1968—1972年发表的关于消费者行为研究的成果，比1968年以前所发表的全部研究成果还要多。除美国以外，这一时期，日本、苏联、法国、英国、德国以及中国和印度等国的学者也在这个领域取得了显著的科研成果。

2.2 消费者行为研究的理论来源

消费者行为学是20世纪60年代中后期兴起的一个相对较新的研究领域，因为没有自身的历史与研究体系，营销理论家们完全从其他学科的原理中借鉴了成熟的概念，所以消费者行为学具有显著的多学科或跨学科性质，与其关系密切的学科主要有心理学、社会学、社会心理学、文化人类学、经济学、市场营销学等。

限于篇幅和作者的学识，这里只简要介绍经济学、社会学、文化人类学、市场营销学方面的内容，然后主要介绍心理学和社会心理学方面的内容。

经济学：把人与人的经济关系作为自己的研究对象，是一门研究人与社会寻求满足其物质需求的方法的科学。经济学关于商品生产与流通的理论、关于商品的价值与价格的理论，以及效用理论都是研究消费者行为的重要理论来源。

社会学：从变动的社会系统的整体出发，通过人们的社会关系和社会行为来研究社会的结构、功能、发生和发展规律的一门综合性的社会科学。社会学关于人际交往和社会中信息传播的理论、风俗习惯的形成和发展的理论、社会群体对人的行为和性格的影响研究，以及社会生活方式和家庭结构变化的研究，是消费心理学关于社会因素对人的消费行为影响研究的重要理论来源。

文化人类学：有关文化对人类行为的影响，特别是关于不同地区、不同国家和不同民族的文化传统、生活方式以及风俗习惯对人类行为影响的研究，为探讨社会因素对消费行为的影响及营销心理的研究，提供了重要的理论依据。

市场营销学：研究企业如何通过产品开发、定价、宣传推广等一系列行为来满足消费者需求，赢得市场。为了满足消费者的需求，获得市场份额和利润，市场营销学将影响消费者行为的诸多因素作为重要的研究对象。

2.2.1 心理学

心理学是研究心理现象的发生、发展和活动规律的科学。心理学中有关知觉、学习记忆、需要、动机、情绪情感和个性的研究成果和相关理论，为解释人的消费行为提供了重要的帮助。

1）心理现象的内涵

心理现象分为心理动力、心理过程、心理状态和心理特征四个方面。

（1）心理动力。心理动力是指决定个体对现实世界的认知态度和对活动对象的选择与偏向的心理现象系统，它主要包括动机、需要、兴趣和世界观等心理成分。

人的一切活动，无论是简单的还是复杂的，都是在某种内部驱动力的推动下完成的。这种引起并维持个体活动，并使之朝向一定目标和方向进行的内在驱动力就是动机。个体在动机的作用下，产生行为并使其指向一定的目标，在行为进行过程中不断调节行为的强度、持续时间和方向，使个体最终达到预定目标。

动机的内在心理基础是需要。需要是个体缺乏某种东西的一种主观状态，它是客观需求的反映。这种客观需求既包括人体的生理需求，也包括外部的社会需求。兴趣是一种对事物进行深入认知的需要。世界观则对人的需要进行调节和控制，并由此确定个体对客观世界的总体看法与基本态度。

（2）心理过程。人的心理是一个动态的过程，即人脑对客观现实的反映过程，它包括认知过程、情感过程和意志过程。

认知过程是个体获取知识和运用知识的过程，包括感觉、知觉、记忆、思维和语言等。人在认识事物的时候，用眼睛看，用耳朵听，用鼻子闻，用手摸，这就产生了感觉和知觉。感觉是对直接作用于感觉器官的客观事物的个别属性的反映，知觉是对直接作用于感觉器官的客观事物的整体属性的反映。人在活动中不仅感知当前的事物，并且要记住它，有时还要回忆过去经历过的有关事物，这是记忆。若要认识事物的特点和意义，就必须利用感知的材料和已有的知识进行分析、思考，深入理解事物的本质，掌握事物的规律，这就是思维。感觉、知觉、记忆、思维等都是为了弄清客观事物，都是对客观事物的认知活动。

人在认识客观世界的时候，不仅反映事物的属性、特征及联系，还会对事物产生一定的态度，引起满意、喜爱、厌恶、恐惧等，这种现象叫情绪。情感过程是人们对客观事物是否符合自己的需要而产生的态度体验。凡是符合个体需要的客观事物，人就会产生积极情绪；反之，就产生消极情绪。

人对客观事物不仅感受、认识，还要处理、改造。为处理、改造客观事物而提出目标、制订计划，然后执行计划、克服困难、完成任务，这类活动就是意志活动。心理学把这种自觉地确定目的，并为实现目的而有意识地支配和调节行为的心理过程称为意志过程。

以上介绍的认知、情感、意志等心理活动都是心理过程。在现实生活中，个体的认知、情感和意志活动并非彼此孤立，它们是紧密联系、相互作用的。探讨心理过程产生和活动的规律以及它们之间的联系和关系，是普通心理学研究内容的一部分。

（3）心理状态。心理状态是指心理活动在一段时间里出现的相对稳定的持续状态。它既不像心理过程那样变动不居，也不像心理特征那样稳定持久。例如，在感知活动时，可能会出现聚精会神或漫不经心的状态；在思维活动时，可能会出现灵感或刻板状态；在情感活动时，可能会产生某种心境、激情或应激的状态；在意志活动时，可能会出现犹豫或果敢的状态等。事实上，人的心理活动总是在睡眠状态、觉醒状态或注意状态下展开的，这些不同的心理状态体现了主体的心理激活程度和脑功能的活动水平。

（4）心理特征。心理特征就是人在认知、情感和意志活动中形成的那些稳固而经常出现的意识特性，主要包括能力、气质和性格。

①能力。能力是人顺利完成某种活动所必须具备的心理特征，体现个体活动效率的潜在可能性与现实性。例如，从事某些工作时，有人善于概括，有人善于分析；有人记忆力强，有人记忆力差；有人抽象思维能力强，有人形象思维能力强；有人思维灵活迅速，有人思维呆板迟钝。

②气质。气质是指表现在人的心理活动和行为动力方面的特征，如速度与强度的特点、稳定性的特点、指向性的特点等。例如，在人的日常活动和交往中，有的人精力充沛、动作敏捷，有的人无精打采、动作迟缓；有的人活泼急躁，有的人沉静稳重；有的人情绪稳定而内向，有的人情绪容易波动而外向。这些差异就属于气质方面的特征。

人的气质虽然千差万别，但事实和学者们的研究都表明，在人群中有几种典型的气质类型。关于气质类型的划分，古今中外流派很多，其中比较流行的是古希腊医生希波克拉特的“体液说”。

【小资料2-1】

气质类型

早在公元前5世纪，古希腊著名医生希波克拉特就观察到，不同的人有不同的气质。他认为人的体内有四种体液：血液、黄胆汁、黏液和黑胆汁。根据每种体液在人体内占优势的情况，他把人的气质分为不同的类型：多血质、胆汁质、黏液质和抑郁质。这四种气质类型就是由温、冷、干、湿的不同配合而形成的：血液是温与湿的配合，因此多血质的人温而润，好似春天一般；黄胆汁是温与干的配合，因此胆汁质的人热而燥，其气质犹如夏天；黏液是冷与湿的配合，因此黏液质的人比较冷酷，像冬天一样；黑胆汁是冷与干的配合，因此抑郁质的人冷而躁，好像秋天一样。

第一，多血质。其主要特征是：反应迅速，有朝气，活泼好动，动作敏捷，情绪不稳定，粗枝大叶，喜欢与人交往，兴趣广泛但不持久，注意力易转移。

在购买活动中，多血质的消费者善于交际，有较强的灵活性，能以较多的渠道获得商品信息。这类消费者对购物环境有较强的适应能力，在购物时视野开阔，反应敏捷，易于与营业员进行沟通。但是，有时其往往因为可选择的商品过多而容易转移兴趣与目标或一时不能取舍，因而其购买行为常常带有浓厚的感情色彩。

第二，胆汁质。其主要特征是：易兴奋，直率，热情，精力旺盛，自我控制能力较差，容易冲动，心境变化剧烈，脾气暴躁。

胆汁质的消费者在购物时喜欢标新立异，追求新潮、具有刺激性的流行商品。他们一旦感到需要，就迅速产生购买动机并很快完成购买行为。但是，如果购物环境不如意或受到营业员的怠慢，他们就会产生烦躁的情绪和强烈的反感；他们有时会出现不理智的行为，甚至会产生冲动购买。

第三，黏液质。其主要特征是：安静，稳重，动作迟缓，沉默寡言，善于克制忍耐，情绪不外露，做事慎重但不灵活，缺乏生气。

黏液质的消费者在购物时比较冷静、细致，不易受广告宣传、商标或营业员劝说的干扰。他们喜欢通过自己的观察和比较来做出购买决策，对自己熟悉的商品会积极购买，并持续一段时间，而对新商品往往持审慎态度。

第四，抑郁质。其主要特征是：敏感，多疑，孤僻，情感体验深刻但不外露，行动缓慢，外表温柔、怯懦。

抑郁质的消费者在购物时往往考虑比较周全，对周围的事物很敏感，能够观察到别人不易察觉的细枝末节。其购物行为比较拘谨，优柔寡断。他们一方面缺乏对商品应有的知识和对购物的主动性，另一方面又对别人的宣传或介绍不感兴趣或不信任。

当然，在现实生活中，属于典型类型的人很少，多数人是混合型的，以某种气质类型为主，同时兼有其他气质类型的特点。

③性格。性格是人对现实的稳固的态度和习惯化的行为方式。在现实生活中，有人勤奋，有人懒惰；有人自私自利，有人大公无私；有人积极进取，有人被动退缩；有人坚毅果敢，有人优柔寡断。这是性格上的差异。

正是这些心理特征，使人与人彼此区别开来，正所谓千人千面。

把个体心理分为心理动力、心理过程、心理状态和心理特征四个方面是为了研究的方便，当然它们各自具有一定的独立性，但更重要的是它们彼此之间密切相连、相互作用。

2）心理学的发展

（1）从哲学的心理学到科学的心理学。心理学是一门渊源数千载而历史仅有百年的科学。自从有人类以来，就存在心理现象，但心理学真正成为一门科学，是近一百多年的事。从苏格拉底、柏拉图、亚里士多德开始，哲学家们就把人类的本性、本能、心灵、感觉、意识等问题作为哲学的主要观念去讨论。但是，他们讨论这些问题时，都只凭主观的设想，而没有建立客观的研究方法和系统理论。因此，在那一段漫长的时期内并没有形成科学的心理学，只能将其研究称为哲学的心理学。

19世纪以来，自然科学迅速发展，特别是生物学、生理学等学科的发展积累了大量关于人体的知识。自然科学的突飞猛进启发了人们的思维，刺激人们寻找研究心理学的新方法，许多勇于探索的学者开始了他们的实验工作。德国心理学家、哲学家冯特受到前人的启发，在吸收前人成果的基础上，于1879年在莱比锡大学建立了世界上第一个心理学实验室，他主持开展了对感觉、知觉、情感和联想等方面的系统研究。至此，心理学真正脱离哲学而成为一门独立的实验科学。

（2）现代心理学的三大学派。现代心理学历史不长，流派却很多，其中最著名的是西方现代心理学的三大流派，即弗洛伊德创立的精神分析心理学、华生创立的行为主义心理学和以马斯洛为代表的人本主义心理学。

①精神分析心理学。奥地利心理学家弗洛伊德是从心理治疗“起家”的，他是心理治疗中的“心理分析”学派的创始人。他认为，心理的病态是人的本能冲动被压抑的结果。当一个人觉得自己的冲动严重地违背了“做人的原则”时，他就会压抑这些冲动。压抑的结果是：虽然再也意识不到这些冲动，并且已经可以心安理得地相信自己“没有”这些冲动，但这些冲动依然存在于意识不到的内心深处。弗洛伊德认为，这种“冲动”与“对冲动的压抑”之间的冲突就是导致心理失常的病因。他还发现，病人那些被压抑的冲动往往会“改头换面”地出现在他们的梦境之中。因此，他认为，治疗者应该通过深入分析去破译梦的“含义”。1900年，他出版了他的最有影响力的著作——《梦的解析》。之后，他又着手写他的另一本很有影响力的著作——《日常生活中的心理病理学》，把他的研究范围从对病人的研究扩大为对一般正常人的研究。

弗洛伊德认为，推动人们去做各种各样事情的“原动力”是那些人与动物所共有的本能欲望的冲动，其中特别重要的是“性冲动”和“攻击的冲动”。在弗洛伊德看来，人按其本性来说，总是想不择手段地为所欲为的，但社会不允许人这样做。弗洛伊德并不主张“放纵”，相反，他认为对人的本能加以控制是完全必要的。如果人类放纵自己，必将自取灭亡。但是他所从事的心理治疗又使他认为，一味地压抑人的本能冲动不仅会使人生活得不痛快，而且会使人生病，所以也是不行的。他认为，可取的办法既不是放纵，也不是压抑，而是“升华”。如果要对升华做一个最通俗的解释，那就是把原本用于做坏事的心理能量用来做好事。弗洛伊德认为，人类的命运就取决于人类的文化能在何种程度上使人的本能得到升华。

②行为主义心理学。行为主义心理学于20世纪初产生于美国。它以坚决否定传统心理学的姿态登上心理学的舞台，使人感到它似乎在揭开心理学的神秘面纱，改变心理学的研究氛围，因而立刻吸引了美国大批青年心理学者，并在西方心理学界产生了广泛而深刻的影响。

华生是行为主义心理学的创始人，他将心理学列为自然科学一个纯粹客观的实验分支。他反对研究意识，而把人和动物的行为作为研究对象。他从人和动物行为中找到的基本因素是刺激和反应，他断言：“我们能够将我们的一切心理学问题及其解决方法都纳之于刺激和反应的规范之中。”刺激-反应公式就成为华生的行为主义心理学的基本公式。

在一批新行为主义心理学家中，最著名的是创立“强化学说”的美国心理学家斯金纳。斯金纳用他的“斯金纳箱”做了大量的动物实验。他认为，通过动物实验也能揭示人的行为规律，因为人的行为和动物的行为基本上服从于同样的规律。斯金纳认为，最重要的问题不在于各种各样的行为是由什么样的刺激引起的，而在于已经出现的行为为什么有的能够巩固下来，有的却没有巩固下来，没有形成习惯。他用大量的实验证明，已经出现的行为会因为得到奖励而增加它重复出现的可能性，换句话说，就是给予奖励能够“强化”已经出现的行为。

③人本主义心理学。马斯洛等人本主义心理学家认为，对于人来说，最本质也是最可贵的东西不是人与动物所共有的那些“本能”，而是动物所没有的、只有人才有

的“潜能”。1954年，马斯洛所著的《动机与人格》一书问世。他在书中提出了现在已经为大家所熟悉的、以自我实现的需要为最高层次需要的“需要层次理论”。所谓自我实现，就是通过发挥人的潜能来实现人的价值。

马斯洛所说的人所特有的潜能，如爱的潜能、创造的潜能，都是“善的”，而不像弗洛伊德所说的本能那样是“恶的”。但是，人的这些潜能与人的动物本能相比要软弱得多，它们只有在良好的环境条件下，才能由“潜在的可能性”变为“现实”；而在恶劣的环境中，是很容易被摧残的。马斯洛认为，理想的社会就是能使人的潜能得到充分实现的社会。

20世纪50年代末，马斯洛与哈佛大学的索罗金共同召集了“关于人类价值的新知识讨论会”。在这次专题讨论会以后，他又与弗洛姆、罗杰斯等心理学家于1962年共同发起成立了“人本主义心理学会”。当时，他们所确定的人本主义心理学的基本原则之一是“心理学应该关心人的尊严和人的提高”。

20世纪60年代末以来，在人本主义心理学的发展中，又兴起了一个新的心理学派别——超个人心理学。从1969年起，超个人心理学就有了自己的组织和刊物。这种超个人心理学不以人的需要和兴趣为中心，而是以整个宇宙为核心。

2.2.2 社会心理学

社会心理学是研究个体和群体的社会心理现象的心理学分支。个体社会心理现象是指受他人和群体制约的个人的思想、感情和行为，如人际知觉、人际吸引、社会促进和社会抑制、顺从等。群体社会心理现象是指群体本身特有的心理特征，如群体凝聚力、社会心理气氛、群体决策等。

社会心理学是心理学和社会学之间的一门边缘学科，受到这两门学科的影响。社会心理学研究的内容主要包括以下几方面：

1）社会化

从社会心理学的角度看待社会化问题，它关心的是自然人如何变成了社会人，以及在这个过程中个体形成独特的人格特征的原因。

社会化的基本途径是社会教化和个体内化。社会教化即广义的教育，它是指社会通过社会化的机构及其执行者实施社会化的过程。完成广义教育的组织包括家庭、学校、社会团体、大众传播媒介以及法庭、监狱等。社会化的执行者则是这些组织的成员。社会教化分为两类：一是系统的、正规的教育，如学校教育等；二是非系统的、非正规的教育，如社会风俗、群体亚文化、传媒等对人有着潜移默化的作用。个体内化是指个体通过学习，接受社会教化，将社会目标、价值观、规范和行为方式等转化为自身稳定的人格特质和行为反应模式的过程。社会化的内容主要有政治社会化、道德社会化以及性别角色的社会化等。

2）社会认知

社会认知是指对人及其行为的认知，而不是对物、对事的认知。社会认知的结果影响人的社会行为。社会认知包括感知、判断、推测和评价等社会心理活动。对人的知觉、印象、判断以及对人的外显行为原因的推测和判断，是社会认知活动发生和进行时所经历的几个主要过程。后面章节中将详细介绍这部分内容。

3）社会动机

社会动机是人的社会行为的驱动力，它的研究范围包括需要、动机、本能等方面。我们在后续章节中将予以涉及和讨论。

4）社会沟通

广义的社会沟通是指人类的整个社会互动过程，人们不仅交换观念、思想、知识、兴趣、情感等信息，而且交换相互作用的个体的全部社会行动。社会沟通是社会赖以形成的基础。

社会沟通的方式主要有两种：语言沟通和非语言沟通。语言是社会上约定俗成的符号系统，它具有两个基本功能：一是思维功能；二是沟通思想、感情的功能。语言沟通是社会沟通的主要方式，非语言沟通是社会沟通的另一种重要方式。

5）社会态度

社会态度是社会心理学的基本内容之一，这方面的探讨比较多，甚至有些早期的社会心理学家把社会心理学定义为研究社会态度的科学。社会态度的重要性在于人的社会化过程的最终结果就包含在个体的态度之中。

人们对一个对象会做出赞成或反对、肯定或否定的评价，同时还会表现出一种反应的倾向性，这种倾向性就是心理活动的准备状态。所以，一个人的态度会影响他的行为取向。消费者行为学之所以需要研究态度问题，原因就在于消费者的心理倾向性在很大程度上影响消费者的购买行为，如商场的选择、品牌的选择都受消费者态度的影响。

6）人际关系

社会心理学以社会中的人为其研究对象，自然就要研究人际关系问题。人际关系是人与人之间心理上的关系、心理上的距离。这种关系是在人与人之间发生社会性交往和协同活动的条件下产生的，是具有普遍意义的现象，在小群体中体现得尤其明显。人际关系的形成包含认知、情感和行为三方面的心理因素，其中情感因素起主导作用，它制约着人际关系的亲疏、深浅和稳定程度。

人际关系一般可分为积极关系、消极关系、中性关系。不同类型的人际关系伴随着不同的情感体验。例如，积极关系使当事双方在交往时产生愉快的体验，而消极关系会带给双方痛苦。

此外，社会心理学还研究个人行为、自我意识、团体心理以及群体性社会心理现象等，在此我们不一一介绍。

总之，通过对心理学和社会心理学的简单介绍，我们了解到心理学和社会心理学与消费者行为学有密切关系，它们对消费者行为学的产生和发展起着重要作用。

2.3 消费者行为研究的方法

如前所述，消费者行为学始终具有多学科的特点，其中最主要的有心理学、社会学、社会心理学、市场营销学、经济学等，因而，消费者行为学的研究方法或多或少地受到这些比较成熟的学科的影响，而其中心理学的影响是最大的。心理学为消费者行为学提供了知识和方法上的基础，推动消费者行为学快速发展。此外，社会学、市场营销学的知识和研究方法也成为消费者行为学重要的知识和方法来源。这些构成了消费者行为学发展的先天优势，其后天优势则是强大的社会需要。

要想有效地对消费者行为进行研究，首先就要获取目标消费者的相关资料，这些资料对理解消费者行为和制定营销策略是非常有用的。关于消费者的资料主要有两类：第二手资料和第一手资料。

从事任何研究项目，首先应全面搜集与此项目有关的现有资料，即第二手资料。第二手资料又称间接资料，是他人为其他某种目的搜集的已经加工整理过的信息。二手资料获取的成本低，需要的时间短，但由于是他人为其他目的搜集的，所以适用性较差。

第二手资料的来源多种多样，主要包括企业内部、公共图书馆、政府部门、市场调查机构、咨询机构、行业协会、互联网等。

第一手资料又称原始资料，是通过现场实地调查所搜集的资料。在许多情况下，利用第二手资料不能完全满足调研者的需要，因为毕竟这些资料不是针对本研究的目的所搜集的。虽然第一手资料的获取要更费时间，投入更多的成本，但有时第一手资料才是解决问题的唯一方法，甚至可以说是不可替代的。获取第一手资料的方法很多，如观察法、实验法、访谈法等。

2.3.1 观察法

观察法是在自然情况下，有计划、有目的、有系统地直接观察被研究者的外部表现，了解其心理活动，进而分析其心理活动规律的一种方法。

运用观察法，首先应有明确的目的，要制订研究计划，拟定详细的观察提纲。观察过程中要敏锐捕捉各种现象，准确、详细地记录下来，及时予以整理和分析，以利于科学结论的产生。由于观察者很少干扰或不干扰被观察者的正常活动，因而得出的结论比较符合实际情况。另外，观察法简便易行，可以涉及相当广泛的内容。但是，由于观察者往往处于被动地位，他只能等待需要观察的现象自然出现，不能在必要时反复观察，因而难以区别哪些观察所得是偶然的，哪些是规律性的。此外，观察法表面看起来很简单，但实际运用起来难度非常大，因此只有经过严格训练的人才能有效使用。

观察法一般适用于以下情形：调查者所关注的行为是公开的；这些行为经常且重复出现或者是可以预测的；行为发生在相对较小的时间跨度里。

从不同的角度，观察法可以分为以下几种类型：

（1）自然条件下的观察与人创情境下的观察。自然条件下的观察是在自然情境下等待某一行为的出现；人创情境下的观察是根据当时的需要，创设一定的条件而进行的观察。

（2）公开观察与隐蔽观察。公开观察是指观察者的身份是公开的，而且消费者意识到自己的行为被观察；隐蔽观察是指观察者的身份不公开，而且消费者没有意识到有人在观察自己。

（3）结构性观察与非结构性观察。如果将观察限定在预先确定的那些行为上，就是结构性观察；非结构性观察是对所有出现的行为都进行观察和记录。

（4）直接观察与间接观察。直接观察是指对行为本身进行观察，间接观察仅仅是对行为的结果进行观察。

（5）人工观察与机械观察。按照观察时是否借助机械、仪器等设备，可以把观察法分为人工观察与机械观察。

（6）参与式观察与非参与式观察。参与式观察指的是观察者要融入调查环境之中，并需要付出大量的时间和努力；而非参与式观察就没有这个要求。

【观念应用2-1】

无印良品：走近用户生活方式

企业的良性增长是建立在满足用户的新需求上的，因此，企业每时每刻都要关注用户需求的变化。无印良品走进消费者的生活方式和工作方式，通过洞察消费者的痛点来设计新产品和新服务。

首先，无印良品成立了产品顾问委员会，主要工作是确定无印良品产品概念的方向。无印良品每个月都会召开一次会议，总裁、董事长以及公司管理层都必须参加。产品准备生产之前，都需要过问顾问委员会的意见。

其次，员工深入目标用户的日常生活场景中去洞察。无印良品还会与员工的一些亲属或朋友的家庭签约，定期到这些家庭待几天，观察他们的日常生活。工作人员会站在消费者的角度来看他们到底有什么样的需求，或他们在用产品时有哪些不适，并将这些意见整理出来。在观察期间也会将很多物品拍成照片，整理成相册，拿到公司来进行讨论。搜集到这些信息和图片，是未来产品开发时非常重要的参考。

最后，无印良品还通过一个专门的机构“生活良品研究所”搜集客户的反馈。生活良品研究所周一整理、汇总顾客意见，周五将这些意见反馈给相关部门，相关部门必须在第二周的周一针对客户反馈给一个答复。借助IT系统，整个公司都可以看到这些顾客意见。

资料来源 崔德乾. 良性增长，你必须捕捉到这个点［J］. 销售与市场（管理版），2020（1）：82-84.

问题：该案例给我们的启示是什么？

2.3.2 实验法

实验法是有目的地严格控制或创设一定的条件，人为地引起某种心理现象产生，从而对它进行分析研究的方法。因此，这种方法涉及在改变一个或多个变量（如改变产品特征、包装颜色、广告主题）的条件下，观察这种改变对另外一个变量（如消费者的态度、学习或重复购买行为）的影响。在控制条件下改变的变量被称为自变量，受自变量影响而改变的变量被称为因变量。实验法有两种形式：实验室实验法和自然实验法。

实验室实验法是在专门的实验室内借助各种仪器进行的。在设备完善的实验室里研究心理现象，从呈现刺激到记录被试者反应、数据的计算和统计处理，都采用电子计算机、录音录像等现代化手段，实行自动控制，因而对被试者心理现象的产生原因、大脑生理变化以及行为表现的记录和分析都是比较精确的。自然实验法是由研究者有目的地创造一些条件，在比较自然的条件下进行的，它既可以用于研究消费者一些简单的心理活动，又可用于研究消费者较复杂的心理活动。

自然实验法兼有观察法和实验室实验法的优点。由于自然实验法是在实际情况下进行的，所得到的结果比较接近实际；又由于自然实验法由研究者有目的地改变或控制了某些条件，因此具有主动性和严密性，所得到的结果也比较准确。

2.3.3 调查法

调查法是从大量消费者中系统搜集信息的方法。调查可以采用人员访问、邮寄问卷、电话访问等方式。

人员访问通常在购物现场进行，通过运用复杂的问卷和产品展示，能在较短时间内从消费者中搜集到大量的信息。邮寄问卷所花的时间比较长，所问的问题一般比较简单。这种方法可用来搜集中等复杂程度的数据，其优点是费用较低。电话访问的特点是完成迅速，能提供良好的样本控制（谁回答问题），而且费用也不太高，但询问的问题同样也应该简单一点。

调查法的一个主要问题是拒访所引起的偏差比较大。在选择好的参与调查的对象中，可能只有不到一半的人实际接受了调查。在电话访问和人员访问时，很多人不在家或者拒绝合作；在邮寄问卷时，很多人拒绝或忘了做出回应。为了避免这种情况带来的不利影响，调查人员可以通过电话或人员再访方式来提高调查反应率。再访应该安排在不同的日子或同一天的不同时段。

【教学互动2-1】

互动问题：中央电视台“你幸福吗”全国大调查引起热议。原汁原味播放采访实况，这在注重严肃、稳重的央视实属罕见。由此，大家才能看到CCTV调查组屡遭“神回复”，如“我姓曾”“我耳朵不好”“接受你采访被插队”之类。在市场研究中，像CCTV这样“你幸福吗”的调研方式，你赞同吗？为什么？

互动要求：同“教学互动1-1”。

2.3.4 问卷法

严格地说，问卷法也属于调查法的一种。它是根据研究内容的要求，由调查者设计一份调查表，发给被调查者填写，然后汇总调查表并进行分析研究的一种方法。

问卷法要求被调查者回答问题要明确，表达要正确，要实事求是。调查者对得到的材料，要进行仔细的数量和质量分析，由此确定某一年龄段或某一阶层的人们的消费心理倾向。问卷法的优点是可以同时进行大规模的调查；缺点是问卷回收率低，对所回收的问卷答案的真伪判断较难，因为有些问卷的回答者可能并没有认真对待。

问卷法的用途非常广泛，用它可以测量或衡量以下内容：过去、现在或将要发生的行为；有关的人口统计特征，如年龄、性别、收入、职业等；被调查者的知识水平或对某一问题的了解水平；被调查者的态度和意见。

问卷法的关键是问卷的设计。好的问卷设计要按步骤回答以下问题：

（1）基本决定：需要搜集哪些信息？向哪些人搜集信息？

（2）确定所问问题与内容：这一问题确实需要吗？被调查者能正确地回答这一问题吗？是否存在外部事件使得被调查者的回答具有倾向性？

（3）决定应答方式或形式：这个问题是以自由回答式、多重选择式还是以其他的形式提出来？

（4）决定提问的措辞：所用的词语是否对所有的被调查者都只有一种含义？问题是否隐含所有的备选答案？被调查者能从研究者所期待的参照体角度回答这一问题吗？

相关链接2-1

调研问卷设计的魔鬼细节

（5）决定问题的排列顺序：所有问题都是以一种合乎逻辑且避免产生偏差的方式排列的吗？换句话说，前后问题之间有没有矛盾的地方？

（6）预试与修正：最终问卷的确定是否取决于针对少量样本的预试？预试中的应答者是否与最后要调查的被试相类似？

2.3.5 访谈法

访谈法就是调查者与消费者进行面对面的、有目的的谈话，以了解消费者对所调查内容的态度倾向、消费者的人格特征等。

访谈法可以分为结构式访谈和非结构式访谈两种。所谓结构式访谈，是指由访谈者按事先拟定好的提纲提出问题，消费者按要求逐一回答，通过有目的、有计划的提问搜集所需要的资料。它的优点是针对性比较强，调查的问题比较明确，节省时间。它的不足是由于所提问题规范化程度比较高，可能会降低被调查者合作的积极性，被调查者可能会敷衍了事。所谓非结构式访谈，是指访谈者事先不确定谈话的具体题目，有时甚至也不告诉被访者谈话的目的，而是在总体目标范围内采取自然交谈的方式。这样做的优点是谈话的气氛比较轻松，消费者可以坦诚地说出自己的真实想法。但是，这种方法要求调查者有较高的把握目标和掌握谈话技巧的能力。同时，这种方法对搜集到的资料进行归纳和整理也较困难。

访谈法可以涉及一个访谈者和一个被访者，也可以涉及一个访谈者和多个被访者。前者称为一对一访谈，后者称为集中小组访谈。在一对一访谈中，访谈者要注意不能给被访者任何压力和暗示，要使被访者轻松、自然地回答问题，而不能有意识地影响被访者的回答。标准的集中小组访谈通常有8~12名被访者。一般来说，小组成员的构成应该能反映特定细分市场的特性。被访者是根据相关的要求从样本中挑选出来的。小组讨论由一名主持人组织，主持人一般在1~3小时的讨论过程中经历以下3个清晰的阶段：①与小组成员建立融洽关系、设定访谈目标；②在相关领域展开热烈的讨论；③总结小组的各种反应，以确定小组成员在基本观点上达成一致的程度。

2.3.6 投射技术

投射技术是指向消费者提供一些含义模糊的材料，通过这些材料激发消费者潜意识中的感情和态度。投射技术用来测量消费者在一般情况下不愿或不能披露的情感、动机或态度，是“根据无意识的动机作用来探询人的个性深蕴的方法”。

应用投射技术时，如果所需要的信息涉及很多私人问题或者较深层次的问题，可以让消费者在一张卡通画上表达自己的思想，或者是给消费者一个未完成的句子让他来完成，或者是设定一个具体的环境请消费者回答他会把哪些人与这种环境联系在一起。因为这些问题并不是直接提问的，所以在每一种情况下，消费者都更有可能表达出自己的真实感情。

常用的投射技术有很多，如主题统觉测验（TAT）、造句测验、角色扮演法等。比如，在角色扮演法中，实验者向被测试者描述某种情景，然后让被测试者充当情景中的某一角色，观察被测试者在该情景中的反应，从而取得实验结果。这是一种间接调查方法，让被测试者在不知不觉中自然地流露出自己的真实动机和态度。

【观念应用2-2】

为什么不喜欢速溶咖啡

20世纪40年代后期，速溶咖啡作为一种方便饮料开始进入美国市场。让生产者和经营者始料不及的是，这种被他们认为方便、省时、省力、快捷、价格也适中的新商品并不受欢迎，问津者寥寥无几。而当直接问消费者不买速溶咖啡的原因时，他们中的大部分人回答是不喜欢速溶咖啡的味道。但若深究下去，又没有人能说出速溶咖啡的味道与普通咖啡豆加工后的味道相比到底有什么不同。为此，生产者和经营者都感到很茫然。

美国加利福尼亚大学的海尔认为，消费者没有回答拒绝购买的真正原因，味道只是他们的一个托词，实际上是一种潜在的心理在起抵制作用。于是，海尔采用了间接的角色扮演法进行深入调查。在调查中，他首先制作了两种常见的购物单，在这两种购物单中列出数种食品，除咖啡外，其余项目完全相同。在咖啡这项中，一种写速溶咖啡，另一种写新鲜咖啡豆。海尔的购物单见表2-1。

表2-1 **购物单**

购物单A	购物单B
汉堡牛肉饼	汉堡牛肉饼
面包	面包
胡萝卜	胡萝卜
发酵粉	发酵粉
速溶咖啡	新鲜咖啡豆
桃子罐头	桃子罐头
土豆	土豆

在调查中，他把两种购物单分别发给A、B两组各50名家庭主妇，要求她们描述按该购物单买东西的家庭主妇的个性。调查结果发现，家庭主妇们认为，购买速溶咖

相关链接2-2

主题统觉测试（TAT测试）

啡的人一般是懒惰、邋遢、无计划、没有家庭观念的人，而购买新鲜咖啡豆的人是有生活经验、勤俭持家、有家庭观念的人。

问题：

（1）在该案例中，海尔用了哪种调查方法？

（2）分析人们不喜欢速溶咖啡的真正原因，并提出建议。

2.3.7 大数据分析

大数据分析就是从各种类型的数据中快速获得有价值的信息。消费者行为的大数据分析是大数据应用的一个领域，通过对终端采集的数据进行分析，帮助企业快速洞察消费者的需求并实施精准营销。可见，大数据有助于提升企业的运营能力，一方面可以根据用户需求改善产品，另一方面通过一对一精准服务提升用户体验。

大数据已经渗透到我们生活的方方面面，在生产、经营、流通等各个领域大放异彩。其中，大数据分析在市场营销和销售方面的应用，是众多领域中最亮眼的一个。比如，耐克凭借一种名为Nike+的新产品变身为大数据营销的创新公司。所谓Nike+，是一种“Nike跑鞋或腕带+传感器”的产品，只要运动者穿着Nike+的跑鞋运动，iPod就可以存储并显示运动日期、时间、距离、热量消耗值等数据。用户上传数据到耐克社区，就能和同好分享讨论。耐克和Facebook达成协议，用户上传的跑步状态会实时更新到Facebook账户里，朋友可以评论并点击一个“鼓掌”按钮——神奇的是，这样你在跑步的时候便能够在音乐中听到朋友们的鼓掌声。随着跑步者不断上传自己的跑步路线，耐克由此掌握了主要城市里最佳跑步路线的数据库。有了Nike+，耐克组织的城市跑步活动效果更好。参赛者在规定时间内将自己的跑步数据上传，看哪个城市累计的距离长。凭借运动者上传的数据，耐克公司已经成功建立了全球最大的运动网上社区，超过500万的活跃用户每天不停地上传数据，耐克借此与消费者建立前所未有的牢固关系。海量的数据对于耐克了解用户习惯、改进产品、精准投放广告和精准营销起到了不可替代的作用。

1）大数据的特点

大数据指的是需要新处理模式才能具有更强的决策力、洞察力和流程优化能力的海量、高增长率和多样化的信息资产。在维克托·迈尔-舍恩伯格及肯尼思·库克耶编写的《大数据时代》一书中指出，大数据不用随机分析法（抽样调查）这样的捷径，而采用所有数据进行分析处理。

大数据具有“5V”特点：Volume（大量），数据体量巨大；Velocity（高速），处理速度快；Variety（多样），数据类型繁多，包括网络日志、视频、图片、地理位置信息等；Value（价值密度），价值密度低，以视频为例，在连续不间断监控过程中，可能有用的数据仅仅有一两秒；Veracity（真实性），大数据中的内容是与真实世界中发生的事件息息相关的，研究大数据就是从庞大的网络数据中提取出能够解释和预测现实事件的过程。

2）消费者行为大数据的分析流程

互联网以及各种移动智能终端的出现，使得消费者行为研究有了新的数据来源——消费者的网络痕迹。大量消费者通过网络来完成他们的工作和生活，他们的足迹遍布整个网络，他们的每个行为也给企业留下了宝贵的数据。企业通过多维度搜集消费者的数据，对其进行画像，然后对其进行精准营销。

消费者行为的大数据分析包括以下三个层面的工作：

数据层：采集和处理数据。在互联网时代，大数据的采集过程基本是无限的、无意识的、非结构化的，并且可能是跨平台、跨不同终端的。

业务层：建模分析数据。关于数据分析模型，例如基本统计，机器学习，数据挖掘的分类、聚类、关联、预测等算法，传统数据和大数据的做法差别不大，但是由于数据量的极大扩增，大数据的算法也获得了极大的优化提升的空间。

应用层：解读数据。数据分析最重要的是解读。通过数据解读可以对消费者进行画像，同时也可以进行广告传播。

3）大数据分析在消费者行为研究中的作用

第一，用户行为与特征分析。只有积累足够的用户数据，才能分析出用户的喜好与购买习惯，甚至做到“比用户更了解用户自己”。这一点，才是许多大数据营销的前提与出发点。

第二，引导产品及营销活动投用户所好。如果能在产品生产之前了解潜在用户的主要特征，以及他们对产品的期待，那么你的产品即可投其所好。

第三，筛选企业重点客户。许多企业纠结的事是：在企业的用户、好友与粉丝中，哪些是最有价值的用户？有了大数据，或许这一切都可以有更多的事实支撑：从用户访问的各种网站可判断其最近关心的东西是否与你的企业相关；从用户在社交媒体上所发布的各类内容及与他人互动的内容中，可以找出大量的信息，利用某种规则将这些信息关联及综合起来，就可以帮助企业筛选重点的目标用户。

第四，改善用户体验。要改善用户体验，关键在于真正了解用户及他们使用产品的状况，做最适时的提醒。例如，在大数据时代或许你正在驾驶的汽车可提前救你一命。只要通过遍布全车的传感器搜集车辆运行信息，在汽车的关键部件出现问题之前，系统就可以提前向你或4S店预警，这不仅可以节省金钱，更是对保护生命安全大有裨益。

第五，社会化客户关系管理（SCRM）中的客户分级管理支持。面对日新月异的新媒体，许多企业通过对粉丝的公开内容和互动记录进行分析，将粉丝转化为潜在用户，激活社会化资产价值，并对潜在用户进行多个维度的画像。

4）大数据营销中存在的问题

大数据可以增加个性化营销的准确率和对企业经营等方面进行赋能，那么，是不是所有的数据营销都是好的呢？如果数据来源不真实，或者数据不够全，或者不断给用户推荐同一个商品，都会引起用户的反感，造成不好的用户体验。同时，大数据时代的普通网民究竟还有没有隐私？

在日常生活中，人们常常面临“选择”：是否同意获取个人信息？使用一个简单的应用程序，注册一个网络账号，都会让用户提供手机号码、姓名等隐私信息。安装一个新的App，使用前先收到一连串的提醒：“允许发送通知”“允许访问位置”“允许获得手机通讯录”“允许启用电话、短信、相机”……尽管用户可以选择“同意”或者“不同意”，但用户一旦选择了“不同意”，很多App便自动退出不再提供服务。

在大数据时代，信息开发的力度越大，数据面临的风险就越大，失衡现象就愈发严重和常见。当前，随着大数据、云计算等数字技术的迅猛发展，信息采集的广度和深度不断拓展，信息流动日益突破地域和行业限制，对个人信息保护和安全保障提出了严峻挑战。非法获取、泄露甚至倒卖公民个人信息等侵害公民信息安全的恶劣事件时有发生，网络安全问题日益凸显。对此，欧盟已经开始实施针对个人信息保护的《通用数据保护条例》，为各国政府加强对公民个人信息的监管与保护提供了重要的立法范式。

除了上述的“隐私”问题之外，还有一个“大数据杀熟”问题。由于通过用户数据量以及数据更新频次可轻易判断出用户是“生客”还是“熟客”，一些平台利用算法技术给不同类型消费者“画像”，判断其偏好、用户黏合度、价格敏感度等，使不同用户看到的价格或搜索的结果不同，通常是老用户看到的价格比新用户贵，或搜索到的结果比新用户少。结果是平台大赚，商家、消费者利益受损，还容易导致垄断。如果某位用户经常在网络平台消费，其画像就是消费能力很强，那么就有极大可能在浏览同一个商品时，被所谓的系统自动“加价”。平台和商家很清楚，即使隐蔽地加上数十元、上百元，这位消费者还是有极大可能下单——价格依旧在承受范围内。很显然，这对用户来说并不公平。

大数据杀熟毫无疑问是错误的——消费者被骗的感觉，绝不好受。整治大数据杀熟，已迫在眉睫。事实上，此前已经有相关规定向大数据杀熟“开炮”。比如，文化和旅游部发布的《在线旅游经营服务管理暂行规定》于2020年10月1日起正式实施，其明确规定，在线旅游经营者不得滥用大数据分析等技术手段侵犯旅游者合法权益。

【课程思政2-1】

大数据杀熟

2019年3月，有网友爆料称自己在携程购买机票时，由于没有选报销凭证，于是退出重新填写（退出前机票的显示价格为17 548元），不料退回重选机票时，被提示无票，随后重新搜索机票时，价格已涨至18 987元。值得一提的是，同等机票在海航官网只需要16 890元。前后仅仅几分钟，先是显示无票，后又突然涨价，这令当事人感觉自己被“大数据杀熟”了。

对此，携程官方致歉并回应称，平台绝不存在任何“大数据杀熟”行为，只是发现在新版本的机票预订程序中存在错误，目前已做了紧急修复。

“大数据杀熟”在我们的生活中绝非携程一个个例，各类订票、外卖、网约车软件俨然已经成了重灾区。

无独有偶，还有一位女士使用手机在某电商平台购物时，中途错用了另一部手机结账，却意外发现，同一商家的同一件商品，价格却截然不同！具体来说，这位女士的注册至今12年、经常使用、总计消费近26万元的高级会员账号吃了大亏——比注册至今5年多、很少使用、总计消费2 400多元的普通会员账号的价格还贵了25元钱。这看起来有些匪夷所思，毕竟这位老用户是电商平台的消费中坚力量代表，却遭遇如此不公平的待遇。人们不禁感慨：大数据杀熟，实在是太狠了。

资料来源 [1] LEE W. 盘点“大数据杀熟”案例：这些“坑”你都经历过吗？[EB/OL]. [2023-12-13]. https://t.qianzhan.com/caijing/detail/190315-3d15cfc7.html. [2] 康斯坦丁. 同一商品不同账户差25元！大数据杀熟为何屡禁不止？[EB/OL]. [2023-12-13] .https://kangsitanding.blog.caixin.com/archives/237026.

问题：

(1) 你听到或遇到过诸如此类的大数据杀熟事件吗？在课堂上跟大家分享一下。

(2) 你认为大数据杀熟的根本原因是什么？

【立德树人小思考2-1】

党的二十大报告高度重视数字经济的健康发展，将其作为建设现代化产业体系、推动高质量发展的重要内容。结合党的二十大报告的相关论述，谈谈企业在消费者行为研究中应如何正确使用大数据分析。

2.3.8　消费者行为研究中应注意的问题

有些企业认识到消费者信息对于制定营销策略的重要性后，往往不择手段地去搜集消费者信息，甚至会过于迷信这些信息。具体地说，消费者行为研究中应该注意以下几个方面的问题：

1）对消费者行为研究要有正确的认识

消费者行为研究通常是企业为了要做出更好的决策而进行的，它是高度专业经营的象征。人们通常认为，在消费者行为研究上投入越多，决策就越正确。然而事实并非如此，正如我们在许多例子中所看到的那样，有的企业虽然投入了大量的研究成本，但最终效果很差。事实上，我们必须认识到，消费者行为研究也有好的和坏的之分。好的研究能给经营者提供有益的并且常常是不可或缺的信息，但也有一些研究是毫无益处的。我们必须注意这样的问题：消费者的反应究竟是什么意思？如何将消费者的反应转换为实际的销售绩效？怎样在实际购买行为中比较、验证消费者的偏好？消费者行为研究并不能保证正确的决策，它只能提供情报，以增加正确决策的可能性。

虽然有很多花许多钱进行研究却失败的例子，但这并不应给经营者造成错觉，不能让经营者认为消费者行为研究是无益的。问题是如何看待这类研究，如何避免研究中可能出现的偏差，在承认它的局限性的同时使它更好地为自己的经营服务。

2）研究方法本身的科学性

消费者行为研究本身必须是客观的，不能有任何主观偏好，而且在研究手段和研究程序上一定要科学规范。在研究方法的科学性方面，至少要注意以下几个问题：

(1) 样本选择的科学性。由于时间和经费的限制，研究人员不可能调查每一位潜在购买者，而只能选择潜在购买者中的一部分做调查，即抽样。抽样应十分慎重，特别是样本一定要具有代表性，如果在抽样阶段出现错误，这种错误是很难在研究的后期得到纠正的。

（2）问卷制作的科学性。问卷本身的科学性主要体现在其中所隐含的信度和效度上。

信度指的是量表的可靠性，即某一资料搜集工具是否能够一致无误地衡量相同的事物。具有可靠性的结果表明在相似的测验条件下该结果具有可重复性。假如要衡量一个人的智力，如果所用的智力量表可靠的话，那么任何人的智力分数在某一段时间内都应该维持相对稳定。

效度是指研究或测验得到的信息精确地测量了研究者想要测量到的东西，即数据搜集工具和某些重要的绩效标准之间必须有确实的关系存在。一个有效的实验意味着研究者能把研究结果推广到更大的范围。

一个好的问卷调查表必须同时具有高的信度和高的效度，二者缺一不可。

3）消费者行为研究中的道德问题

在消费者行为研究中，研究人员往往会采取各种手段获取消费者的信息，因而可能有意或无意地违反了研究的道德规范。因此，研究人员在与消费者打交道的过程中，应该注意以下几个问题：

（1）确保被调查者的匿名性。研究人员必须确保参与调查研究样本的匿名性，纵使委托研究的客户提出要求，也不能泄露相关的资料，这是一项最基本的研究道德。

（2）避免让被调查者在有心理压力时进行抉择。被调查者在接受调查、访问的过程中，有时可能会面临一些令他们困窘的情况（如因缺乏相关的知识所产生的挫折感），这些困窘的情况就会形成他们的内在心理压力。如果这种压力是不可避免的，研究者应该事先让被调查者内心有所准备，要让被调查者自由地抉择。

（3）使用特殊设备时要小心。如果研究人员必须使用一些设备来衡量被调查者的心理反应，那么一定要小心，以避免这些设备对被调查者造成伤害。

（4）当有必要使用“欺骗”手法时，必须是基于善意的。在研究中，有时不可避免地要“欺骗”被调查者，就像在广告研究中，研究者往往会隐藏真正想要测试的目标广告。这种“欺骗”应该是研究所必需的，而且要保证不会给研究对象造成任何伤害。

（5）网络营销中的问题。在网络营销中，企业在网上搜集和使用消费者的个人信息时违反道德的情况主要有两种：一是在搜集信息的过程中侵犯消费者的知情权。在传统营销中，消费者的个人信息主要是通过市场营销调查来获得的，这些信息的获得是经过消费者许可的，否则很难获得。随着网络技术和网络软件的发展，企业在网上搜集消费者的个人信息变得越来越容易、越来越隐蔽。在很多情况下，消费者的个人信息在不知不觉中就已经被搜集了。二是在使用信息的过程中违背搜集信息的初衷。企业网站以注册名义来搜集网络消费者信息是一种常用的手段。在注册过程中，企业通常会出示使用和保密方面的协议，可是在实际使用过程中，有的企业则违背搜集信息的初衷，除了自己使用这些信息外，还出卖信息来牟利。以上这两种情况都是不道德的，也是不允许的。

本章小结

本章主要介绍了消费者行为研究的历史、消费者行为研究的理论来源、消费者行为研究的方法。

消费者行为研究的历史大体上可以分为三个时期：萌芽时期（19世纪末至20世纪30年代），消费者行为与心理的理论研究开始出现并得到初步发展；应用时期（20世纪30年代至60年代），消费者行为研究得到迅速发展并广泛地应用于企业的市场营销实践中；发展时期（20世纪60年代以后），消费者行为研究呈加速发展趋势，研究文献的数量和质量有了明显提高，研究范围不断扩展，研究方法也日益多样化。

消费者行为学作为一门学科，具有显著的多学科或跨学科性质，与其关系密切的学科主要有心理学、社会学、社会心理学、文化人类学、经济学、市场营销学等。

心理学是研究心理现象的发生、发展和活动规律的科学。心理现象分为心理动力、心理过程、心理状态和心理特征四个方面。心理动力是指决定个体对现实世界的认知态度和对活动对象的选择与偏向的心理现象系统。人的心理是一个动态的过程，即人脑对客观现实的反映过程，它包括认知过程、情感过程和意志过程。心理状态是指心理活动在一段时间里出现的相对稳定的持续状态。心理特征就是人在认知、情感和意志活动中形成的那些稳固而经常出现的意识特性，主要包括能力、气质和性格。

社会心理学是心理学和社会学之间的一门边缘学科，并受这两个学科的影响。社会心理学研究的内容主要包括以下几方面：社会化、社会认知、社会动机、社会沟通、社会态度、人际关系等。

研究消费者行为的方法很多，本书主要介绍了观察法、实验法、调查法、问卷法、访谈法、投射技术、大数据分析等。在本章的最后，我们还探讨了消费者行为研究中的道德问题。

主要概念

心理动力　能力　气质　性格　实验法　访谈法　投射技术　大数据分析　信度　效度

基本训练

□ **知识题**

2.1　阅读理解

1）消费者行为研究经历了哪几个阶段？

2）社会心理学研究的内容主要包括哪些方面？

3）什么是观察法？它一般适用于哪些情形？

4）好的问卷设计一般要按步骤回答哪些问题？

5）大数据分析在消费者行为研究中的作用主要表现在哪些方面？

6）研究人员在与消费者打交道的过程中，应该注意哪些道德问题？

2.2 知识应用

即测即评

□ **能力题**

2.1 实务题

某公司将对彩电市场的销售情况进行一次问卷调查，请你帮助设计一份有关彩电的品牌、型号、价格、售后服务、购买意向等方面的调查问卷。

2.2 综合题

利用网上的资料，分析对不同类型（比如儿童、老年人、盲人）消费者适合的调查方法分别有哪些？写出你的理由。

2.3 案例分析

戴着头盔去看房

2020年11月，一则“戴头盔看房”的视频在网上流传：“为保护个人信息，戴着头盔去看房”。视频发布者在评论中提问“知道为啥戴头盔吗？”有网友表示：“售楼部有人脸识别系统”“与购房优惠挂钩”。

事实上，以“买房”搭配“头盔”“口罩”“面罩”“墨镜”等词在网上检索，类似的案例并不少见，最后都不约而同地指向了“售楼处人脸识别系统”。人脸识别系统成了售楼处标配，用于分类顾客，并与购房优惠挂钩。

在房地产从业者看来，人脸识别好处多多，但对于消费者来说，其中暗藏猫腻。

有消费者反映，他原本由中介带领到天津湾某新房售楼处购买房屋，一个月后售楼处告知，通过售楼处人脸识别系统识别到与该名消费者相似人员曾经独自来过售楼处看房，判定其为售楼处自访客户，非中介渠道客户，无法享受相关优惠。这名消费者认为，售楼处未经授权同意的情况下，擅自识别获取人脸信息，涉嫌违法，也损害其购房利益。

对此，天津市河西区政府回复，经过核查处理，该问题属于合同纠纷，建议市民到法院自诉解决。

某房屋中介介绍，此类情况并非个例。如果购房者是看了房企宣传前来买房，叫作“自然到访客户”；如果购房者被渠道中介带上门，就属于“渠道客户”。这关系到客户能不能享受中介渠道的团购优惠，另外房企也要给予中介一定的“好处费”，即提成佣金。这位中介还透露，由中介带领首次看房完成签单，对于消费者而言有较大优惠，有时差距甚至在几十万元。不过，常规情况下，消费者在买房时货比三家，很难当下做出决定，在不知道售楼处存在人脸识别系统的情况下，消费者常常与房企以及中介发生纠纷。过去，房企销售与渠道中介抢客户的情况时常发生。而人脸识别，就是为了帮助房企判断某个购房者是什么类型、是谁的客户，佣金应该发给谁。

天津湾某新房售楼处工作人员也承认，确实应用了人脸识别系统，其目的主要是解决要不要给中介结佣金的问题。

资料来源　央视财经．“戴着头盔去看房”视频火了，背后原因细思极恐［EB/OL］．［2023-12-13］．https://new.qq.com/rain/a/20201124A0I40100.

问题：

1）根据本章的两个知识点评析该案例。

2）你如何看待人脸识别系统与购房优惠挂钩这种现象？

第二篇　消费者决策与消费行为

第3章　消费者的购买决策

消费者的购买决策

学习目标

通过本章学习，你应该达到以下目标：

知识目标：了解消费者购买决策的特点与过程；认识消费者在实际购买过程中采用的决策原则；掌握消费者购买行为的类型。

能力目标：具备根据市场动态识别消费者的新需求的能力；具有一定的处理消费者的投诉和抱怨的能力。

引例

大牌们为什么钟情“特惠套餐”？

“价格战”持续进行，商家叫苦连天。调研发现，不同餐饮商家对抗“价格战”的新玩法，就是跟上了“特惠套餐”的车。

什么是“特惠套餐”？先举个例子。工作日晚上去遇见小面吃饭，扫码后，首先出场的是5个“特惠套餐”，比如天府鸭血小面特惠套餐等。扒拉一下页面，就可以找到构成“套餐”的核心要素——加个卤蛋。

天府鸭血小面特惠套餐=天府鸭血小面+卤蛋

棒棒鸡丝面特惠套餐=棒棒鸡丝面+卤蛋

加个卤蛋的套餐，“特惠”在哪里呢？加蛋不加钱！让顾客感觉更值了！以棒棒鸡丝面为例，单点面和点一个加卤蛋的套餐，都是24元。

这颗价格上几乎等于“白送”的卤蛋，让“朴实无华”的套餐瞬间吸引力大增，直接将顾客推向上面5个特惠套餐选项。

“不要钱的卤蛋”，一方面提高了顾客的点餐意愿，另一方面也压缩了消费者的选择时间，侧面提高餐厅的翻台率。

现在，很多餐厅尤其是快餐店里，都有这颗“不要钱的卤蛋”，它们出现在各式各样的套餐里面，主打一个百搭，提高了一餐饭的丰富度。

不要钱的“卤蛋”，还能用什么替代？

“卤蛋”不是一道“菜品”，是一种“身份”。它是指和餐厅主要售卖产品百搭、价格相对较低的“小菜”，无论和哪款主要产品结合，都可以组成一个丰富、实惠的套餐。它最常见的形式是鸡蛋制品。因为几乎在每一餐中，加个蛋制品都是不错的升级选择，例如，老乡鸡的套餐中都有蒸蛋羹。从套餐名称中可以看出，“蒸蛋羹”和遇见小面的“卤蛋”是一样的，蒸蛋羹不会出现在套餐名字里，它为“4件套”“3件套”贡献一份菜数，同时贡献省钱数量，如“比单点省5元”“比单点省2元”。

饮品也是常见的增加套餐丰富度的低价产品。众所周知，饮品是高毛利产品，这也意味着饮品的低成本。餐饮天然的搭配属性，让很多餐厅都将饮品纳入套餐。饮品中经常扮演“卤蛋”角色的TOP3选手，可能是可乐、酸梅汤、柠檬水。

特惠套餐是性价比大战下餐厅的另一种玩法。餐饮品牌开启的性价比大战，细究的话可以分为两种：一类是卷价格；另一类是卷内容物。

卷价格十分容易理解。比如，由瑞幸、库迪咖啡带起来的9.9元极致价格时代，让许多品牌都向着10元以下看齐。卷内容物就是在价格不变或略微提升的条件下，通过在套餐中加入更多的“小菜”类餐品，让消费者的一餐更加多元化，从而感受到实惠和性价比。这些“小菜”本来不是消费者的必点产品，在消费者对价格更关注、消费更谨慎的环境下，“非必点”很有可能就会变成“不点”，但加在套餐里，只提升一些整体价格甚至刨去小菜价格，会让消费者愿意购买套餐，并且有“赚了”“实惠”的心理。与一味压低价格相比，这种做法会有更大的利润空间。

资料来源　余从. 大牌们推的“特惠套餐”，能缓解餐饮价格内卷吗？[EB/OL]. [2023-12-13]. https://www.cmovip.com/detail/33674.html.

上述案例表明，在餐饮业越来越内卷的今天，一味压低价格只会把企业带上绝路。只有把握消费者的心理、了解影响消费者行为的因素，才能达到企业和消费者双赢的目标。本章我们来介绍消费者的购买决策及影响因素。

3.1 消费者的购买行为类型

在日常生活中，消费者的购买行为是多种多样的，不仅不同消费者的购买行为存在差异，即使是同一个消费者，在不同条件下，其购买行为也存在差异。下面我们按照不同的划分标准，对消费者的购买行为进行大致的分类。

3.1.1 根据消费者的性格进行划分

根据消费者的性格，可以把消费者的购买行为分为以下6种：

1）习惯型购买行为

习惯型购买行为是由信任动机产生的。这类消费者对某个品牌或某家企业有较强的信任感，忠于某一个或某几个品牌，有固定的消费习惯和偏好，购买时心中有数，目标明确。

2）理智型购买行为

理智型购买行为是理智型消费者做出的购买行为。他们在做出购买决策之前，一般会经过仔细比较和考虑，胸有成竹，不容易被打动，不轻率地做出决定，做出决定之后也不轻易反悔。

3）经济型购买行为

这种类型的消费者特别重视价格，一心寻求经济合算的商品，并由此得到心理上的满足。针对这种购买行为，在促销中要使消费者相信，他所选中的商品是最物美价廉的、最合算的，要称赞他很内行、是很善于选购的顾客。

4）冲动型购买行为

冲动型消费者往往由情绪引发购买行为。这类消费者血气方刚，容易受产品外观、广告宣传或相关人员的影响，他们做出决定比较轻率，易于动摇和反悔。

5）想象型购买行为

这样的消费者往往有一定的艺术细胞，善于联想。针对这种购买行为，可以在包装设计上和产品的造型上多下功夫，让消费者产生美好的联想，或在促销活动中注入一些内涵。

6）不定型购买行为

不定型消费者一般是那些没有明确购买目的的消费者，他们常常三五成群，东走西逛，哪儿有卖东西的就往哪儿看，问得多、看得多、选得多、买得少。他们往往是一些年轻的、刚刚开始独立购物的消费者。他们易于接受新东西，他们的消费习惯和消费心理正在形成，尚不稳定，缺乏主见，没有固定的偏好。

3.1.2　按照消费者在购买时的介入程度和产品品牌差异的程度进行划分

阿萨尔根据购买过程中消费者的介入程度以及品牌之间的差异程度，把消费者划分为以下四种类型：复杂的购买行为、减少失调的购买行为、习惯性的购买行为和寻求变化的购买行为（见表3-1）。

表3-1　阿萨尔购买行为类型

	高度介入	低度介入
品牌间差异很大	复杂的购买行为	寻求变化的购买行为
品牌间差异很小	减少失调的购买行为	习惯性的购买行为

（1）复杂的购买行为。当消费者参与购买的程度较高，并且了解品牌间的显著差异时，他们会有复杂的购买行为。一般来说，购买贵重物品、大型耐用消费品、风险较大的商品、外露性很强的产品以及其他需要消费者高度介入的产品时，消费者往往产生复杂的购买行为。

（2）减少失调的购买行为。由于各种品牌的产品之间并没有多大差别，并且由于产品具有很高的购买风险或者价格很高，所以消费者要高度介入才能慎重决定，但购买商品之后，有时消费者又会产生一种购后不协调的感觉，于是通过各种方法试图做出对自己的选择有利的评价，并采取种种措施试图证明自己当初的购买决策是完全正确的，以减少购买后的不协调感，这就是减少失调的购买行为。

（3）习惯性的购买行为。这是指消费者介入程度不高，同时品牌之间的差异也不大时，消费者在一般情况下采取的购买行为。在这种情况下，产品一般价格较低，大多是经常购买的日用消费品。消费者在购买这类产品的时候一般不需要形成态度和信念，也不需要按照决策过程一步一步地实施计划、最后完成购买活动，而是以一种不假思索的方式直接采取购买行动。此外，在这种情况下，消费者购买某类产品并非出于品牌忠诚，而是出于习惯，或者说只是因为熟悉而购买。

（4）寻求变化的购买行为。当消费者介入程度很低而且品牌间的差异很大的时候，消费者就会经常更换品牌。这种购买行为的产生往往不是因为对原有品牌不满意，而是因为同类产品有很多可以选择的品牌，而且这类产品本身一般价格并不高，消费者在求新求异的消费动机下就会经常地在各品牌之间进行变换，达到“常换常新”的目的。

3.2 消费者的购买决策与购买角色

市场营销人员不仅需要知道消费者企图满足的特别需要，以及他们如何将这种需要转换成购买标准，而且需要了解消费者如何搜集有关选择的各种信息，甚至需要了解消费者如何做出购买决策、喜欢到什么地方购买等，同时也需要了解不同类型消费者的购买决策过程及购买原因是如何变化的。

3.2.1 购买决策及其作用和特点

如前所述，消费者行为就是消费者在寻找、选择、购买、使用、评估和处置与自身需要相关的产品和服务时所表现出来的行为，而这一系列行为活动过程就是消费者的决策过程。具体来说，消费者购买决策是指消费者为了满足某种需要，在可供选择的两个或者两个以上的购买方案中，经过分析、评价，选择并且实施最佳的购买方案，以及购后评价的活动过程。对于许多产品和服务来说，购买决策是包括一系列广泛的信息搜集、品牌对比和评价以及其他活动在内的全部过程。比如，在购买之前，消费者就要确定买什么商品、买哪种牌子的、买多少、到哪里去买等；在购买过程中，要选择品牌、衡量价格水平、确定购买型号等；在购买之后，还会体会到某种程度的满意或不满意，从而影响以后的购买行为。购买决策就是消费者的购买目的的确立、手段的选择和动机的取舍过程。

1）购买决策的作用

购买决策在消费者的购买行为中占有非常重要的地位。对于消费者来说，决策的内容决定购买行为的发生方式，决策的质量决定购买行为的效用大小。正确的决策可以使消费者以较少的费用和时间买到物美价廉的商品，最大限度地满足消费者的需求。对于厂家和商家来说，分析和研究消费者的购买决策，可以为企业正确地确定产品、价格、渠道、促销等策略提供依据。例如，如果一位经理经过调研得知，汽车的耗油量对于某一目标市场来说是最重要的因素，生产者就可以重新设计产品，来达到让消费者满意这一目标。如果该企业不能在短期内改变设计，它可以使用促销手段，努力改变消费者的决策标准。比如，生产者可以通过广告宣传汽车的免费维修这一优惠措施以及汽车具有欧洲赛车的风格，而不强调耗油量。

2）购买决策的特点

消费者购买产品和服务的偏好是经常变化的，因此相对于其他决策活动来说，消费者的购买决策有其自身的特殊性。

（1）消费者购买决策的目的性。消费者进行决策，就是要促进一个或若干个消费目标的实现，这本身就带有目的性。在决策过程中，消费者围绕目标进行筹划、选择、安排，就是实现活动的目的性。

（2）消费者购买决策的情景性。影响决策的各种因素不是一成不变的，而是随着时间、地点、环境的变化而不断变化的。

（3）消费者购买决策的过程性。消费者购买决策是一个完整的循环过程，消费者在受到内、外部因素刺激后，产生需求，形成购买动机，选择和实施购买方案，其购后经验又会反馈回去影响下一次购买决策。

（4）消费者购买决策的复杂性。消费者的决策虽然表现为个人的、经常性的、相对简单的活动，但受到多方面因素的影响和制约，具体包括消费者个人的性格、气质、需要、动机、自我意识等主体相关因素，消费者所处的社会文化环境和情境等各种社会因素，以及商品价格、各种促销形式等营销因素。这些因素之间存在复杂的交互作用，对消费者的决策内容、方式及结果有不确定的影响。

3.2.2 购买角色

人是社会性动物，我们的一举一动都会受到他人的影响，尽管我们有时候会不承认，但它是真实存在的。

比如，假期去一个景区游玩，你在一家卖烤羊肉串的店里花20元钱买了两串，这是因为它很好吃吗？真实原因其实是你看到很多游客都买了，你就没忍住。

你要问那些买苹果手机的人为什么会选择苹果，很多人不会告诉你，他们可能只是看到其他人在用，自己不想和别人不一样。

品牌为什么要请明星代言、关键意见领袖（key opinion leader，KOL）卖货？根本原因是他们能够在更大程度上影响购买者做出购买决定。除了明星、KOL这些重量级的影响者之外，事实上，购买者的朋友、亲人、爱人甚至陌生人等都会影响到购买者的决策。

对于某些产品来说，确认购买者是比较容易的。男士通常选择自己用的剃须刀，而女士购买自己用的口红。但是，随着社会的发展，越来越多的产品所涉及的决策成员往往不止一个人。比如家用电脑的选择，可能是爷爷提出要给孩子买一台电脑，同事推荐了某个品牌或型号，妈妈决定第二天和爸爸去电子商场购买，爸爸选择了电脑并付款，孩子使用买来的电脑。因而，我们可以区分出对购买决策有影响的五类购买角色：

（1）首倡者：首先提出购买某产品或服务的人。

（2）影响者：其观点或建议对决策有影响的人，包括家庭成员、邻居、网友、同事、购物场所的售货员、广告中的模特、消费者所崇拜的名人或明星，甚至素昧平生、萍水相逢的过路人等。

（3）决策者：对购买决策的某个方面（包括是否买、买什么、如何买、何处买）做出决定的人。

（4）购买者：实际购买的人。

（5）使用者：消费或使用产品或服务的人。

在通常情况下，我们做出的选择不像我们想象中那么理智，情感会在决策过程中起很大的作用。或许这种情感因素就是大多数人更倾向于选择可口可乐而非百事可乐的原因，尽管后者曾经赢得了品牌盲测实验。这也是为什么厂家要形成自己的优势，在品牌和产品营销中“撩”起客户的情感。而要达到这个目的，借助影响者是一种很好的方法。

许多事例表明，影响者在帮助品牌触达受众并建立情感联系中起着很大的作用。尼尔森的调查表明，83%的消费者对那些他们认识的人做出的推荐很信任。超过60%的人，不管处于哪个年龄段，都愿意尝试YouTube的播客推荐的品牌和产品。其背后的原因是他们相信这些人，对这些人产生了好感，建立了一种情感联系，感觉这些人可以信赖。

【观念应用3-1】

小天才的生意经

据小天才官方数据，2020年儿童手表的累计销量达到了2 000万台。2022年，占据中国智能手表市场份额第一的是华为，第二的是苹果，第三的是imoo，三家占的市场份额分别为27%、20%、14%，而imoo就是小天才电话手表在国外的品牌名。

拆解小天才本身的生意经，主要有以下几方面：

一是抓住了家长怕丢孩子的心理。“不管你在哪里，一个电话，马上能找到你。”《蓝精灵》的旋律加上洗脑的歌词，一下子吸引了万千家长。丢孩子应该是所有家长最害怕的事情，而小天才的定位可以精确到楼栋，误差能做到一层楼左右。

二是解决孩子们的通信需求。小天才创始人金志江曾经在公开场合表达过，小天才最初满足的是安全需求，但他认为长远来看，通信是每个人的基本需求，而市场上没有解决孩子通信需求的产品，电话手表就要做这个事情。

三是实现了“封闭交友”。其实小天才的楼栋定位功能、健康监测功能，甚至是交友功能，同行并不是做不出来，那小天才做了什么？

除了大量迭代，在常规的定位、通话、视频等基础功能外，还支持碰一碰交友、拍照修图、看漫画、积分集卡、更换皮肤、升级昵称标识等大量游戏化、娱乐化的内容。更重要的是，小天才的用户“碰一碰”就能加上好友，其他品牌的儿童手表用户自然就被排除在了“小天才社交圈”外。

资料来源　焦逸梦．小天才申请“老天才”商标，能挽救其本身的问题吗？[EB/OL]．[2023-12-13]．https://www.163.com/dy/article/I60U7O560519WDH7.html? spss=dy_author.

问题：从购买角色的角度分析小天才的生意经。

【教学互动3-1】

识别购买下列商品的可能的购买者、首倡者、影响者、决策者和使用者。这些购买角色会随着哪些因素的变化而变化？

(1) 儿童服装；(2) 电视机；(3) 牙膏；(4) 全家外出度假。

互动要求：同“教学互动1-1”。

3.3 消费者的购买决策过程

人们购买一种商品的行为并不是突然发生的，在购买行为发生之前，购买者会有思维活动或行为来保证以后购买的商品能让自己满意。消费者把商品买回来后，还会进一步研究他所买的商品，看看性能如何、味道如何等。这样看来，与消费者的购买行为相关的是一个完整的消费者购买过程。对企业来说，了解消费者的整个购买决策过程是很重要的，因为在消费者的购买过程中，企业可以制定一些策略来帮助消费者满足自己的需要。

消费者的购买决策过程是指消费者在购买产品或服务过程中所经历的步骤。一般来说，当消费者购买产品时，他们通常经历如图3-1所示的购买决策过程：一是需求确认；二是信息搜寻；三是方案评价；四是制定购买决策；五是购买后的行为。这五个步骤代表了消费者从认识商品和服务需求到评估一项购买决策的总体过程。这个过程就是研究消费者如何做出决策的重要线索。需要指出的是，这一重要线索并不是说消费者的决策会按次序经历这个过程的所有步骤，在有些情况下，消费者可能会跳过或颠倒某些阶段，尤其是在发生参与程度较低的购买行为时。比如，购买特定品牌牙膏的妇女可能会从需求确认直接跳到制定购买决策，跳过了信息搜寻和方案评价阶段。图3-1的模式阐述了消费者面对参与程度较高的新购买决策时所需的全部思考过程以及影响消费者决策的各种因素。

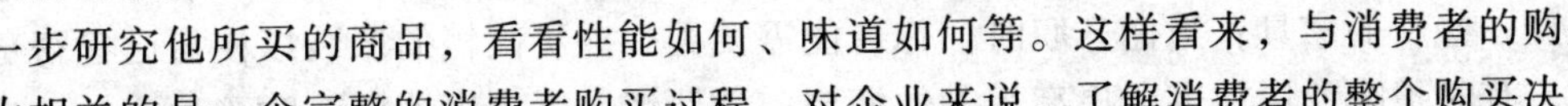

图3-1　消费者购买决策过程

3.3.1 需求确认

1）需要的产生

需求确认也称为问题确认，是由消费者的理想状态与现实状态之间的差距引起的。当消费者希望的情境与实际的情境之间存在差异时就会产生某种需要。可见，消费者的购买过程是从引起需要开始的。需要的产生有时很简单，有时却较为复杂。一般来说，人的需要是由两种刺激引起的：一是来自身心的内在刺激，这是引起需要的驱策力；二是来自外部环境的刺激，这是引起需要的触发诱因。在这两种刺激的影响下，当消费者意识到一种需要并准备通过购买某种商品去满足它时，就形成了购买动机。

2）需求确认的诱因

需求确认的诱因也就是引起理想状态和现实状态之间差异的原因，这些诱因受到外部和内部两方面因素的影响。这些因素有：

(1) 缺货。当消费者使用某种存货时，他必须定期补充存货，这时需求确认就出现了。此时的购买决策通常是一种简单和例行的行为，并且经常靠选择一个熟悉的品牌或该消费者忠于的品牌解决这个问题。

（2）不满意。需求确认产生于消费者对正在使用的产品或服务不太满意。例如，消费者也许认为他的电脑已经过时了。广告可以用来帮助消费者确认什么时候他们有需求问题和需要做何种购买决定。

（3）新需要。消费者生活中的变化经常导致新需要。比较常见的是，一个人生活方式或工作状态的变化就可以创造出新的需要。比如，当你搬家时，你可能需要重新购置一些新的家具；当你升职时，你可能需要买一些更高档的服装以使自己显得更体面。有时报酬的增加也会提高个人的期望，消费者会考虑以前没有购买过或从未期望购买的产品或服务。比如，一个买彩票中了大奖的人会购买一辆家庭轿车或到国外去旅游。

（4）相关产品的购买。需求确认也可以由一种产品的购买激发出来。例如，购买咖啡机会导致对其附属产品如咖啡豆需求的确认；购买个人电脑会推动对软件程序或软件升级的需求。

（5）新产品。市场上出现的引起了消费者注意的新产品也能成为需求确认的诱因。营销商经常介绍新产品和新服务，并且告诉消费者它们解决问题的类型。比如，手机营销人员会告诉消费者为什么他们需要手机并强调手机的方便、时尚、省时及安全等优点。

（6）营销因素。引起理想状态与现实状态之间差距的另一个原因是营销商的营销策略。

3.3.2 信息搜寻

消费者购买决策过程的第二步是信息搜寻。一旦消费者意识到一个问题或需求能通过购买某种产品或服务得到解决时，他们便开始寻找制定购买决策所需的信息。

1）信息的来源

信息搜寻可以从内部、外部或内外部同时进行。内部信息搜寻是对记忆中原有的信息进行回忆的过程。这种信息在很大程度上来自以前购买某种产品的经验。例如，看到你以前喝过的某个品牌的饮料，通过搜寻你的记忆，你可能记起它是否好喝、是否受欢迎等。因此，对许多习惯性、重复性购买决策来说，使用储藏在记忆里的、过去所获得的信息就足够了。

如果内部搜寻没有产生足够的信息，消费者便会通过外部搜寻来得到另外的信息。市场营销人员最感兴趣的是，消费者所需的主要外部信息来源以及每种信息对其今后的购买决策的影响。消费者的外部信息来源可以分为以下四类：

①个人来源：家庭、朋友、同事、熟人等。

②商业来源：广告、推销员、经销商、包装、展览等。

③公共来源：大众媒体、消费者评比机构等。

④经验来源：产品的操作、检查与使用等。

这些信息来源的相对丰富程度与影响程度随产品类别与购买者特征的不同而各

异。一般来说，消费者最初的产品信息主要来自商业来源，即市场营销人员所能控制的来源。最有效的信息则来自个人来源。每类信息来源对购买决策都有不同的影响。商业来源一般起着告知作用，而个人来源则起着认定或评价作用。

2）影响个人信息搜寻范围的因素

个人进行外部信息搜寻的范围取决于以下几方面因素：

（1）消费者对风险的预期。人们在购买商品的时候，都会或多或少地感知到风险。一般来说，随着对购买风险预期的增加，消费者会扩大搜寻范围，并考虑更多的可供选择的品牌。如果你打算买一辆新车，而新车的价格很高，那么这是一项风险较高的决策。于是你开始搜寻有关的信息，如型号、性能、耗油量、乘坐空间等。你也可能搜寻更多的相关信息，因为查找资料所需的时间和精力比买一辆不称心的车的成本要低得多。相对来说，你在选择合适的厨房用具上就不太可能付出同样的努力。此外，对于同一产品来说，由于消费者的个性不同，他所感知到的风险也不同，这会影响他搜寻信息的范围与努力程度。一项关于消费者对网购商品的风险预期水平的研究表明，与那些风险预期较低的人相比，那些认为风险较高的人会在信息搜寻方面付出更多的努力，并参考大量的不同类型的信息。有购买某种商品经验的消费者，与没有经验的消费者相比，对风险的预期较低，因此他们会减少信息搜寻的时间。

（2）消费者对产品或服务的认识。如果消费者对潜在的购买行为了解很多，他就不再需要另外搜寻更多的信息了。消费者了解得越多，他搜寻的效率就越高，从而花费的搜寻时间就越少。另外，一个有信心的消费者不仅有足够多的产品信息，而且对做出正确的决策也非常自信；而缺乏这种自信的人甚至在对产品已经非常了解的情况下也会继续搜寻信息。

（3）消费者对产品或服务感兴趣的程度。信息搜寻的范围与消费者对某产品感兴趣的程度正相关，即对某产品更感兴趣的消费者会花费更多的时间搜寻信息，以便有更多的选择机会。假如你是一个网球运动爱好者，为了购买一个新的球拍，你可能更愿意向专业人士讨教，并花费比其他购买者更多的时间和精力选择适合你的球拍。

（4）情境因素。在紧急情况下购买产品时，人们对信息的搜索是有限的。比如，车坏在半路上了，司机不大可能到处打电话找一个最便宜的地方修车。

其他的因素还包括资源的稀缺性和缺乏可得到的保证等。

3）网络消费者的信息搜寻

与传统的购物方式相比，网络环境下的消费者的信息来源主要包括内在的经验和海量的网络信息资源。海量的信息往往会使他们不知所措，信息焦虑和信息迷航现象时有发生。消费者在网上购物时选择的余地非常大，时常会面临同一类产品的多种信息，加之消费者购物“货比三家”的心理特点和网络信息特有的无序性、廉价性和无限性，决定了消费者在做出购物决策之前要反复进行信息搜寻。

4）数字化时代的信息过载

数字革命潜移默化地从各个方面改变人们的行为模式，如果算上手机、平板电脑、电视、电梯广告，我们的生活其实已经被各种各样的屏幕包围了。信息过载导致注意力分散，这一行为规律会在各种屏幕上被进一步放大。数字化时代的信息过载对人们行为的影响主要表现在以下几方面：

第一，信息传播更加视觉化，能引导人们理性思考的文字越来越少，人们更加容易凭借第一印象或者叫一时冲动来决策。人们在屏幕前思考得更快，因此更依赖直觉式的应答和第一印象，即便这些应答和印象可能是有误导性的、不正确的。

第二，人们开始追求速度，而不在意深度，在屏幕上阅读的效果比在纸上阅读差得多。人们离真正知识的距离，就像看着就在附近的山峰，其实可望而不可即。

第三，拥有更多信息，但总是对重要的细节视而不见；能够快速行动，但总是鲁莽行事。比如一门心思想着PPT，结果没注意水杯已经满了；注意力过分集中于手机上，在该下车的地方没有下来，甚至坐上了相反方向的公交车。

第四，人们以为自己会记住很多，其实仅能注意到大约4条信息，其余的都是噪声和无用的像素。心理学家纳尔逊·考恩在他的论文中指出："事实上只有4±1，每当（字母、单词、数字、颜色等）位数超过那个量的时候，我们就开始错过重要信息了。"

第五，人们获得的信息与人们能够实际处理的信息不匹配这一问题正在持续恶化。如果过多的信息造成注意力分散，人们就仅能注意到眼前的东西。当人们把自己全部的视觉注意力集中到某个区域或物体上时，就会忽略那些他们不需要看到的东西，尽管有时那些不需要看到的东西是很引人注目的。

那么，如何避免信息过载对人们行为的影响呢？

方案一：简化信息的呈现形式，并限制选项数量。这意味着我们要学会两种技能：第一是提炼信息；第二是舍弃一些信息。提炼信息的方式包含四个动作：提取关键信息；信息归类；信息抽象（浓缩）；信息图像化。

方案二：保持适当的信息提示，避免频繁或者无效的提醒。提醒过多会让我们对信息失去兴趣，最终无视所有信息，即使这些信息可能有用，或者让我们反应过度，使本来糟糕的情况更糟；提醒过少会让我们错过有效的重要信息和行动。

方案三：在信息提示或反馈中，建议附带明确的行动指南。这种反馈不论是给别人，还是给自己，都适用。

方式四：平衡正负反馈，就是多给自己正面的、肯定的鼓励，以及真实不掺水分地指出问题。指出问题，是有益的负面反馈；而正面的、肯定的鼓励，是基于客观存在的现象做出的肯定，但是它带有很强的喜悦情绪，所以偏向对人不对事。

方案五：坚持阅读有深度和难度的内容。人们在信息处理稍微有难度的情况下反而会记得更多——认知困难是一件好事。阅读器的变革让我们读书变得轻松起来，同样，我们的注意力被分散后，也很难聚焦在某一篇有难度的又有一定篇幅的内容中。

3.3.3 方案评价

在信息搜寻阶段获得信息后，消费者便进入到方案评价阶段。在这个阶段，消费者会使用记忆中存储的和从外界信息源获得的信息，并形成一套标准。这套标准将帮助消费者评估和比较各种选择。

评价标准用以比较不同品牌的产品或服务的范围或属性。当然，不同消费者使用的评价过程和评价标准并不相同，甚至同一消费者在不同购买情境下所使用的评价过程和评价标准也不相同。这是因为消费者购买不同的产品是为了满足不同的需要，因而他可以从不同的产品中寻求特定的利益。消费者将每种产品视为能不同程度地带来所寻求的利益并进而满足某种需要的属性集。消费者感兴趣的属性随产品的不同而各异。比如，对于照相机来说，消费者感兴趣的属性主要包括照片清晰度、摄影速度、携带方便与否、价格等；而对旅馆来说，其重要的属性主要包括舒适、卫生、安全、便利、费用等。对于同一产品来说，不同的消费者对其不同属性的关心程度也不同。同时，评价标准可能是主观的或是客观的。例如，在购买汽车的时候，消费者既可以使用诸如价格及节约燃料等客观属性，也可以同时使用如形象、风格等主观属性作为评价标准。

消费者进行网络购物时不直接接触实物，因而对网上商品的比较依赖于厂商对商品的描述，包括文字描述和图片描述等。如果网络营销商对自己的产品描述不充分，就不能吸引众多的顾客；如果对产品的描述过分夸张，甚至带有虚假的成分，则可能永久地失去顾客。当然，如今的消费者也越来越依赖其他消费者的购买后评价来决定自己的购买行为。

具体而言，消费者在实际购买过程中可采用的方案评价原则主要有以下几种：

1）理想品牌原则

每个消费者心目中都有一个对某产品的理想品牌的印象，他用这种理想品牌印象同实际品牌进行比较，实际品牌越接近理想品牌，消费者就越容易接受。例如，消费者可以先给自己心目中的理想品牌打分，然后给实际品牌打分，最后得出两者之间的差距。差距越大，消费者的不满意程度也就越高。

2）多因素关联原则

这一原则是指消费者为商品的各种属性规定一个最低可接受水平，只有所有属性都达到了规定水平，该商品才可被接受；而对于没有达到这一可接受水平的其他品牌的商品，消费者则不予考虑。运用这一原则，消费者就排除了某些干扰信息，缩小了处理信息的规模。但是，这种决策使得可接受的品牌可能不止一个，因此消费者还需借助另外的方法做进一步的筛选工作。

3）单因素分离原则

这一原则实质上是多因素关联原则的对立面。这是指消费者只用一个单一的评估标准来选择商品。也就是说，消费者以一种属性去评价他所考虑的几个品牌的商品，并从中选出最符合他的评价标准的那个品牌的商品。

4）排除法原则

排除法的核心在于逐步排除以减少备选方案。采用这种方法时，首先，要排除那些未达到所规定的评估标准的最低可接受水平的品牌。其次，如果所有考虑中的品牌都达到了某一评估标准的最低限度要求，那么这一标准也要去掉。这是因为这种无差别的衡量对选择过程没有用处。总之，这种方法就是不断地以不同的标准加以衡量，再不断地排除下去，直到剩下最后一个为止。这个品牌所具有的独一无二的特征被称为“独特优势”或“关键属性”。

相关链接3-1

厉害的人是怎么做决策的?

5）词典编辑原则

这种方法类似于编辑词典时所采用的词条排序法，即首先将产品的一些属性按照自己认为的重要程度，从高到低排出顺序，然后按顺序依次选择最优品牌。也就是说，消费者根据排序中最重要的属性对各种备选品牌进行比较，如果在比较中出现了两个以上品牌，那么消费者还必须根据第二重要的属性甚至第三重要的属性、第四重要的属性等进行比较，直到剩下一个品牌为止。

3.3.4 制定购买决策

在购买过程的某个点上，消费者必须停止信息搜寻和方案评价并做出购买决策。从方案评价阶段的结果中可以看出消费者有购买某个品牌的意图，但在购买意图和购买决策之间还有其他因素在起作用，比如态度、未预料到的情况等。

购买决策同真正的购买行为并不是一回事。一般情况下，消费者一旦选择买哪个品牌，他就会执行这个决策并真正地购买，但有时也会出现某些未预料到的情况，从而改变他的购买意图。这时就需要做出额外的决策，比如什么时候买、在什么地方买、花多少钱以及用哪种支付方式等。所以，有时消费者在购买意图和购买行为之间存在时滞，尤其是在汽车、房子、个人电脑等高档消费品的购买上，更是如此。

消费者改变、推迟或取消购买决策在很大程度上是受到所感受到的风险的影响。费用很高的商品一般都带有风险，消费者无法确定购买后的回报，便感到担心。消费者所感受到的风险的程度是随所付费用的多少、属性不确定的程度等而变化的。有关风险知觉的内容将在第4章阐述。

网上消费者在完成了对商品的比较、选择之后，便进入到购买阶段。与传统的购买方式相比，网上消费者的购买决策有许多特点。比如，网上消费者的理智动机所占比重较大，而情感动机的比重较小；网上消费者受外界影响较小，大部分的购买决策是自己做出的或是与家人商量后做出的；消费者网上购物所体验到的风险要比传统购物的风险大得多。

从表3-2中可以看到，消费者的购买决策有不同的类型。当消费者的介入程度由低到高变化时，消费者的购买决策也变得越来越复杂，其复杂程度由低到高分别为例行型决策、有限型决策和广泛型决策。在这三个类型的决策过程中，起决定作用的是消费者的介入程度。此外，做出决策所需要的时间、商品或服务的成本、信息搜寻的程度以及可供选择的数目等也能起到一定的作用。

表3-2 **消费者购买决策类型**

	例行型决策	有限型决策	广泛型决策
介入程度	低	低到中等	高
时间	短	短到中等	长
成本	低	低到中等	高
信息搜寻	仅限内部	内部为主	内部和外部
可供选择数	一个	几个	很多

1）例行型决策

消费者所做的许多购买决策都是以习惯性或例行性选择过程为基础的，对于许多低价的、经常购买的产品而言，决策过程包括的环节不外乎确认需求、进行迅速的内部搜寻和做出购买决策。这时，消费者花费很少的时间和精力，没有努力进行外部搜寻或选择评价。其实，一般的例行型购买实际上并未涉及决策。

例行型购买通常分为两种：品牌忠诚型购买和习惯型购买。比如，对于使用哪种品牌的化妆品，你曾经有很高的介入程度，花费了大量时间和精力。作为这一过程的结果，你选定了羽西牌系列化妆品。现在，虽然更好的化妆品广告时时在诱惑着你，但你认为羽西牌化妆品符合你的需要，你已经成为羽西牌化妆品的忠诚顾客，其他竞争者很难赢得你的惠顾。在这个例子中，由于品牌忠诚，你对产品的介入程度相当高，但对购买的介入程度则很低。而习惯型购买则与此不同。比如，你可能认为所有牙膏的功能都差不多，因而，你在使用了一段时间某品牌的牙膏以后，觉得还比较满意，你就会一再地选择该品牌，但你实际上并不忠诚于这一品牌。如果你在逛商场的时候，看到别的品牌的牙膏正在打折，你就会毫不犹豫地买下这个品牌的牙膏。

因此，即使是消费者例行的购买行为，营销人员也应该分清是品牌忠诚型购买还是习惯型购买，并依此采取相应的营销策略。

2）有限型决策

那些消费者经常购买且不十分贵重的产品或服务一般与有限型决策有关。在这种类型的购买中，消费者花费适当的精力搜寻信息或考虑各种可能的选择。伴随着中等水平的认知和行为努力，通过有限型决策，消费者通常能相当迅速地完成购买行为。此外，除非产品在使用过程中出现问题或消费者对售后服务不满意，否则事后很少对产品的购买与使用进行评价。

有限型购买有时会因情感性需要或环境性需要而产生。比如，很多人都有这样的经历：虽然我们打算换一种新的产品或一个新的品牌，但我们并不是对目前使用的产品或品牌不满意，只是用了太久而产生了一种厌倦感。因此，这时候的购买决策只涉及对现有备选品牌的新奇性或新颖性的评价，并没有其他原因。

3）广泛型决策

当购买不熟悉的贵重产品或不常买的产品时，消费者的购买决策属于广泛型决策。这是消费者购买决策中最复杂的一种类型，消费者的参与水平较高，所投入的时间较长，涉及广泛的内、外部信息搜寻，影响消费者做出决策的因素也较多。此外，消费者在购买产品之后，很容易对购买决策的正确性产生怀疑，从而产生对购买的全面评价。当然，达到如此复杂程度的决策并不多，通常在房屋、汽车、个人电脑等产品的购买上，广泛型决策比较多见。

总之，无论购买决策是有限的还是广泛的，营销商都应该向消费者提供有助于决策的信息。向消费者提供关于一个品牌如何满足其购买动机的详细信息是很重要的。可以在购买地点通过展示图片或分发小册子向消费者提供这些信息，而在分销渠道中应该由专业的销售人员来解释公司产品或服务的特征以及为什么它优于竞争产品。

3.3.5 购买后的行为

消费者的决策过程并不随着购买过程的结束而结束。在使用了产品或享受了服务后，消费者会将其实际表现水平同期望水平进行比较，并体验到满意或不满意，进而影响以后的购买行为。

互联网为厂商搜集消费者的购后评价提供了得天独厚的优势。方便、快捷、便宜的即时通信工具和电子邮件等紧紧连接着厂商和消费者。厂商从网络上搜集到这些评价之后，通过计算机的分析、归纳，可以迅速找出工作中的缺陷和不足，及时了解到消费者的意见和建议，进而改进自己的产品性能和服务质量。

1）购后满意度

消费者在购物后会体验到一定程度的满意或不满意。近年来，关于顾客满意度的问题得到了越来越多的关注。一般来说，决定消费者满意或不满意的因素主要是消费者对产品的期望与所感受到的产品绩效之间的关系。如果产品的绩效低于期望，消费者就会失望；如果产品的绩效符合期望，消费者就会满意；如果产品的绩效超过期望，消费者就会高兴。

2）购买后的失调

消费者的期望与产品绩效之间的差距越大（仅指绩效低于期望的状况），消费者购物后的不满意体验就越深刻。这种现象也被称作购买后的失调。

（1）影响不协调程度的因素。

首先，绩效与期望之间的差距以及差距对个人的重要性会影响不协调的程度。比如，一个购买二手车的人对车的实际性能的期望比较低，但如果他发现这辆车竟是他曾拥有的车中最好的，他就得到了较高程度的满足，因为这超出了他原来比较低的期望。相反，如果一个消费者期望他购买的新车的性能很好，但是这辆车的实际性能并不好，他就会非常不满意，因为没有达到他的高期望值。

其次，价格通常会影响不协调的程度。高价格会提高人们的期望值。比如，国外的一项研究发现，每月较高的有线电视费用会使人们对有线电视服务产生较高的期望值。经过一段时间后，如果有线电视频道的节目没有达到人们的期望值，他们就不会再选择高收费的有线电视频道。

最后，如果绩效与期望之间的差距较大又很难弥合，消费者的不满意感就会很强烈，产生严重的不协调。比如，一个消费者购买了一套立体声音响，但这套音响的环绕立体声效果很差，这就是实际的结果（差的声音效果）与期望的结果（好的声音效果）存在很大差异的例子。如果商家又不打算为消费者更换商品，因为它并没有真正的功能失常，而只是性能较差，那么这种不协调对消费者来说就是比较严重的。

（2）消费者处理不满意的方式。

消费者感到不满意后，会在是否采取行动上做出选择（如图3-2所示）。

从图3-2中可以看到，消费者在购买后如果感到不满意，他可以采取行动或不采取行动。如果采取行动，他可能采取公开行动或采取私下行动。私下行动指的是停止购买该产品或抵制卖方，以及提醒朋友该产品或卖方的情况。公开行动包括直接向厂

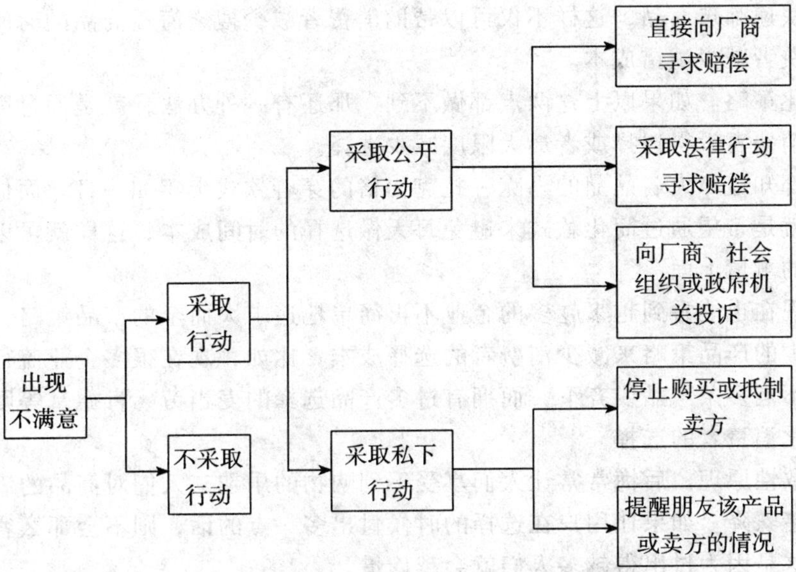

图3-2　消费者处理不满意时所采取的方式

商寻求赔偿，采取法律行动寻求赔偿，以及向厂商、社会组织或政府机关投诉。

（3）如何避免消费者后悔。

现实生活中不论是商家还是消费者都倾向于更多的选择，更多的选择意味着能更好地满足需求。但是，更多的选择不仅让消费者的满意度下降，有时候还会让消费者感到后悔。

那到底该如何帮消费者做选择呢？以下几种方法，可以最大限度地避免让消费者感到后悔：

①消费者评测。消费者一般都是在面临不确定性的情况下感到后悔的，因为消费者在担心还有更好的选择，所以一个个去权衡利弊。通过消费者评测，可以最大限度地避免消费者在过多选择下权衡利弊，因为好评度高就代表感到满意的人多、选择不会错等市场信号，相当于已经有很多人帮自己筛选出了更好的结果，消费者也不用花费更多的时间、精力去权衡。

比如，一个人打算出去吃饭，在面临过多的选项时，一般都会选择人多的地方吃，因为人多往往就代表好吃，很少出错，通过这样的方式人们可以省去做权衡的痛苦过程。

②推荐。推荐机制是必不可少的一种帮消费者做选择的手段，当消费者面临艰难选择的时候，为了逃避痛苦，往往需要他人来帮忙做决策。

上面例子说过，当你还在痛苦地选择要吃什么的时候，同事的推荐让你如释重负，哪怕这个选择看起来不是那么明智，但你还是希望有人能帮你做决策。

在生活中，这样的例子数不胜数，早上起来常常要为选择穿什么样的衣服而苦恼，但是，如果有人说“今天就穿这一件吧，感觉挺好的”，可能你就会非常乐意接受，毕竟不用再痛苦地进行选择了。

在网络购物中，电商们早已经洞悉到这一点，并且把推荐机制应用得炉火纯青。当你还在痛苦抉择的时候，电商平台通过“猜你喜欢”“朋友喜欢”等个性化推荐机制来帮你快速筛选商品，这样不仅可以帮助消费者减少搜索海量商品的时间成本，还能帮助消费者减少试错成本。

③简化策略。如果以上这两点都做不到，那还有一种办法，就是通过简化商品的选择，让消费者没得选择或者最大限度减少选择。

我们都知道，大名鼎鼎的马克·扎克伯格的穿着款式十年如一日，而他这么做的原因之一就是希望通过简化款式来避免每天做选择的时间成本，这样就可以把时间放在更重要的事情上面。

我们现在也能看到越来越多的企业不再简单地追求大而全的产品策略，而是通过打造精而少的产品策略来减少消费者的选择成本。比如，现在很多企业流行打造单品爆款，而不是多条产品线齐下，而拥有过多产品选择的麦当劳、肯德基等则通过组合商品来简化消费者的选择。

④一致性原理。后悔常常让人们享受不到购物的乐趣，人们对商品的满意度也会因后悔情绪骤降。如果让用户在选择的时候付出多一点的话，则不会那么容易产生后悔情绪，这是因为付出得越多人们就会越珍惜。

在具体的商业应用上，我们也能看到不少这样的案例：某些学习社群要求学员在加入时通过学长联名推荐，后面还要经过几轮面试，以此来提高社群价值，学员经过一番努力加入该社群，也会好好珍惜，不容易产生后悔情绪。

研究还发现，当人们为了抢购某件新发布的商品而通宵排队时，他们最终对商品的满意度也是最高的。

3）购买后的使用与处置

无论消费者购买后满意与否，他都会对所购买的产品进行使用或处置。使用或处置的方式如图3-3所示。

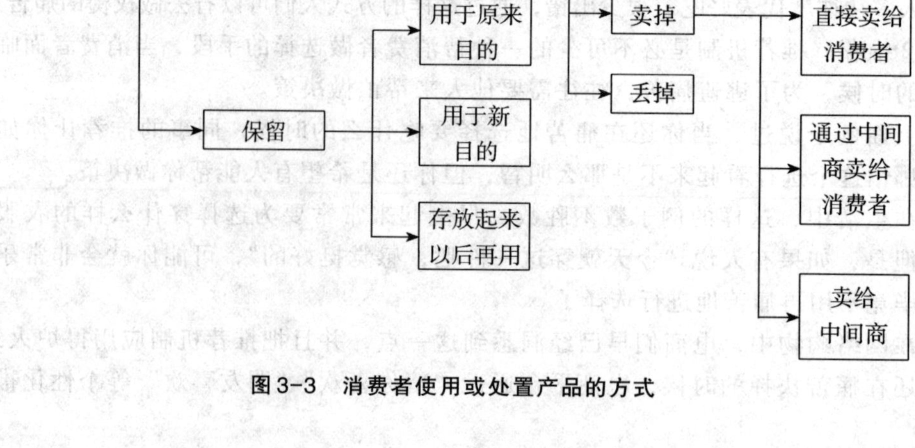

图3-3　消费者使用或处置产品的方式

从图3-3中可以看到，市场营销人员必须注意消费者使用或处置产品的方式。如果消费者发现产品有新的用途，市场营销人员就可以利用这种新用途来进行广告宣传。如果消费者将产品搁置不用，就表明该产品并不令人满意，那么在消费者中的口碑也就不会太好。总之，市场营销人员研究消费者对产品的使用或处置方式，可以发现可能存在的问题或机会。

【课程思政3-1】

如何对待恶意投诉

2020年7月，北京互联网法院审理了“浙江淘宝网络有限公司诉北京微海联合电子商务有限公司网络侵权责任案”。该案的焦点是作为平台经营者的淘宝网，针对恶意投诉人进行追责。最后法院支持了原告的诉求，判决恶意投诉人向原告淘宝网支付损害赔偿1元钱、合理的诉讼费用支出1万元。1元钱的赔偿额虽然数额很低，属于法理上所说的象征性损害赔偿，但该判决的最大意义在于，从法律上明确了平台也可以对恶意投诉追责。

伴随着平台经济的迅速崛起，电商平台在社会生活中日益发挥着中枢神经的作用，甚至成为社会经济运行的底层操作系统。大型电商平台往往会有成千上万家经营者入驻，开展各种形式的经营活动。这些平台内商家在经营活动中难免会出现各种侵权的情形。对此，包括《中华人民共和国电子商务法》《中华人民共和国民法典》在内的法律，都设置了相应的“通知—删除”规则，来确保权利人可以通过向平台发起投诉，要求平台采取断开链接等措施，制止平台内经营者的侵权行为。

然而，在实务中，很快就出现了滥用“通知—删除”规则进行恶意投诉的行为。恶意投诉主要有两种情况：一种情况是网络黑灰产群体通过恶意投诉对平台内商家进行变相的敲诈勒索。由于现实生活中，平台经营者害怕承担连带侵权责任，因此在接到投诉后往往会对被投诉的平台内商家采取删除被投诉商品的购物链接等措施。这些措施，哪怕只持续很短的几天时间，也会对商家的正常经营产生巨大影响。在这种情况下，被投诉的商家往往被迫与投诉人“协商解决”，商家支付一笔钱款（这其实就是被敲诈勒索的款项），投诉人收钱之后会撤回投诉。

另外一种情况是，平台上存在竞争关系的商家之间，出于不正当竞争的目的，安排第三人对竞争对手进行恶意投诉，达到让竞争对手的商品下架，然后自己“吃独食”的效果。这种出于不正当竞争目的的恶意投诉，在诸如“双11”“6·18”等重要购物节期间特别常见，对商家的影响也尤其恶劣。恶意投诉导致商家热销商品下架，错过黄金销售档期，可能使其业绩暴跌，经营陷入困境。

在现实生活中，被恶意投诉的平台内商家的维权意愿和能力都比较弱，因此这起判例明确了平台经营者对恶意投诉者追责的法律基础，对于遏制恶意投诉具有重要意义。

资料来源　薛军．恶意投诉，平台亦可追责［N］．法治日报，2020-08-12（5）．

问题：从课程思政的角度评析上述案例。

3.4 消费者的非理性消费决策

传统经济学理论是以“理性的经济人”假设为前提的，经济主体在经济活动中所追求的唯一目标就是自身经济利益最大化。在这一假设下，消费者在做出购买决策时是理性的，因此推导出消费者的购买决策模型，即消费者在购买时要经过五个步骤：一是需求确认；二是信息搜寻；三是方案评价；四是制定购买决策；五是购买后的行为。在这种模型下，消费者每次购买产品，都会严格考量各种信息，评估各种可能性，然后进行最优的决策。

这样的假设过分简化了消费者的选择行为和交易行为，而且摒弃了许多心理层面、社会层面以及其他因素的影响。在现实生活中，消费者是很难做到如上所述的完全理性的，他们更可能选择一个相对满意的答案，即有限理性决策。此外，有关消费者行为的进一步研究发现，很多消费者的购买行为并非有限理性，而是非理性的。有学者从冲动购买的角度或从购买情境刺激反应角度等对消费者的非理性购买行为进行了研究；还有一些学者从行为经济学角度对非理性购买决策加工机制进行了探讨，使非理性购买决策行为的理论更加清晰，从而使人们对消费者的购买决策行为有了更完整、更真实的了解。

非理性购买行为非常普遍，但关于非理性购买决策的定义目前并没有一个统一的说法。基于规范经济学和行为经济学的对比研究，本书认为，非理性购买决策是指人们在购买过程中的依靠直觉或情感、违反效用最大化、偏好不一致和非完全自利的判断与选择行为。

行为经济学是一门介于经济学与心理学之间的边缘科学，它从心理学角度揭示了人类非理性决策的现状，对传统经济学的“理性的经济人”假设提出了挑战，动摇了效用最大化公理，更重视人的非理性行为。行为经济学发现了传统经济学模型中的错误或漏洞，试图以新的分析框架解释消费者的非理性消费行为。我们在这里主要介绍卡尼曼的前景理论和锚定效应，以及塞勒的“心理账户”理论。

3.4.1 卡尼曼的前景理论和锚定效应

瑞典皇家科学院于2002年10月9日宣布，把2002年诺贝尔经济学奖授予两位美国学者，其中一位就是来自美国普林斯顿大学的教授、心理学家卡尼曼。卡尼曼是第一个荣获诺贝尔经济学奖的心理学家，而其对经济学的贡献是他将心理学的前沿研究成果引入了经济学的研究之中。

1）前景理论

卡尼曼等人发现了人类决策的不确定性，即人类的决策常常与根据传统经济理论假设所做出的预测大相径庭。1979年，卡尼曼与特沃斯基合作，共同提出了“前景理论”。前景理论认为，个体进行的决策实际上就是对前景的选择，这种前景也就是各种风险结果。前景选择遵循的是特殊的心理过程和规律，而不是传统经济学的预期效用理论所假设的各种偏好公理。

在现实生活中，小到个人购物消费、企业的风险决策，大到国家公共政策的制定，社会上林林总总的财富现象都与心理学有着千丝万缕的联系。比如，面对风险决策，人们是会选择躲避，还是勇往直前呢？让我们来做两个实验。一是有两个选择：A是肯定赢1 000元；B是有50%的可能性赢2 000元，有50%的可能性什么也得不到。你会选择哪一个呢？大部分人选择了A，这说明人是风险规避型的。二是另外两个选择：A是你肯定损失1 000元；B是有50%的可能性你损失2 000元，有50%的可能性你什么都不损失。结果，大部分人选择了B，这说明人是风险偏好型的。由此不难得出结论：人在面对收益时，往往小心翼翼，不愿冒风险（风险规避型）；而在面对损失时，人人都成了冒险家（风险偏好型）。这就是卡尼曼前景理论的一大定律。

前景理论的另一重要定律是：人们对损失和获得的敏感程度是不同的，损失的痛苦要远远大于获得的快乐。比如，人们丢10元钱的痛苦要大于捡10元的快乐。

如果要让朋友戒掉抽烟的习惯，以下两种方式，哪种更有说服力呢？

第一，赶紧把烟戒了吧，万一得上什么病，你说你小女儿该怎么办？

第二，赶紧把烟戒了吧，这样对你身体好，多活个几年不好嘛！

根据一些烟民朋友的反馈，第一种说服方式明显力度更大，更能让人燃起戒烟的欲望。为什么呢？因为这代表着劝说的两种不同方向。第一种是指向“失去”，就是继续抽烟，你会损失什么。第二种是指向“得到”，也就是戒烟，你会得到什么。

那为什么第一种劝说方式会显得更有力度，从而更有效呢？卡尼曼找出了答案，他将其总结为“损失规避”，也就是，“大多数人对于损失比对于收益更加敏感”。这也可以解释为什么股市上的散户老是吃亏。我们经常会看到这样的现象：许多人一有少量的获利就卖掉股票，一遇亏损就长期持有。而这部分人往往是投资散户，是在股市上吃亏的人。投资者的行为中有很大一部分是心理作用在作祟：一有获利，就不愿再冒风险等待更大的获利；而一遇亏损，就会“孤注一掷”“破釜沉舟”，或侥幸持股，奢望回升。

2）锚定效应

卡尼曼认为，人们在对不确定性进行判断和估计的时候通常会设定一个初始值，然后根据反馈信息对这个初始值进行修正。这就是“锚定效应”。锚定效应是指人们在对某事做出判断时易受第一印象或第一信息的支配，就像沉入海底的锚一样把人们的思想固定在某处或某个点上。实验心理学表明，人们的修正往往是不完全的，他们的观念似乎“抛锚”于初始值。

在营销实践中，消费者会以广告参考价格或张贴的销售价格为锚，来调整他们的心理参考价格。锚定效应还包括促销广告用词对购买数量决策的影响。若消费者的购买数量是可以被“建议”的，商家可将购买数量锚定在一个比正常购买数量高的数值上。如果消费者在锚定购买数量值上进行调整，那么就会比原先计划的购买数量买得更多。这就是促销中的“限量购买”。例如，每人限量5件会使消费者将购买数量锚定在初始值“5”上，并根据“5”调整购买数量。事实上，限量购买加价格折扣更能激发消费者的购买意愿。

【小资料3-1】

锚定效应

1974年，卡尼曼和特沃斯基通过实验证明了锚定效应。实验要求实验者对非洲国家在联合国所占席位的百分比进行估计，因为分母为100，所以实际上是要求实验者对分子数值进行估计。首先，实验者被要求旋转摆放在其前面的罗盘，随机地选择一个0到100之间的数字；其次，实验者被暗示他所选择的数字比实际值大或小；最后，实验者被要求对随机选择的数字向下或向上调整，来估计分子值。通过这个实验，卡尼曼和特沃斯基发现，当不同的小组随机确定的数字不同时，这些随机确定的数字对后面的估计值有显著的影响。例如，两个分别随机选定10和65作为开始点的小组，他们对分子值的平均估计分别为25和45。由此可见，尽管实验者对随机确定的数字有所调整，但他们还是将分子值的估计锚定在这一数字的一定范围内。

锚定效应的存在说明人们在对不确定事物进行判断时是非理性的。如果初始值是有用信息造成的，则锚定效应可以说是理性的表现，但上面的实验表明，人们往往“固执”于无关的初始信息（实验中的初始值是随机选取的）。

【观念应用3-2】

星巴克门店里的依云水

星巴克的门店长期摆放着一瓶依云水，关键是，这水卖不出去星巴克也不慌，一直给它留有一席之地。毕竟，如果顾客单纯真的是想喝水，我们也可以直接跟星巴克服务员免费要一杯。那么，星巴克为什么要摆这么一瓶水呢？这是为初次去星巴克的新顾客而设的。星巴克一瓶依云水卖20多元，一杯中杯的美式定价27元。正所谓“没有对比就没有伤害”，初次消费的人对比下来，就会觉得咖啡其实也没那么贵了。人在尝试新事物时都有心理压力。当消费者在入手新事物犹豫不决的时候，就会通过对比其他商品的价格，来确定意向商品的价格，以便降低自身消费的风险，锚定效应这时候就会发挥重要的作用。

资料来源 佚名. 星巴克不卖“小杯”，茶颜悦色“排长龙”，99%的人都不知道的营销秘密![EB/OL].[2023-12-13]. https://www.digitaling.com/articles/402318.html.

问题：根据锚定效应分析星巴克的做法。

【立德树人小思考3-1】

党的二十大报告指出，“弘扬诚信文化，健全诚信建设长效机制”。结合诚信文化，谈谈企业如何处理好诚信与营销中锚定效应的关系。

3.4.2 塞勒的“心理账户”理论

行为经济学中的一个著名理论即贯穿于芝加哥大学塞勒教授研究始终的“心理账户”理论，其探究的是人们对待金钱的态度。塞勒认为，人们在消费行为中之所以受到“沉没成本”的影响，一个可能的解释是卡尼曼教授等提出的“前景理论”，另一个可能的解释就是推测个体潜意识中存在的“心理账户”系统（Psychic Accounting System）。人们对金钱分门别类地进行分账管理和预算的心理过程就是“心理账户”的估价过程。塞勒认为，小到个体、家庭，大到企业集团，都有或明确或潜在的心理账户系统。在做经济决策时，这种心理账户系统常常遵循一种与经济学的运算规律相矛盾的潜在心理运算规则，其心理记账方式与经济学和数学的运算方式都不相同，因此经常以非预期的方式影响着决策，使个体的决策违背最简单的理性经济法则。

比如，同等数目的钱在传统经济学中是没有差异的，但在不同人的不同心理账户中，钱就产生了差异。人们在决策时，往往会做出非理性的消费行为。比如，同样是1 000元，是工作挣来的，还是买彩票赢来的，或者是路上捡来的，对于消费者来说，应该是一样的，事实却不然。一般来说，人们会把辛辛苦苦挣来的钱存起来，舍不得花；而如果是一笔意外之财，人们可能很快就花掉了。这证明了人是有限理性的另一个方面：钱并不具备完全的替代性，虽说同样是1 000元，但消费者在心里分别为不同来源的钱建立了不同的账户，挣来的钱和意外之财是不一样的。这就是“心理账户”的含义。

举个简单的例子：假设你今天晚上准备花100元看电影，到了电影院发现丢了100元，这时候你会继续买电影票看电影吗？一般情况下你会的。在同样的情况下，如果你提前花100元买了电影票，到了电影院发现票丢了，你还会再花100元重新买一张吗？很多人就会犹豫了。

虽然本质上都是损失了100元，但在第二种情况下，人们却不愿再花100元买票，原因就是人们把100元现金和100元电影票归到了不同的心理账户中。在第二种情况下，人们会觉得自己花200元买了张电影票，肯定难以接受（实际上第一种情况同样是花200元买了张电影票）。

此外，塞勒还将社会心理学引入传统的生命周期理论，将消费者的财富划分为三个心理账户：现期收入账户、现期资产账户和未来收入账户。他认为，在不同的账户中，消费者受到的消费诱惑是不同的：现期收入账户的消费诱惑最大，现期资产账户次之，未来收入账户的消费诱惑最小。研究表明，这种理论可以解释许多传统消费函数所不能解释的现象。

由于不同的心理账户对消费者的诱惑是不同的，所以消费者倾向于较多地通过现期收入账户消费，而较少通过现期资产账户消费，几乎不通过未来收入账户消费。不仅不同的心理账户对消费者的诱惑是不同的，即使同一个心理账户，其中的财富余额不同，对消费者的诱惑也是不同的。财富余额越多，诱惑越大，消费者要控制在一定的消费水平上所需要的意志力也就越大。

相关链接3-2

2017年诺贝尔经济学奖得主——塞勒

3.4.3 快思维与慢思维

卡尼曼在《思考，快与慢》一书中，将人的思维分为两个系统：系统1的运行是无意识且快速的，不怎么费脑力，没有感觉，完全处于自主控制状态，可以称为快思维；系统2将注意力转移到需要费脑力的大脑活动上来，例如复杂的运算，可以称为慢思维。人在每一天之中都会做很多决策，这些决策中大部分用到的都是快思维。广告、营销的作用就是让人们在消费决策时更多地使用快思维而非慢思维。

塞勒在《助推》一书中将两种思维的理论运用到实践中，提出以"助推"的方式让受众做出布局者希望做出的决策。所谓助推，就是通过各种方式来激活人们的快思维，让受众在不知不觉中做出利于自己的决策。这种方式在广告、营销领域已经被大量应用。比如，利用从众效应的一句广告语"几亿人都在用的×××"。

对于一个购物者来说，他的大部分消费都是快思维在起作用，即便是理性刚需消费的部分，在最终决定选择哪个品牌时，也会受到快思维的影响。商家是怎么做的呢？以电商为例，这几年电商正在从刚需消费为主的货架电商走向内容驱动的内容电商。

前者的代表是淘宝，大部分用户去淘宝买东西都是带有目的性的，因此它的搜索非常重要。后者的代表是抖音、快手，大部分用户在抖音、快手都是先看内容，看到好东西激发了他的快思维，形成了种草，然后迅速下单。

在慢思维的消费行为下，消费者往往由需求激发购买欲望，也就是说消费者消费的起始点是理性的。当消费者存在这样的欲望后，就会去淘宝搜索相关商品，通过选择、比价等一系列行为后下单。在这里具体选择时，消费者的快思维也会发挥作用，比如图片美观或包邮等因素更有可能促使消费者快速下单。

在快思维的行为下，消费者本身没有消费的需求，但当他在抖音上看到某条内容时，一些元素，如时尚性、知名人物推荐、优惠等会激发他的快思维，形成他的种草行为。

内容电商的发展最大化激活了消费者的快思维，它的效率来得比广告还快。传统广告的快思维方式是用各种小技巧打造概念，引导消费者对自己的产品产生兴趣，继而产生购买行为。直播电商的快思维方式则是利用直播直观的产品展示、体验，限时的优惠、赠品，主播的个人魅力等，促进消费者在短时间内决策和下单。可以说，电商的出现将人类的快思维挖掘到了一个新的高度，以至创造了一个快思维消费的万亿市场。

本章小结

本章分析了消费者的购买行为类型、消费者的购买决策，以及消费者的非理性消费决策。

根据购买过程中消费者的介入程度以及品牌之间的差异程度，可以把消费者的购买行为划分为四种类型：复杂的购买行为、减少失调的购买行为、习惯性的购买行为和寻求变化的购买行为。

购买决策就是消费者的购买目的的确立、手段的选择和动机的取舍的过程。消费者的购买决策过程包括需求确认、信息搜寻、方案评价、制定购买决策、购买后的行为五个阶段。

非理性购买决策是指人们在购买过程中的依靠直觉或情感、违反效用最大化、偏好不一致和非完全自利的判断与选择行为。

卡尼曼的前景理论认为，个体进行的决策实际上就是对前景的选择，这种前景也就是各种风险结果。前景选择遵循的是特殊的心理过程和规律，而不是传统经济学的预期效用理论所假设的各种偏好公理。前景理论有两大定律，一个是：人在面对收益时，往往小心翼翼，不愿冒风险（风险规避型）；而在面对损失时，人人都成了冒险家（风险偏好型）。另一个是：人们对损失和获得的敏感程度是不同的，损失的痛苦要远远大于获得的快乐。

卡尼曼还认为，人们在对不确定事物进行判断和估计的时候通常会设定一个初始值，然后根据反馈信息对这个初始值进行修正。这就是“锚定效应”。

行为经济学中的一个著名理论即贯穿于塞勒研究始终的“心理账户”理论，探究的是人们对待金钱的态度。同等数目的钱在传统经济学中是没有差异的，但在不同人的不同心理账户中，钱就产生了差异。

卡尼曼在《思考，快与慢》一书中，将人的思维分为两个系统：系统1的运行是无意识且快速的，不怎么费脑力，没有感觉，完全处于自主控制状态，可以称为快思维；系统2将注意力转移到需要费脑力的大脑活动上来，例如复杂的运算，可以称为慢思维。

主要概念

购买决策　购买角色　需求确认　信息搜寻　方案评价　例行型决策　有限型决策　广泛型决策　购买后的失调　前景理论　锚定效应　心理账户

基本训练

□ 知识题

3.1　阅读理解

1）分别以实例分析说明阿萨尔的购买行为类型。

2）与其他决策相比，消费者的购买决策有什么特点？

3）影响消费者信息搜寻范围的因素有哪些？

4）举例说明多因素关联原则。

5）数字化时代的信息过载表现在哪些方面？

6）举例说明避免消费者后悔的方法。

7）什么是购买后失调？影响购买后失调的因素有哪些？

3.2　知识应用

即测即评

□ **能力题**

3.1 实务题

各举一个实例来分析消费者的购买决策类型。

3.2 综合题

调查你身边的5名同学，了解他们是如何处理购买后不满意的，以及他们是怎样避免购买后后悔的。

3.3 案例分析

“退款效应”中存在大商机

产品退货对零售商构成了重大挑战。美国消费者的商品购物退货比例为16.5%，给零售商造成的收入损失估计达8 160亿美元。我们最近的研究发现了一种可以减少这种收入损失、令所有人都受益的有效策略：在产品退货过程中交叉销售产品。

在六项实验中，我们发现消费者把退款当作已经损失的资金，所以用这些资金另购商品就感觉不那么痛苦了。研究参与者花掉某一产品退款的可能性高于花掉奖金的可能性，甚至比花掉彩票奖金和退税等意外收入的可能性更大。我们把这称为“退款效应”。

比如，在一项实验中，我们给了所有参与者4美元。部分参与者被要求用这笔钱买一个减压球，后又告知他们可以退货，大多数人都这样做了。对照组则没有进行初次购物。然后，我们给每个人提供机会，要么保留他们的4美元，要么用它来以折扣价购买一张5美元的星巴克礼品卡。对照组中只有48%的人用他们的4美元购买了星巴克礼品卡，而收到退款的参与者中有78%购买了星巴克礼品卡。我们用一个在线样本复制了这项研究，其中的退货产品是一家大型零售商（百思买（Best Buy）或科尔士（Kohl’s））的礼品卡。在这项实验中，对照组中只有10%的人选择了购买星巴克的礼品卡，而手握退款的参与者中有25%用它来购买了星巴克的礼品卡。

了解退款效应动态——何时、为何以及如何发挥作用——的零售商很有可能缓解多年来困扰该行业的问题之一。以下是零售商应该谨记的三个发现，以充分利用退款效应：

1）交叉销售的机会发生在退货过程中，即在资金原路返还给客户之前

钱款退回到信用卡或支票账户之后，退款效应促进销售的可能性就大大减小。为什么？退款效应取决于创建并维持一笔“专款”，它可以提醒消费者钱已经损失了。我们的研究发现，如果将退款与其他来源的钱汇集在一起，这笔专款就不存在了，消费者花掉这笔钱的方式与花其他来源的钱没有区别。比如，研究参与者在尚未收到退款的情况下，更有可能将一双运动鞋的退款用来买一件衬衫。如果钱款已经存入他们的支票账户，他们购买衬衫的可能性并不比那些只是在网上看到衬衫的参与者高。

2）退款效应只有在消费者预期会损失资金时才会奏效

我们的研究表明，消费者最初必须期望保留他们所购买的商品和服务，才会创建令退款效应发挥作用的专款。在“先试后买”的策略中，消费者并不希望为退货的商品买单。如果这些商品遭到退货，这种策略不太可能产生退款效应。

比如，对于设想着买两双鞋试穿并希望退掉一双鞋的研究参与者，他们将退款用

于购买夹克的可能性并不比那些仅仅看到夹克并直接掏钱购买的对照组人员更大。相比之下，那些在买鞋时没有想过要退货的参与者更有可能用买鞋的退款来买夹克。

3）退款效应适用于各种品类的商品

因为退还的钱款感觉就像已经损失掉了一样，退款效应既适用于同一品类的交叉销售产品，也适用于其他品类的产品。

比如，在第五项实验中，研究参与者更有可能将一瓶酒的退款用于购买某一杂货店或运动休闲品牌的礼品卡，而不是直接掏钱购买其中之一的礼品卡。对于提供各种产品类别的零售商而言，这是一个好消息。

资料来源　李昌元，莫韦奇C.“退款效应”中，存在着大商机［EB/OL］.［2023-12-13］. https://baijiahao.baidu.com/s?id=1777067897919118028&wfr=spider&for=pc.

问题：

1）用本章的相关理论解释上述实验。

2）上述实验对零售商有何启示？

第三篇 个人因素与消费者行为

第4章

消费者的感知

学习目标

通过本章学习，你应该达到以下目标：

知识目标：了解感觉和知觉的内容和特点；认识和了解知觉的种类及对消费心理的影响；掌握消费者社会知觉的内容与存在的误区。

能力目标：具有根据消费者的感觉和知觉特点制定相应的营销策略的能力，特别是具有运用差别阈限的原理来解释和解决营销中的具体问题的技能。

引例

自然派的“自然”之道

对消费者来说，色彩是识别一个品牌的重要元素。比如，FENDI黄、香奈儿黑、LV棕、可口可乐红……每一种颜色都能从视觉上有效表达品牌的核心战略信息，形成视觉锤。但是，要想将品牌色彩的力量发挥到极致，还应该与品牌定位、理念、产品相匹配。所以，即使是同一个代表色，应用在不同行业中也会产生不同的效果。以橙色为例，奢侈品牌的“爱马仕橙”在品质中充满活力，运动品牌的“NIKE橙”是向往自由，时装界的“BEAMS橙”每次联名都隐藏着好运彩蛋，饮料界的“芬达橙”是新鲜清爽。

诞生于1969年的自然派，作为国内休闲零食的头部品牌，代表色同样是橙色，而它的含义是“自然”。

极简的透明包装

所谓“自然”，首先是用最简单的表达方式，化繁就简，包装就是产品最外在的表达方式。其中最“苗条”的，莫过于极简透明包装，网络上甚至出现了“透明包装的小零食从来没让我失望过”的话题。卫龙大辣条、盼盼家庭装薯片、1斤装芒果干……除了价格和规格，“反向消费”的年轻人也在包装的选择上做减法。

极简的透明包装，正是通过简单的视觉传达，让消费者对产品品质一目了然。虽然会展示出产品的些许瑕疵，但敢于使用透明包装，是品牌对瑕疵精准控制的自信，也是品牌将产品全部展示给消费者的勇气。

横跨了半个世纪的自然派，凭借着始终如一的透明包装，牢牢占据“极简风零食”榜单的前排。

用暖色调做产品

作为产品的容器，透明包装只算是锦上添花，产品力才是企业的核心竞争力。所以，“自然”的第二部分，是用产品力引导消费者进行再次选择，培养积久形成的消费习惯。

在休闲食品赛道，即食品类、非饱腹性的需求和年轻群体的目标对象，造就了种类繁多、产品快速更迭、消费忠诚度低、消费场景丰富的行业形态。相应的，消费者对产品品质提出了更高的要求。

正如品牌色橙色一样，自然派坚持用暖色调做产品。暖，在于为消费者提供更高的产品品质，倡导“美味快乐真年轻”的休闲食品消费精神。

自然派的产品力，在经典大单品鱿鱼丝上充分显现。在海鲜类制品中，“新鲜”是消费者的第一价值诉求。不同于市面上部分品牌为了降低成本，在鱿鱼丝中添加淀粉的做法，自然派用独创的核心技术搭配独有配方，用真材实料制作纯鱿鱼丝，突出自然口感，让消费者在美味中感受快乐。

用共同记忆做创新

如果说，自然派的“美味快乐”附着在产品品质中，那么，“真年轻”就要不断贴近年轻消费群体。

一是把市场上新兴产品按照消费需求进行创新，推出高蛋白肉脯、低脂鸡胸肉、黑松露芝麻片……切中消费者的健康、功能化需求；推出赤香色系列产品，用小包装切中方便且优雅的下午茶场景；与大型连锁客户合作进行产品定制，共同降低成本，迎合高性价比的消费逻辑。

二是将经典产品微调，以鱿鱼条为例，在传统口味的基础上，增加了咖喱、五香等口味，迎合消费者喜好，利用大单品+多品类的发展模式，从产品迭代、产品口味、消费场景等多方面，努力贴近年轻消费者。

资料来源 牛艺颖. 自然派：“老字号”的“自然”之道［EB/OL］.［2023-12-13］. https://www.cmmo.cn/article-225199-1.html.

上述案例说明，一家企业的产品，如果不能在感官上吸引消费者，就很难从内在打动消费者。而好的感知，需要综合运用多种方法，协调消费者感官，强化产品认知，这里我们称之为“感官营销”。感官营销其实是一种全方位体验，就是通过品牌、产品包装、功能、促销、服务等诸多因素刺激个体的视觉、听觉、嗅觉、触觉、味觉等感官，吸引消费者注意，增进消费者的了解，进而促成产品销售的营销方式。本章我们将介绍消费者的感觉和知觉。

4.1 消费者的感觉

4.1.1 感觉的概念

感觉是刺激物作用于感觉器官，经过神经系统的信息加工所产生的对该刺激物个别属性的反应。

在日常生活中，外界的许多刺激物作用于我们的各种感觉器官，经过神经系统的信息加工，在我们的大脑里就产生了各种各样的感觉，如我们看到某种颜色、听到某种声音、闻到某种香味、感受到一定的温度等。同时，感觉也反映机体内部的刺激。我们觉察到自身的姿势和运动，感受到内部器官的工作状况：是否舒适、疼痛、饥渴等。不论是对外部刺激的反应还是对内部刺激的反应，感觉是对刺激给予感觉器官的直接感受，是对刺激物个别属性的反应。

感觉器官就是接受感觉刺激的器官，包括眼、耳、鼻、舌、皮肤等，其相应的感觉功能就是看、听、闻、尝和触觉。

虽然感觉是一种最简单的心理现象，但它在人的心理活动中起着极为重要的作用，因为人对客观世界的认识过程是从感觉开始的，感觉是人关于世界的一切知识的源泉。一切较高级、较复杂的心理现象，如记忆、思维、情感、意志等，都是在感觉的基础上产生的。例如，消费者初到商店，就感受到光线明暗、色彩变化、声音背景、温度高低等。这些由感觉器官接收的信息构成了消费者对商店印象的基础。

4.1.2　感觉的种类

根据感觉刺激是来自有机体外部还是内部，可把感觉分为两大类：外部感觉和内部感觉。外部感觉接收机体外部的刺激，反映外界事物的个别属性。属于外部感觉的有视觉、听觉、嗅觉、味觉、触觉。内部感觉接受机体内部的刺激，反映身体的位置、运动和内脏器官的不同状态。属于内部感觉的有肌肉运动感觉、平衡感觉、内脏感觉等。这里我们主要介绍与消费者行为比较密切的几种外部感觉。

1）视觉

人们获得的知识几乎都是由光输入的，我们的各种感觉器官从客观现实中接收的信息有85%是从眼睛输入的。光以电磁波的形式和运动存在于空间中。视觉的适宜刺激物是400纳米～760纳米的光波。光对人类有着非常重要的意义。

物体的颜色是由它所反射的光波决定的，各种不同的波长相应地引起不同的颜色感觉。例如，700纳米的波长作用于眼睛引起红色感觉，590纳米的波长引起黄色感觉，570纳米的波长引起绿色感觉，440纳米的波长引起紫色的感觉等。上述各种单色光可以用一个三棱镜的折射产生全部色彩的刺激，各种不同波长的单色光混合作用于眼睛则产生白光感觉。

视觉是人类和其他动物最为复杂、高度发展和重要的感觉。营销人员经常利用视觉刺激来沟通和传达其营销信息，以此来吸引消费者购买。视觉的刺激主要包括颜色、外形、大小等。

颜色具有重要的感官内涵，它可以直接影响我们的情绪感受。心理学家对此曾经做过许多实验，他们发现，在红色环境中，人的脉搏会加快，血压有所升高，情绪会兴奋冲动，而在蓝色环境中，脉搏会减缓，情绪也较沉静。冷色与暖色是依据心理错觉对色彩的物理分类，人们对于颜色的物质性印象大致分为冷和暖两个色系。波长长的红色光、橙色光、黄色光，本身有暖和感；相反，波长短的紫色光、蓝色光、绿色光有寒冷的感觉。冷色与暖色除了给我们以温度上的不同感觉外，还会带来其他感受。比方说，暖色偏重，冷色偏轻；暖色有密度大的感觉，冷色有稀薄的感觉；暖色有逼近感，冷色有退却的感觉。有研究发现，黄色的墙壁和装潢使店内的顾客移动较快，快餐店内的橘色装潢使人感到饥饿，医院内的蓝色和粉红色调则可以使病人减轻焦虑。

此外，因为文化的关系，颜色感知在不同的国家也有所不同。一项研究发现，中国和日本的消费者将紫色与昂贵的产品相联系，而将灰色与便宜的产品相联系。这恰好与美国的消费者相反。在中国香港，万宝路应用了在颜色感知上的文化差异，考虑到白色在中国文化中的象征意义，描绘了一个戴白色帽子、骑白马的牛仔形象。

产品的外形和大小也能影响消费者的感知。例如，苹果在个人计算机上使用彩色透明的外壳，改变了过去个人计算机给消费者的冰冷呆板印象，让个人计算机也能展现它活泼轻松的一面，从而吸引了注重计算机外表这一属性的消费者。

【观念应用4-1】

史上最成功色彩营销

电影《芭比》一上映就创下了不俗的票房成绩，超过了2017年的《神奇女侠》，更是创下了2023年北美首周末票房最好成绩。

在耀眼的成绩中，《芭比》的色彩营销更是不能不提。它成功将“芭比粉”刻进了每个人的认知里，以至于在电影宣传期间，其预热海报根本不需要打一个字，就能让看见的人秒懂这是《芭比》的广告。

说到《芭比》的宣传海报，可能是设计师职业生涯接到的最轻松的工作，因为这张芭比粉的海报上除了日期，就什么也没有了。然而不可否认的是，它又是如此“信息量”满满，因为基本上所有看见它的人，都可以一眼秒懂它是电影《芭比》的宣传海报。当然，《芭比》的“懒”不仅表现在海报设计上，它的户外广告同样很“懒”，芭比粉+日期搞定一切。但是，就是这样偷懒省事的广告，却备受好评，社交媒体上铺天盖地的都是对于这张“超懒”海报的讨论与赞许。

《芭比》的“超懒”海报之所以如此成功，离不开其成功的色彩营销。品牌必须找到适合自己的、能够构建自身“超级视觉”的色彩符号。选择的基本原则有三点：一是有识别度：识别度是记忆的基础，千篇一律的面孔总是容易泯然众人，足够差异化的识别度，才有足够的记忆点。二是有故事：自带丰富内涵的色彩符号，就像“长了嘴”一样，能一眼传递品牌信息。三是足够美：美丽的视觉符号，自带情绪价值能量，能够为品牌及其产品带来情绪价值加成。

相关链接4-1

如何利用色彩让产品叫好又叫座？

资料来源　冰叁．史上最“吸粉”色彩营销！席卷全球的芭比粉是如何炼成的？[EB/OL]．[2023-12-13]．https://www.163.com/dy/article/IBNITQHH051993MA.html?spss=dy_author.

问题：结合上述案例谈谈《芭比》色彩营销的成功之道。

2）听觉

空间中的任何一个物体振动时，会引起周围空气的压缩与膨胀，并且逐渐向外传播，这就产生了声波。声波是听觉的适宜刺激。全部声音按照它们是否有周期性而分为乐音和噪声两类。乐音是周期性的声音振动，如音叉声、歌唱家的歌声等。噪声是非周期性的声音振动。

人的听觉器官对每秒20～20 000次振动的声音能发生听觉反应，而对每秒400～1 000次振动的声音感受性最强。对每秒20次以下和20 000次以上的振动，无论强度多大人们也听不到声音。音强超过140分贝时，耳膜会产生痛觉。

我们在对世界的体验中，听觉和视觉起着相互补充的作用。人们经常在看见刺激之前就听见刺激，特别是当刺激出现在你的身后或者是不透明物体（如墙壁）的另一侧时。营销人员常用音乐和声音来影响消费者的感知、情绪与行为。比如，广告人员频繁地使用音乐作为背景来引起人们对品牌的积极联想。再比如，有的学者通过变换餐厅内的音乐节奏，观察其对顾客的消费金额与停留时间的影响，结果发现，音乐对于顾客的停留时间和消费金额有显著影响。美国营销大师爱玛·赫伊拉曾说："不要卖牛排，要卖滋滋声。"与其卖牛排，不如让消费者听听煎牛排时的"滋滋"声。这个时候，也许营销人员还没开口，消费者就已经忍不住下单了。营销人员不但要讲清楚产品，而且要让消费者自己来听一听，感受那个让人心动的"精灵"，甚至让消费者想象消费产品时的情形，促使消费者更快地购买。

3）嗅觉

嗅觉感受器官的嗅细胞存在于鼻腔的最上端、淡黄色的嗅上皮内。嗅觉是由物体发散于空气中的物质微粒作用于鼻腔上的感受细胞而引起的，其刺激物必须是气体物质。在视觉、听觉受到损伤的情况下，嗅觉作为一种距离分析器官具有重大意义。盲人、聋哑人运用嗅觉就像正常人运用视觉和听觉一样，他们常常根据气味来认识事物，了解周围的环境，确定自己的行动方向。

气化物靠空气扩散，因此嗅觉是距离性感觉：不必与刺激源直接接触就能产生嗅觉。气味对化妆品和食物有特殊的重要性。在一项研究中，两种不同的香味被加到同一种面巾纸上，在消费者的感知中，其中一种是上等的和昂贵的，而另一种被认为是在厨房中使用的。

4）味觉

味觉的感受器官是味蕾。味蕾是一种球状的感觉神经细胞，这种细胞大多分布在舌尖、舌面和舌侧三处，少数分布在口腔内部。人类的基本味觉有酸、甜、苦、咸四种，而这四种味觉的味蕾在舌上的分布是不同的：甜在舌尖，酸、咸在舌两边，苦在舌根。

事实上，味觉并不是独立的，它常常与其他感觉相互影响。比如，人们在吃东西的时候，经常是既有味道刺激舌头，又有气味刺激鼻孔，更有颜色刺激眼睛，即"色、香、味俱全"。

中国台湾某著名休闲食品企业的营销总监曾说："对于食品公司来讲，最好的营销方式，就是免费品尝，因为好产品自己会说话。"这家企业在推广时就大量运用了免费派发的方式，通过调派大量营销人员在大卖场、商场、人流量大的十字路口、社区门口免费派发小包装品尝品，让很多消费者切身感受到产品的美味。后来，这些消费者就到处寻找和购买该产品，很快打开了销路，这是不用广告也可以成功推广的好办法。

5）触觉

触觉是皮肤表面承受某物体压力或触及某物时所产生的一种感觉。引起触觉的刺激强度因身体各部位敏感度的不同而有很大的差异：舌尖、唇、指尖等部位比较敏感，而背、臀、腿等部位比较迟钝。对产品的触觉也能影响消费者的感知。比如，人们在买衣服的时候，都要用手摸一摸，以判定衣服的质地、手感等。

从满足好奇心的角度，也可以让消费者多接触产品、体验产品，进而全面洞悉、熟知产品。企业可以通过设立旅游工业园、参观长廊或开放操作间，让消费者感受产品生产过程，甚至让消费者参与进来，通过免费制作及试用，让消费者相信产品，进而购买产品。一些食品品牌在带领消费者参观企业时，最后一个项目往往是让消费者现场动手制作，并拍照留影，将影像资料悬挂在制作间，让消费者珍惜和流连，也给后来的消费者做示范。卖床的家居企业让消费者试坐试躺，卖厨电的企业让消费者现场烹饪，卖白酒的企业邀请消费者参加品鉴会并在现场操作勾兑等，都是运用触觉加深产品印象，让消费者有一种参与感——“产品是我自己做的”。台北一家老牌饼屋就是让游客在参观之后，在师傅的指导下，用原料、磨具等在操作间亲自制作，然后烤制，此举吸引了大量游客参与并购买，消费者络绎不绝。

4.1.3 感觉的基本规律

1）感受性和感觉阈限

对刺激强度及其变化的感觉能力叫感受性，它说明引起感觉需要一定的刺激强度。衡量感受性的强弱用“阈限”这个概念来表述。所谓阈限，就是门槛的意思。每种感觉都有两种感受性和感觉阈限：绝对感受性与绝对阈限、差别感受性与差别阈限。

（1）绝对感受性与绝对阈限。在日常生活中，并非所有来自外界的适宜刺激都能引起人的感觉，如落在皮肤上的灰尘、遥远处微弱的灯光、手腕上手表的滴答声，这些都是对感觉器官的适宜刺激，但人在通常情况下无法感觉到，原因在于刺激量太小。要产生感觉，刺激物必须达到一定的强度并且要持续一定的时间，那种刚刚能引起感觉的最小刺激量，叫绝对阈限。例如，人的眼睛在可见光谱（400 ~ 760纳米）范围内，有7 ~ 8个光量子，且持续时间在3秒以上，就可以产生光的感觉。声音的感受频率在20 ~ 200 000赫兹，超出这一范围，无论响度如何变化，人都听不到。这些情况说明，人们只有在一定适宜刺激强度和范围内，才能产生感觉；达不到一定的强度，或者超过感觉器官所能承受的强度，人们都不能产生感觉。绝对感受性是指刚刚能够觉察出最小刺激量的能力。

绝对阈限并不是一个单一的强度值，而是一个统计学的概念。在测量感觉阈限时，随着刺激量的逐渐增加，被测试者对刺激从觉察不到到有时能觉察到，从有时不能觉察到再到完全能觉察到。按照惯例，心理学家把有50%的次数被觉察到的刺激值定为绝对阈限。因此，在我们有感觉和没有感觉之间显然是没有一个特殊的值在起作用。阈限是一个逐渐过渡的强度范围。

绝对感受性与绝对阈限在数量上成反比关系。如果用E代表绝对感受性，用R代表绝对感觉阈限，则它们之间的关系可用下列公式表示：

$E=1/R$

各种感觉的绝对阈限是不同的。在适当的条件下，人的感觉阈限是很低的。例如，在空气完全透明的条件下，人能看见1千米远的1/1 000的烛光。如果用这个能量把1克水加热10℃，要花6 000万年的时间。人能嗅到1升空气中所散播的$1/10^8$毫克的人工麝香的气味。当然，不同个体的绝对阈限有相当大的差异，即使是同一个体也会因身体状况和动机水平而有差异。

（2）差别感受性与差别阈限。能觉察出两个刺激的最小差别量称为差别感觉阈限或最小可觉差（just noticeable difference，JND）。对这一最小差别量的感觉能力叫差别感受性。最小可觉差的数值是一个常数。如在原来声音响度的基础上，响度要增加1/10人才能听到声音的变化；要感受到亮度的变化，亮度需要增加1/100；而要感受到音高的变化，音高只需提高1/333。

为了引起一个差别感觉，刺激必须增加或减少到一定的数量。1834年，德国生理学家韦伯在研究感觉的差别阈限时发现，如果以R表示最初的刺激强度，以R+ΔR表示刚刚觉察出有变化的刺激强度，那么在一定范围内，每种感觉的差别阈限都是一个相对的常数，用数学公式表示为：

$\Delta R/R=K$

这个公式称为韦伯定律（或韦伯分数、韦伯比值、韦伯常数），即当R的大小不同时，ΔR（最小可觉察的物理量）的大小也不同，但K则是一个常数。例如，原先举起50克（R）重量，其差别阈限是1克，那么至少是51克的重量才能被我们觉察出比原先稍重一些；如果是100克重量，那么至少是102克才能被我们觉察出比原先稍重一些；如果是150克，则至少是153克才能被我们觉察出比原先稍重一些。可见，在这里，差别阈限值是刺激重量的同一分数：1/50=2/100=3/150=0.02。韦伯分数表明，必须在原先重量的基础上增加它的2%，才能觉察出它比原先重量稍重一些。

不同感觉系统的韦伯分数相差很大。韦伯分数越小，则感觉越灵敏。各种感觉系统的韦伯分数在中等强度刺激范围内是正确的，但在极端刺激（过强或过弱时）条件下就不正确了。

（3）感觉阈限在营销中的应用。有关感觉阈限的研究在营销中具有重要的应用价值。企业努力确定与它们的产品有关的感觉阈限有两个原因：一是负面的改变不易被消费者觉察，如使产品在提高价格或降低质量的情况下处于差别阈限以下；二是为了使产品的改进对于消费者来讲更明显而不需要太大的成本，如改进包装或降低价格，那就恰好要在差别阈限以上。当然，要达到这样的目的需要精心调查与测算。

比如，百事可乐在1997年重新设计了包装，更新了面貌：罐头是明亮的蓝色，在罐头侧面正上方是白色的百事（PEPSI）字样。为了提供持续的知觉特征，该公司先用较亮的蓝色介绍新的包装（和广告），以后再逐渐加深蓝色，使其整个商标图案更突出。

在营销实践中，当实现了商品改进时，营销人员非常想满足或超过消费者的差别阈限，即他们想使消费者容易觉察最初产品的任何改进。营销人员用差别阈限来决定他们应该进行产品改进的程度。低于差别阈限是浪费，因为这种改进不会被消费者察觉；超过差别阈限太多也是浪费，因为这会减少重复销售的量。

另外，产品在定价方面也要运用好价格阈限。所谓价格阈限，即消费者对价格变动的最高和最低心理接受界限。消费者在日常生活中根据自身感受和价格评价标准以及消费者之间的相互影响，对每一种商品都有一个心目中的价格范围，这个范围就是消费者宁愿支付货款而不愿失去这次购买机会的价格。如果企业产品的价格刚好在这个范围内，消费者就会满意地购买；如果企业产品的价格超过价格阈限的上限，消费者会认为企业是漫天要价而拒绝购买；如果企业产品的价格低于价格阈限的下限，同样会引起消费者的负面反应，导致其对商品有疑虑心理而拒绝购买。价格阈限是消费者自身感受到的，并且是发自内心的。如果企业希望消费者对自己的产品或服务感到满意，则必须学会用消费者的眼光来看待这些产品或服务。

2）感觉适应

刺激物对感觉器官持续作用，使感觉器官的敏感性发生变化的现象，叫作感觉适应。适应可以引起感受性的提高，也可以引起感受性的降低。比如，我们都经历过视觉适应的两种情况——明适应和暗适应。从暗处来到明亮的地方叫作明适应，比如我们从一个黑屋子来到外边阳光下的时候，起初觉得光线很刺眼，什么也看不见，过几分钟就好了；从明亮的地方来到暗处叫作暗适应，比如我们从外边的阳光下来到一个暗室的时候，起初什么都看不见，像盲人一样，经过较长一段时间后，才恢复正常。

与视觉的适应相比较，听觉的适应就很不明显。有人认为，一般的声音作用之后，听觉感受性有短时间的降低，而且听觉的适应具有选择性，即在一定频率的声音作用下，只降低对该频率（包括邻近频率）声音的感受性，而不降低对其他频率声音的感受性。

"入芝兰之室，久而不闻其香；入鲍鱼之肆，久而不闻其臭。"这是嗅觉的适应。嗅觉的适应速度受到刺激性质的影响。一般的气味经过1～2分钟即可适应，强烈的气味则要经过10多分钟才能适应，特别强烈的气味令人厌恶而难以适应甚至完全不能适应。嗅觉的适应有选择性，即对某种气味适应后，并不影响对其他气味的感受。厨师由于要连续品尝，做出的菜就愈来愈咸，这就是味觉的适应现象。

触压觉的适应很明显。我们安静地坐着时，几乎觉察不到衣服的接触和压力。实验证明，只要经过3秒钟左右，触压觉的感受性就下降到原始值的25%左右。温度觉的适应也很明显。例如，我们在游泳池游泳的时候，开始觉得水很凉，经过几分钟后，就不再觉得水凉了。相反，我们在热水中洗澡的时候，起初觉得水很热，但经过几分钟后，就觉得水不那么热了。但是，对于特别冷或特别热的刺激，我们则很难适应或完全不能适应。痛觉的适应是很难的，即使有，也极为微弱。只要注意力一集中到痛处，你马上就会感到疼痛。正因为痛觉很难适应，它才成为伤害性刺激的信号而具有生物学意义。

3）感觉的对比

同一感觉器官在接受不同刺激时会产生感觉的对比现象。比如，白色对象在黑色背景中要比在白色背景中容易辨别，红色对象置于绿色背景中则显得更红。因此，在广告设计或商品陈列中，亮中取暗、淡中有浓、静中有动等手法有助于增强消费者的注意力。

4.2 消费者的知觉

4.2.1　知觉概述

1）什么是知觉

知觉是在感觉的基础上产生的，但它是比感觉更全面地认识世界的过程。确切地说，知觉就是个体选择、组织和解释刺激，形成一种有意义的与外部世界相一致的心理画面的过程。

心理学认为，知觉是一个复杂过程，要经过生理和心理两个历程。当一个人在感知某一事物时，首先要通过感觉器官（如眼、耳等）感知对象（生理历程），然后在头脑中形成一种印象（感觉）。这一印象形成后，又与感知者已有的认知体验结合起来，结果就形成了一个有意义的心理画面。我们把这个心理画面称为“知觉世界”。可见，世界上没有哪两个人所知觉到的世界是一模一样的，因而知觉是因人而异的。

在现实生活中，纯粹的感觉几乎是不存在的，它总是与知觉紧密结合在一起，因而人们也将其称为感知觉。心理学对感知觉的研究有着悠久的历史和丰富的内容。

感觉与知觉既有联系又有区别。首先，知觉以感觉为基础，缺乏对事物个别属性的感觉，知觉就不完整。其次，一旦刺激物从感官所涉及的范围消失，感觉和知觉就停止了。再次，知觉是对感觉材料的加工和解释，但它又不是对感觉材料的简单汇总。最后，感觉是天生的反应，而知觉则要借助过去的经验，知觉过程中还有思维、记忆等的参与，因而知觉对事物的反映比感觉要深入、完整。

2）知觉的特性

知觉的特性主要有以下几方面：

（1）知觉的选择性。作用于人的客观事物是丰富多彩、千变万化的，但人不可能对客观事物全部清楚地感知到，也不可能对所有事物都做出反应，人总是有选择地以少数事物作为知觉的对象，对它们的知觉格外清晰，而对周围事物的知觉则比较模糊。这些模糊的事物就成了背景。这种现象就是知觉的选择性。知觉的这种特性有两方面的价值：一是自我保护，因为人的心理承受力是有限的，人如果将感觉器官所接收到的所有信息都加以处理，将超出其承受能力，出于自我保护的目的，人对来自外界的信息要进行选择。二是生存价值，这种选择带有指向性，有利于个体在环境中生存。

知觉选择的过程就是区分对象和背景的过程。对象和背景的分化是知觉最简单、最原始的形式。人们对对象和背景的知觉是不一样的，对象似乎在背景的前面，轮廓分明、结构完整；背景可能没有确定的结构，在对象的后面衬托着、弥散地扩展开来。

对象和背景的关系不是一成不变的，而是依据一定的主客观条件，经常可以相互转换。比如，当顾客在听营业员介绍商品时，营业员所讲内容成为顾客知觉的对象，而周围的其他声音则成为这个对象的背景。如果这时候某一顾客听到周围其他人正在讨论他很感兴趣的一个话题，他就会把注意力转到别人谈话的内容上。那么，别人的谈话就成了这一顾客知觉的对象，而营业员的介绍便成了背景的一部分。

知觉对象和背景的关系也可以用一些双关图来说明。在知觉这种图形时，对象和背景可以迅速地转换，对象能变成背景，背景能变成对象（如图4-1所示）。

（A）　　（B）

图4-1　对象和背景

把知觉的对象从背景中分化出来，客观上受到许多条件的影响。这些条件主要有：

①对象和背景的差别。对象和背景的差别越大，对象越容易从背景中突显出来，在颜色、形状、亮度等强烈对比的情况下，对象更为醒目；反之，差别小，则难以区分。例如，白纸黑字、绿叶红花，由于对比强烈而使对象容易分化出来。

②对象的运动。在固定不变的背景上，运动的物体比不动的物体更容易成为知觉的对象。比如，夜晚忽明忽灭的霓虹灯容易引起人们的注意。

③对象的组合。对象各部分的组合也影响人们对对象各部分的辨认。组合包括两种：接近组合和相似组合。接近组合是指彼此接近的事物比相隔较远的事物容易组成对象。无论是空间的接近还是时间的接近，都倾向于组成一个对象。比如，苏州和无锡、山海关和北戴河，因为它们的距离比较近，旅游者往往把它们知觉为一条旅游线路。性质相同或相似的事物也容易被人组合在一起，成为知觉对象，如青岛和大连都被认为是海滨避暑胜地，五台山、普陀山、峨眉山、九华山在地理上虽然远隔千里，但人们把它们知觉为相似的佛教圣地。

在营销实践中，广告设计者应该认真设计，确保他们希望人们接受的刺激是作为对象而不是作为背景被人们看到。同样，背景音乐不应该喧宾夺主，引人注意，广告背景也不能影响产品的价值。

（2）知觉的理解性。人的知觉并不是像照相机那样详细而精确地反映刺激物的全部细节，它并不是一个被动的过程。相反，人的知觉是一个非常主动的过程，它要根据主体的知识和经验，对感知的刺激物进行加工处理，并用概念的形式把它们表示出来。知觉的这种特性就是知觉的理解性。

理解在知觉中起着重要作用。首先，理解使知觉更为深刻。人在知觉一个事物的时候，与这个事物有关的知识和经验越丰富，对该事物的知觉内容就越丰富，对它的认识也就越深刻。比如，对于某名胜古迹的一砖一瓦，一位有经验的考古专家要比一般人有更深刻的认识。其次，理解使知觉更为精确。例如，不懂外语的人听初学者说外语，只能听到一些音节，根本听不出他的外语讲得正确与否；而外语熟练的人不仅能听出他讲得是否正确，甚至发音的细微差异、修辞的适当与否都能辨别出来。最后，理解能提高知觉的速度。例如，我们看报纸或杂志时，如果内容简单而又熟悉，我们常可“一目十行”。

（3）知觉的整体性。知觉的对象是由刺激物的部分特征或属性组成的，但人们不把它感知为个别的、孤立的部分，而是把它知觉为一个统一的刺激情境，甚至当刺激物的个别属性或个别部分直接作用于人的时候，也会产生对这一刺激物的整体印象。

知觉之所以具有整体性，一方面，是因为刺激物的各个部分和它的各种属性总是作为一个整体对人产生作用；另一方面，在把刺激物的几个部分综合为一个整体知觉的过程中，过去的知识和经验常常能提供补充信息。人们看到从远处走来的熟人，虽然看不清他的面孔，但可以凭借身体外形、走路姿势和其他线索辨认出来。消费者来到商店，不只是看到商店的商品布置，装潢装饰，营业员的举止、着装和各种服务的某个方面，而是通过所有这些形成对商店的整体印象。

（4）知觉的恒常性。当知觉的条件在一定范围内改变时，知觉的映象仍然保持相对不变，这就是知觉的恒常性。

在视知觉中，知觉的恒常性表现得特别明显。对象的大小、形状、亮度、颜色等映象与客观刺激的关系并不完全服从物理学规律。在亮度和颜色知觉中，物体固有的亮度和颜色倾向于保持不变。比如，无论是在强光下还是在黑暗处，我们总是把煤看成黑色、把雪看成白色、把国旗看成红色。实际上，强光下煤的反射亮度远远大于暗光下雪的反射亮度。

知觉的恒常性受到很多因素的影响，其中主要是过去的经验在起作用。知觉的恒常性不是人生下来就有的，而是后天学来的。

3）知觉的种类

知觉主要有以下几种：

（1）空间知觉。空间知觉是人脑对物体的形状、大小、远近、方位等空间特性的知觉。

（2）时间知觉。时间知觉是人对客观现象的延续性和顺序性的反应，即对事物运动过程的先后和长短的知觉。

时间知觉也是人对客观世界的主观映像，它也必然受到主客观因素的影响。影响人对时间估计的因素主要有以下几个：

①活动的内容。在一段时间里，做紧要、有趣、内容充实的事情时，人们觉得时间过得快，就倾向于把这段时间估计得短些；如果对某件事情不感兴趣，事情又无关紧要，活动内容贫乏，人们就觉得时间过得慢，对这段时间估计得就长些。人们在事后回忆时，情形则恰好相反，对前者感到时间长，对后者感到时间短。

②情绪和态度。在欢乐的时候，人们觉得时间过得快，时间被估计得短些；在烦恼和厌倦的时候，人们觉得时间过得慢，时间被估计得长些。正所谓“欢娱嫌夜短，寂寞恨更长”。期待愉快的事情到来时，人们会觉得事情来得慢，感到时间长；而有不愉快的事情要发生时，人们觉得事情来得快，感到时间短。

③时间标尺的利用。会不会利用时间标尺直接影响时间估计的准确度。例如，用数数、数脉搏作为时间标尺，时间估计的准确性就会提高，特别是在长时距估计中，准确性提高得更为明显；反之，不会利用时间标尺，时间估计的误差就大。

（3）运动知觉。运动知觉是对物体的空间位移和移动速度的知觉。通过运动知觉，我们可以分辨物体的静止和运动状态以及运动速度的快慢。

4.2.2 错觉

错觉是对外界事物的不正确的知觉。在一定条件下，人在感知事物的时候，会产生各种错觉。这些错觉包括以下几种：

1）图形错觉

图形错觉是视错觉的一种。这种错觉的种类很多，下面仅举几例（如图4-2所示）。

（1）垂直水平错觉：垂直线与水平线长度相等，但大多数人把垂直线看得比等长的水平线要长，如图4-2（A）所示。

（2）缪勒-莱尔错觉：两条等长的线段，由于附加在两端的箭头方向不同，箭头向外的线段似乎比箭头向内的线段长些，如图4-2（B）所示。

（3）线条的影响：平行线受到交叉线条的影响，仿佛改变了方向，显得不平行了，如图4-2（C）所示。

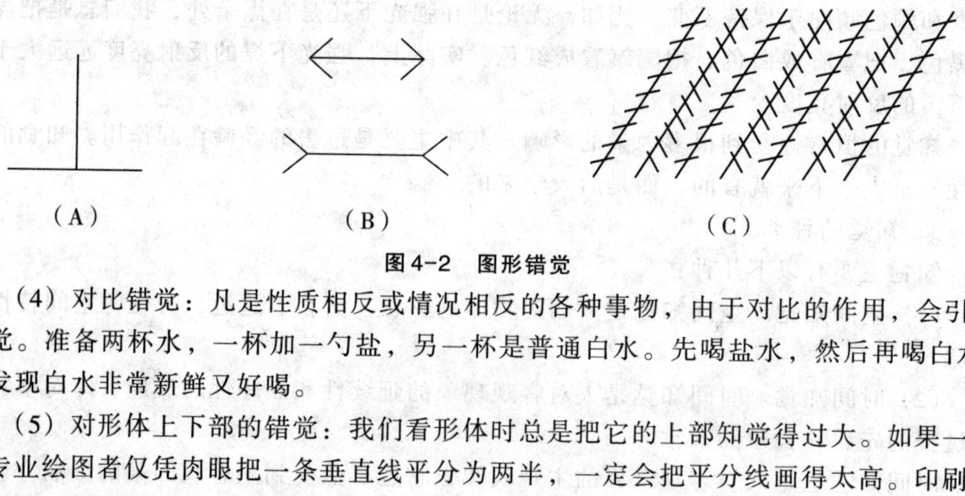

图4-2　图形错觉

（4）对比错觉：凡是性质相反或情况相反的各种事物，由于对比的作用，会引起错觉。准备两杯水，一杯加一勺盐，另一杯是普通白水。先喝盐水，然后再喝白水，会发现白水非常新鲜又好喝。

（5）对形体上下部的错觉：我们看形体时总是把它的上部知觉得过大。如果一个非专业绘图者仅凭肉眼把一条垂直线平分为两半，一定会把平分线画得太高。印刷数字3和8、英文字母k，看起来其上下部似乎相等，可倒过来看，就发现3、8、k上半部比下半部小得多。

（6）由空虚和充实引起的错觉：两个同样大小的房间，由于陈设多寡的不同，看起来大小不一样。在生活中，如果两段路程是同样的，一段路两侧有许多建筑物或其他可供观赏之物，则使人觉得路程短；另一段路的两侧是空旷的，就会显得长一些。

2）时间错觉

如前所述，人总是通过某种衡量时间的媒介来反映时间的。这里的媒介可能是自然界的周期性现象和其他客观标志，也可能是身体内部的一些生理状态。由于心理状态和情境的影响，人们也会产生错误的时间知觉。

每个人大概都有过“等人”的经历，时间的难熬令人头痛不已，心情也极度糟糕。如果一边等人一边看书或听音乐，人们就会发现时间过得也挺快的。这是由于人们在看书或听音乐时，分散了对时间的注意力，实现了对时间由有意注意到无意注意的转移，从而造成了“时间过得快”的错觉。在很多商场里我们都能听到音乐声，但大多数商场不知道音乐到底该怎样播放才好。音乐对人的情绪的影响是很大的，乐曲的节奏、音量的大小都会影响顾客和营业员的心情。大家心情好，店家和顾客之间就会避免很多不必要的矛盾和冲突，就会出现很多的商机，就会取得更高的社会效益和经济效益。如果在顾客数量较少时播放一些音量适中、节奏较舒缓的音乐，不仅能使顾客和销售人员的心情更加舒畅，而且能放慢顾客行动的节奏，延长顾客在商场的停留时间，增加较多的随机购买概率，也能使销售人员的服务更加到位。如果在顾客人数较多时播放一些音量较大、节奏较快的音乐，就会使顾客与销售人员的行动节奏随着音乐的节奏而加快，就会提高购买和服务的效率，减少由于人多、效率低而引起的心情不好、矛盾冲突增多等情况出现。

3）其他错觉

其他错觉有以下几种：

（1）形重错觉。1千克铁同1千克棉花的物理重量是相等的，但是，人们用手加以比较时，就会觉得铁比棉花重。

（2）大小错觉。初升或将落的太阳和月亮，看起来总比它们在我们头顶上时要大些。这种错觉的产生是因为初升或将落的太阳和月亮是同树木、房屋相比较的，而头顶上的太阳是同辽阔的天空相比较的。

（3）方位错觉。在海上飞行时，由于水天连成一片，失去了自然环境的视觉参考标志，飞行员很容易产生“倒飞错觉”，这时飞行员要靠仪表来判定飞机的状态。

（4）运动错觉。比如，第一次乘火车长途旅行，在下车后的一段时间内，如果躺在床上，还会觉得房间似火车车厢一样在运动。再比如，在桥上俯视桥下的流水，久而久之就好像身体和桥都在摇动。

了解错觉现象对做好市场营销工作是有价值的。一则可以知晓自己可能出现的错误，二则可以利用错觉现象。例如，对商场环境进行装潢和布置的时候，应考虑人们的知觉规律，要避免纯粹物理学意义上的设计安排。设计安排是给人看的，应该看起来好，而不是物理学意义上的合乎规范；否则，装潢陈设就不是艺术，而变成物理学了。再比如，利用颜色错觉进行包装设计也很有趣。一般来说，黑色、红色、橙色给人以重的感觉，绿色、蓝色给人以轻的感觉。如果笨重的物体采用浅色包装，会使人觉得轻巧、大方；分量轻的商品采用浓重颜色的包装，就给人以庄重、结实的感觉。

【教学互动4-1】

利用颜色错觉进行包装设计很有趣。一般来说，不一样的颜色给人的感觉也不一样。如果是笨重的物体，采用什么颜色的包装好？为什么？如果是分量轻的商品，采用什么颜色的包装好？为什么？

互动要求：同“教学互动1-1”。

相关链接4-2

有趣的错觉

4.2.3 消费者的知觉过程

消费者的知觉过程包括三个相互联系的阶段，即展露、注意和理解。在信息处理过程中，如果一则信息不能依次通过这几个阶段，它就很难贮存到消费者的记忆中，从而也无法有效地对消费者的行为产生影响。

1）展露

刺激物的展露是指将刺激物展现在消费者的感觉神经范围内，使其感官有机会被激活。展露只需把刺激对象置于与个人相关的环境之内，并不一定要求个人接收刺激信息。比如，电视里正在播放一则广告，你正在和家人或朋友聊天而没有注意到它，但广告确实展露在你面前。

对消费者来说，刺激物的展露有两种基本方式：主动展露和被动展露。

（1）主动展露。主动展露是指消费者会主动寻找有助于实现自己目标的信息。在购买某些相对重要的商品时，消费者会通过主动的、有意识的、有目的的行为接触和搜集商品信息，阅读报刊和观看电视广告，去商店与营业员交谈，向朋友和熟人打听等。

（2）被动展露。市场调查表明，消费者对营销信息有意识接触的水平相当低，他们通常只逛少数商店，只询问少数信息源。如果消费者对自己现有的知识很自信或者认为较多的信息对购买决策的制定没有什么影响，信息搜集就会失去动力。大多数消费者是在日常生活和工作环境中无意识地、偶然地接触市场信息的。比如在商店随意浏览，在路上看路牌广告，在家中观看电视和阅读杂志时看到商品广告，在单位听同事闲聊等。虽然无意中接触到的营销信息可能并未引起或仅低水平地引起消费者的注意，但是仍然能够极大地影响消费者的行为。事实表明，在人流量大的地方做广告，在收视率高的电视剧播放时做广告，都能增加商品的销售量。

对营销人员来说，展露是重要的，因为没有展露就没有知觉，然而，过度展露可能带来一些负面效果。由于过度展露会使目标消费者对该刺激过分熟悉，导致习惯化，久而久之就会造成消费者的“视觉疲劳”。

刺激物的展露与营销策略有密切关系。刺激物的展露是引起消费者注意和激发购买行为的前提。企业营销人员应当制定相应的营销策略来增加消费者接触刺激物的可能性。

首先，要尽可能主动展露刺激物。企业营销人员应当随时随地提供消费者所需的市场信息，方便和简化消费者的信息搜集过程；应当培训大批有产品知识、有服务热情的销售人员和技术人员，对消费者的咨询做出及时、准确的回答，为消费者提供有利于本企业的详细信息。

其次，增加消费者被动接触刺激物的机会。企业应当设法在最能引起目标顾客接触的环境中宣传产品。比如，在零售店，在繁华闹市，在人流量大的车站和码头，在读者面广的报纸、杂志上，在收听、收视率高的广播、电视剧和电影中做广告，传播产品信息。要善于寻找和发现能够引起消费者无意接触的、适合做广告的环境和媒体。

最后，要防止过度展露。企业应该定期更新广告片来避免消费者的广告疲劳。此外，在营销策划上，商家必须有创新性和个性意识。

2）注意

知觉过程的第二个阶段就是注意。它是在刺激物展露的基础上产生的，没有刺激物的展露，就不可能产生注意。

注意是心理活动对一定对象的指向和集中。注意的指向性是指心理活动有选择地反映一定的对象，而离开其余的对象。注意的集中性是指心理活动停留在被选择对象上的强度或紧张度，它不仅使心理活动离开一切无关的事物，而且抑制多余的活动。当刺激物激活感觉神经，由此引发的感受被传送到大脑进行处理时，注意就产生了。由于心理活动的指向和集中，注意的对象才能得到清晰而完整的反映。

注意本身不是一个独立的心理过程，它是与一定的心理过程紧密联系的。比如，注意看广告、注意听产品介绍等，总是与看或听等心理过程相联系的。因此，注意是伴随着心理过程的心理特性，其作用是保证各项活动的顺利进行。

由于认知能力的限制，在某一特定时点，人们不可能对展露在自己面前的所有信息都做出反应，而只是部分地对某些信息予以关注。一般而言，影响注意的因素主要有以下几个：

（1）刺激物因素。刺激物因素是指刺激物本身的特征，如大小、颜色、位置、运动等。由于刺激物因素是企业可以控制的，因此在营销实践中它们常被用来吸引消费者的注意。比如，具有动感的刺激物较静止的刺激物更容易吸引人们的视线。街上的霓虹灯广告及其他一些具有动感的广告均是运用此原理来吸引受众的注意的。

刺激物具有反常规性或与众不同，如与人们的预期大相径庭的画面和内容，有助于吸引受众的注意。

信息量作为一个刺激物因素，同样会影响消费者的注意程度。给消费者提供过多的信息，会使他处于信息超载状态。在信息超载状态下，消费者可能会滋生受挫感和沮丧感，从而降低信息处理水平。研究发现，随着收到的商品目录数量的增加，消费者购买的商品也增加，但到一定阶段，商品目录数量的进一步增加反而会使消费者购买商品的数量减少。其原因是，此时发生了信息超载现象，在此状态下的消费者停止阅读任何商品目录。

（2）消费者个体因素。消费者个体因素是指消费者个人的特征，它们通常是企业不能直接控制的，主要有需要与动机、态度、适应性水平。

当处于某种需要状态时，消费者对能够满足这种需要的刺激物会主动地关注。饥肠辘辘的人会对食品和有关食品的信息给予更多的注意，计划外出度假的消费者可能更注意与度假有关的广告，喜欢户外运动的消费者对运动器材广告可能格外注意。

态度能对消费者的注意产生影响。一般来说，消费者更倾向于接收那些与其态度相一致的信息。换句话说，当消费者对某种产品有好感时，与此相关的信息更容易被注意，反之则会出现相反的结果。

人们对非常习惯的事物可能习以为常，不再注意。典型的事例是当你从安静的乡村搬迁到喧闹的市区时，你起初可能会对噪声不适应，但过一段时间后，你就适应了，对噪声不再那么敏感。这种现象同样发生在营销领域，虽然广告很新颖，但老是重复该广告，时间一长，其效果可能会下降。只有在内容和形式上不时做些变动，才能使消费者在较长时期保持对该广告的注意。

（3）情境因素。情境因素既包括环境中独立于中心刺激物的那些成分，又包括暂时性的个人特征，如个体当时的身体状况、情绪等。一个十分忙碌的人较一个空闲的人可能更少注意呈现在其面前的刺激物；处于不安或不快情绪中的消费者，注意不到很多展露在他面前的信息，因为他可能想尽快地从目前的情绪中逃脱。

3）理解

知觉的最后一个阶段是个体对刺激物的理解，它是个体赋予刺激物以某种含义或意义的过程。理解涉及个体依据现有知识对刺激物进行组织、分类和描述，它同样受到个体因素、刺激物因素和情境因素的制约和影响。

（1）影响理解的个体因素。知觉具有主观性，对于同样的刺激，不同的人会有完全不同的解释。影响人们对刺激物的理解的个体因素主要包括以下几方面：

①需要和动机：正如需要和动机会影响个体对刺激物的注意一样，它也会影响人们对刺激物的理解。

②知识：贮存在人们头脑中的知识是决定个体如何理解刺激物的一个主要因素。新手和专家对同一事物的判断可能截然不同。同是接触一枚镀金硬币，专家型的顾客可能一看便知，而新手则很可能将其视为金币。不仅如此，知识还有助于提高信息理解能力。知识丰富的消费者更容易识别信息传播中的逻辑错误，较少对信息做出不正确的解释。此外，知识丰富的消费者更可能认真思考刺激物中包含的事实，而知识欠缺的消费者则可能更多着眼于背景音乐、图片等非实质性内容。

③期望：人们通常会看到他们所期望看到的东西。人们看到的东西通常基于熟悉的、先前的经验或预先的心理定式。在营销环境中，消费者倾向于依据他们自己的期望来知觉产品及产品的属性。

（2）影响理解的刺激物因素。刺激物的特征，如产品、包装、销售展示等能对消费者的理解产生重要影响。比如，一家食品杂货店发现，将新鲜的鱼处理后用塑料袋装起来，消费者会认为这些鱼存放太久，不新鲜了，因为很多人将其理解为已经冷冻过。为此，该食品杂货店在卖袋装鱼的旁边增设了一个柜台，把新鲜的鱼直接放在碎冰上。结果，袋装鱼的销售量基本维持不变，但两者加起来的销售量较原来几乎增加了一倍。

（3）影响理解的情境因素。一些情境因素，如饥饿、孤独、匆忙等暂时性个人特征，以及气温、在场人数、外界干扰等外部环境特征，均会影响个体如何理解信息。可口可乐公司不在新闻节目之后播放其饮料广告，它们认为新闻中的“坏消息”可能影响受众对其广告与饮料的反应。可口可乐公司负责广告的副总经理夏普指出：“不在新闻节目后做广告是可口可乐公司的一贯政策，因为新闻中有时会有不好的消息，而可口可乐是一种助兴和娱乐饮料。”

4.2.4　消费者的社会知觉

社会知觉就是对人的知觉，它是影响人际关系的建立和活动效果的重要因素。

1）社会知觉的内容

消费者的社会知觉主要包括对人的知觉、人际知觉、角色知觉和自我知觉。

（1）对人的知觉。对人的知觉主要是指对别人的外表、言语、动机、性格等的知觉。对人的正确知觉是建立正常的人际关系的依据，是有效开展活动的首要条件。

（2）人际知觉。人际知觉就是对人与人之间相互关系的知觉。

任何一个人都与他人发生联系，这就形成了人与人之间的不同关系，表现为接纳、拒绝、喜欢、讨厌等各种亲疏远近的状态。对这种关系的正确知觉是顺利进行人际交往的依据。

人和人之间在情感上的亲疏远近是有差别的，有不同的层次。比如，同一团体中的人，有的只是点头之交，有的来往密切、非常友好，也有的势不两立、互相敌对，这就是人与人之间心理上的距离。心理上的距离越近，人们越相互吸引；心理上的距离越远，双方越缺乏吸引力。

（3）角色知觉。角色是指人在社会上所处的地位、从事的职业、承担的责任以及与此有关的一套行为模式，如营业员、顾客、商人、教师等。

角色知觉主要包括两个方面：一是根据某人的行为判定他的职业，如教师、学生、艺术家等；二是认识有关角色行为的社会标准，如对教师这一角色，人们认为其行为标准是谈吐文雅、学识渊博、仪表端庄等。

（4）自我知觉。自我知觉是指一个人通过对自己行为的观察而对自己心理状态的认识。人不仅在知觉别人时要通过其外部特征来认识其内在的心理状态，同样也要了解自己的行为动机、意图等。

自我知觉是自我意识的重要组成部分，随着个人自我意识的发展，自我知觉经历了不同的发展阶段：

①生理的自我。处于这一阶段时，个体主要表现为对自己身体、衣着、家庭和父母对他的态度以及对自己所有物的判断，从而表现为自豪或自卑的自我感情。

②社会的自我。处于这一阶段时，个体的自我评价主要表现在对自己在社会上的荣誉、地位、社会中其他人对自己的态度以及自己对周围人的态度等方面的判断和评价，从而表现出自尊或自卑的自我体验。

③心理的自我。处于这一阶段时，个体主要表现为对自己的智慧、能力、道德水平等方面的判断和评价，从而表现出自我优越感等自我体验。

随着自我意识的发展，在社会化进程中，个体的自我知觉一般是遵循生理的自我—社会的自我—心理的自我这一进程的。当然，由于每个人的社会化程度不同以及各种主客观因素的影响，每个人的自我知觉水平也不完全一样。比如，有人过分注重自己的身材容貌、对物质欲望的满足，有人则偏重对社会地位、名誉等方面的追求，也有人在自我评价的基础上，追求高尚的情操、自我实现的需要等。

2）社会知觉的误区

对人的知觉依赖多种因素，如认知主体、认知客体以及环境等。从认知主体心理方面看，人们往往存在一些社会知觉误区，它们的存在容易给社会认知带来偏差。社会知觉误区主要有以下几个：

（1）第一印象。第一印象是在首次接触时所留下的印象。第一次进入一个新环境、第一次和某个人接触、第一次到某商场购物、第一次到某宾馆住宿等，由于双方首次接触，会有一种新鲜感，与人交往时都很注意对方的外表、语言、动作、气质等。因此，第一印象的产生主要是感知对方的容貌、表情等外在的东西。

第一印象能产生比较持久的影响。然而，在形成第一印象的过程中，知觉者不知道哪个刺激对以后的行为是有影响的、重要的或是有预见性的。美国一个洗发水广告有效地运用了这样的广告语："你不可能有第二次机会产生第一印象。"

（2）晕轮效应。晕轮效应是指由对象的某种特征推及对象的总体特征，从而产生美化或丑化对象的现象。这就像月亮一样，由于晕轮的存在，我们看不清它的真实面目。

晕轮效应与第一印象一样普遍。它们的主要区别在于：第一印象是从时间上来说的，由于前面的印象深刻，后面的印象往往成为前面印象的补充；晕轮效应则是从内容上来说的，由于对对象的部分特征印象深刻，这部分印象就泛化为全部印象。所以，晕轮效应的主要特点是以点带面、以偏概全。

在人际交往中，晕轮效应既有美化对象的作用，也有丑化对象的作用。比如，有的商品由于包装精美、价格偏高，人们往往会认为该产品的质量也会像精美的包装一样好，会和偏高的价格相一致。又如，某演员演技高超，表演效果好，人们就会以为该演员的一切都是美好的，即使有点缺点也可以忽略不计。同样，晕轮效应也能使人的知觉产生另外一种极端丑化对象的现象。比如，人们常因某人的一点缺点而否认他的优点。这种晕轮效应一旦泛化，会产生很大的消极作用。客人到某商店购物时，碰到了一个态度傲慢的服务员，他就会认为这个商店整体的服务都不好。

（3）心理定式。心理定式是指人在认识特定对象时心理上的准备状态。也就是说，知觉者在对人产生认知之前，对方的某些特征就已经先入为主地存在于自己的意识中，因而在认识他人时不由自主地处于一种有准备的心理状态。这种心理准备状态极大地影响人们的心理和行为。

心理定式的产生和知觉的理解性有关。在知觉当前事物时，人们总是根据以往的经验来理解它，并为随后要知觉的对象做好准备。比如，在日常生活中，若你觉得某人是个好人，一旦发生了一件好事，你就会把这件事和这个人联系起来；同样，如果你不喜欢某人，觉得他是个坏人，那么一旦发生一件不好的事，你就又会把这个人和这件事联系起来。在服务工作中，服务人员以貌取人、"看人下菜碟"式的服务行为就属此类，它容易引发矛盾和冲突，是服务工作的大忌，必须避免。

（4）刻板印象。刻板印象指的是社会上部分人对某类事物或人物所持的共同的、笼统的、固定的看法和印象。这种印象不是一种个体印象，而是一种群体现象。例如，人们一般认为青年人有热情、敢创新而易冒进，老年人深沉、稳重而倾向于保守；日本人争强好胜、注重礼仪，美国人喜新奇、重实利、随意、自由等。

一方面，刻板印象有助于人们对众多的人的特征做概括性的了解，因为每一类人都会有一些共同特征，运用这些共同特征观察每一类人中的个别人，有时确实是知觉别人的一条有效途径；另一方面，刻板印象也具有明显的局限性，它能使人们的知觉产生偏差。每类人中的每个人的具体情况不尽相同，而且每类人的情况也会随着社会条件的变化而变化。因此，在实际工作中，知觉来自不同国家和地区的消费者时，除了要了解他们的共同特征之外，还应当注意不受刻板印象的影响，进行具体的观察和了解，并且注意纠正错误的、过时的旧观念。

(5) 期望效应。期望效应也称为皮格马利翁效应。皮格马利翁是希腊神话中的塞浦路斯国王，工于雕刻。由于他强烈地爱上了自己所雕的象牙少女像，爱神阿芙罗狄忒见他感情真挚，就赋予雕像生命，两人最终结为夫妻。期望效应是指在生活中人们的真心期望常常会变成现实的现象。

【小资料4-1】

皮格马利翁效应

远古时期，塞浦路斯国王皮格马利翁喜爱雕塑。有一天，他成功塑造了一个美女的雕像。皮格马利翁对其爱不释手，每天以深情的眼光观赏不止，看着看着，“美女”竟然活了。这是一则神话，但心理学家从中得到很大的启发。

1968年，美国心理学家罗森塔尔和雅可布生来到一所小学，他俩从一至六年级中各选了3个班，在这18个班的学生中进行了一次煞有介事的“发展测验”。然后，他俩以赞美的口吻将有优异发展可能的学生名单告知有关老师。名单中有些学生在老师的意料之中，有些却不然，有些甚至是水平较差的学生。对此，罗森塔尔做了解释：“请注意，我讲的是发展，而非现在的情况。”于是老师们从内心接受了这份名单。罗森塔尔叮嘱教师不要把名单外传，只能教师自己知道，否则就会影响实验结果的可靠性。8个月后，他俩又来到这所学校，对18个班的学生进行复试，结果他们提供的名单上的学生成绩有了显著进步，而且性格更为开朗，求知欲望强，敢于发表意见，与教师的关系也特别融洽。

这到底是怎么一回事？原来这是罗森塔尔和雅可布生进行的一次期望心理实验。他们提供的名单是随便抽取的，根本没有考虑学生的知识水平和智力水平。他们通过“权威性的谎言”暗示教师，坚定教师对名单上学生的信心，调动了教师独特的感情，虽然教师始终把这份名单藏在心里，但掩饰不住的感情仍然通过眼神、笑貌、音调滋润着这些学生的心田，实际上他们扮演了皮格马利翁的角色。学生潜移默化地受到影响，他们变得更加自信、自爱、自尊、自强，变得更加幸福和快乐，奋发向上，激情澎湃。这个令人赞叹不已的实验被誉为“皮格马利翁效应”或“罗森塔尔效应”。

4.2.5 消费者的知觉与营销策略

了解消费者的知觉对企业制定营销策略有着重要的意义。从营销的角度看，消费者的知觉主要表现在以下几方面：

1）消费者的质量知觉

质量无疑是影响消费者购买行为的一个重要因素。对于先验产品，即购买前或购买时就能凭感官对产品品质做出大致判断的产品，产品本身的内在质量或客观质量构成了评价和选择的基础。对于后验产品，即在购买时无法凭客观指标对产品质量做出判断的产品，消费者可能要更多地依据产品之外的一些其他线索对产品质量做出推断。然而，无论是对先验产品还是对后验产品，消费者在评价产品质量时所采用的标准以及对各标准所赋予的权重与企业评价产品质量所采用的标准和权重可能并不一致，有时甚至出入很大。

所以，消费者对产品质量的知觉或认识，既和产品本身内在的特性与品质相联系，又受到很多主观因素的影响。我们把消费者对产品适用性和其他功能特性适合其使用目的的主观理解叫作认知质量。认知质量以产品内在质量为基础，但又不与后者相等同。两种产品的内在质量可以完全一样，但消费者对它们的质量认知则可能相去很远。我国很多产品只有在使用外国著名品牌之后，才能在国际市场上以数倍甚至数十倍于制造成本的价格出售，就反映了这一事实。

企业应充分认识到，质量是消费者、环境和企业活动综合作用的结果，单纯从制造过程或设计过程入手，不把握消费者的需求与反应，是不可能提供消费者所认可和接受的质量的。

2）消费者的品牌知觉

消费者对产品和品牌的知觉是市场营销中知觉研究的重要内容。例如，心理学家做过这样的实验：蒙住双眼喝啤酒的人是否能区分不同类型和品牌的啤酒？研究者据此了解消费者对啤酒的反应、评价，进而确定品牌识别效应。研究发现：被试者一般不能区分不同品牌的啤酒口味间的差异，很显然产品的标签影响了他们对啤酒品牌的评价。现代心理学认为这是由于消费者品牌意象的影响。品牌意象是指消费者已形成的关于品牌的知觉定式，是消费者关于某一品牌所有知觉的总和。它是由市场营销和广告策略、舆论领头人和其他社会名流的影响及品牌特性等多方面共同作用的结果。品牌意象对营销实践很重要，因为消费者利用这些品牌意象的心理表征去区分各种品牌，所以它是购买行为的基础。

3）消费者的价格知觉

消费者通常将商品价格看成衡量商品价值和商品质量的重要标准，尤其是在耐用品和高科技产品上，这一点更为突出。他们认为价格昂贵的商品，其内在价值和商品质量也相对较高，即所谓“一分钱一分货”“便宜没好货”。这种价格心理是消费者心中的价格评判标准，而绝非理论上的价格标准。

许多消费者对产品的价格水平有很强烈的期望，但是一定范围内的价格变动通常不会影响其购买愿望。如果价格低于这个范围，消费者会怀疑产品的质量；若价格高于这个范围，产品就处于不利的竞争地位。这种现象通常出现在没有其他信息线索可以用来判断质量的情况下。显然，如果价格与消费者的需求直接相关，那么价格的作用就是非常重要的。

消费者对价格知觉的另一个方面就是“心理价格”。例如，在美国，大约4/5的食品的价格尾数是9或5，而英国的价格尾数普遍用9或是99。这种定价策略的理由是如果价格尾数是奇数，消费者可能认为是价格便宜。“奇数定价法”被广泛用于削价促销中，它给消费者的感觉是价格已下降了许多。

4）消费者的商场知觉

商场知觉是消费者对商场的位置、设计、产品分类、服务等因素的总体评价，其中的每个方面都会使消费者对其购物场所产生整体知觉。比如，货架的位置和货架空间影响某一种商品或品牌能否得到消费者更多的注意；购物点展示可以吸引消费者对高利润商品和打折商品的注意力；室内各种信息线索（品牌、布置、商品提示等）会同外部建筑风格以及广告一起形成商场的形象。

有人对消费者商场知觉的研究表明，与凯玛特（Kmart）相比，购物者对沃尔玛的评价更高，而且在沃尔玛花的钱也多一些。为什么如此相似的零售商场却产生如此不同的知觉和结果？专家在分析了大量资料后认为，可能是一些细小的因素起了作用，如沃尔玛员工穿马甲，而凯玛特员工不穿马甲；或是沃尔玛用牛皮纸袋装商品，而凯玛特用塑料袋装商品。另外，消费者的商场知觉还受消费者自身的自我知觉和动机等因素的影响。

5）消费者的风险知觉

风险知觉就是消费者在购买过程中，消费前因无法预料其购买结果的优劣而产生的一种不确定性感觉。在产品购买过程中，消费者可能面临各种各样的风险，这些风险有的会被消费者感受到，有的则不一定被感受到；有的可能被消费者夸大，有的则可能被缩小。因此，消费者的风险知觉与实际风险可能并不一致，两者可能存在较大的差距。

(1) 风险知觉的种类。实践证明，任何消费决策都包含风险和不可知因素。这些风险和不可知因素常常会带来预想不到的后果，令人很不愉快。消费者常遇到的风险有以下几种：

第一，功能风险。功能风险涉及产品的质量和服务优劣问题。一般情况下，当购买的产品和享受的各种服务不能像预期那样令消费者满意时，就存在功能风险。例如，预订的机票泡汤了，或房间空调失灵了、电话不通了等。

第二，资金风险。资金风险是指花费较多的金钱是否会买到较好的产品和享受优质的服务。比如，住这样的饭店是否值得花这么多钱，其硬件设施和软件服务是否物有所值；买了一台计算机，发现三个月后它几乎降价一半。

第三，社会风险。社会风险是指购买某种产品或享受某种服务是否会降低消费者的自身形象。比如，购买名牌商品或住高级饭店的客人很可能因为名牌商品或高级饭店而体现其具有较高的社会地位；相反，穿某种品牌的衣服或入住某饭店后感到有失身份，社会风险就发生了。

第四，心理风险。心理风险是指购买某种商品或服务能否增强个人的幸福感和自尊心，或者反过来说，能否引起个人的不满意和失望情绪。比如，人们出去旅游的主要原因之一是提高自我价值，放松自己，所以，对于入住饭店的客人来说，饭店提供的产品或服务能否最大限度地满足他们的心理需求是十分重要的。

第五，安全风险。安全风险是指消费者所购买的产品或服务能否危害他的健康和安全。比如，就餐的食品是否卫生、财物是否安全、人身安全能否得到保障等。

消费者可感知的风险程度取决于两个因素：第一，不利方面的严重程度，即购买后是否有可能造成严重的后果。第二，消极结果发生的可能性。例如，某人考虑购买一条新的登山绳，他意识到绳子可能断开，结果将是死亡或严重受伤。有经验的登山者知道买哪种型号的绳子来降低其断开的风险。相反，如果一个消费者正在考虑吃一种新牌子的饼干，可能的不利因素只是金钱方面的，并且很可能不到一元钱，即使饼干味道很差，风险也很小，因此尝试性购买行为更可能发生。

(2) 风险知觉产生的原因。如前所述，消费者在购买商品时，常常会遇到风险问题，但是，消费者对风险的知觉各不相同，这取决于很多因素。首先，消费者个人的特点，如文化层次、智力水平、经济水平不同，在同一情况下，不同的人会知觉到不同的风险水平。此外，高风险知觉者喜欢把他们对产品和服务的选择局限在一个很小的范围内，这种人为了避免做出错误的选择，宁愿放弃一些好的选择。而低风险知觉者则倾向于在大范围内进行选择，宁肯冒着做较差选择的风险。所以，消费者的个人特点能影响他们的风险知觉。其次，消费者的风险知觉还取决于他们购买的产品或服务的种类。比如，购买高档商品时要比购买价低的日常用品时知觉到更大的风险。

风险知觉会影响人们的消费决策。这里需要指出的是，消费者知觉到的风险并不等于实际存在的风险。实际风险再大，如果消费者觉察不到，也不会影响他们的消费决策。

人们常在下列情况下感知到风险：

第一，目标不明确时。有的人打算购买某种商品，可是对购买什么品牌或到什么商店去购买，还很难做出决定。在这种情况下，消费者实际上已经感知到风险的存在了。

第二，缺乏经验时。一个从来没有购买经验的人在面对众多的商店与商品，以及各种服务时常会感到不知所措。因此，自身经验的缺乏也常使人们感知到风险。

第三，信息不充分时。缺少信息或相互矛盾的信息也能使人知觉到风险。比如，对某一商品的价格、质量、安全性能等情况一无所知，消费者在做出购买决策时就会犹豫不决。另外，对于同一商品或同一商店，不同的人做出不同的评价甚至互相矛盾的评价，常使消费者感到无所适从，因而不可避免地知觉到风险。

第四，存在相关群体的影响时。每个人都在社会中生活，其言行都要受到同事、朋友、家人等相关群体的影响。个体的行为一旦与相关群体中的其他成员的行为不一致，便会感到来自相关群体的压力。这种压力常会影响消费者的决策。比如，相关群体的人们都买某个品牌或某一档次的商品，而自己若选择另一个，是否会遭到他人的议论呢？

(3) 消除风险的方法。既然消费者在决策过程中会知觉到各种风险，为了保证消费活动更好地进行，消费者就会千方百计地采取措施来消除风险。常见的消除风险的方法有：

第一，搜集信息，增加知识。消费者搜集的有关信息越多，选择决策方案的自信心就越强，风险水平就越低。有关专家的调查表明，知觉到高风险水平或中等程度风险的旅游者比知觉到低风险水平的人搜集信息的时间多1~1.5倍。与此相适应，知觉到高风险水平的人比知觉到低风险水平的人更喜欢接受他人的劝告或广告信息。

消费者消除风险的主要方法之一是增加对于有关商品的知识，因此我们经常看到消费者花费大量时间和精力到处逛商店，以此来获取消除风险所必需的知识。如果感到风险很高，他们自然不会购买。所以，营销人员，尤其是零售商会通过提供无条件退货来降低消费者头脑中已觉察到的风险。比如，大多数大型商场就提出了“不满意就退货”的服务承诺。

第二，建立对商标的信赖。消费者购买了某种商品或享受到某种服务后，如果他感到满意，他不仅会产生重复购买的行为，而且可能把这种满意感传给他人。这样就可能建立消费者对商标的信赖。一旦消费者依赖或忠实于声誉高的或满意的商标，他们知觉到的风险就大大减小了。在现实生活中，人们就是依据对商标的声誉和对名牌产品的认可来做出购买决策的，人们一般不会轻易购买自己不熟悉的或从没听说过的产品，以便回避风险。

由于购买服务有更高的风险和更大的不确定性，消费者与服务提供者之间的关系可能变得更复杂，因而消费者对品牌有更高的忠诚度。比如，如果已发现了一个能在舒适的氛围中提供可口饭菜的餐馆，消费者将倾向于继续去那里，而不愿意冒险去别的地方。

个人服务尤其如此，如理发。由于理发必须与人接触，顾客对服务提供者的忠诚要求极其强烈。这种忠诚常常延伸到要确定的理发师来提供服务，甚至有的理发师与消费者之间建立了长久的联系，只有当理发师退休后，这种关系才会被打破。

第三，寻求高价格。在日常消费中，许多人都相信“一分钱一分货”这个道理。由于消费者缺乏对产品和服务的实际了解，消费者倾向于用价格高低来衡量产品质量的好坏和服务的优劣。比如，人们一般会相信每天房费500元的宾馆住宿条件会大大好于每天房费50元的宾馆住宿条件。因此，对于大部分顾客来说，价格便代表了质量，价格高则质量好，价格低则质量差。当对某些产品或服务知觉的风险程度较高而又无法消除时，消费者就会采用寻求高价格这一简便易行的方法。

第四，从众购买。根据大多数人的选择来做出购买决策，是很多消费者降低知觉风险的常用办法。在消费者看来，很多人使用同一产品或做出类似的购买决策，一定有其合理的基础，即使这种决策不是最好的，也不至于是最糟糕的。

此外，消费者还可以通过有信誉的销售渠道购买产品以及寻求安全保证，如企业提供的退货制度、权威机构的检测报告、保险公司的质量保险，或者免费试用等来消除感知到的风险。

有时，对于一些价格不太高的非耐用消费品，消费者感知到的风险较小，决策与其购买行为之间的时间间隔也短一些。消费者可能在离家之前就拟好了一个包括各种品牌名字的购买清单，因为消费者已经形成了品牌忠诚——对一种独特品牌的偏爱，从而产生重复购买。当然，保持消费者的品牌忠诚并非易事。竞争者使用许多技巧鼓励消费者试用他们的品牌，其中包括新产品介绍和赠送免费样品。另外，很多非耐用品的购买决策其实就发生在商店里，差不多与购买行为同时进行。因此，营销人员必须确保消费者对自己的品牌有高度的注意，以保证消费者能迅速地识别和考虑他们的产品。这类决策通常情况下直接受卖场情境的影响，包装、货架展示、POP、包装上附贴的赠券及提供奖励等促销工具都是通过卖场影响消费者迅速做出决策的手段。

【课程思政4-1】

"今日油条"碰瓷今日头条上热搜

2020年10月，河南一家名为"今日油条"的早餐店因为"蹭热度"在网络上走红。由于该店铺装修、Logo、海报酷似今日头条，被今日头条母公司字节跳动告上法庭，引发网友热议。

网友对该事件褒贬不一，不管今日油条蹭热度是出于什么目的，但站在品牌营销的角度来看，这一波"碰瓷"操作是十分成功的，不仅吸引了大量的关注和流量，还带来了直接的经济效益。不过，如此靠蹭热度走出来的品牌能走多远，也值得深思。

2020年10月19日，一封来自今日油条的公开信赚足了网友的眼球。

这封公开信是今日油条针对被今日头条起诉一事做出的回应。今日油条在公开信中主要表达了两点：一是对"抄袭"今日头条一事道歉；二是表示今日油条将以今日头条为榜样，立志成为百姓喜爱的早餐品牌。

今日油条主营油条豆浆，从2020年的四五月开始走红。

它是如何迅速走红的？主要靠"碰瓷"今日头条，并借着今日头条的热度火了好几个月，据说，首店开业3个月实现40多万元的盈利，还开启了连锁加盟。

其品牌名称、Logo以及店铺装修和字节跳动旗下的媒体品牌"今日头条"极其相似，处处都有今日头条的影子。

今日油条把今日头条的广告语"你关心的，才是头条"改成"关心你的，才是好油条"，就连菜单也是根据今日头条App界面设计的，只不过把各种新闻信息替换成了食品菜单。

如此高调的经营方式引来了今日头条的不满，在谈判无果的情况下，字节跳动公司将其诉至法院。

除此之外，今日油条也"撞脸"一些其他品牌，比如西贝、卫龙、格力等。其柜台的展板可以看到西贝莜面村的样子，侧面的灯箱广告是当初卫龙辣条模仿Apple的痕迹，还跳出餐饮行业模仿格力——"好油条，今日造"。

令人惊讶的是，今日油条不仅蹭上了今日头条的热度，还打算蹭拼多多、快手等各大知名品牌的热度。公开资料显示，河南今日油条餐饮管理有限公司目前已申请注册"今日油条""明日油条""饼多多""快手抓饼"等商标，看来，今日油条决心要把"山寨"进行到底。

资料来源　林川."今日油条"碰瓷今日头条上热搜，蹭出来的品牌能走多远？[EB/OL].[2023-12-13]. https://www.cmovip.com/detail/6311.html.

问题：你如何看待这种"蹭热点""傍名牌"的行为？

本章小结

本章主要介绍了消费者的感觉和知觉。

感觉是刺激物作用于感觉器官，经过神经系统的信息加工所产生的对该刺激物个别属性的反映。根据感觉刺激是来自有机体外部还是内部，可把各种感觉分为两大类：外部感觉和内部感觉。外部感觉接收机体外部的刺激，反映外界事物的个别属性，属于外部感觉的有视觉、听觉、嗅觉、味觉、触觉。

感觉的基本规律有感受性和感觉阈限、感觉适应和感觉对比。其中，感受性是对刺激强度及其变化的感觉能力，它说明引起感觉需要一定的刺激强度。衡量感受性的强弱用感觉阈限来表示。感觉阈限包括绝对阈限和差别阈限。那种刚刚能引起感觉的最小刺激量叫绝对阈限。能觉察出两个刺激的最小差别量称为差别感觉阈限。

知觉是在感觉的基础上产生的，但它是比感觉更为全面地理解世界的过程。确切地说，知觉就是个体选择、组织和解释刺激，形成一种有意义的与外部世界相一致的心理画面的过程。知觉的主要特性有选择性、理解性、整体性和恒常性。

消费者的知觉过程包括三个相互联系的阶段，即展露、注意和对刺激物的理解。刺激物的展露是指将刺激物展现在消费者的感觉神经范围内，使其感官有机会被激活。知觉过程的第二个阶段就是注意。注意是心理活动对一定对象的指向和集中。它是在刺激物展露的基础上产生的。知觉的最后一个阶段是个体对刺激物的理解，它是个体赋予刺激物以某种含义或意义的过程。

消费者的社会知觉主要包括对人的知觉、人际知觉、角色知觉和自我知觉。对人的知觉主要是指对别人的外表、言语、动机、性格等的知觉。人际知觉就是对人与人之间相互关系的知觉。角色知觉主要包括两个方面：一是根据某人的行为判定他的职业；二是认识有关角色行为的社会标准。自我知觉是指一个人通过对自己行为的观察而对自己心理状态的认识。社会知觉误区主要有以下几个：第一印象、晕轮效应、心理定式、刻板印象、期望效应。

从营销的角度看，消费者的知觉主要表现在以下几方面：消费者的质量知觉、消费者的品牌知觉、消费者的价格知觉、消费者的商场知觉、消费的风险知觉。

主要概念

感觉　差别感觉阈限　价格阈限　感觉适应　知觉　刺激物的展露　注意　角色　晕轮效应　刻板印象　认知质量　品牌意象

基本训练

☐ 知识题

4.1　阅读理解

1）知觉的特性有哪些？

2）举两个实例说明差别感觉阈限在营销中的应用。

3）什么是错觉？举两个实例说明错觉在营销中的应用。

4）简述刺激物的展露与营销策略。

5）人们常在哪些情况下感知到风险？

6）简述消费者消除购买风险的方法。

4.2 知识应用

即测即评

□ **能力题**

4.1 实务题

在营销实践中，当实现了商品改进时，营销人员非常想满足或超过消费者的差别阈限，即他们想使消费者容易觉察最初产品的任何改进。请你到某企业或商场了解营销人员如何用差别阈限来决定他们应该进行产品改进的程度。

4.2 综合题

调查你身边的同学，了解以下信息：他们在购买下列产品时，体验到了哪种风险？为什么其中的两种产品在上述两个问题上有差异。

（1）手机；（2）教材；（3）感冒药

4.3 案例分析

星巴克全球首发“小绿杯”，\浓/系列来了！

星巴克经典杯型之外，又有“小绿杯”了！

2023年10月17日，星巴克中国推出\浓/系列咖啡饮品。此次推出\浓/系列，星巴克同步上新了4款口味，分别为可芮朵、红丝绒可芮朵、可可奇诺和浓椰馥芮白。品牌希望通过双份经典深烘浓缩和精妙奶咖比，带给消费者尽显咖啡浓郁、奶香醇厚的全新奶咖体验。

全球首发杯型，重新诠释经典

星巴克\浓/系列配有自己的专属纸杯，杯型为全球首发。

在设计上，“小绿杯”的杯身选用出挑的绿围裙同款色（Apron Green）。星巴克曾表示，咖啡师的绿围裙，是品牌最具辨识度的资产之一。这一品牌标志性色调的使用，也进一步强化了“星巴克绿”的记忆点。

在星巴克官网上，我们还可以搜索到由“星巴克绿”延伸的“绿色家族”调色盘。不难看出，星巴克正在逐步建立一个绿色“家族”，来扩大品牌知名度。

和星巴克咖啡常见包装不同的是，品牌在“小绿杯”上没有使用星巴克经典的Siren标志，只放上了醒目的白色STARBUCKS标志。

据了解，品牌希望通过现代、大气的字体，展示出简洁鲜明的设计审美，重新诠释星巴克经典。

小空间里的\浓/系列，不只是咖啡与牛奶的融合

此次品牌推出\浓/系列咖啡饮品，星巴克不只关注规格，还更希望在“小空间”里带给消费者更浓郁的奶咖风味体验。

据了解，\浓/系列的咖啡配方经过了研发人员千百次的调试，最终打造出精妙奶咖比，从而更大程度凸显星巴克经典浓缩咖啡中的焦糖甜感和巧克力般风味。

那么星巴克为什么要在\浓/系列“首发阵容”中选取这四款口味呢？这也和品牌为满足咖啡爱好者对不同咖啡口味的喜好有关。

首先，星巴克为寻求更浓郁的奶咖平衡口感的顾客设计了“可芮朵”。可芮朵其实是一种西班牙传统咖啡饮料，西班牙语Cortado与英文“cut”同义，译为“切断”，可以指顺滑的牛奶被浓缩咖啡“切断”。品牌表示，\浓/系列的可芮朵以浓郁的特调厚醇乳为基底，托住双份浓缩独特的厚重风味，凸显咖啡后段的焦糖甜感。

其次，品牌为寻求更加立体饱满且浓郁口感的顾客推荐了“浓椰馥芮白”。当椰子成为饮品界的流行元素后，星巴克也没有放过这一趋势。品牌表示该产品中带有轻甜椰浆，从而让椰子香气与馥芮白独特的前段精萃浓缩的甜感巧妙融合。

此外，星巴克为喜爱摩卡但寻求更浓烈咖啡体验的顾客带来了可可奇诺。星巴克咖啡师将香浓摩卡粉与牛奶一同蒸煮带出更加浓郁的可可和榛果风味，与双份浓缩搭配，让消费者获得双重浓郁的惊喜。

最后，品牌还向喜爱浓郁且独具风味奶咖的顾客推荐了红丝绒可芮朵。红丝绒芝士蛋糕是许多甜食爱好者的心头好，而红丝绒可芮朵选择用莓果风味搭配厚醇乳，为双份浓缩的焦糖般的甜感增加特别风味。

资料来源　RIRI. 今天，星巴克全球首发“小绿杯”，\浓/系列要来了！[EB/OL]. [2023-12-13]. https://www.163.com/dy/article/IH89S1NF0519FEEC.html?spss=dy_author.

问题：

1）用本章的两个知识点评析该案例。

2）结合本案例谈谈市场营销中应该如何运用感官营销。

第5章

消费者的需要、动机与情绪

学习目标

通过本章学习，你应该达到以下目标：

知识目标：了解需要和动机的含义及特点；理解需要和动机的分类及意义；认识和了解动机理论。

能力目标：具有运用所学的有关动机的理论来激发消费者的购买动机的能力，特别要能掌握和熟练运用马斯洛的需要层次论，并能据此分析某一具体的消费行为。

引例

凉白开是如何成功的？

近几年瓶装水市场突然出现了一个异类——凉白开。之所以说凉白开是异类，是因为它完全不同于瓶装水既有的纯净水和天然水，而是创造了一个所谓“熟水”的新品类，并快速取得巨大成功。

2016年，今麦郎推出凉白开瓶装水，当年售出500万箱，2017年销售额达2.5亿元，2018年销售额12.5亿元，2019年销售额突破20亿元，2022年凉白开销售额超过30亿元，凭空创造了一个巨大的瓶装水新市场。

凉白开的成功首先是创造概念，开创了熟水品类。

中国品牌瓶装水的历史已经超过30年，经过多年的竞争和发展，市场逐渐稳定。在这种情况下，想要重新打造一个天然水或纯净水的品牌是很难的，因而开拓一个新品类就成为一种可靠的思路。

2016年，今麦郎推出熟水瓶装水品牌“凉白开”，声称选用洁净好水，反渗透膜过滤，加压125度完成杀菌过程，全密闭流程80℃高温灌装。它将自己定义为“熟水”，这一下就将自己和其他一切瓶装水做了区分。在熟水定位的基础上，今麦郎将自己的熟水命名为“凉白开”。凉白开历来是中国人在家喝水的习惯，这个命名就唤起了消费者的记忆和直觉。同时这个名字自带流量——我们竟然能买到凉白开，“凉白开”就真的成了流量“自来水”。

熟水的定位和凉白开的名字满足了一大批消费者的需求。

首先，凉白开满足了消费者的健康和文化的需求。

中国人在早年就有把水烧开了再喝的习惯，其最主要的目的是灭菌，防止水源传染病的传播。在今天，中国的水质虽然早已提升，但这个习惯延续了下来，而且消费者依然认为烧开的水更健康。很多人的家里即便有净水器，也喜欢把净化后的水烧开来喝，而一旦感冒、腹泻等时，喝热水更是很多中国人认为的“天然药物”。

其次，凉白开满足了消费者的便利需求。以前，凉白开只能在家烧开了自己制作，但现在凉白开可以以瓶装水的形式带着喝，不用自己再烧，这无疑满足了消费者对于便利性的需求。

如果你看过凉白开刚出来不久之后的广告，会发现其表达非常简单，画面以一个人拿起凉白开大口喝为主，文字则重复“熟水、凉白开、真解渴”有限的几个字。这个广告虽然简单，但将消费者对于瓶装水文化、健康、便利的需求都充分地体现出来了。后期，凉白开做了一个更绝的广告，广告语是“更符合中国人的体质”。

此外，为了让年轻人也前仆后继地来喝凉白开，从2017年开始，凉白开开始赞助CBA，成为CBA官方饮用水；与《王牌对王牌》、《王者荣耀》、瑞幸咖啡等IP或品牌合作，借此形成对年轻消费者的影响，这也切中了当代年轻人对于养生的需求。

资料来源　寻空．靠营销一年卖30亿，凉白开是如何成功的？［EB/OL］．［2023-12-13］．https://www.shichangbu.com/index.php/know_info/65789.html.

正如农夫山泉在纯净水之外凭空创造一个天然水的新品类，并快速占领市场，成为天然水的老大一样，今麦郎的凉白开在天然水、纯净水之外，创造了熟水的新品类，并以“凉白开”的名称占据这个品类，创造了年销售几十亿元的市场。可见，在多元化消费时代，企业只有不断创新，开发出满足消费者需要的产品，才能不被市场抛弃。本章我们介绍消费者的需要、动机和情绪。

5.1 消费者的需要

消费者为什么购买某种产品，为什么对企业的营销刺激有着这样而不是那样的反应，在很大程度上是和消费者的需要密切联系在一起的。

5.1.1　需要概述

人是自然属性和社会属性的统一体，对其自身和外部生活条件有各种各样的要求。当某种生理或心理因素缺乏时，就处于生理或心理上的匮乏状态。当这种匮乏状态达到一定程度，必须进行调节时，个体就感到需要的存在，进而产生恢复平衡的要求。首先是生理平衡。人体内必须不断补充一定的物质和能量才能生存，如食物、水等。这些物质与能量的吸入量由体内复杂的生理系统进行调节，维持着人的生理平衡状态。其次是心理平衡。人的生理失调主要取决于有机体内部的刺激，而心理失调主要取决于有机体外部的刺激，这种外部刺激既有物质的，又有精神的。当心理失去平衡时，个体就产生心理上的需要，如被爱的需要、求知的需要、审美的需要等。可见，需要是个体缺乏某种东西时的一种主观状态，它是客观需求的反映。

需要和需求是什么关系？一般认为，需要是一种促使消费者采取行动来改善不满意状况的状态，是指人的基本要求；而需求是消费者在获得了为改善其不满意状况所需的条件之后，想要获得更大满意程度的一种愿望，即有购买力的愿望。也就是说，需要是在人们心理和生理上不满足的驱动下产生的，而需求是在人们想使其生理及心理条件高于最低限度的满足程度时产生的。因此，食物满足的是需要，而美食满足的是需求。汽车满足了人们从A点移动到B点的需要，而宝马、奔驰在满足需要的基础上还满足了人们获得卓越的性能、较高的威信及合适的形象的需求。

5.1.2 消费者需要的特征

随着社会生产、科学技术和文化艺术的不断发展，消费者的需要也将不断被激发和推进，呈现出各种各样的态势。消费者这些丰富多彩的需要，具有如下共同的特点：

1）消费者需要的对象性

人们的需要总是指向某种具体的事物。换句话说，需要总是和满足需要的目标联系在一起。比如，逛街时人饿了就要买东西吃，渴了就要买水喝。需要一旦实现，总能给人们带来生理或心理上的满足。离开了目标和对象，就无从观察和研究人是否具有某种需要。

2）消费者需要的多重性

消费者的某种行为经常能满足多种需要。事实上，消费者更倾向于满足具体的目标，因为它们能够满足几种需要。我们购买衣服除了保暖和体面外，还能满足一系列个人的和社会的需要。

3）消费者需要的层次性

消费者由于在民族习俗、宗教信仰、性格气质、能力素质、文化程度、审美情趣、性别年龄、收入水平、消费目的等方面存在差异，因而在对消费品的需要及满足需要的方式等方面存在多层次性，呈现出因人而异的现象，不同的消费者对购物条件、服务方式、服务态度有不同的要求。这就要求商场经营的档次要高、中、低档合理配套。另外，不可千篇一律地以固定、僵死的模式接待所有的消费者。经营品种、服务项目要齐全和富有特色，接待服务方法要区别对象，否则就不能满足不同层次顾客的不同需要。

4）消费者需要的可变性

消费者需要的产生、发展和变化，同现实的生活环境、当时的消费环境有着密切的联系。消费观念的更新、社会时尚的变化、人际交往的启发、工作环境的改变、文化艺术的熏陶、广告宣传的诱导、消费现场的刺激、服务态度的感召等，都会不同程度地使消费者的兴趣发生转移，并不断产生新的消费需要。潜在的需要会变成现实的行为，未来的消费会提前寻求实现的途径，微小的愿望会转化为强烈的欲求。总之，消费者的消费需要是可以通过各种媒介物，运用各种方法加以启发和引导的，并最终使消费者的消费需求发生变化。

5）消费者需要的发展性

消费者的需要随着社会生产力的发展和物质文化生活水平的提高而不断发展。这不仅体现在消费需要的标准不断提高上，而且体现在消费需要的种类日益复杂多样上。消费者需要的发展性在现实生活中随处可见，比如，现在正在流行的某类时装，过了一段时间后就可能成为过时的商品而遭淘汰；或者人们原来许多的潜在需要，由于条件成熟，现在已经变成现实需要，当然同时又会产生新的潜在需要。

【立德树人小思考5-1】

党的二十大报告指出，“高质量发展是全面建设社会主义现代化国家的首要任务”，“必须坚持在发展中保障和改善民生，鼓励共同奋斗创造美好生活，不断实现人民对美好生活的向往”。请举一个实例谈谈你对消费者需要的发展性的理解。

5.1.3　消费者需要的类别

消费者的需要可以从不同的角度来加以分类。

1）按照需要的起源，可以把消费者的需要分为天然性需要和社会性需要

天然性需要是人类最根本、最原始的需要，是人类为了维持有机体所必需的衣、食、住、行等方面的需要。它同生理需要是一致的。

社会性需要是指人为了维持社会生活，进行社会生产和社会交际而形成的需要。它是在人类社会历史发展过程中形成的，并且受到社会生产和社会生活条件的制约，是人类特有的高级需要。

2）按照需要的对象，可以把消费者的需要分为物质需要和精神需要

物质需要是人类对衣、食、住、行以及社会交往中所需要的物质产品的需要。它是人类社会的基础，也是人的最基本、最重要的需要。它既包括天然性需要，也包括不断发展的社会物质生活需要。这类需要的满足是通过物质对象来完成的。

精神需要是人们对精神生活和社会交往中所需的有形或无形产品的需要。它是人们的心理需要，是人对其智力、道德、审美等方面条件需求的反映，如获得知识、提高技能、寻找爱情、社会交往、陶冶情操等。

3）按照需要实现的程度，可以把消费者的需要分为现实需要和潜在需要

现实需要是指目前具有明确消费意识和足够支付能力的需要，一般可以理解为消费者在进入商店之前就已计划购买的商品和愿意支付的货币。可见，现实需要要求消费者不仅有明确的目标指向（具体商品），而且有货币支付能力。这种需要也被称为有效需要，它是企业制定当前市场营销策略的现实基础。满足顾客现实需要是企业当前市场营销活动的中心。

潜在需要是指未来即将出现的消费需要。它主要表现为两种形式：第一种是具有明确的消费意识，但目前缺乏足够支付能力的那部分需要。比如，目前我国大部分家庭对宽敞住房有需要，有一部分的家庭已经将它列入家庭未来发展计划中，但由于购买力的限制以及对自己预期收入的不确定，这部分需要就表现为潜在的消费需要。第二种是尽管消费者有足够的支付能力，但由于目前他们的消费意识不太明确或市场上还没有出现他们所期望的产品，因而还没有形成现实需要的那部分需要。比如，某些新产品投入市场时，因消费者对它不了解，再加上习惯意识的影响等，往往会出现销售上的困难。对于第一种潜在需要，在消费者具有支付能力，或企业采用适当的市场营销措施，如降价、分期付款等后，则可能转为现实需要。对于第二种潜在需要，企

业可推出具有能满足这种需要的功能的产品，或者企业可采用适当的市场营销措施，如广告宣传、示范表演等，诱导这种潜在需要转化为现实需要。

5.1.4 消费需要对购买行为的影响

人们的行为活动往往是由不同的需要引起的。消费需要对消费者购买行为的影响主要表现在以下三个方面：

1）消费需要决定购买行为

消费者由于受内在或外在因素的影响，产生某种需要时，就会形成一种紧张状态，这种紧张状态成为消费者内在的驱动力，这就是购买动机。它导致人们的购买行为。当购买行为完成，需要得到满足时，动机自然消失，但新的需要又会随之产生，再形成新的购买动机，导致新的购买行为。由此可见，消费者的购买行为是在其需要的驱使下进行的。从这个意义上说，消费需要决定购买行为。

2）消费需要的强度决定购买行为实现的程度

一般情况下，需要越迫切、越强烈，则购买行为实现的可能性就越大；反之，需要不迫切、不强烈，消费者的购买行为就可能推迟，甚至不发生。

例如，对一个没有鞋穿的人来说，第一双鞋对他的使用价值最大。也就是说，他对第一双鞋的需要最强，也许他走进一家商店，只要看到他能穿的鞋就会买下来，而对鞋的式样、颜色、价格、质量等要求并不高。但当他买了鞋以后，他对鞋的需要就不那么迫切了，鞋的使用价值对他来说就不那么重要了。也许他还会产生买鞋的需要，但需要的迫切程度大大降低。这时，他要考虑价格、质量、式样等各方面的因素，这些因素对购买行为的阻力很大，购买行为就不易实现。

3）需要水平影响消费者的购买行为

在经济发达国家，消费水平相对较高，消费者购买食品的费用在整个购买费用中所占的比例就比较小，而经济发展水平低的国家，情况正相反。这就是著名的恩格尔定律。其内容是，家庭收入越高，人们在食品方面的支出在收入中所占的比例就越小，用于文化、娱乐、卫生、劳务等方面的费用支出所占比例就越大。

5.1.5 影响消费需要的因素

不同的人有不同的需要，即使同一个人在不同的时期也有不同的需要。因此，对每一个个体来说，需要是不断变化的。影响个体需要的因素主要包括两大类：主观因素和客观因素。

1）主观因素

影响个体需要的主观因素主要指的是和消费者个人特征有关的因素，主要包括以下几方面：

（1）生理因素。人饿了就想吃，渴了就想喝，困了就想睡，这是最简单不过的事了。除了这些纯生理的甚至可以说是生存的因素之外，影响个体需要的因素还包括年龄、性别、身体状况等方面。比如，儿童的需要和大人的需要在很多方面肯定是不同的，男性的需要和女性的需要也有很大的差异。

(2) 心理因素。影响个体需要的心理因素，主要表现在人们的智力、道德、审美等方面。比如，不同的人对于获得知识、提高技能、寻找爱情、社会交往、陶冶情操等有不同的能力和看法，因而就会有不同的追求。

(3) 个人的消费水平。每个人都有各种各样的需要，而且人们也都希望自己的所有需要都能被满足。但事实上，人们的经济能力的限制，就会影响到人们的消费需要。虽然现在越来越多的人可以选择超前消费的方式来提高自己的消费水平，但它的前提是要保证自己今后预期的收入。可见，没有经济基础的保障，消费水平就难以提高，当然也就直接影响了人们的消费需要。

(4) 个人的社会地位。人们的经济收入、受教育程度以及职业的不同，决定了一个人的社会地位的高低。处于不同社会地位的人，其消费需要是有区别的。比如，由于人们的社会地位不同，他们对商品和品牌的偏好也不一样，或者对不同媒体的喜好也不同。

2) 客观因素

影响消费需要的客观因素有很多，其中主要有：

(1) 消费情景。消费情景的变化，可以影响消费者的需要。消费情景指的是诸如缺货、对原有产品不满意、相关产品的购买等。比如，某些物品将要用完的时候；对正在使用的产品不满意或产生了厌倦；购买某种产品后，必须有配套产品才能使用等。

(2) 社会环境。社会环境的影响主要包括亲朋好友的实际消费行为、口传信息、社会风气等方面。不仅如此，由于人们在闲暇时间的社交活动逐渐频繁，因而其对化妆品、礼品和艺术品的需要也在增加。

(3) 企业营销因素。企业营销因素主要包括广告宣传、商品陈列以及降价促销等。比如，很多个人卫生用品的广告是通过创造一种不安全感，使消费者产生相应的需要，而消除这种不安全感的最佳方式就是使用他们推荐的产品。营销商还可以通过改变款式和服装设计，在消费者中制造一种他们的着装已落伍的感觉，帮助消费者认识到某种需要。

【观念应用5-1】

海底捞开进大学食堂

不久前，有网友发帖称，自家大学食堂内出现了海底捞的身影。

为了辨别真假，还有网友咨询了海底捞火锅官方账号，得到的回复是确实存在这个门店，并且在海底捞的校园群中，该店工作人员也发布群公告说这是全球首家校园店。

校园海底捞餐品的售价与常规门店相比几乎打对折，如一份田园时蔬炒饭仅需8.8元。这家店铺目前仅面向该校校内开放。为了避免被薅羊毛，海底捞常规门店能享用的大学生折扣以及美甲、理发等其他附加服务在这里就享受不到了。可见，海底捞开的这家校园店更像是一个常规门店的“极速版”，用低廉的价格给学生群体提供一份新奇的海底捞火锅体验，从而进一步巩固了品牌在年轻群体间的地位。正如门店负责人所说的那样，盈利不是主要目的，目的是培养大学生的消费习惯。

“得年轻人者，得天下”。为了抓住年轻消费者的心，海底捞可没少整活：在明星扎堆开演唱会的档口，海底捞就开着大巴车到演唱会门口“捞人”，既增加了门店的客流量，又提升了品牌在社交层面的话题曝光率；夏天夜市经济火爆，海底捞就在夜市上出摊了，走的同样是平价路线；在夜市摆摊之后，海底捞还趁着露营的兴起，推出了露营火锅，用户可以在这里体验“露营+火锅”服务。

除了致力于推动门店延伸到更广的消费场景中去，海底捞还十分注重附加业务的扩展。无锡一家门店就推出了洗头服务，让人吃完火锅，香香地离开。海底捞还把业务延伸到了婚庆方面，抢起了婚庆公司的生意。此外，海底捞还开过小酒馆，卖过奶茶，卖过盒饭，甚至连烧烤都给安排上了。

相关链接5-1

如何用精神与情感让用户1秒爱上产品和品牌？

资料来源 顶尖创意营销．海底捞开进大学食堂，太会玩了！[EB/OL]．[2023-12-13]．https://www.cmovip.com/detail/34706.html.

问题：五菱说，人民需要什么，五菱就造什么。这句话套在海底捞身上，应该怎么说呢？海底捞频频跨界的原因是什么？

5.2 消费者的动机

在现实生活中，人们用动机因素来解释事件是否发生的情形随处可见。比如，一个老板可能会这样训诫他的员工：“你为什么没有尽最大努力去销售产品？”你的同学也许会告诉你他某科考试没及格的原因是他不喜欢那个老师。可能每个人都有过已经筋疲力尽了却还要按时工作或学习的经历。以上所有这些都可以用动机去解释。那么，动机到底是什么呢？

5.2.1 动机概述

动机是一个概括性的术语，是对所有引起、支配和维持生理和心理活动的过程的概括。这个词语来源于拉丁语“movere”，意思是“趋向于”（to move）。所有的生物有机体都会趋向于某些刺激而远离某些刺激，这由它们的喜好和厌恶而决定。

1）动机的含义

动机是人类所有行为的推动力。更正式地讲，动机是指引起和维持个体的活动，并使活动朝向某一目标的内部驱动力（内驱力）。因此，动机有两个组成部分：一是内驱力；二是目标事物。内驱力是促使人采取行动以缓解内心紧张感的内部动力。目标事物是存在于外界的一种事物，拥有这种事物可以缓解人们内心的紧张感。可见，内驱力为人们的行动提供力量，而目标事物则为人们释放力量提供了方向。

2）动机的功能

动机具有以下三种功能：

（1）激活功能，即动机会促使人产生某种行为。例如，大学生到学校求学，是由学习知识的动机激发起来的。旅游者外出旅游是在其各种旅游动机的直接驱动下发生的。

(2) 指向功能，即在动机的作用下，人的行为将指向某一目标。例如，在学习动机的支配下，大学生会到图书馆去看书，到书店去买书。旅游者在旅游动机的指引下奔向旅游目的地。

(3) 强化功能，即当活动产生以后，动机可以维持和调整活动。当活动指向某个目标时，个体相应的动机便获得强化因而某种活动就会持续下去，在遇到困难时能予以克服。动机是在需要的基础上产生的，一种需要演化为哪种动机受到环境因素的影响。无论是物质的需要还是精神的需要，只要它以意向、愿望和理想的方式指向一定的对象，并激起人的希望时就可构成行为的动机。

动机虽以需要为基础，但只有需要，并不一定产生动机。动机的产生至少应该具备两个条件：一是需要；二是具有满足需要的对象。当需要处于萌芽状态，客观上缺乏满足需要的对象时，需要只表现为一种意愿或意向。只有当需要被强化到一定的程度，在客观上又有满足的对象时，需要才转化为动机（如图5-1所示）。

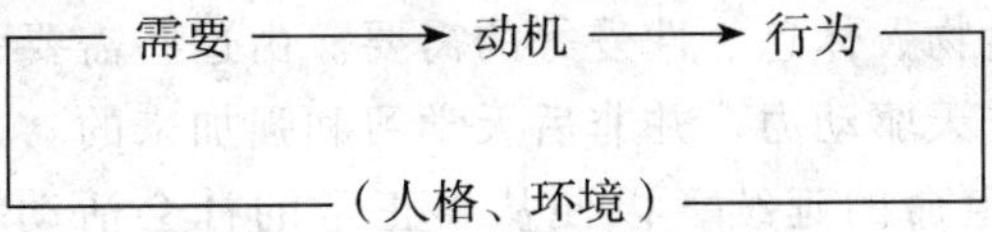

图5-1　需要、动机与行为的关系

5.2.2　消费动机的特征

消费动机有如下一些特征：

1）消费动机的原发性

个体缺乏某种东西而产生对这种东西的需要，这种需要推动个体去寻找满足需要的对象，动机就是在这种情况下产生的。就是说，需要使个体产生动机，动机推动个体采取行动。从个体动机产生上看，动机具有原发性特征。对于消费者而言，其内在的需要，促使其产生各种消费动机。

2）消费动机的内隐性

个体的行为是外显的，但支配其行为的动机是无法直接观察得到的。消费者的消费动机是通过其消费行为推断出来的。例如，消费者入住了高档饭店，我们可以做如下推断：首先，他有休息的生理性动机；其次，他可能有追求社会身份、地位，希望得到他人尊重的动机。消费者的动机不是我们观察到的，而是我们根据他的行为和所掌握的知识经验推断出来的。所以说，动机具有内隐性。

3）消费动机的实践性

动机是行为的内在原因，动机是为行为而存在的。通过个体的行为表现，我们得以窥见动机的踪影。从动机与行为的这种关系上可以看出动机的实际特征。动机的这种特征，是我们研究它的一个重要原因，了解消费者的消费动机，从而为预测和引导消费者的消费行为提供依据。

4）消费动机的动态性

动机是与生活经验相互作用而不断变化的动态的结构。动机的形成取决于内在的需要和外部环境两大方面因素，当这两种因素发生变化时，个体的动机自然会相应发生变化。外部环境是不可控的，而且人的需要也是经常变化的。这是因为：第一，需要是不可能得到彻底满足的。例如，在固定的时间间隔内，人们就会产生对食物的需要，这种需要必须得到满足。第二，当过去的需要得到满足时会产生新的需要。由于动机的这种特点，我们就可以通过一些营销手段来影响消费者的消费动机，并继而影响消费者的消费行为。

5.2.3 动机的分类

一个人复杂多样的动机往往以其特定的相互联系构成动机系统。根据不同的标准，动机可分为以下几类：

1）按动机的性质分类

根据动机的性质，动机可分为生理性动机和心理性动机。

（1）生理性动机。生理性动机来源于人体得以生存和繁衍下去的最基本的生理需要，如对空气、水、食物、休息、性爱等的需要。由这些需要引发的动机来源于人体内部某些生理状况的先天驱动力，并非后天学习和强加来的。人们为了保证其身体健康、精力充沛、维持生命的延续，以便从事正常的社会活动，都要本能地产生衣、食、住、行等生理需要，如饥则求食、渴则求饮、乏则求歇、病则求医等。由这些生理需要引起的消费动机，就被叫作生理性消费动机。在生理性消费动机支配下的消费行为具有经常性、重复性、习惯性和相对稳定性的特点。

生理性消费动机在消费者的消费行为中所起作用的大小，与消费者的收入水平及消费结构有直接的联系。在收入水平较低时，其消费活动首先保证满足生理性需要。消费时注重商品和服务的实际效用，而较少考虑其他因素。只有当消费水平达到一定的程度时，生理性消费动机的作用才会逐渐减弱。

生理性消费动机又可以细分为生存性消费动机、享受性消费动机和发展性消费动机。

①生存性消费动机是为了满足生存需要而激发的消费动机。生存需要就是人类为了维持自身生存而产生的对基本生活用品的需要。如果这种需要得不到满足，就会产生严重的社会问题。比如，人们为了满足吃、穿、住、行等基本生理需要而产生的消费动机。

②享受性消费动机是由于消费者对享受资料的需求而产生的消费动机。享受资料的需求是人们为了提高生活质量、增添生活乐趣而产生的对各种娱乐、享受消费品的需求。人们在吃饱穿暖、有栖身之所以后，还要吃得科学营养、穿得美观漂亮、住得舒适宽敞，要充分享受现代社会为人们提供的各种现代化设施和用具。比如，人们为了享受生活而产生的对彩电、化妆品、名牌服装、高档音响等商品的需求。

③发展性消费动机是为满足个体的发展需求而引起的消费动机。发展需求是人们对发展自己的体力、智力，提高个人才能所必需的消费品的需求，如强身健体、提高技能、增加知识等。

（2）心理性动机。心理性动机来源于人们身处社会环境所带来的需要，如对安全和舒适的需要、被人尊重的需要等。由这些需要驱使的行为动机，来自外部社会，一般通过外界学习而获得。比如，饭店客人在决定住宿、就餐之前，常常伴随着复杂的心理活动。也就是说，他们的消费行为不仅要受到生理性消费动机的驱使，还要受到各种心理活动的支配。这样，心理活动的结果，往往就成为决定消费者消费什么、消费多少、在哪消费、何时消费的重要因素。所谓心理性消费动机，就是由消费者的认知、情感、意志等心理活动过程而引起的消费动机。与生理性消费动机相比，对于推动消费者的消费行为，心理性消费动机所起的作用有日益增强并逐渐占据主导地位的趋势。

心理性消费动机又可分为感情动机、理智动机和惠顾动机。

①感情动机是指由消费者的情绪和情感变化而引起的心理性消费动机，包括情绪动机和情感动机。由消费者的喜、怒、哀、乐、惧、惊等情绪触发的动机是情绪动机。消费者的情绪往往影响着他们的消费行为。特别是在消费环境的刺激下，消费者可以在一瞬间就做出消费某物或放弃消费某物的决定。掌握了消费者的情绪动机，就能为营销人员充分施展自己的才能提供用武之地。

情感动机是由消费者的道德感、理智感和美感等人类高级情感触发的心理性消费动机。例如，有些客人在餐厅设宴，是为了给远道而来的朋友接风洗尘；有的客人购买旅游纪念品，是为了馈赠亲友、增进友谊等。这些消费行为往往是由情感动机引起的。由情绪动机引起的消费行为往往具有冲动性、即景性和不稳定性的特点，它会随着消费者情绪的变化而变化，多表现在青年消费者身上，而由情感动机引起的消费行为，则具有相对的稳定性和深刻性，它往往反映出消费者的精神面貌。

②理智动机是建立在消费者对商品或服务的客观认识基础之上，经过分析、比较之后产生的一种消费动机。在这种动机支配下的消费行为具有客观性、周密性和控制性的特点。

理智动机和情感动机的区别在于，前者是由物质因素引起的，后者是由精神因素引起的。受理智动机支配的消费者，一般都比较注重商品或服务的实际效用，即需要什么就消费什么，不易受到外界因素的影响而临时增加自己的消费支出。比如，他们要求饭店的服务收费标准适宜，服务态度热情周到，消费环境洁净优雅。通常性格稳重、具有一定文化修养、好深谋远虑的消费者，多具有此类消费动机。

③惠顾动机是指消费者基于感情与理智经验，对特定的商店、商标、厂牌、商品产生特殊的信任与偏爱而经常、重复地购买的一种动机。这种动机的产生大都出于一定的原因。例如，某商店对顾客热情，服务周到，信誉良好，从而使消费者产生惠顾心理。这也许是由于商店优雅、舒适的购物环境，现代化的服务设施，琳琅满目且品质精良的商品，消费者在购物的同时还能感受到购物带来的愉悦心情，从而愿意经常光顾体验这种感受；还有可能是由于商品本身的魅力，如名牌、品质精良、性能优越等，消费者在使用之后留下了深刻和美好的印象，从而产生偏爱，会经常、重复地购买。

具有惠顾动机的消费者往往是企业的忠实支持者，他们不仅通过自己的购买行为给企业带来巨大利益，同时还会把他们的感受、体验情绪传达给其他消费者，从而影响和带动其他消费者的购买行为。

2）按动机在行为中的作用分类

根据动机在行为中的作用，动机可分为主导动机和辅助动机。在引起复杂活动的各种不同动机中，有的动机强烈而稳定，在活动中起主导和支配作用；有的动机则起辅助作用，只是对主导动机的一种补充。

3）按动机存在的形式分类

根据动机存在的形式，可以把动机分为显性动机和潜在动机。显性动机是指动机清晰明确，对当前的行为构成直接的影响。潜在动机则是不清晰明确的，在内在和外部条件成熟的时候才能浮现出来，并对行为产生影响。

以上介绍的是消费者一般的消费动机。在消费者的实际消费活动中，还表现出各种不同的具体的消费动机。

4）消费者具体的消费动机

（1）求实动机。它是指消费者以追求商品或服务的使用价值为主导倾向的消费动机。在这种动机的支配下，消费者在选购商品时，特别重视商品的质量、功效，要求一分钱一分货，相对而言，对商品的象征意义、商品的造型与款式等不是特别看重。

（2）求新动机。它是指消费者以追求商品、服务的时尚、新颖、奇特为主导倾向的消费动机。在这种动机的支配下，消费者选择产品时，特别注重商品的款式、色泽、流行性、独特性与新颖性，相对而言，产品的耐用性、价格等成为次要的考虑因素。一般而言，在收入水平比较高的人群以及青年群体中，求新的消费动机比较常见。

（3）求美动机。它以追求商品的欣赏价值和艺术价值为主要目的，注重商品的颜色、款式、包装等外观因素，讲求商品的风格和个性化特征的美化所带来的美感享受。在这种动机的支配下，消费者选购商品时特别重视商品的颜色、造型、外观、包装等因素，讲究商品的造型美、装潢美和艺术美。求美动机的核心是讲求赏心悦目，注重商品的美化作用和美化效果，它在受教育程度较高的群体以及从事文化、教育等工作的人群中是比较常见的。一项对近400名各类消费者的调查发现，在消费活动中首先考虑商品美观和具有艺术性的人占被调查总人数的41.2%，居第一位，而在这中间，大学生和从事教育工作、机关工作及文化艺术工作的人占80%以上。

（4）求名动机。它是指消费者以追求名牌、高档商品，借以显示或提高自己的身份、地位而形成的消费动机。当前，在一些高收入阶层、大中学生群体中，求名动机比较明显。求名动机形成的原因实际上是相当复杂的。购买名牌商品，除了有显示身份、地位、富有和表现自我等作用以外，还隐含着减少购买风险、简化决策程序和节省购买时间等多方面考虑因素。

（5）求廉动机。它是指消费者以追求商品、服务的价格低廉为主导倾向的消费动机。在求廉动机的驱使下，消费者选择商品以价格为第一考虑因素。他们愿意多花体力和精力，多方面了解、比较产品价格差异，选择价格便宜的产品。相对而言，持有求廉动机的消费者对商品质量、花色、款式、包装、品牌等不是十分挑剔，而对降价、折让等促销活动有较大兴趣。

（6）求便动机。它是指消费者以追求商品购买和使用过程中的省时、便利为主导倾向的消费动机。在求便动机的支配下，消费者对时间、效率特别重视，对商品本身则不甚挑剔。他们特别关心能否快速方便地买到商品，讨厌过长的候购时间和过低的销售效率，对购买的商品要求携带方便、便于使用和维修。一般而言，成就感比较高、时间机会成本比较大、时间观念比较强的人，更倾向于持有求便的消费动机。

（7）模仿动机。它是指消费者在购买商品时自觉或不自觉地模仿他人的购买行为而形成的消费动机。模仿是一种很普遍的社会现象，其形成的原因多种多样：有出于仰慕、钦羡和获得认同而产生的模仿；有由于惧怕风险、保守而产生的模仿；有缺乏主见，随大流或随波逐流而产生的模仿。不管缘于何种理由，持模仿动机的消费者，其购买行为受他人影响比较大。一般而言，普通消费者的模仿对象多是社会名流或其所崇拜、仰慕的偶像。电视广告中经常出现某些歌星、影星、体育明星使用某种产品的画面或镜头，目的之一就是要刺激受众的模仿动机，促进产品销售。

（8）求速动机。它以追求购买商品交易活动迅速完成为主要目的，注重购买过程的时间和效率，讲求商品携带方便、易于使用，希望能快速、便捷地购买到所需要的商品。

（9）好奇动机。它是为满足消费者的好奇心而产生的消费动机。好奇心是每一个人都有的一种心理现象。当人们对面前的事物不是很理解，觉得新鲜有趣，或者感到奇怪时，人们就会产生想要了解它、尝试它的愿望，并进一步产生购买行为。

（10）嗜好动机。它是指消费者以满足个人特殊兴趣、爱好为主导倾向的购买动机。其核心是为了满足某种嗜好、情趣。具有这种动机的消费者，大多出于生活习惯或个人癖好而购买某些类型的商品。比如，有些人喜爱养花、养鸟、摄影、集邮，有些人爱好收集古玩字画，还有人好喝酒、饮茶。在嗜好动机的支配下，消费者选择商品往往比较理智，比较挑剔，不轻易盲从。

5.2.4　动机理论

动机来自未满足的需要，所以动机理论也包含了对需要的探讨。有关动机的理论有很多，这些理论从不同角度探讨了人们行为的根本原因。

1）马斯洛的需要层次理论

美国人本主义心理学家马斯洛在1943年出版的《调动人的积极性的理论》著作中提出了“需要层次论”。这一理论几十年来流行甚广，是国外心理学家解释需要规律的主要理论。

马斯洛把人类行为的动机从理论上和原则上做了系统的整理，提出了关于人类需要的最著名的理论之一：需要层次论。马斯洛把人的多种多样的需要归纳为五大类，并按照它们发生的先后次序分为五个等级（如图5-2所示）。

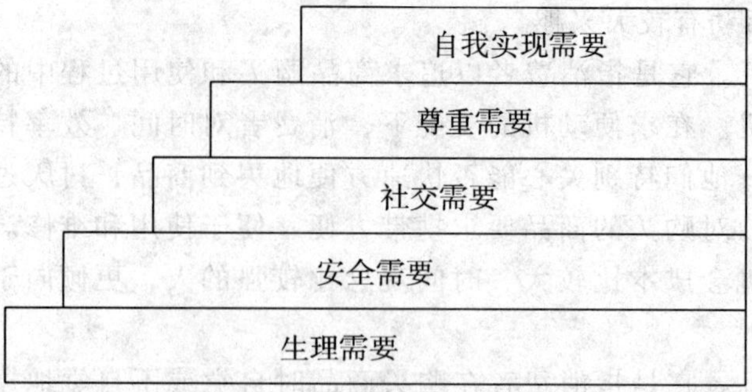

图5-2 马斯洛的需要层次论

在马斯洛看来，只有当低层次的需要满足之后，高层次的需要才能产生，但任何一种需要并不因为下一个高层次需要的出现而消失，只是高层次需要产生后，低层次需要对行为的影响变小而已。各层次的需要呈相互依赖与重叠的关系，如图5-3所示。

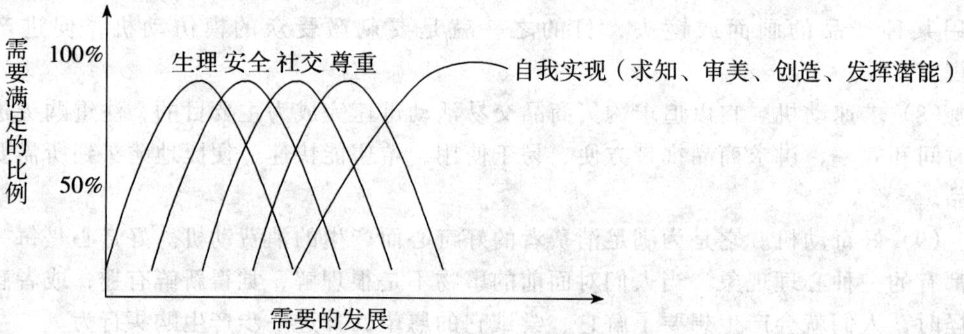

图5-3 五种层次需要的心理发展关系

马斯洛的需要层次论对研究人类的动机和行为具有重要和普遍的意义。在消费者行为学领域内，该理论虽不能用来解释所有消费行为的动因，但它确实为我们了解消费动机提供了重要的理论依据。

（1）生理需要。这是人类最原始的基本需要，包括饥、渴、性和其他生理机能的需要，它是推动人们行动的最强大的动力。马斯洛认为人的生理需要是最重要的，只要这一需要还没得到满足，他就会无视其他需要或把其他的需要搁置一边。

（2）安全需要。当一个人的生理需要得到满足后，就还想满足安全的需要。他会要求获得生命和财产安全，要求避免职业病的侵袭，希望解除严格监督的威胁，要求避免意外事件的发生等。马斯洛认为整个有机体是一个追求安全的机制，人的感受器、效应器、智能和其他能量主要是寻求安全的工具。人们的这些需要在消费活动中处处可以表现出来。比如，人们买电器时首先要看它的安全性能是否可靠、外出旅游时希望有人身保险等。

（3）社交需要。马斯洛的社交需要包含两方面的内容：一是爱的需要，即人人都希望伙伴之间、同事之间的关系融洽或保持友谊和忠诚，希望得到爱情，人人都希望爱别人，也渴望接受别人的爱。二是归属的需要，即人都有一种归属感，都有一种要求归属于一个集团或群体的感情，希望成为其中的一员并得到关心和照顾。社交需要比生理需要更细致，它和一个人的生理特征、经历、教育、宗教信仰都有关系。

（4）尊重需要。当社交需要得到满足后，人们还希望自己有稳定的地位，有对名对利的欲望，要求个人能力、成就得到社会的承认等。马斯洛认为，尊重需要得到满足，能使人对自己充满信心，对社会满腔热情，但尊重需要一旦受到挫折，就会使人产生自卑感、软弱感、无能感，失去生活的基本信心。

受尊重的需要还同个体感到自己对这个世界有用的感觉有关，也与有关事物如衣服、汽车、教育、旅游和接待重要人物等能否提升自我形象有关。人们购买私人轿车、穿名牌衣服、住高级酒店，不仅令人羡慕，还能够满足受人尊重的需要。

（5）自我实现需要。自我实现需要是指实现个人的理想、抱负，发挥个人的能力与极限的需要。也就是说，人必须做称职的工作，是什么样的角色就应该做什么样的事。音乐家必须演奏音乐，画家必须绘画，诗人必须写诗，这样才会使他们得到最大的满足。马斯洛还指出："为满足自我实现的需要所采取的途径是因人而异的。有人希望成为一位理想的母亲，有人可以表现在体育上，还有人表现在绘画或发明创造上……"简而言之，自我实现需要是指最大限度地发挥一个人的潜能的需要。

从消费者行为分析角度看，马斯洛需要层次论对于理解消费者行为动机，对于企业针对消费者需要的特点制定营销策略，具有重要价值。首先，它提醒我们，消费者购买某种产品可能是出于多种需要与动机，产品、服务与需要之间并不存在一一对应的关系。其次，只有低级需要获得充分满足后，高级需要才会更好地得到满足。企业在开发、设计产品时，既应重视产品的核心价值，也应重视产品为消费者提供的附加价值。前者可能更多地与消费者的某些基本需要相联系，后者更多地与其高层次需要相联系，用产品的附加功能取代其核心功能是注定要失败的。再次，越是涉及低级需要，人们对需要的满足方式与满足物就越明确，越是涉及高级需要，人们对满足这类需要越不确定。饿了要吃食物，渴了要喝水和饮料，对此，消费者十分明确和清楚，但对获得别人尊重、获得友谊、使生活更加美好等这一类高级需要如何满足或以何种方式满足，消费者并不完全清楚。这实际上也意味着，越是满足高级需要的产品，企业越有机会和可能创造产品差异。最后，越是高级需要，越难以得到完全满足。其原因在于，在满足需要的愉快体验中又会产生更高的需要。例如，一听到"健力宝"或许已大部分平息了个体由于口渴所产生的不舒适感，而人们对爱、尊重和知识的渴望与追求几乎是无限的。

【教学互动5-1】

马斯洛认为，只有低级需要获得充分满足后，才能满足高级需要，而反过来的情况是不存在的，甚至是不正常的。你是怎么认为的？请举例说明。

互动要求：同"教学互动1-1"。

【课程思政5-1】

为什么人们对预制菜有敌意？

相关研究报告显示，2022年中国预制菜市场规模达4 196亿元，同比增长21.3%，成为新的经济增长点，并有望发展为万亿元级市场。可是，2023年以来，“线下餐厅也用预制菜”“预制菜进校园”等话题引发网友热议。江苏省消保委调查发现，78.1%的消费者反映线下饭店、餐厅针对使用预制菜这一情况未做到提前告知。

一方面，一些餐厅和饭店以一种令人费解的方式进行预制菜的操作。它们声称提供当天炒制的美食，吸引着那些追求新鲜口感的食客，然而，在制作过程中，这些餐厅将大部分工作转嫁给了食品加工厂，食材在运输、储存和处理过程中失去了原有的新鲜度和口感。另一方面，一些高档饭店甚至学校食堂也加入了预制食物的行列。有人在高级餐厅支付高昂的价格，却在盘中找到了预制食物。这引发了人们对食品的真实来源和质量的质疑，而餐厅则将其出餐速度快作为卖点，让人倍感愤怒。

虽然学校食堂一直以来都是学生们用餐的主要场所，但如今，一些学校的学生们却发现自己被迫食用成本便宜的预制食物，而价格却依旧高昂。成年人或许可以选择自己动手烹饪，以满足他们的口味和健康需求。然而，对于学生来说，他们更加依赖学校食堂。这引发了一个问题：学生们是否被迫接受了不健康的饮食习惯，因为他们没有其他合理的选择？他们正处于茁壮成长的阶段，急需多样的营养，而食堂供应的预制食物却未必满足这些需求。

这种做法令消费者不满，因为他们希望用相对高价享受美味的现做菜肴，但实际上得到的却是预制食物的味道。美食不仅仅是一种满足肚子的体验，更是一种文化、一种艺术。它需要厨师的用心，需要食材的新鲜，需要烹饪的技艺，需要时间的沉淀。然而，这些餐厅却将美食变成了一种快餐，将口感变成了噱头。

此外，问题的核心还在于食物选择的自主性。无论是成年人还是学生，每个人都应该有权选择他们的食物，尤其是在食堂这样的场所。食堂应该是一个展示美食多元化的平台，而不是单一食品的垄断者。而食物不仅仅是满足生理需求的工具，还承载着文化和社交等重要职能。

资料来源　一度历史观. 为什么大家能接受吃方便面，对方便面很包容，对预制菜敌意很大?［EB/OL］.［2023-12-13］. https://www.163.com/dy/article/II4JDMFN0541A30T.html?f=post2020_dy_recommends.

问题：你们学校食堂存在上述的问题吗？你如何看待预制菜进学校食堂这一做法？

2）逆转理论

英国运动心理学者阿普特尔和他的同事们创建了一种新的动机理论。该理论假定有四对元动机状态，不同状态派生不同的动机模式。每对动机都是按相反方向对应排列的，见表5-1。该理论认为在任何时候，每对动机的两个状态中只有一个能被激活。这个理论之所以叫逆转理论，就是因为它试图解释人类是如何从对立的一端转向另一端的。以有目的的和超越目的的状态为例：当一个人从事某项活动时，如果他的目的仅仅是享受这个活动本身，那么他就处于超越目的的状态；当他从事对他来说任何时候都重要的活动时，他就处于有目的的状态。例如，当你读一本书并希望获取优异的学习成绩时，那你就处于有目的的状态；你在学习之余小憩片刻，吃点东西，听听音乐，你基本上就进入了超越目的的状态。逆转理论认为人总是处于一种状态，而不能同时处于两种对立状态之中。

表5-1　**四对元动机状态的基本特征**

有目的的	超越目的的
严肃的	嬉戏的
目标取向的	活动取向的
事前计划安排	为瞬间而活
避免焦虑	寻求刺激
愿望达成与成就	娱乐与享受
顺从的	逆反的
服从的	反叛的
愿意墨守成规	愿意打破常规
保守的	激进的
愉快的	愤怒的
愿意与人相处	愿意独来独往
控制	同情
权力取向的	关怀取向的
把生活当作奋斗	把生活当作合作
意志坚强的	感情脆弱的
关心控制	关心友善
重支配	重感情
自我中心的	他人取向的
主要关心自己	主要关心他人
自我中心	认同他人
关注自身情感	关注他人情感

3）双因素理论

这个理论是由赫茨伯格提出的。赫茨伯格提出的一个重要观点是，使员工不满意与满意的因素是两类不同性质的事物。他认为，一类事物，当它存在时，可以引起满意，当它缺乏时，不是引起不满意，而是没有满意；另一类事物，当它存在时，人们并不觉得满意，而是没有不满意，当它缺乏时，引起不满意。这两类事物，第一类称为激励因素，第二类称为保健因素。按照赫茨伯格的观点，缺乏保健因素会使人产生很大的不满足感，但有了它也不会对人产生激励作用；当具有激励因素时，它们可以产生激励作用和满足感，而缺乏时，也不会使人产生多大的不满足感。

日本学者小岛外弘根据这个理论，在消费者行为学研究中提出了MH理论。M是激励因素，是魅力条件；H是保健因素，是必要条件。商品的质量、性能、价格等，是满足消费者需求的必要条件，是保健因素。当这些因素不能满足时，消费者会感到不满意，例如，商品的质量差、价格高、功能少，就会引起消费者的不满意。但仅仅满足保健因素还不是真正的满足，并不能给消费者带来满足，消费者真正对某种商品感到满足是对该商品的魅力条件也感到满足的时候。

需要指出的是，魅力条件和必要条件的内涵，要依据时代、消费潮流以及商品生命周期的不同而有所变化。就饭店而言，在二三十年前，外出旅行的人能找到一家旅馆，有地方睡觉就很满足了，只要有床位就构成了旅馆的魅力条件。在今天，社会已经由短缺经济时代进入到过剩经济时代，各个城市的饭店大多已供大于求，其魅力因素转向价格、舒适、硬件和服务等方面。这种变化还在继续，而捕捉饭店的魅力因素则成为各家饭店经营者的首要任务。在何种程度上具有饭店的魅力因素，就成为饭店经营成败的关键。

5.2.5 消费者动机的激发

人类的基本需要以及好奇心等是人们产生消费行为的内在动力，也可以说是主观条件，但如果不具备一定的客观条件，人们的消费行为最终也不会发生。因此，从市场营销工作的角度来看，营销人员不仅要了解人们的消费行为产生的主观原因，还要了解影响消费者购买动机的外在因素以及如何激发消费者的购买动机。

1）影响消费者购买动机的外在因素

影响消费者购买动机的外在因素很多，这里主要介绍以下三个方面：

（1）商品本身的因素。由于消费者具有不同的爱好、兴趣、个性和经济条件，因此在购买过程中所表现出来的购买动机也是多种多样的。但是，所有的动机都是在外部刺激之下产生的，并有一定的目标指向，这就是一定的商品和服务。不同特点的商品与一定的购买动机是有内在联系的，产品的功能直接决定消费者的购买动机。从消费者对商品的期望和要求可以看出他们的购买动机，同时从市场上销售的各种商品的畅销程度也可以分析、判断出消费者比较集中的购买动机。商品功能的设计原则（包括核心功能和附加功能、衍生功能）就是要尽量满足目标市场上顾客的需要。受市场欢迎的商品一定与消费者的购买动机相吻合。

（2）影响消费者购买动机的社会因素。社会因素主要指一个国家或地区的经济状况、文化因素以及社会风气等方面。

首先，一个国家或地区的消费水平同这个国家或地区的经济水平成正比。只有当整个国家或地区的经济发达时，人们才有足够的购买力。任何人的消费行为，都需要有一定的经济基础，有支付各种费用的能力。特别是对于一些高消费活动来说，这种经济基础就显得更重要。比如，对于一个旅游爱好者来说，当他的经济收入仅能够维持其基本生活需要时，他就不会有更多的财力去支付旅游的开销，也就不能产生外出旅游的动机。经济越发达、国民收入越高的国家和地区，外出旅游的人数就越多，反之就越少。

其次，文化因素可以影响消费者的购买动机。比如，消费者的文化背景、受教育程度，会影响人们对不同品位商品的偏好。另外，随着大众传媒在社会生活中的影响越来越大，它在指导消费、引领时尚方面时时激发消费者的购买动机。

最后，社会风气也能影响人们的购买动机。同事、朋友、邻居的消费行为与经历往往能够相互影响，或者形成相互攀比心理，使人们产生同样的消费冲动，形成一种效仿消费行为。

此外，消费习惯、参照群体、观念定式、消费理念等社会因素都可以对消费者的购买动机产生影响。

(3) 影响消费者购买动机的自然因素。在研究消费者的购买动机时，还有一个不可忽略的因素就是自然因素。自然因素包括的范围很广，既有民族和种族因素，又有地理因素、性别因素、健康因素，甚至体形因素也会对购买动机产生影响。从地理因素来说，比如我国南方与北方相比，南方潮湿、温暖、四季变化差异不太大，而北方冬季较长、比较干燥、四季变化比较明显，因此南、北方人在穿、吃、家具等消费方面存在一定的差异。再比如，健康因素也可以影响人们的购买动机。一般而言，身体健康的人或不受遗传病、地方病、职业病等威胁的人，在他们的消费结构中用于保健、安全、药品等方面的费用支出较少，他们也较少有购买这方面商品的动机；反之，体弱多病或受到一些职业病、地方病威胁的人，他们不仅在保健、药品等方面的费用支出较高，还要为此积蓄一笔资金，以备将来之需。

2) 消费者购买动机的激发

激发消费者的购买动机，就是要通过提高人们的消费积极性，刺激消费者的兴趣，以促使潜在消费者积极地参与到消费活动中去。因此，企业只有从积极有效的宣传、努力开发有特色的商品、提高服务质量、注重购物环境等方面入手，才能有效地激发消费者的购买动机。

(1) 努力开发有特色的商品。根据赫茨伯格的双因素理论，当某种商品的质量、性能、价格等因素能得到满足时，消费者只能处于没有不满意状态；而真正使消费者对商品感到满意的是该商品具有的动机作用因素，如赋予商品以某种情感、设计独特、风格优雅等。因此，企业在设计与开发新产品时，要注意突出商品的个性，努力做到以人为本，以商品本身的吸引力来打动消费者。

(2) 利用广告宣传，向消费者传递信息。广告宣传是最常用的营销手段之一，特别适用于强化企业和消费者之间的沟通，能高效率地向目标顾客传递有关企业和商品的信息。因此，在现代社会生活中，广告无处不有，无时不在。但无论广告包括什么内容、采取哪种形式，其都要通过文字、图像、色彩、音乐等向消费者传递商品信息，使广告诉求引起消费者的兴趣，激发他们的购买欲望。

第一，广告能否发挥作用，产生效果，取决于它能否引起人们的注意。一般来说，强烈的声响、色彩对照鲜明或变化强烈的事物、反复出现的事物以及诱发感情的文字或事物，容易引起人们的注意。

第二，通过商品广告激发消费者的购买欲望，要注意广告宣传的核心内容是什么。一般来说，广告宣传的核心内容主要包括产品性能、品牌形象、服务特色以及价格优势等。比如，价格广告的核心是通过广告宣传传播有关产品价格的信息，激发消费者求廉、求实的动机，提高购买欲望。特别是针对价值较高的产品和对价格敏感的消费者群，价格广告的促销作用十分明显。

(3) 购物环境和营业员的服务水平对消费者购买动机具有诱导作用。消费者都是带有一定动机和欲望走进商店的，但进商店的消费者并没有全部实现购买。据日本三越百货公司的调查，进店的顾客中只有20%产生购买行为。这是由于消费者的欲望有两种：一种是“意识的欲望”(现实需要)，即有明确的购买目标；另一种是“潜在的欲望”(潜在需要)，即没有明显意识到需要某种商品因而没有做出购买决定。有潜在欲望的消费者，常常由于外界的刺激，使潜在的欲望激发，使他由一个看客变为一个买者。据美国一家百货公司调查，在顾客的购买行为中，有28%来自“意识的欲望”，有72%来自“潜在的欲望”。消费者在商店里完成由潜在欲望到意识欲望的飞跃，是扩大销售、提高效益的关键。实现这一飞跃，主要和营业员的仪表、神态、语言以及服务等因素有关，也和购物环境、灯光装饰、商品陈列等因素有关。

5.3 情绪和情感概述

美国营销专家菲利普·科特勒曾把人们的消费行为大体分为三个阶段：一是量的消费阶段；二是质的消费阶段；三是感情的消费阶段。尤其是在人们消费总体层次和构成向高层化、舒适化、感性化方向发展的今天，消费需求亦日趋差异化、个性化、情绪化。

5.3.1 情绪和情感的含义与特点

1) 什么是情绪和情感

在日常生活中，人们要面对各种不同的人和事，参与各种不同的社会生活。在这个过程中，人们不仅会产生深浅不同的认识，还会伴随产生不同的心理体验。有的对象和现象使人产生愉快、兴奋的心理体验，有的对象和现象使人产生恐惧、痛苦的心理体验。即使是同样的客观事物，由于人们的需要不同，也可能引起不同的心理体验。比如同一首歌曲，当我们休息的时候，听起来可能很舒服，而当我们忙得团团转的时候，听起来就可能觉得很厌烦。人们的这些心理体验就是情绪和情感。所以，情绪和情感是人对客观世界的一种特殊的反映形式，是人对客观事物是否符合自己需要而产生的态度的体验。

2) 情绪和情感的构成

众多的情绪研究者们大都从三个方面来考察和定义情绪：在认知层面上的主观体验；在生理层面上的生理唤醒；在表达层面上的外部行为。当情绪产生时，这三个层面共同活动，构成一个完整的情绪体验过程。

(1) 主观体验。情绪的主观体验是人的一种自我觉察，即大脑的一种感受状态。人有许多主观感受，如喜、怒、哀、乐、爱、惧、恨等。人们对不同事物的态度会产生不同的感受。人对自己、他人、事物都会有一定的态度，如对朋友遭遇的同情、对敌人凶暴的仇恨，事业成功的欢乐、考试失败的悲伤。只有个人的内心才能真正感受到或意识到这些主观体验，如我知道“我很高兴”，我意识到“我很痛苦”，我感受到

“我很内疚”等。

（2）生理唤醒。人在发生情绪反应时，常常会伴随着一定的生理唤醒。例如，激动时血压升高，愤怒时浑身发抖，紧张时心跳加快，害羞时满脸通红。脉搏加快、肌肉紧张、血压升高及血流加快等生理指数，是一种内部的生理反应过程，常常是伴随不同情绪产生的。

（3）外部行为。在情绪产生时，人们还会出现外部反应过程，这一过程也是情绪的表达过程。如人悲伤时会痛哭流涕，激动时会手舞足蹈，高兴时会开怀大笑。情绪所伴随出现的这些相应的身体姿态和面部表情，就是情绪的外部行为。它经常成为人们判断和推测情绪的外部指标。由于人类心理的复杂性，有时人们的外部行为会出现与主观体验不一致的现象。比如，在一大群人面前演讲时，明明心里非常紧张，还要做出镇定自若的样子。

主观体验、生理唤醒和外部行为作为情绪的三个组成部分，在评定情绪时缺一不可，只有三者同时活动、同时存在，才能构成一个完整的情绪体验过程。例如，当一个人佯装愤怒时，他只有愤怒的外部行为，却没有真正的内在主观体验和生理唤醒，因而也就称不上有真正的情绪过程。因此，情绪必须是上述三方面同时存在，并且有一一对应的关系，一旦出现不对应，便无法确定真正的情绪是什么。

【小资料5-1】

多巴胺营销

2020年，时尚心理学家道恩·卡伦（Dawnn Karen）在其出版的作品《穿出最好的人生》中提出“多巴胺穿搭”理论，认为穿着高明度色彩搭配的衣服，可以刺激大脑分泌多巴胺，从而调动正面的情绪。

作为大脑分泌的一种物质，多巴胺会影响一个人的情绪与判断。当大脑分泌多巴胺时，人们会感到快乐和奖励的感觉。人体的多巴胺的反馈机制，就是当人受到某种刺激后，会促进个体产生某些行为，促进大脑产生多巴胺，使人感到愉悦、兴奋。

多巴胺穿搭之所以魔性出圈，其实也是因为高明度颜色总是和希望、温暖、活力等美好的幻想联系在一起，给人一种轻快明朗的感觉。这些五颜六色的衣服变成了穿搭者的心情符号，带来快乐和满足感。当一个人感到快乐时，大脑就会释放多巴胺。

多巴胺式营销的原理就是基于人类的生理反应和行为心理学，通过刺激消费者的多巴胺系统，引发积极的情绪和快感，以在大脑中产生愉悦感和奖励感，使消费者对产品或服务产生积极的情绪体验。这种积极情绪的产生会激发购买动机，对品牌忠诚度的建立也能起到积极作用。

激发消费者的多巴胺系统，可以通过多种方式实现。除了创造引发共鸣、令人兴奋的品牌故事和广告创意外，提供奖励和优惠、营造愉悦的购物体验、推出具有吸引力的营销活动等手段也能够实现多巴胺营销。

资料来源　彼亿seo推广公司.彼亿营销：什么是“多巴胺式”营销？[EB/OL].［2023-12-13］. https://baijiahao.baidu.com/s?id=1769645628712801287&wfr=spider&for=pc.

3）情绪和情感的区别与联系

情绪和情感是从不同角度来揭示人的心理体验的概念。由于人的心理体验的复杂性，对情绪和情感做出严格的区分是困难的，只能从不同的侧面对它们加以说明。

（1）引起情绪和情感的需要的性质不同。情绪通常是指那种由机体的天然性需要是否得到满足而产生的心理体验。如果天然性需要得到满足，就产生积极的、肯定的情绪，否则，就产生消极的、否定的情绪。

情感则与人在历史发展中所产生的社会需要相联系。情感的基础是和人与人之间的关系（即社会关系）相联系的需要，如对社会的贡献、道德的需要、尊重的需要等。由满足这些需要而产生的责任感、荣誉感、道德感、集体感等心理体验，就是情感。这些需要和情感都是人们在社会生活条件下形成的，具有社会历史性。

（2）情绪和情感在稳定性上的差别。情绪带有很大的情景性、激动性和短暂性，它常常在活动中表现出来。一定的情景出现便引起一定的情绪，情景过去了，情绪也就消失了。

情感则既具有情景性又具有稳定性和长期性。人与人之间在共同活动中产生的友好情感，不会因为活动的结束而消失，还会长期存在并可能得到发展，所以情感是长期的、稳定的。

（3）情绪和情感发生早晚的差异。从发展的角度来看，情绪发生早，情感产生晚。人出生时会有情绪反应，但没有情感。情绪是人与动物所共有的，而情感是人所特有的，它是随着人的年龄增长而逐渐发展起来的。例如，人刚生下来时，并没有道德感、成就感和美感等，这些情感反应是随着儿童的社会化过程而逐渐形成的。

（4）情绪和情感是可以转化的。情绪长期积累，就会转化为情感。而情感在一定条件下，也会以鲜明的、爆发的形式表现出来，表现为一种情绪。

4）情绪和情感的特点

情绪和情感有两极性和扩散性两种特性。

（1）情绪、情感的两极性。情绪、情感的两极性包括以下五个方面：

一是肯定性和否定性的对立。肯定性的情绪和情感有：高兴、喜欢、愉快、热爱、满意等。否定性的情绪和情感有：厌恶、悲哀、憎恨、绝望、恼怒等。

二是积极（增力的）和消极（减力的）的对立。积极的情绪如愉快、热情等能够增强人的活动能力，促使人去积极地行动。消极的情绪如烦恼、不满等能降低人的活动能力。在有些情况下，同一情绪可以既有积极的性质又有消极的性质。例如，在危险情境下产生的恐惧情绪，既会抑制人的行动，减弱人的精力，又可以驱使人同危险情境做斗争。

三是紧张和轻松的对立。紧张和轻松一般与人所处的情境、面对的任务、对个人需要的影响等相联系。当人所处的情境直接影响到个人重大需要的满足，以及面临重大任务需要完成时，人们的情绪就会紧张起来；相反，则比较轻松。一般来说，紧张的情绪与人的活动的积极状态相联系，人们进行任何活动都需要激发起一定紧张度的情绪；否则，情绪处在很低的水平而松松垮垮，甚至处在半睡状态，是无法适应任务和活动的要求的。过度的紧张情绪也会引起抑制，造成心理活动的干扰和行为的失调。

四是激动和平静的对立。激动的情绪表现为强烈的、短暂的、爆发式的心理体验，如激愤、狂喜、绝望。激情的产生，往往与在人们生活中占重要地位、起重要作用的事件的出现有关，而且这些事件违背人们的本意并以出乎意料的形式出现。与激动的情绪相对立的是平静的情绪。人们在大多数情况下是处在平静的状态之中的，在这种状态下，人们能从事持久的智力活动。

五是强与弱的对立。许多类别的情绪都有由弱到强的等级变化，如从微弱的不安到强烈的激动，从愉快到狂喜，从担心到恐惧等。情绪的强度越大，人自身被情绪影响的程度就越大。情绪的强度取决于事件和活动对人的意义的大小，以及人的既定目的和动机是否能够实现。

上述每一对对立的情绪之间，都存在强度不同的中间情绪状态，如非常满意与非常不满意之间有很满意、满意、不满意、很不满意。

（2）情绪、情感的扩散性。情绪、情感的扩散性有两种：一种是内扩散；另一种是外扩散。所谓内扩散，是指情绪在主体自身的扩散，它表现为主体对某一对象产生的某种情绪体验，影响主体对其他对象也产生同样的情绪体验。例如，一个人对某一件事情产生了愉快的情绪，这种情绪使这个人在看到其他事物时也感到顺心如意；或在某件事情引起的不愉快情绪的影响下，对其他事情就觉得不那么顺眼。这就是情绪的内扩散，后一个例子是消极情绪的内扩散。所谓外扩散，是指一个人的情绪影响到别人，使别人也产生相同的情绪的情况，通常也叫情绪的感染。一个人的情绪或心境，在与别人的交往过程中，通过言语、动作、表情影响到别人，引起情绪上的共鸣。

5.3.2　情绪和情感的分类

情绪和情感是作为对事物的反映形式存在的，世界上事物的绚丽多彩，构成了人与客观事物之间关系的丰富多样性，使情绪、情感产生了极为丰富和复杂的内容。为了便于理解和把握，根据情绪的性质、状态及情感包含的社会内容，可以做出如下三种不同的分类：

1）根据情绪的性质分类

根据情绪的性质，可以分为：

（1）快乐。快乐是一种在追求并达到所期望的目的时所产生的情绪体验。比如，人们在旅游中一路顺利，而且欣赏到优美的自然风光，参加富有情趣的活动，就会获得快乐的情绪体验。快乐的程度取决于愿望的满足程度和满足的意外程度。快乐的情绪从微弱的满意到狂喜，分成一系列程度不同的级别。

（2）愤怒。愤怒是由于妨碍目的达成而造成紧张积累所产生的情绪体验。愤怒的程度取决于对妨碍达到目的的对象的意识程度。愤怒从弱到强的变化是轻微不满—愠怒—怒—愤怒—暴怒。

（3）恐惧。恐惧是企图摆脱危险情境时产生的情绪体验。引起恐惧情绪的重要因素是缺乏处理可怕情境的能力。消除恐惧情绪要靠镇定和勇敢。

(4) 悲哀。悲哀是指失去自己心爱的对象或自己所追求的愿望破灭时所产生的情绪体验。悲哀的程度取决于所失去的对象和破灭的愿望对个人或社会的价值的大小。悲哀按程度的差异表现为失望—遗憾—难过—悲伤—哀痛。

(5) 喜爱。喜爱是指对象满足需要而产生的情绪体验。喜爱表现为接近、参与、欣赏或获得。事物、活动、艺术品和人，都可以是人们所喜爱的对象，给人们带来喜爱的情绪体验。

2) 根据情绪发生的强度、速度、持续时间分类

根据情绪发生的强度、速度、持续时间，可以分为：

(1) 心境。心境是一种比较微弱、平静且持续一定时间的情绪体验。它平静而微弱，持续而弥散。心境由于有弥散的特点，所以某种心境在某一段时间内影响着一个人的全部生活，使人的语言、行动及全部情绪都染上了这种心境的色彩。一个人在愉快、喜悦的心境中，仿佛一切都染上了"快乐的色彩"，看什么都那么顺眼，对一切都感到满意；而处在忧愁悲伤心境中的人，在一段时间里就表现得无所不悲，仿佛一切都染上了"忧伤的色彩"。心境的特点是不具有特定的对象，即不是关于某一事物的特定的体验，它是具有弥散性的情绪状态。心境分为暂时心境和主导心境两种。

由当前的情绪产生的心境，叫暂时心境。例如，人们在欣赏艺术表演时会产生愉快的心境，当演出结束后，这种心境还会持续一段时间，但不会很长。随着其他情境和事物的出现，这种心境就会逐渐消失。

由一个人的人生道路和早期经验所造成的个人独特的、稳定的心境，叫作主导心境。主导心境以一个人生活经验中占主导地位的情绪体验的性质为转移。主导心境决定着一个人的基本情绪面貌。一个具有良好主导心境的人，总是朝气蓬勃，具有乐观的情绪。对这样的人，别人就比较愿意并容易和他交往。一个具有不良主导心境的人，就会经常表现为失望、忧愁和情绪消沉，别人也不太容易和他交往。但是，对主导心境不好的人，更需要给予热情的关心、帮助并予以谅解。

(2) 热情。热情是一种强有力的、稳定而深厚的情绪体验。热情有两个基本特征：第一，热情是强有力的，它影响人的整个身心，是鼓舞人去行动的巨大力量；第二，热情是深厚的、稳定而持久的，它使人长久地、坚持不懈地去从事某种活动，并对这种活动产生愉快、满意等积极肯定的情绪体验。

(3) 激情。激情是一种猛烈的、迅速爆发而短暂的情绪体验，如狂喜、恐惧、绝望等，都属于这种情绪状态。激情是由对人具有重大意义的强烈刺激所引起的，这种刺激的出现往往出人意料。激情发生时伴有人体内部器官的强烈变化和明显的表情动作。

3) 根据情感的社会内容的性质分类

根据情感的社会内容的性质，可以分为：

(1) 道德感。道德感是人们根据一定的道德标准，评价自己和别人的言行、思想、意图时产生的情感体验。道德感是对客观对象与一个人所掌握的道德标准之间关系的心理体验。当思想、行为符合这些标准时，就产生肯定的情感体验，感到满意、愉快；反之，则痛苦不安。当别人的思想、意图和行为、举止符合这些标准时，就对

他肃然起敬；反之，则对他产生鄙视和愤怒的情感。

（2）理智感。理智感是人们认识和追求真理的需要是否得到满足而产生的一种情感。理智感是与人的求知欲、认识兴趣、解决问题等社会需要相联系的。人在认识过程中有新的发现，会产生愉快和喜悦的情感；在不能做出判断而犹豫不决时，会产生疑惑感；在科学研究中发现未知的现象时，会产生怀疑感或惊讶感；在解决了某个问题而认为依据充分时，会产生确信感，等等。这些情感都属于理智感。理智感是在认识事物的过程中产生和发展起来的，它是认识活动的一种动力。热爱真理、追求真理，是发展认识和科学研究的重要条件之一。所以，当一个人的科学活动与强烈的理智感相联系时，往往会在科学上做出应有的成就。

（3）美感。美感是对客观现实及其在艺术中的反映进行鉴赏或评价时所产生的情感体验。美感是由一定的对象引起的。美感的对象包括自然界的事物和现象、社会生活和社会现象以及各种艺术活动和艺术品。美感受对象的外在形式的特点影响，同时受对象的内容制约。美感，还受人的主观条件的影响。人们的审美需要、审美标准、审美能力不同，对同一个对象的美感体验就不同。同一个对象，有的人感觉是美的，有的人不认为美，就是由于受不同审美标准和对美的鉴赏能力的影响。在日常生活中，人们的穿衣戴帽，各有所喜，各有所爱，这是由每个人的审美观点不同所决定的，这主要是形式上的美。对一个人来说，更主要的是思想美、行为美和心灵美。

5.3.3　消费者情绪和情感的效能

情绪和情感是人类行为中最复杂的一面，也是人类生活中最重要的一面。试想，若是一个人没有情绪地生活，这个丰富多彩的世界，对他将毫无意义，无所谓悲伤忧愁，无所谓幸福快乐，不需要友谊的慰藉，也体验不到爱情的甜蜜。一般来说，平常人的生活中随时随地都有喜、怒、哀、乐等情绪的起伏与变化。

消费者的任何活动都需要一定程度的情绪和情感的激发，才能顺利进行。消费者情绪和情感的效能主要表现在以下几方面：

1）情绪和情感影响消费者的动机和态度

喜欢、愉快等情绪可以增强消费者活动的动机和态度，增加做出选择决定的可能；消极的情绪会削弱消费者从事活动的动机和态度。

2）情绪和情感影响消费者的活动效率

从情绪的性质来讲，积极的情绪，如热情、愉快，可以激发消费者的能力，助长动机性行为，提高购买活动效率，而消极的情绪，如烦恼、悲哀、恐惧等，则会降低消费者的活动能力，导致较低的购买活动效率。从情绪的强度讲，过高或过低的情绪水平都不会使消费者产生最佳的活动效率，因为过低的情绪不能激发人的能力，而过高的情绪会对活动产生干扰。

3）情绪和情感对消费者体力的影响

情绪和情感的作用在范围和效果上都是很大的，如影响人的生理，包括体力、器官的功能，还能引发器质性病变。一般认为，在积极的情绪状态下，消费者有更充沛的精力和体力；而在消极状态下，消费者在购买活动中更容易出现疲劳、体力不支的现象。

4）情绪和情感对消费者认知能力的影响

情绪对消费者认知功能的影响主要表现在消费者的注意力、消费者的社会知觉和自我知觉以及消费者解释和记忆各种消费活动的特征上。情绪状态可以影响人的学习、记忆、社会判断和创造力。

心理学家曾就不同情绪状态对智力操作的影响进行了研究。结果发现，不同的情绪状态（愉快或痛苦）对操作效果的影响有显著差异。愉快组在操作时间、直接抓取和注视不动等三项指标上都比痛苦组成绩好。即使是在同一情绪状态下，由于强度不同，操作效果也不同，即愉快强度过高和过低时的操作效果不如强度适中时好。但是，痛苦的强度越大，操作效果越差。

5.3.4 影响消费者情绪和情感变化的主要因素

许多人或许都有过这样的经历：当你感觉悲伤忧愁的时候，买东西时往往不会一分一厘地计较价格，而如果在情绪烦躁时买东西，却常常会与别人反复讨价还价。

影响消费者情绪和情感变化的因素主要有以下几个方面：

1）需要是否得到满足

需要是情绪产生的主观前提。人有多种不同的需要，人的需要能否得到满足，决定着情绪的性质。如果客观条件能够满足消费者的需要，消费者就会产生积极肯定的情绪，如高兴、喜欢、满意等；如果消费者的需要得不到满足，就会产生否定的、消极的情绪，如不满、失望等。

2）购物环境的影响

人的情绪很容易受到环境的影响。如果购物环境幽雅舒适，生机盎然，会使消费者产生愉快、喜爱的积极情绪；反之，则会使消费者产生厌烦、失望的消极情绪。因此，商场一般都很重视店堂和门面的装修以及室内温度的控制、色彩的搭配、灯光的明暗、商品的摆放等，营造一种舒适、和谐的气氛以吸引更多的顾客。

3）商品的影响

商品是影响消费者情绪和情感变化的主要因素。消费者进入商场就是为了购买商品，因此商品的质量、数量、价格以及消费者认为商品符合其需要的程度，都会引起消费者的情绪和情感的变化。

此外，商品命名、商品广告、商品装潢、商品造型，甚至商品的色泽，都能在不同程度上影响消费者对某种商品或某家商场的喜好程度，从而进一步影响消费者的购买行为。

4）服务的影响

服务的影响主要包括两个方面：一是现场的服务员的服务质量。如今物质产品极为丰富，竞争日益激烈，一方面，导致社会人际关系日益淡薄，社会普遍出现情感饥渴症；另一方面，人们对情感回归的渴望、精神愉悦的追求、个性服务的期望亦与日俱增。企业在服务的过程中如能始终契合关注人生、关注“情”这一社会主题，便能最大限度地与消费者产生共鸣，有力营造企业及其品牌良好的亲和力。如果服务员主动热情、耐心周到地为顾客服务，那么顾客就会有一种受到尊重的感觉，甚至会形成惠顾心理，经常光顾这家商场；反之，如果营业员态度冷淡，举止粗鲁，会让顾客觉得很别扭并留下恶劣的印象，即使他勉强买了商品，也会产生不愉快的情绪和情感体验。二是商家或厂家的售后服务。如果商家或厂家的售后服务做得好，不仅使消费者在买商品的时候比较放心，没有后顾之忧，而且在买完商品后，如果商品出现了问题，消费者也能得到及时有效的服务，那么消费者就会心情舒畅地真正体验到什么是“顾客至上”了。

相关链接5-2

微信支付新广告，烟火气拉满

5）身体状况

身体健康、精力旺盛是产生愉快情绪的原因之一。身体健康状况欠佳、过度疲劳或患病，容易产生不良情绪。由于消费者的身体状况存在个体差异，因此服务人员在服务过程中要区别对待。

本章小结

本章主要讨论了消费者的需要、动机、情绪和情感。

所谓需要是个体缺乏某种东西时的一种主观状态，是个体对生理的和社会的需要的反映。消费需要对购买行为的影响主要有：消费需要决定购买行为、消费需要的强度决定购买行为实现的程度、需要水平影响消费者的购买行为。消费需要是多种多样的，但无论是什么样的需要，其都具有以下共同的特点：消费需要的对象性、消费需要的多重性、消费需要的层次性、消费需要的可变性、消费需要的发展性。

动机是指引起和维持个体的活动，并使活动朝向某一目标的内部驱动力（内驱力）。根据动机的性质，动机可分为生理性动机和心理性动机。生理性消费动机又可以细分为生存性消费动机、享受性消费动机和发展性消费动机。心理性消费动机，就是由消费者的认知、情感、意志等心理活动过程引起的消费动机。心理性消费动机又可分为感情动机、理智动机和惠顾动机。有关动机的理论有很多，本章主要介绍了马斯洛需要层次论、内驱力理论、逆转理论和双因素理论。要激发消费者的购买动机，就必须开发有特色的产品，注重广告宣传，布置好购物环境，提高服务人员的服务水平。

所谓情绪和情感，是人对客观世界的一种特殊的反映形式，是人对客观事物是否符合自己需要而产生的态度的体验。情绪和情感密切相连的同时也有区别。情绪和情感有两极性、扩散性两种特性。依据不同的分类标准，情绪和情感能划分成不同的种类。按情绪的性质可以分为快乐、愤怒、恐惧、悲哀、喜爱等；按照情绪发生的强度、速度和持续时间可以分为心境、热情和激情；按照情感的社会内容性质可以划分成道德感、理智感和美感。

消费者情绪和情感的效能主要表现在：情绪和情感可以影响消费者的动机和态度、影响消费者的体力和精力、影响消费者的活动效率、影响消费者的认知能力。影响消费者情绪和情感变化的因素主要有以下几个方面：需要是否得到满足、购物环境的影响、商品的影响、服务的影响以及消费者自身的身体状况等。

主要概念

需要　动机　心理性消费动机　感情动机　理智动机　惠顾动机　情绪和情感　心境　热情　激情　道德感　理智感　美感

基本训练

□ 知识题

5.1　阅读理解

1）举例说明消费需要对购买行为的影响。

2）影响消费需要的因素有哪些？

3）试举5例说明消费者具体的购买动机。

4）举例说明你是如何理解逆转理论的。

5）简述消费动机的特性。

6）影响消费者购买动机的因素有哪些？

7）如何激发消费者的购买动机？举例说明。

8）消费者情绪和情感的效能主要表现在哪些方面？

9）影响消费者情绪和情感变化的因素有哪些？

10）马斯洛的需要层次论对企业制定营销策略有哪些作用？

5.2　知识应用

即测即评

□ 能力题

5.1　实务题

需要层次论可用来设计推销程序，展示这种用途的一种方法就是把对单一产品的广告诉求在各种需要水平上发生作用的方式显示出来。如果你想推销某种品牌的健身器材，怎样根据马斯洛的理论来说明该健身器材可以满足消费者各个层次的需要？

5.2　综合题

用情感来迎合消费者需要的广告日益流行，因为广告中的情感性内容能增强广告的吸引力和持续力，而且情感性广告比一般中性广告更容易被人记住。假如你是广告公司的一名策划人员，请你为某婴儿食品策划一个30秒的情感广告。

5.3　案例分析

以情感为锚，生活家地板创造情感共鸣的造节策略

2023年6月18日，生活家地板全民恋家节迎来收官。以“情感”为核心，2023

年的全民恋家节再次展现了生活家地板的超强共情力。在整个节日期间，品牌巧妙避免了浮夸和炫技，而是深入探索“恋家”情感，并通过温暖而感性的方式，与消费者真诚共情，讲述他们想听的“恋家”故事。

在520的重要节点，生活家地板以“百城告白”火热拉开全民恋家节序幕，联动全国百城导购宣告“恋家节”主张，从多方内容视角表达、倾诉恋家情怀。每一句温柔的辞藻里，既有对家的表白，也有生活家对用户的深情表白，这种“表白”不仅仅是一个品牌行为，更是一种情感的传递，拉近了品牌与用户之间的距离，建立起更加亲密的联系。

随后“恋家十分说”栏目上线，从生活家地板大咖用户的感知角度，来分享关于恋家的观点。通过三位KOL用户的真情实感分享，消费者可以从不同领域人群的生活角度，感受家所提供的多重情感价值属性，展示了家更多样和丰富的一面，也加深了用户对向往的“家”的联想。

此外，生活家还在微博、微信端发起多个恋家主题的互动有礼活动，如“不被定义的生活方式”“我与家的故事”“告白有礼”等，吸引更多粉丝用户主动参与进来，分享恋家故事，点燃节日氛围……

整场全民恋家节活动，没有让消费者过多感受强制性的硬广告，而是侧重情感内容的输出与传递，他们这种对传播节奏感的把控，以及在活动环节和内容上的软性处理，恰好能让生活家地板的恋家文化深入人心，实现高认知、高转化、强沉淀。

过往的经验告诉我们，品牌广告内容凡涉及“情感”，往往更容易引发受众的共情。生活家地板深谙这一原则，在7年前开始筹办全民恋家节之时，便坚定拿住“情感营销”这张王牌。

因为在生活家看来，家是人类社会中的核心单位，与每个人有着紧密的联系，更容易触发情感、记忆和联想。当人们看到、听到或回忆起与家相关的事物时，这些触发因素可以激发起强烈的情感反应。而地板，正是与居家幸福感密切相关的产品，它对于家居环境的美观、舒适和功能性起着重要的作用，使人们在家中感到自在和放松，提升人们对于家的依恋感。

资料来源　佚名. 创造情感共鸣的造节策略——生活家地板成功案例［EB/OL］.［2023-12-13］. https://www.jc001.cn/article/975132.html.

问题：

1）生活家地板为什么选择以情感为锚来打造购物节？

2）本案例对其他同类企业的启示是什么？

第 6 章

消费者的学习

学习目标

通过本章学习，你应该达到以下目标：

知识目标：了解学习的概念与特点；掌握关于学习的理论的基本内容；了解经典条件反射和操作条件反射的区别。

能力目标：具有运用所学的几个典型的关于学习的理论进行广告设计的能力。

引例

华为的新广告

华为影业为华为Mate60系列拍摄的全新广告片，以一个个生活场景，展示华为Mate60系列能够连续高速抓拍的“风驰闪拍”功能，抚平错过记录美好瞬间的遗憾。

视频内容虽然简单，但给人的感受并不简单。当普通手机营销还在画质赛道上卷生卷死，华为已经跳出传统创意思路，以“抓拍”这一单点功能为支点，撬动整体消费需求。

比如，孩子被抱着举高高露出的笑脸，闯入聚餐现场的高贵猫咪，安慰妈妈的宝宝，告白成功的瞬间，一起钓鱼的父子……

当然，想要留下的记忆，还有一个人独处时的静谧，以及婚礼上与家人拥抱时流下的喜悦与不舍的眼泪。但不管怎样，都非常有感染力，因为这些被抓拍的瞬间，呈现的是最真实的情绪。

广告片的视角就像我们自己拍的家庭影像，或许构图不那么完美，有些形象还很狼狈，但恰恰是对生活质感的保留，让整部片子充满鲜活的生活趣味。这也正是“风驰闪拍”功能理念的体现，捕捉到更清晰的画面、更饱满的情绪、更生动的表情、更鲜活的感受，就是保存最真实的生活记忆。

整部片子没有旁白文案，只有贯穿始终的歌曲“如果感到幸福，你就拍拍拍”，这首歌改编自脍炙人口的儿歌，与产品功能和传播基调都非常适配。旋律自带的熟悉感，为产品信息的传播打下坚实锚点。

一个功能点，如何支撑起整条片子的创意脉络？华为Mate60的做法就是两点：一是功能点的情绪切入足够精准；二是重复重复再重复。

为什么说情绪切入足够精准？因为“抓拍”这个功能，是最符合大家对“记录美好瞬间”的期望的。很多人一正经拍照就会全身僵硬，但抓拍下的神态却舒展自如，一些美好的瞬间像灵感一样转瞬即逝，不抓住就没了。

那什么是重复重复再重复？如果仔细观看，会发现片中的重复其实包含了三层设计。

一是歌词重复。“如果感到幸福，你就拍拍拍”，这句歌词一直在反复出现，并且跟随按动快门的声音，与要记录的美好画面同步，建立起“用华为Mate60拍拍拍”的心理联结。

第二层重复，即情绪的重复。片中展现的场景虽然不同，但从情绪角度看，都是“美好瞬间”，也就是用快乐的情绪反复强调“记录美好”的重要性，进一步加深消费者对留住美好的渴望，强化“场景-情绪-产品”三者间的联系。

最后，也是最容易被忽略的重复，当然也是最重要的，就是“拍拍拍”歌词和“定格画面出现”这两者节奏同步，即节奏的重复。想要记录美好瞬间，或许可以有其他选择，但洗脑歌曲、风驰闪拍功能、美好画面呈现，就会让消费者下意识觉得，这三者缺一不可。洗脑歌曲是钩子，风驰闪拍功能是支撑，共同引向华为Mate60产品，这才形成完整的传播闭环，不然切中了消费者的“抓拍”痛点，却没有将其牢牢吸引在产品上，岂不是为他人作嫁衣？

资料来源　广告常识．华为洗脑新片，看完的人都唱起来了［EB/OL］．［2023-12-13］．https://www.cmovip.com/mobile/detail/34772.html.

“重复”作为学习过程的基本要素，在华为的广告片中被用到了极致。广告片以“抓拍”这一单点功能为支点，通过重复再重复这种强化传播来占据消费者心智，达到了四两拨千斤的营销效果。本章我们介绍消费者的学习过程和有关学习的基本理论。

6.1 学习概述

学习是消费过程中的一个不可缺少的环节。事实上，消费者的行为很大程度上是后天习得的。人们通过学习而获得大部分的态度、价值观、行为偏好、象征意义和感受力。同时，家庭、学校、社会文化等为我们提供了各种学习体验，这些体验极大地影响着我们所追求的生活方式和我们所消费的产品。

6.1.1　什么是学习

尽管学习遍布我们日常生活的各个方面，但是在个体是如何学习的这一问题上并没有形成什么权威的、通用的专一理论。而对于消费者的学习观念，主要是基于心理学理论进行探讨，因此有些部分或许会和我们日常习惯上所认为的学习有所不同。

从广义上来说，学习是基于经验而导致行为或行为潜能产生较为持久改变的历程。因此，外部的环境与人的内在心路历程都会促成和影响人的学习。

在这样一种关于学习的界定中，应该注意到以下几点：

首先，学习是行为或行为潜能的变化。当人们能够展示自己的成绩，如开车或使用电脑时，学习就已经发生了。人们无法直接观察学习本身——大脑内的变化是很难观察到的——但可以从人们操作的进步中发现学习确实发生了。不过，操作通常也并不能显示人的全部学习内容，例如，对于现代艺术的鉴赏或对东方哲学的领悟，是很难在人们可测量的行动中表现出来的，这时候人们获得的只是一般性的态度。可见，在这种情况下，人们获得的是一种改变行为的潜能，因为人们学习的态度和价值观能影响他读什么样的书或怎样打发他的闲暇时光。

其次，学习是一个过程。也就是说，学习作为最近获得知识（可能来自阅读、观察或思考等）和实际经验的结果，是不断发展和变化的。新获得的知识和经验反馈给个体，并成为在将来类似情境中行为的基本依据。

再次，学习只有通过体验才能发生。体验包括吸收信息（以及评价和转换信息）和做出反应来影响环境。可见，在学习历程中行为会发生改变，但只有行为改变不一定就是学习，单是成熟因素也可以使个体的行为改变。比如，婴儿的身体活动中的基本动作如转身、起坐、爬行、站立等随年龄增加逐渐改变的行为，不能看成学习，这主要是成熟的结果。所谓练习是指在同样情境下个体多次重复某种反应。例如，婴儿口中自动发出ma……ma……的声音，并没有呼喊母亲的意思，但后来当母亲出现且多次重复之后，他会学习到把ma……ma……的声音与他的母亲联系在一起，而且学到之后，这种行为持久存在，不易消失。因此，“较为持久”的改变也是学习行为的一个限制条件。有些行为的改变虽然明显，但只是暂时的，一旦原因消失立即恢复原状。

最后，定义中的“改变”一词可指原有行为的新变化，也可以是新的行为的产生，还可以是两者的交互作用。从教育的或是从道德的观点看，行为有好坏之分，但从学习心理学的观点看，由坏变好或由好变坏同样都经过学习。“养成不良习惯”或“产生错误观念”等说法中的“养成”与“产生”等词，实际都含有学习的意义。

6.1.2 学习过程的基本要素

虽然不同的学者对学习的本质有不同的描述，但大多数学习理论家都同意学习过程包含着一些共同的基本要素：动机、暗示、反应、强化、重复。

1）动机

在上一章中我们已经介绍了动机的含义。动机对学习来说也是一种刺激，换句话说，动机能对学习产生激励作用。动机越强，学习者学习的积极性就越高。例如，希望成为优秀网球选手的人，会在这一动机的驱使下，去学习有关的网球知识，并在可能的条件下随时加以练习。

2）暗示

动机用来刺激学习，而暗示则为动机指向的确定提供线索。比如，一则网球野营的广告对那些网球迷来说就起到暗示作用，他们会突然“意识到”参加这样的野营活动是一个利用假期提高他们球技的好途径。

市场上各种商品的价格、包装、广告等都对消费者起到暗示作用，这有助于商品的销售和消费者需要的满足。

3）反应

反应指的是消费者根据刺激或暗示所采取的行动。暗示虽然可以为消费者的动机和反应提供一定的方向，但现实生活中有许多暗示在分散着消费者的注意力。因此，消费者最终购买什么产品，在很大程度上依赖于先前的学习；学习则依赖于这些相关的先前反应得到了怎样的强化。

4）强化

强化提高了某种特别的反应在将来的情境中再次发生的可能性，这种反应是特定的暗示与刺激的结果。强化指能够增加特定反应在未来发生可能性的任何因素或活动。比如，某个消费者买了某品牌的化妆品，用过后感觉效果不错，下次就可能继续购买。很显然，买化妆品实现了她的美容预期，通过这种强化，学习就发生了。如果这种化妆品在她用了一段时间后对皮肤没有任何改善，甚至起了负面作用，如过敏、发炎等，那她以后就再也不会购买这种品牌的化妆品了。

5）重复

重复指某种信息不断地出现。重复能够提高学习的强度与速度。人们接触某种信息的次数越多，掌握得就越牢固。重复的效果直接与信息的重要性和所给予的强化有关。如果所学习的内容对消费者很重要或伴随着大量的强化，重复就可少些。许多广告内容对于当时的受众可能并不重要，也不能提供直接的激励与强化，重复就成为促销的关键。

有些消费者厌倦或讨厌广告的过度重复，因而拒绝接收广告信息，对广告产品产生反感，这就抵消了广告的效果。因此，企业营销人员应当注意重复的度。

【观念应用6-1】

脑白金广告是如何取得成功的

“今年过年不收礼，收礼只收脑白金！”“今年过年不收礼，收礼还收脑白金！”——一位老奶奶和一位老爷爷，摇头晃脑、满脸堆笑地唱着，还一副财迷相，一把将脑白金搂进怀里，生怕别人抢了去……

脑白金是我们都熟知的一种保健品，它的产品功效一直饱受争议且广告的品位一直为人们所诟病，但是就是这样的产品和广告，竟然风靡神州，创造了销量的奇迹，从这方面来说不可谓不成功。保健品行业是混乱而又“短命”的行业，因其门槛低且初期暴利，很多公司都涉足过保健品这个行业，但是始终没有成为“主角”。脑白金从1997年出现，至今还存活在市场上，并且连续16年保持保健品单品销量第一。

问题：脑白金广告是如何取得成功的？

6.2 刺激-反应学习理论

目前关于学习的理论主要有两大类。第一类是行为主义学习理论，也称刺激-反应理论。这一理论主张学习完全可以由外部可观察到的行为来加以解释，认为学习就是在刺激与反应之间建立一种前所未有的关系的过程。刺激-反应理论主要包括经典条件反射理论和操作条件反射理论。

第二类是认知学习理论。认知学习理论认为，学习是个体对整个问题情境进行知觉和理解，领悟其中的各种条件之间的关系以及条件和问题之间的关系，并在此基础上产生新的行为的过程。认知学习理论主要包括信息加工理论和模仿（替代）学习理论。信息加工理论认为，学习主要反映出消费者知识上的变化，即这一观点着重探讨消费者如何学习信息的心理过程，也就是信息如何转移到长时记忆。模仿学习理论是指通过观察他人及他人的行为结果而改变自身行为的过程。

6.2.1 经典条件反射理论

1）经典条件反射理论的基本内容

诺贝尔生理学或医学奖获得者、俄国生理学家伊凡·巴甫洛夫是最早提出经典条件反射理论的人。他所做的著名的狗与铃声的实验，就是运用条件反射的效果，将狗条件反射成在铃声下分泌唾液。他的实验方法是，把食物展示给狗，并测量其唾液分泌。在这个过程中，他发现如果随同食物反复给狗一个中性刺激，即一个并不自动引起唾液分泌的刺激，如铃响，狗就会逐渐“学会”在只有铃响但没有食物的情况下分泌唾液。一个中性的刺激与一个原来就能引起某种反应的刺激相结合，而使个体学会对那个中性刺激做出反应，这就是经典条件反射理论的基本内容。

巴甫洛夫曾用各种信号（如灯光、铃声等）作为条件刺激，并变换条件刺激与无条件刺激之间的关系，以探求条件反射是如何建立的。这个过程如图6-1所示。

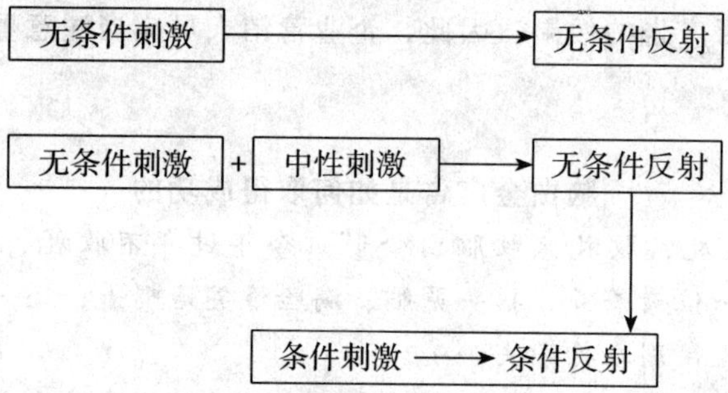

图6-1 经典条件反射作用

由图6-1可以看出，经典条件反射的情境涉及四个事项，两个属于刺激，两个属于机体的反应。在刺激变量中，一个是由中性刺激演变而来的条件刺激（CS），在巴甫洛夫的实验中就是铃响。第二个刺激是无条件刺激（UCS），比如肉，它在条件反射形成之前就能引起预期的反应：条件反射形成之前，出现了肉，即UCS，就引起唾液分泌。对于无条件刺激的唾液分泌反应叫作无条件反应（UCR），这是在形成任何程度的条件反射之前都会发生的反应。由于条件反射的结果而开始发生的反应叫作条件反应（CR），即没有肉，只有铃响的唾液分泌反应。当两个刺激紧接着（在空间和时间上相近）反复地出现，即条件刺激和无条件刺激相随出现数次后，条件刺激就代替了无条件刺激，从而产生了条件反射。在巴甫洛夫的实验中就是单独出现铃响即可引起唾液分泌。

2）经典条件反射理论对营销和消费者行为研究的意义

经典条件反射理论对营销和消费者行为研究有重要意义，因为它能说明许多由环境刺激引起的个体反应。一个特别的刺激能引起人们积极的、消极的或中立的情感，以致影响人们对各种产品或服务的努力获取、回避或漠不关心的态度的选择。与消费者行为研究有关的经典条件反射作用主要涉及以下几个方面：

（1）联想。

联想指过去所经历的，在空间上和时间上同时出现或相继出现，在外部特征和意义上相似或相反的事物反映在人脑中并相互建立联系，当其中一个事物出现时，就会在头脑中连带性地呈现出另一个与之相关的事物。简单地说，联想就是由一个刺激想到另一个刺激的心理过程。在经典条件反射作用下，两个刺激之间联系的次数越多，条件反射就越巩固。条件刺激并不限于听觉刺激。一切来自体内外的有效刺激（包括复合刺激、刺激物之间的关系及时间因素等）只要跟无条件刺激在时间上结合（即强化），都可以成为条件刺激，形成条件反射。例如，美国巧克力品牌奇巧发现很多人在吃巧克力的时候会搭配喝咖啡，而相比于吃巧克力，喝咖啡是高频事件。于是，奇巧把自己的巧克力包装成“咖啡休闲伴侣”，在广告片中，一个人拿着咖啡去找奇巧巧克力，而另一个人则拿着奇巧巧克力去找咖啡。这则广告的每一次播放都强化了奇巧巧克力与咖啡的关联。一年后，奇巧的销售额增加了30%。

许多产品通过形象广告来进行宣传，在这种广告里品牌同引起愉快感觉的无条件刺激放在一起表现出来。当该品牌与这种无条件刺激同时出现时，该品牌自身就成了引起同样有利反应的条件刺激。因此，广告主一般都努力将他们的产品和服务同可以激发消费者积极反应的知觉、形象和情绪联系起来。比如，美国的一种高山露水软饮料在做广告时就利用了户外活动的画面，将产品与乐趣和清爽的感觉联系起来，其原理如图6-2所示。

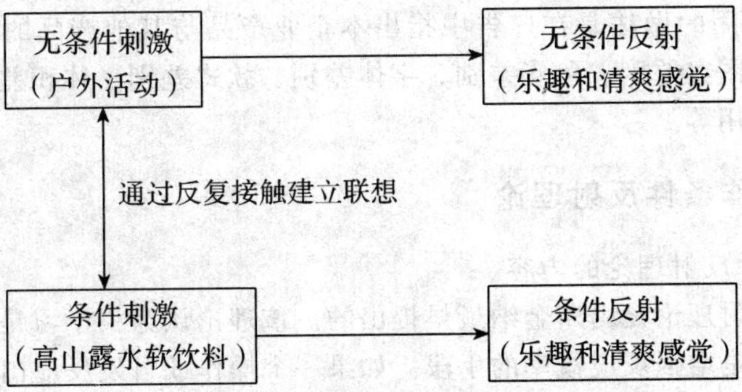

图6-2 经典条件反射的运用

相关链接6-1

日赚2亿的茅台，为了抓住年轻人有多拼

（2）抑制。

当条件刺激不被无条件刺激所强化时，就会出现条件反射的抑制。条件反射建立以后，如果多次只给条件刺激而不用无条件刺激加以强化，结果是条件反射的反应强度将逐渐减弱，最后将完全不出现。例如，对以铃声为条件刺激而形成唾液分泌条件反射的狗，只给铃声，不用食物强化，多次以后，则铃声引起的唾液分泌量将逐渐减少，甚至完全不能引起唾液分泌，出现条件反射的消退。

巴甫洛夫认为，消退是因为原先在皮质中可以产生兴奋过程的条件刺激，现在变成了引起抑制过程的刺激，是兴奋向抑制的转化。这种抑制称为消退抑制。巴甫洛夫指出，消退抑制是大脑皮质产生主动的抑制过程，而不是条件刺激和相应的反应之间的暂时联系已经消失或中断。如果将已消退的条件反射放置一个时期不做刺激，它还可以自然恢复；同样，如果以后重新强化条件刺激，条件反射就会很快恢复。这说明条件反射的消退不是原先已形成的暂时联系的消失，而是暂时联系受到抑制。一般来说，条件反射越巩固，消退速度就越慢；条件反射越不巩固，消退速度就越快。

（3）刺激泛化与分化。

刺激泛化指由某种刺激引起的反应能够由另一种有差别但相类似的其他刺激引起。在条件反射开始建立时，除条件刺激本身外，那些与该刺激相似的刺激也或多或少具有条件刺激的效应。例如，用500赫兹的音调与进食相结合来建立唾液分泌条件反射。在实验的初期阶段，许多其他音调同样可以引起唾液分泌条件反射，只不过它们跟500赫兹的音调差别越大，所引起的条件反射效应就越弱。这种现象称为条件反射泛化。之后，只对条件刺激（500赫兹的音调）进行强化，而对近似的刺激不给予强化，这样泛化反应就逐渐消失。动物只对经常受到强化的刺激（500赫兹的音调）产生唾液分泌条件反射，而对其他近似刺激则产生抑制效应。这种现象称为条件反射的分化。

正确地利用刺激泛化能够使企业以现有名牌产品带动各类新产品的销售，加快产品进入市场的速度，减少广告宣传费用，但是也给竞争者和各种假冒产品提供了可乘之机。比如，“娃哈哈”是著名的饮料品牌，市场上出现了仿冒的“娃哈娃”饮料。在这种情况下，营销人员应当运用刺激辨别理论，促使消费者识别不同的产品，做出不同的反应。常用的做法是在广告中指出本企业产品与其他产品的差别，如功能差别、名称差别、图案差别、色彩差别、字体差别、款式差别、体积差别、触觉差别以及防伪标签的使用等。

6.2.2 操作条件反射理论

1）操作条件反射理论的内容

操作条件反射理论是由斯金纳最早提出的。该理论认为：学习是一种反应概率上的变化，而强化是增强反应概率的手段。如果一个操作或自发反应出现之后，有强化物或强化刺激相尾随，则该反应出现的概率就会增加。

斯金纳的实验工具是一个自动控制的装置，称为斯金纳箱。他在箱内装了一个小杠杆，小杠杆与传递食物丸的机械装置相连，杠杆一被压动，一粒食物丸就滚进食盘。白鼠被放入箱内，自由活动，当它踏上杠杆时，就有食物丸放出，于是它可以吃食物。它再压杠杆，第二粒食物丸又滚进食物盘。反复几次，这种条件反射很快形成。白鼠在箱内，持续按压杠杆，取得食物，直到吃饱。这就是操作条件反射的形成过程。

【小资料6-1】

操作条件反射

斯金纳在自己的研究和观察中发现，无论是巴甫洛夫的条件反射理论还是华生的S-R理论都不能解释人类习得的所有行为，它们都只能解释其中的一部分，解释那些经历了类似于从“无条件刺激—无条件反射”到“条件刺激—条件反射”过程的反射行为。但是，人类的行为并不都是通过这种方式习得的，如吹口哨、走路等。它们也不具备巴甫洛夫所认为的条件反射的种种条件。首先，没有任何一种刺激物可以算得上是人们吹口哨的“无条件刺激物”，吹口哨并不是一种“无条件反射”；其次，人们吹口哨或走路并不是因为某种刺激的出现，有时候根本就是自发的动作。

因此，斯金纳认为，人类习得的行为可以分为两种：一种是经由巴甫洛夫的条件反射过程建立起来的，服从巴甫洛夫的条件反射理论，是对一定刺激的应答反应，因此他把这类行为称为“应答性条件反射”；另一种习得的行为最初并没有明显的刺激出现，或许有刺激（但不明显），或许纯粹是一种自发的行为，这一类行为被称作“操作条件反射”。

2）经典条件反射与操作条件反射的比较

从上述的实验与分析中可以看出，经典条件反射与操作条件反射的区别主要有以下几个方面：

（1）在经典条件反射中，总是无条件刺激在前，无条件反应在后，而且后者是由前者引起的；在操作条件反射中，却是条件反应在前，无条件刺激在后。

（2）在经典条件反射中，条件反应与无条件反应在性质上是相同的（都是唾液分泌）；但在操作条件反射中，两者不同，条件反应是压杠杆，无条件反应是吃食物。

（3）经典条件反射实际上是一种刺激代替的历程，即条件刺激代替了无条件刺激而引起无条件刺激原来所引起的反应；在操作条件反射中不存在刺激代替现象。

（4）在经典条件反射中，反应是由刺激引发的，个体处于被动地位；在操作条件反射中，反应是自发的，不是由外界任何刺激所引起的，所以个体处于主动的地位。

3）操作条件反射作用在市场营销中的运用

操作条件反射作用可以用于市场营销中。把这一原理应用于促销策略时，有两个密切相关而又非常重要的概念需要认识：强化和塑形。

（1）强化。在操作性学习方法中，个人为了学习必须对情境的某些方面做出积极反应。之所以称其为操作性学习，是因为个人的反应是在得到一种强化（积极的或消极的）后的结果。所谓强化，是指增强某种刺激与个体某种反应之间的联系，它是操作性条件反射的一个重要元素。比如，一位消费者购买了一种产品并体验到一种积极性结果，该消费者再次购买这种产品的可能性会提高。如果结果是不利的，再次购买该产品的可能性会降低（如图6-3所示）。

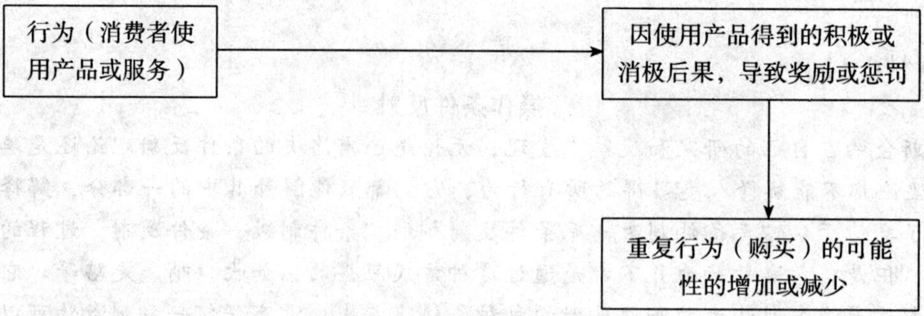

图6-3　营销过程中的操作性学习

要保持或改变消费者的行为，对市场营销人员来说，至少有以下几种强化类型可供选择（详见表6-1）。

表6-1　**操作条件反射方法**

行为后的操作	名　称	效　果
表现正面结果	积极强化	提高行为发生的可能性
消除负面结果	消极强化	提高行为发生的可能性
表现负面结果	惩罚	降低行为发生的可能性
发生中性结果	衰减	降低行为发生的可能性

①积极强化：某些事件或结果可以增加特定行为重复发生的频率。例如，如果在消费者购买时给予某种回报，如现金折扣、赠送优惠券等，就会提高购物者未来在同一商店购物的可能性。在这种情况下，这种回报增加了行为重复的概率，因此被称为积极强化。积极强化是营销人员影响消费者行为的最常使用的手段。一般来说，消费者行为发生后得到的回报量越大，而且得到的时间越早，那么这种行为就越有可能被强化，消费者就越有可能在未来重复类似的行为。

②消极强化：当厌恶刺激或不愉快情境出现时，个体做出某种反应，从而避免了厌恶刺激或不愉快情境，则该反应在以后的类似情境中发生的概率便会增加。这类强化也被称为逃避条件作用，如看见路上的垃圾后绕道走开，感觉屋内人声嘈杂时暂时离屋等。

③惩罚：如果行为发生后，有害的或负面的事件随之而来，这种行为就不会再发生或其发生的频率会降低。例如，假设你进了一家商场，服务员对你的态度粗鲁，你以后就会不来或少来这家商场。

④衰减：撤销对原来可以接受的行为的强化。由于一定时期内连续不强化，这种行为将逐渐降低反应频率，以至于最终消失。在操作条件反射作用中，无论是积极强化还是消极强化，其作用都在于增强某种反应在将来发生的概率，以达到塑造行为的目的。而衰减则不然，它是一种无强化的过程，其作用在于降低某种反应在将来发生的概率，以达到消除某种行为的目的。

（2）塑形。塑形即行为塑造，是指调整反射条件、改变某些行为发生的概率的过程。其目的不是取消这些行为，而是要提高行为发生的概率。通常它是通过有效强化不断接近预期反应目标的行为达到目的的。

在斯金纳看来，在人的各种行为中，哪些行为会得以保持，哪些行为最终会消失，都取决于这些行为的结果，取决于人们做出这些行为之后是受到了奖励还是惩罚。因此，培养人们的行为习惯只需要不断地应用奖励和惩罚来进行控制就足够了。

在行为塑造过程中，实验者首先观察被试者的全部行为反应，然后对其中的部分行为反应进行奖励，忽视其中那些实验者不希望保留的行为反应，通过不断地奖励、强化而塑造出一种基本上是全新的行为模式。利用这种方式，斯金纳曾经成功地教会了鸽子打乒乓球，甚至还教会鸽子在一架玩具钢琴上弹一支曲子。

很多企业都进行了类似于塑形的营销活动。例如，有的商店设立特价商品或特价柜台来招徕顾客。一旦消费者进入商店，其购买非特价商品的概率就会比没有进入商店的购买概率高很多。

塑形可以导出新的和复杂的行为。在通常情况下，没有出现的行为是无法得到奖励的，而新的、复杂的行为很少自然出现。如果唯一被奖励的行为是在最后才可能出现的比较复杂的行为，那么一个人也许要等很长时间才能碰巧出现这种行为。相反，人们可以奖励已经出现的行为。虽然这些行为可能很简单，但是随着时间的推移，会引出复杂的行为，然后再奖励这些复杂行为。这样塑造行为的过程就通过连续逼近的方法完成了。

同样，塑形过程也可以用于新产品引入阶段。比如，免费试用期的做法可以使消费者更多地接触产品，亲身体验产品的特性；房地产公司为客户提供免费参观别墅所在地的旅游机会，实际上也是一种塑形战术。表6-2提供了一个免费样品和折价赠券怎样被用于介绍一种新产品，并使消费者从试用到重复购买的例子。

表6-2　**营销中塑形过程的运用**

最终目标：重复购买行为		
逼近序列	塑形过程	运用的强化
引诱消费者使用产品	免费样品分送：大额折价赠券	产品表现：赠券
在缺少财力约束的条件下引诱消费者购买	折价赠券以低成本购买：含少量折扣的、有利于下次购买的赠券	产品表现：赠券
在适度财力约束下引诱消费者购买	在适度成本下的小额折价赠券促进购买	产品表现：购买
在完全财力约束下引诱消费者购买	在没有赠券支持时出现了购买行为	产品表现：购买

这里需要提醒的是，营销人员在使用塑形过程中必须谨慎。如果降低激励的手段太快，消费者也许还没有建立起满意的行为；如果他们过度使用激励，消费者的购买就会变得依赖于激励而不是产品或服务。这两种情况是营销人员必须事先考虑的问题。

【教学互动6-1】

许多去柜台买化妆品的女生在完成购买后，总期待着柜姐给一些小样，如果柜姐真的给了，她会非常开心。化妆品品牌为什么如此热衷于送小样呢？

互动要求：同“教学互动1-1”。

【课程思政6-1】

别让外卖“满减”成为变相浪费

在这个动动手指就能吃遍各色美食的时代，点外卖已成为越来越多人的选择。据统计，截至2022年年底，国内外卖用户已达5.2亿。然而，随之而来的外卖食品浪费现象也日益严重。起送门槛、满减折扣、外卖红包……如今，外卖平台商家推出了五花八门的活动，意图让消费者“越凑单越省钱”，种种活动也在无形中加剧了食品浪费。（据7月11日《法治日报》报道）

“满25减5、满35减10、满45减15……”在外卖平台随意点开几家店铺，就能发现各种满减优惠。为了能省钱，消费者点单时往往忙着凑满减：本来只计划买一份15元的炒饭，为了达到20元的满减额又点了6元的小份汤；买一份总价23元的炒菜加米饭，但为了凑到25元的满减额，只能再多点一份米饭……而多点的汤、米饭，消费者往往吃不完，剩下的只能扔垃圾桶。

诚然，外卖商家开展满减等营销活动本无可厚非，但因为额度设置上的“小手段”，消费者常常被诱导多下单。商家一般会按照消费金额由低到高设置不同的优惠档位，买得越多优惠幅度越大，正是在这种诱导下，消费者常常加点了一些原本不必要的食物，不可避免地造成了一定程度上的食品浪费。更有甚者，部分外卖商家将满减纯粹当成了营销手段，在设置满减额度时，已经提前将满减部分考虑到了商品售价内，同一款商品线上展示的价格与该店线下商品价格差额很大，这种情况下，消费者看似借助满减得到的优惠，实际上只是水中捞月，更遑论可能造成的食品浪费。

当下，用满减优惠来吸引消费者多点单，在外卖行业已司空见惯。很多人认为，相比于“看得见”的餐厅酒楼大餐浪费，因点外卖造成的浪费好像无法与之相比，但如今外卖订单的庞大规模，决定了因外卖造成的食品浪费亦是巨大的数字。

相关链接6-2

买大车
送小车

在整个社会倡导节约、反对浪费的大背景下，无论是从道义上还是从法律规范上，抵制餐饮浪费、践行“光盘行动”，都已成为清晰的社会共识。

资料来源　吴学安. 别让外卖“满减”成为变相浪费［N］. 中国消费者报，2023-07-12（1）.

问题：你遇到过上述现象吗？你是如何看待外卖中的“满减”的？

6.3 认知学习理论

在人们的日常生活中，虽然许多简单行为的习得是通过经典条件反射作用或操作条件反射作用建立起来的，但并非所有的学习都仅仅是对刺激的自动反应。主体的认知过程在复杂学习中起着主要的作用。如前所述，认知学习理论认为，学习是个体对整个问题情境进行知觉和理解，领悟其中各种条件之间的关系以及条件和问题之间的关系，并在此基础上产生新的行为的过程。如果说刺激-反应理论是一种“吃一堑，长一智”的经验上的学习，那么，认知学习理论就是一种类似于在头脑中形成“认知地图”的概念上的学习。因此，当考虑认知学习时，重点不在于学到了什么（根据刺激-反应理论），而是在于它是怎样被学到的。

6.3.1　信息加工理论

信息加工理论主要强调学习过程中的信息的复杂的心理加工过程。消费者的信息处理过程是指消费者从环境中获取信息后进行处理的一连串过程。通过这样的过程，消费者决定哪些信息必须加以记忆储存，哪些予以遗忘，哪些为以后的评估所用。可见，消费者信息处理过程的重心是记忆，记忆在消费者信息的处理中扮演着重要的角色。这里我们主要从消费者记忆的结构、记忆的储存与提取、记忆的遗忘等方面，来对消费者的信息处理内容进行探讨。

1）记忆的结构

因为信息加工的发生是分阶段的，所以通常认为在记忆中有一些单独的、连续的“储存室”，信息进一步加工之前被临时储存在这里。这种“储存室”主要有感觉记忆、短时记忆、长时记忆。

（1）感觉记忆。感觉记忆又叫瞬时记忆，当事物的刺激作用停止后，我们在一个很短的时间内保持它的印象。瞬时记忆在短时间内保存着全部材料，而且包含的信息储备比可能利用的更多，也可以说你所看到的多于你所知道的。瞬时记忆的储存时间以毫秒计，最长一两秒。

因此，对营销人员来说，让消费者看到我们的广告也许并不困难，但是如果不能引起消费者的兴趣而使其做进一步的处理的话，那么消费者所看到的也不过是残存在他的感觉记忆中的一两秒的记忆。这对整个广告效果来说，是起不到太大作用的。

（2）短时记忆。短时记忆的保持时间比瞬时记忆的保持时间长，不过它储存信息的时间也只有一分钟左右。当你正在阅读，而有人问你一个问题时，你可能再继续阅读一会儿，然后回答问题，在你继续阅读的这一会儿，别人所提的问题是被保持住了。我们从电话簿上查到一个电话号码，立刻就能根据回忆拨出这个号码，但是事后却不记得这个号码了。这些都是短时记忆的实例。短时记忆有时也被称为操作记忆。

除了持续时间之外，瞬时记忆和短时记忆之间还有两点不同：人能充分意识到短时记忆的内容，而对瞬时记忆的内容却不会充分意识到；短时记忆通过重复在一定时间内保持短时储存的信息，而瞬时记忆中的信息却会很快消失。

短时记忆的容量很有限。根据米勒法则，短时记忆的容量大约在7个记忆组块。一旦进入短时记忆内的信息超过这一容量，就会造成信息过载。短时记忆的信息流失的另一个原因是新的信息不断进入，而短时记忆的容量又有限，所以旧的信息如果不再加以进一步处理，便会被新的信息所替代。

（3）长时记忆。短时记忆的信息通过多次重复或编码，可以存入长时记忆。长时记忆的保持时间为一分钟以上，直至许多年，甚至更长的时间。信息转入长时记忆之后，就相对持久地被储存起来了。

长时记忆是一个复杂且重要的记忆系统，它包括了人们整个后天获得的经验，人们一生都能继续对长时记忆增添信息。信息常常由于衰退和干扰而从长时记忆中丧失，不过从长时记忆中丧失比从瞬时记忆和短时记忆中丧失要慢得多。

2）记忆的储存与提取

信息基本上以形象储存和意义储存存放在长时记忆中。形象储存也叫表象储存。表象就是当我们与某一事物接触后，在该事物离开眼前时，我们还可以在脑子里把它的各种常见属性浮现出来的那种情况，如我们对广告画面的回忆就属于表象。意义储存是以概念、公式、规律等为内容的储存。这种储存所保持的不是具体形象，而是关于事物的意义、性质、关系等方面的内容，并且是通过语词表现出来的。例如，对于商品的功能、价格等的记忆，这种储存有高度的理解性和逻辑性。

提取是我们从长时记忆中恢复信息的过程，大多数人都有记不起他们非常熟悉的事情的经历。通常人们对自己的提取内容的准确性都坚信不疑，而研究发现人们提取的准确性存在许多变数。研究证明，一个特殊的事件引起人们的情绪越强，事件发生的时间越久，目击者们的叙述越不相同。知觉、识记、遗忘的选择性是构成这种差别的主要原因。此外，当事者的主观愿望，以及试图使“故事”完美，达到逻辑化和戏剧化的潜在倾向，会使人无意识地篡改和添油加醋。

有关的消费者行为研究表明，消费者更容易记住的是产品的利益而不是它的属性，这就解释了当广告信息把产品的属性与消费者能从产品上得到的利益结合起来时，广告的效果最好。

3）记忆的遗忘

我们识记过的事物，并不是始终都能回忆或再认。不能再认和回忆或错误的再认和回忆，就是遗忘。

遗忘可分为两类：一种是永久性的遗忘，即如果不经重新学习，永远不能再认和回忆；另一种是暂时的遗忘，即一时不能再认和回忆，但有了适当的条件，记忆还可能恢复。

（1）遗忘的规律。艾宾浩斯对遗忘做了系统的研究。为了使学习和记忆尽量少受原有的和日常工作经验的影响，他应用无意义的音节作为学习、记忆的材料，把识记材料学到熟能成诵，过了一定时间间隔，再重新学习，以重学时节约的诵读时间或次数作为记忆的标志。实验结果见表6-3，并用曲线表示为图6-4。

表6-3　**不同时间间隔后的记忆成绩**

时间间隔	重学时节省时间百分数（%）
20分钟	58.2
1小时	44.2
8小时	35.8
1日	33.7
2日	27.8
6日	25.4
31日	21.1

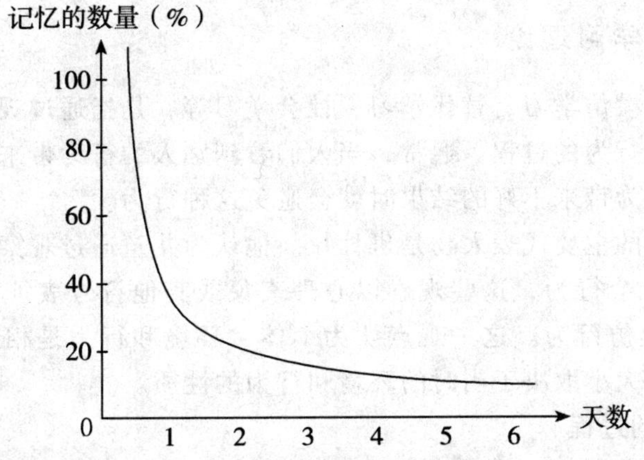

图6-4　艾宾浩斯遗忘曲线

这条曲线表明了遗忘发展的一般规律：遗忘的进程是不均衡的，在识记后最初遗忘得比较快，而以后逐渐缓慢。也就是说，遗忘的进程是先快后慢。

【教学互动6-2】

艾宾浩斯遗忘曲线对你在学习方面最大的启示是什么？为什么？

互动要求：同“教学互动1-1”。

（2）遗忘的原因。学习之后会产生遗忘是人人皆知的现象，但对遗忘产生的原因却有很多不同的解释。这里介绍几种主要的理论。

①记忆痕迹的消逝。完形心理学认为，在学习阶段，因为经过神经系统的活动，在大脑中产生一种变化，留下一种痕迹，叫作记忆痕迹。在学习活动中，因学习材料性质的不同而经由不同的感觉器官接收外界信息，所以在大脑中留下的痕迹也不相同。遗忘之所以产生，就是由于停止练习后留下来的记忆痕迹泯没。大脑内的细胞因新陈代谢而不断变化，如新生细胞不参与原有的活动（练习），留下的痕迹便因这种生理变化逐渐变浅并最终消逝。

②储存资料的干扰。按照这种解释，遗忘的产生是由人们在学习与回忆之间做了什么来决定。如果在最初的学习和记忆之间，学习了其他材料，尤其是在学习材料类似的情况下，这些先后学习的材料，可以相互干扰。先学习的材料对回忆后学习的材料的干扰作用，就叫顺摄抑制。后学习的材料干扰先学习的材料的保持或回忆，就叫倒摄抑制。

③动机情绪的影响。心理分析论的学者们认为，遗忘既非记忆痕迹的消逝，也非经验的干扰，而是由于个人主动对记忆给予压抑所致。所谓压抑，是指个人不愿意去回忆以前的事，甚至有意把学得的经验掩埋，不让它出现在自己的记忆中。换言之，遗忘的产生不是学得经验的被动消逝，而是个人主动的压抑。也就是说，遗忘是一种行为，这一行为的背后有一个动机。换言之，遗忘对产生遗忘现象的人是有价值的。因此，心理分析论者所解释的遗忘，被称为动机性遗忘。

6.3.2 观察学习理论

观察学习也称模仿学习、替代学习、社会学习等，是指通过观察他人及他人的行为结果而改变自身行为的过程。通常，当人们看到别人的行为带来好的结果时一般会仿效，而当某种行为带来不好的结果时就会避免这种行为。

观察学习理论的主要代表人物是班杜拉。他认为儿童通过观察他们生活中重要人物的行为而学得社会行为，这些观察以心理表象或其他符号表征的形式储存在大脑中，来帮助他们模仿行为。这一观点认为个体、环境和行为是相互影响、彼此联系的。三者影响力的大小取决于当时的环境和行为的性质。

1）观察学习的过程

班杜拉把观察学习分为以下四个过程：

（1）注意过程。观察者首先注意和知觉榜样情景的各个方面。榜样和观察者的几个特征决定了观察学习的程度：观察者比较容易观察那些与他们自身相似的或者被认为是优秀的、热门的和有力的榜样。有依赖性的、自身概念低的或焦虑的观察者更容易产生模仿行为。

（2）保持过程。观察者要记住他们从榜样情景了解到的行为，所观察的行为在记忆中通常以符号的形式存在。个体贮存他们所看到的感觉表象，并且使用语言编码记住这些信息。

（3）复制过程。观察者还要复制从榜样情景中所观察到的行为。个体要想将符号表征转换成适当的行为，就必须首先要选择和组织反应要素，然后在信息反馈的基础上历练自己的反应，即自我观察和矫正反馈。

（4）动机过程。个体并不模仿他们所学的每一件事，因此，在这里强化就非常重要，但并不是因为它增强行为，而是它提供了信息和诱因，对强化的期望使观察者注意榜样行为，激励观察者编码和记住可以模仿的、有价值的行为。

2）观察学习在市场营销中的应用

观察学习一般是通过模特或榜样的某种行为来对其他人产生影响的，其影响方式主要有三种：外在模特方式、隐喻式模特方式和口头模特方式。

（1）外在模特方式。模仿学习最常见的方式是外在模特方式，即要求消费者亲眼观察到模特。例如，一个销售人员展示一种产品，这是活人模特方式；通过电视广告或者在商店里播放录像，这是象征性模特方式。图6-5是对这种模特方式的描述。

模特在营销活动中有三个方面的作用：

①激发新的反应。模特方式可以激发一些消费者过去行为中所不曾发生的新反应。比如，在许多百货商场的化妆品柜台旁，电视机里总在播放某种化妆品的使用方法。电视画面既显示了操作程序与技巧，也展示了化妆后模特的风采，这很容易刺激那些潜在消费者产生“试一试”的欲望。特别是对于那些复杂的工业产品和消费品来说，如果消费者通过观察别人知道如何正确使用产品，就可能激发其再一次购买。

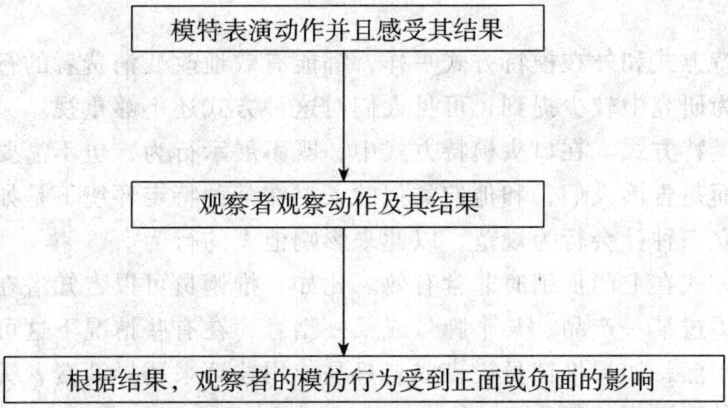

图6-5　外在模特方式

通过模特方式激发消费者的反应，重要的是要使模特得到消费者的认同。在这个过程中，观察者的个性、模特的个性以及策划者本身的个性等都能对消费者是否认同产生影响。模特在得到社会的肯定以及其他方面的肯定的同时，也使消费者得到好处，其可以帮助消费者在市场上做出有效的选择，避免由于购买质量差的产品或使用不当而造成的损失。

②减少或阻止不受欢迎的行为。在前面的操作条件反射作用中，我们提到了惩罚，即在消极行为发生以后，给予不喜欢的甚至令人讨厌的对待，以减少该行为发生的频率。如果把这些令人讨厌的反应在模特身上尝试，而不是在消费者身上尝试的话，问题就不至于那么敏感。因此，模仿学习是降低消费者行为中不受欢迎要素发生次数的方法之一。比如，海飞丝洗发水曾经在一则广告中展示一些模特起先在异性眼中很有魅力，但后来这些模特在梳理头发的过程中，出现了令人厌恶的头皮屑，其中一位模特通过使用本产品，受到一位很有魅力的异性的青睐。

模特方式普遍被运用于公益广告中。一些不被社会所欢迎的行为可以通过模特令人反感的行为展示而产生积极的效果。例如，香港特区曾播过一则反腐败的电视公益广告，其画面是两个警察押着一个戴着脚镣的犯人缓缓走进监狱的大门，就在大门被关上的一刹那，犯人回头看了一眼站在远处的泪流满面的妻女。这时响起了画外音："贪污使你妻离子散，家破人亡。"

③促进反应。当消费者已经知道产品的作用，模特方式的深层作用是通过展示正在使用该产品所带来的结果来加深消费者对产品的印象。例如，有一种催眠药品就是通过广告展示失眠的成人如何通过使用该产品而得以安然入睡。这种技巧在一些知名度高的产品促销方面被广泛使用。当然，这种广告并不是为了使人们知道产品的新用途及使用方法，而是为了展示此产品给消费者带来的良好结果。

（2）隐喻式模特方式。在隐喻式模特方式中，不展示具体的动作和结果，而是通过讲述主题，使受众想象一个模特在不同情况下，如果采取某一行动会得到怎样的效果。商业广播广告常常使用隐喻式模特方式。比如，一则商业广告让听众去想象这样一种情景：炎炎烈日下，一群骑着自行车的年轻人疾行在山路上。他们一个个满头大汗，气喘吁吁，口干舌燥。这时有人送来了某某牌子的冰茶，年轻人们顿时欢呼雀跃。

隐喻式模特方式和外在模特方式一样，都能有效地改变消费者的行为，但这种方式在消费者行为研究中较少提到，可见人们对这种方式还不够重视。

(3) 口头模特方式。在口头模特方式中，既不展示行为，也不需要人们想象某个模特的动作，而是告诉人们，和他们类似的人群在某种特定环境下是如何行动的。这种方式试图建立一种社会行为规范，以此来影响他人的行为。

口头模特方式在上门促销时非常有效。比如，推销员可以告知潜在的买主，像他那样的人已经买过某一产品、某个牌号或某一型号，在有些情况下这可能是一个有效的促销技巧。当然，如果推销员说谎或者只是使用技巧来诱导消费者买最贵的产品的话，那就是一种不道德的行为。

表6-4对三种模特方式进行了比较。

表6-4 **三种模特方式的比较**

方 式	描 述	案 例	可用的媒介
外在式	消费者观察模特行为以及结果	某保险公司的商业广告展示购买保险的新方法	电视；亲自送货上门；商场播放录像
隐喻式	消费者被诱导想象某一模特（或自己）如何行动及其结果	航空公司和旅游公司的商业广告，在北方寒冷的冬天请消费者想象“坐在海南充满阳光的沙滩上”	收音机；个人亲自送货上门；印刷品广告
口头式	消费者听别人描述和他们类似的人（或有相同抱负的人）如何在购买和使用的情景下行动	“为灾区人民献爱心”的募捐者宣传邻居的捐赠行为	个人亲自送货上门；收音机；直接邮购；其他印刷品广告

(4) 影响观察学习效果的因素。心理学的研究成果表明，观察学习在改变行为方面很有效，甚至能改变动物的行为。有许多因素可以提高现场模仿学习的发生率，其中最主要的因素有以下几个方面：

①模特个性。模特的个性能够影响观察者的模仿行为。一般来说，有魅力的模特比较容易引起别人的注意，而那些缺乏魅力的模特比较容易被人忽视。同时，那些被认为成功的或可靠的模特比那些不成功的或不可靠的模特更有影响力。此外，模特的地位和能力对于决定模特是否成功也很重要。

另外，观察者与模特之间的共性也能影响观察者的行为。因此，在商业广告中应该使用与目标市场人群相似的模特。比如，在雇用和分配销售人员时尽量选择与顾客相似的推销员。

相关链接6-3

心理学中的学习理论是如何帮助可口可乐的？

②观察者的个性。观察者的个性不同，模特对他们施加影响的程度也不同。比如，如果观察者依赖性强，缺乏自信心和自尊心，并且因模仿此行为而多次受到嘉奖，那么这些人比较容易接受成功的模特行为。但是，有洞察力和自信心的观察者只对他们认为够格的模特展示的高级行为感兴趣。

③对模特行为结果的认识。在模仿学习中，观察者并不直接经历其结果，它的优势在于他们可以得知有效购买和使用行为，避免不好的效果。因此，对模特行为所能

带来的好的结果认识得越充分，就越能激发观察者的类似行为。

本章小结

学习是基于经验而导致行为或行为潜能产生较为持久改变的历程。学习过程包含一些共同的基本要素：动机、暗示、反应、强化、重复。目前关于学习的理论主要有两大类：第一类是行为主义学习理论，也称刺激-反应理论，主要包括经典条件反射理论和操作条件反射理论；第二类是认知学习理论。

经典条件反射理论是俄国生理学家巴甫洛夫在20世纪初用狗进行消化实验时发现的一种唾液分泌反应现象。一个中性的刺激与一个原来就能引起某种反应的刺激相结合，而使个体学会对那个中性刺激做出反应，这就是经典条件反射的基本内容。操作条件反射理论是由斯金纳最早提出的。该理论认为：学习是一种反应概率上的变化，而强化是增强反应概率的手段。如果一个操作或自发反应出现之后，有强化物或强化刺激相尾随，则该反应出现的概率就增加。强化是指增强某种刺激与个体某种反应之间的联系，它是操作性条件反射的一个重要元素。强化类型有积极强化、消极强化、惩罚和衰减。

信息加工理论主要强调学习过程中的信息的复杂的心理加工过程。消费者信息处理过程的重心是记忆，记忆在消费者信息的处理上扮演着重要的角色。记忆结构包括感觉记忆、短时记忆、长时记忆。信息基本上以形象储存和意义储存存放在长时记忆中。不能再认和回忆或错误的再认和回忆，就是遗忘。遗忘的进程是不均衡的，在识记后最初遗忘得比较快，而以后逐渐缓慢。也就是说，遗忘的进程是先快后慢。观察学习理论的主要代表人物是班杜拉。

观察学习是指通过观察他人及他人的行为结果而改变自身行为的过程。通常，当人们看到别人的行为带来好的结果时一般会仿效，而当某种行为带来不好的结果时就会避免这种行为。观察学习的过程包括注意过程、保持过程、复制过程、动机过程。观察学习一般是通过模特或榜样的某种行为来对其他人产生影响的，其影响方式主要有三种：外在模特方式、隐喻式模特方式和口头模特方式。影响模仿学习效果的因素有模特个性、观察者的个性以及对模特行为结果的认识等。

主要概念

学习　刺激泛化　积极强化　消极强化　塑形　感觉记忆　遗忘　观察学习

基本训练

☐ 知识题

6.1　阅读理解

1）论述经典条件反射理论的基本内容。

2）试述操作条件反射理论的基本内容。

3）经典条件反射与操作条件反射的区别主要表现在哪些方面？

4）什么是塑形？举例说明塑形在市场营销中的运用。

5）模特在营销活动中有哪些作用？

6）营销人员在使用塑形过程中应该注意什么问题？举例说明。

6.2　知识应用

即测即评

□ **能力题**

6.1　实务题

组织一个实验，让消费者对某一产品种类中的三种品牌进行评估。把三个品牌分别放在背景音乐不同的三个房间中，并确保这些品牌在质量和价格方面没有区别。在第一个房间中播放摇滚乐，第二个房间中播放西方古典音乐，第三个房间中播放中国民乐。让消费者挑出他们最偏爱的品牌和音乐。然后回答以下问题：

（1）对品牌的偏爱是否与对音乐的偏爱有关？

（2）你能用哪种理论解释你的结论？

6.2　综合题

设计三则广告，其中一则基于经典条件反射，一则基于操作性条件反射，一则基于模仿学习。

6.3　案例分析

海底捞到演唱会捞人了

前段时间，歌星们在疯狂开演唱会，而海底捞则在演唱会门口疯狂捞人。

演唱会刚结束，海底捞就开着免费大巴车来接他们去吃火锅，定点送到海底捞门店。演唱会的场馆一般比较偏远，交通不便是其中一个痛点，而海底捞大多开在市中心。对于粉丝来说，乘坐免费班车去中转，同时解决吃饭问题，一举两得。

这一做法准确戳中了用户的痛点：演唱会结束人流量大，又不好打车，而且演唱会最起码持续两三个小时，跟着又喊又唱，看完肯定又累又饿。这时候海底捞的免费班车为大家提供一个两全其美的解决方案。

据了解，海底捞已经多次到演唱会门口接人。比如，汪某泷演唱会有“小泷包”专属包车；李某浩的演唱会结束后，各家门店轮流派车接人到店；薛某谦的演唱会也有车接送；西湖道海底捞为张某涵粉丝拉横幅“韶先队们回家吃饭了”……

不只是国内的海底捞，海外的海底捞同样表现出色。新加坡海底捞接人速度一绝，多家门店任君挑选，哪个离家近就点哪家；JJ伦敦演唱会后，有人调侃：全伦敦的中国人都聚在海底捞了。此外，韩国、日本、澳大利亚等海外门店的海底捞亦然，成了演唱会后粉丝们的团建基地。

无论是谁开演唱会，在演唱会后去海底捞，似乎已经成为大家不约而同的选择。

为什么是海底捞？很简单，就是氛围二字。

大家听完演唱会后，只是去海底捞吃饭吗？显然不是，那是一个粉丝大型安可现场。

播放当天巡演明星的歌曲是最基本的操作，有些海底捞门店还会为就餐歌迷准备荧光棒、音响、话筒，会给意犹未尽的歌迷们一个继续嗨唱的氛围，打造海底捞“演唱会安可 Party”。

“五月天演唱会海底捞分会场”的梗就是这么来的。因为这一届的五月天粉丝热衷于包场海底捞。

有人认为演唱会结束去海底捞 afterparty，是一种仪式感。店里员工会一起拿着荧光棒 high，即使不是歌迷也会被带动起来。

对于海底捞，不仅很好地承接了演唱会带来的一大波人流量，也是一次有效的营销手段。花费较少的成本，既宣传了品牌，又收获了口碑。

现在甚至有网友给海底捞出谋划策了，建议海底捞和演唱会联名，推出边现场听歌边吃火锅的模式。

在物资匮乏的年代，基础的生活需求拉动经济消费。在当下，更多的是通过构建新型消费场景去挖掘消费者的需求，拉动消费意愿。通过场景营销，强化消费者对特定场景的认知，让品牌与场景建立起联系。

比如，看完演唱会后去海底捞团建，就是广大歌迷们的一种共识。而品牌能触达更广泛的消费人群，创造更加多元化的消费场景，抢占消费者的心智。当品牌与消费者建立起了某种强关联，这个品牌自然而然就会成为消费者在该品类里的首选。

这也是营销的最终目的。

资料来源　互联网品牌官．到演唱会捞人，海底捞学会“抢钱”了［EB/OL］．［2023-12-13］．https://www.cmovip.com/detail/33071.html.

问题：分别用经典条件反射、操作条件反射和模仿学习理论分析解读上述案例。

第7章

消费者的态度

学习目标

通过本章学习，你应该达到以下目标：

知识目标：了解态度的概念与特点；理解态度的功能与构成；掌握有关态度形成和改变的基本理论。

能力目标：能根据消费者的态度层次制定相应的营销策略；具有运用有关态度的理论来塑造和改变消费者的态度的能力。

引例

天猫：帮助一群正在消失的动物

2023年10月4日，世界动物日，天猫发布了一支《动物品牌保护动物》的广告片。短片开始，天猫正面回应了平台上引发不少议论的问题——天猫上新了一批有错误的商品。

这些商品的包装上，不仅品牌名出错，还多了一只动物的形象。对此，天猫通过广告片表示，这背后其实是为了帮助一群正在消失的动物。

接下来的数据，令人震惊：中华秋沙鸭不足5 000只、野生东北虎不足600只、中国野生绿孔雀仅存500只左右……

这些很少被人们关注到的动物们，正在大家的视野之外慢慢消失。为此，天猫联合20个大品牌集体更名，并在站内上线了“错版”爱心商品，希望让更多人关注到这些正在消失的动物们。

首先是线上打造出现象级事件，通过内容强覆盖与受众建立起“弱关系”。10月4日世界动物日当天，天猫微博就联合20个大品牌进行了集体改名大事件。其中，天猫更名为天金猫、莉娜熊变成了莉娜北极熊、七匹狼变成了七匹草原狼、百雀羚变成了百绿孔雀羚……更重要的是，这些品牌甚至在原本的包装上也印上了动物的生存现状。

营销的重点是改变认知、影响行为。为达成这一点，天猫在线下联合红山森林动物园发声，通过线下科普展建立用户的新认知。比如10月4日，当20个品牌线上更名的传播如火如荼时，天猫也在红山森林动物园举办了“珍稀动物保护展”，让动物帮助动物。

在科普展现场，不少前来游玩的市民围观驻足，拍照打卡，并获取惊喜周边纪念品。

国庆期间，来到红山森林动物园的其实大多是爱动物的人群。这群人对于动物的生存现状更为关心，并更乐于去传播相关的野生动物保护的知识。而通过科普展，天猫直接与垂类人群建立互动，不仅让他们了解更多濒危珍稀动物的现状，更能够以这群人为裂变点影响到更多人。

相较于“科普”“专业”，人们更乐于去看更具视觉冲击的画面，或更有感染力的故事。但要真正让大家感知到濒危珍稀动物的现状并改变行动，这样的内容必不可少。

实际上，红山森林动物园是中国唯一自收自支的公益性动物园。它不只像其他动物园一样具备野生动物保护、文化娱乐休闲等职能，还在动物科普教育、科学技术研究方面成就颇丰，更是全国野生动物保护科普教育基地。

借势这样的IP影响力，天猫将公益发声打透垂类人群圈层，促使公益活动真正破圈，触达大众用户。

资料来源　品妹. 大批错版商品被上架，天猫发生了什么？[EB/OL]. [2023-12-13]. https://www.163.com/dy/article/IGAA4CB5051993MA.html?spss=dy_author.

上述案例中，天猫通过宣传和展览来形成或改变人们对珍稀动物的认知，最终达到改变消费者态度的目的。可见，品牌可以通过各种方法与消费者建立联系，使消费者与品牌产生情感共振。本章我们就来探讨以下几个问题：什么是消费者的态度？消费者的态度是怎样形成和转变的？转变消费者态度的策略和方法有哪些？

7.1 消费者态度概述

消费者是否购买某个产品，在很大程度上依赖于他对该产品的态度。因此，很多营销努力都用于找出消费者对某产品有什么样的态度，并寻求在适当的情况下改变那些态度上。

7.1.1　态度的含义、特点与功能

1）态度的含义

“态度”一词最早指身体姿势或身体位置，意指一个人的物理准备状态。后来，态度演变为专指心理状态的术语，特指对一个特定客体的反应准备。

目前，学术界对态度概念的理解虽然没有取得一致，但绝大多数人都同意，态度包含认知、情感和行为三种成分。它决定着人们在现实生活中注意什么样的对象，决定着人们怎样加工有关对象的信息；它决定着人们对有关对象的体验，也决定着人们对有关对象进行反应的先定倾向。

这里，我们将态度定义为：态度是指个人对某一对象所持有的评价与行为倾向。态度的对象是多方面的，其中有人、事件、物、团体、制度以及代表具体事物的观念等。

通过态度来预测行为，是人们最初研究态度，并将它置于重要位置的原因。但

是，近几十年来的大量研究表明，人的行为与态度之间的关系是非常复杂的，很多行为都取决于多种因素的综合作用，而不是简单地为态度所左右。不过，态度一经产生，它确实会对人们的行为产生影响。

2）态度的特点

人们的态度一旦形成，通常具备以下几个特点：

（1）对象性。态度必须指向一定的对象，若没有对象，就谈不上什么态度。态度是针对某一对象而产生的，具有主体和客体的相对关系。人们做任何事情，都会形成某种态度，在谈到某一态度时，就提出了态度的对象。例如，对某个商店的印象如何，对商品的价格有何感觉，对服务员有什么看法等，没有对象的态度是不存在的。

（2）习得性。态度是通过学习获得的，不是生来就有的。态度不是本能行为，虽然本能行为也有倾向性，但这是不学就会的。所有的态度都不是遗传来的，而是后天获得的。比如，消费者对某商场的态度，或者是他自己在购物的过程中通过亲身体验得来的，或者是他通过广告宣传、其他客人的评价等形成的。

（3）内隐性。态度是一种内在结构。一个人究竟具有什么样的态度，我们只能从他的外显的行为中加以推测。例如，一个员工在业余时间里总是抱着各种专业书在看，那么我们就可以从他的行为中来推测他对学习是抱着积极态度的。

（4）稳定性与可变性。态度的稳定性是指态度形成后保持相当长的时间而不变。态度是个性的有机组成部分，它使人在行为反应上表现出一定的规律性。比如，某消费者在某商场购买商品后，感觉很好，从而形成了对这家商场的肯定的态度，以后当他再想购物时，很可能还选择这家商场。这也就是人们常说的“回头客”。回头客的多少，既反映了商场服务质量的高低与商品本身是否物有所值，也反映了客人态度的稳定与否。当然，态度也并非一成不变，当各种主客观因素发生变化时，态度也会随之改变。就以上例来说，如果消费者在这家商场受到营业员不太礼貌的接待或发现这家商场的商品价格太高或质量不好，他就会改变原来对这家商场的积极、肯定的态度，而产生消极、不满的情绪，他可能从此不再光顾这家商场。

3）态度的功能

人们为什么会有态度？态度有用吗？态度起着什么样的心理作用？心理学家丹尼尔·凯兹认为，人们之所以会持有某种态度，是因为这种态度具备一定的功能。比如，有些态度总结了大量信息并使事情简单化，从而使人们能更快、更容易地做出决策；有些态度表达人们的品质、性格和对其他人的偏爱情况，因此别人会借此知道如何更加有效地同他们交往；有些态度支撑着人们的自信，有助于他们对自己感觉更好；还有些态度有助于人们获得即时回报，避免受到惩罚。根据上述分析，丹尼尔·凯兹提出了态度的四种功能：

（1）知识功能。态度是消费者寻求答案和次序的驱动力，能帮助消费者组织他们日常接触的大量信息，并对这些信息进行排序，忽略不相关的信息。对于任何一个人来说，如果他知道他喜欢什么和不喜欢什么，做决定就变得容易了。例如，某个对音响感兴趣的人，可能阅读关于这方面的杂志，参观展览，并与朋友们讨论，从而知道最新的产品是什么。

（2）价值表达功能。态度能表达消费者的自我形象及其现存的价值观，特别是对于高度参与的产品。比如，广告常常暗示通过使用或购买某一特定的产品将会增强自我认同或成就感等。

（3）自我防卫功能。人们持有某种态度是为了保护自尊，使自己不受焦虑和恐吓的威胁。比如，消费者购买许多产品，如漱口水，可避免产生焦虑的状态。

（4）效用功能。人们持有特定的品牌态度部分是因为品牌的效用。人们用过的产品曾经帮助过他时，他对该产品的态度就倾向于赞同。比如，一个人可能对一个特定的酒吧形成一种态度，是因为他在那里可以遇到朋友，并且啤酒很好喝。

总之，态度具有不同的功能，而且，同一个态度对象，起作用的功能可能不同，最终会影响人们对该态度对象的整体评估。比如，两个对某品牌的口香糖同样喜欢的人，依据他们的态度是反映了效用功能（这种口香糖会使我的口腔清新）还是自我防卫功能（这种口香糖能避免我口腔中的异味），在其态度的性质上会有明显的不同。在营销实践中，如果试图用该口香糖能避免不好的口腔气味来影响效用性消费者，或者试图用该口香糖能清新口腔去影响自我防卫导向的消费者，都不能取得预期的效果。

可见，了解态度的这些功能，就可以帮助我们解释为什么有些态度很难改变，也解释了为什么不同的消费者对同一事物或品牌会有不同的态度。比如，对于互联网，有的人对它持有正面态度，因为它能使人增加知识（知识功能）、迅速快捷地找到所需要的信息（效用功能），具有网上聊天的虚拟性（自我防卫功能）等。当然，也有很多人对互联网持有偏见，特别是对于青少年上网玩游戏或网络诈骗等（效用功能与自我防卫功能）。与此相似，有人会对来自印度的软件更青睐，因为他们认为这些软件比美国的便宜（效用功能）。这就是人们头脑中的“思维定式”。

【课程思政7-1】

白象方便面：野性消费的背后

一家公司如果三分之一的员工都是残疾人，说明了什么？如果你是公司老板，你会雇佣300个残疾人为自己工作吗？就是这样一家特立独行的企业，在“3·15”晚会上高调出圈：在此前抽检69次的记录中，抽样产品完全合格！就在大家都为“土坑酸菜”嘘声一片的时候，又是这家企业，用短短的几个字赢得了消费者的点赞：没合作，放心吃，身正不怕影子斜！

它就是白象方便面。如果不是2022年冬残奥的加持，或许很多人真的早已经忘记了这个低调的企业。白象的员工三分之一都是残疾人，不仅自己厂子里有残疾人，而且还赞助残奥会。此外，白象还多次出现在抢险救灾的企业名单里：2020年新冠肺炎疫情时，白象第一时间捐赠抗疫物资，还捐款300万元现金；2021年郑州暴雨，白象又拿出了500万元，并且将库存优先供应郑州地区。因此，白象食品也被消费者贴上“良心企业”的标签。

通过“3·15”晚会，白象用产品质量给自己做了最好的宣传。跟随热搜而来的是

“野性消费”，因为相比其他品牌纯正国货的身份，以及企业大量雇佣残疾人的行为被大量讨论，大批网友涌入官方直播间，带来“7天销售额破千万”的成绩，以至于官方不得不呼吁消费者要理性消费。

消费者之所以有这种“野性消费”，是源于他们对于白象这个品牌及其一系列行为的认同。白象的这些行为以及在此基础上形成的品牌声量，赋予了白象真实、努力、责任、爱心的形象。这样的象征当然引发中国消费者的巨大好感，中国人不支持这样的人还能支持谁呢？与此而来的直播间爆买行为也就容易理解了。

可见，消费的背后代表了一种态度，一定程度上，购买什么商品代表消费者是什么样的人。态度之所以存在，是因为它对人们有某种影响。那些预期在未来会遇到某种类似环境的消费者，更有可能在这种预期中形成一定的态度。因为态度具有价值表达功能，一个人对某种商品的态度不仅取决于商品本身的功能，还在于这种商品代表了消费者是哪一类人。白象因为自己偏社会责任方向的表现，因而形成了“责任、爱心”的社会形象，消费者购买这个商品，其实就代表了自己对于这种形象支持的态度。换句话说，每一个购买该品牌的消费者，都认为自己是一个有责任、有爱心的人。

相关链接 7-1

鸿星尔克为什么能博得消费者的好感

资料来源　[1] 佚名. 白象：方便面中的鸿星尔克 [EB/OL]. [2023-12-13]. https://baijiahao.baidu.com/s?id=1727825409015211917&wfr=spider&for=pc. [2] 寻空. 鸿星尔克、白象、蜂花，为什么会让你野性消费？[EB/OL]. [2023-12-13]. https://www.woshipm.com/marketing/5363853.html.

问题：从态度功能的角度分析消费者的这种“野性消费”。

7.1.2 消费者态度的构成

1）消费者态度的成分

前面我们将态度看成对事物的总体评价，也可以说是人们对某一事物的总体感觉，但是人们为什么会有这样的感觉以及是什么促使人们形成相应的态度不得而知。心理学家认为态度的背后有三个层面：认知成分、情感成分和行为成分。

（1）认知成分。态度的认知成分是指对人、事物的认识、理解和评价，即我们通常所说的信念或想法。它是态度形成的基础。研究表明，人们对于一定态度对象的认知具有一定的组织性，它在头脑中构成一种既定的模式，表现出态度的倾向性。因此，态度的认知成分与一般的事实认知不同，甚至通常还带有偏见性。

（2）情感成分。态度的情感成分即一个人对某事物的感觉，或在某事物激发下的情绪。它是指个人对一定事物的喜欢或厌恶、尊敬或蔑视、同情或冷淡。通常，人们对自己喜欢的事物会抱有好感，持积极的态度，而对自己反感的事物则持消极的态度。人们对一定事物的情感反应强度决定其态度的强度。

（3）行为成分。态度的行为成分是指个人对态度对象的反应倾向，具体可表现为表达态度的言语和行为。现实消费活动中，消费者的一些行为表现，如是否购买某一品牌的商品、对某种商品是否产生惠顾动机、是否愿意经常光顾某家商店等就是其对这种品牌的商品或这家商店的态度的行为反应。

2）消费者态度的层次

态度的上述三种成分之间有没有关系？如果有的话，是一种什么样的关系？在特定的条件下，人们是先思考再行动还是先行动再思考？这就涉及态度的层次问题。所谓态度层次，就是指这三种成分之间的发生顺序。

（1）高度参与层次。所谓消费者参与，就是指消费者对某一商品或服务关心或感兴趣的程度，即某事物对消费者的重要程度。消费者在高度参与层次时，会通过积极搜寻信息的过程发展品牌信念，在此基础上评估品牌，形成明确的品牌态度，做出相应的购买决策。也就是说，消费者首先有想法，然后产生感觉，最后才付诸行动，如图7-1所示。这里，消费者的品牌态度对其行为有显著的影响作用。对于这个层次的消费者，营销人员应当通过广告大力宣传产品的属性和利益以影响消费者的信念。

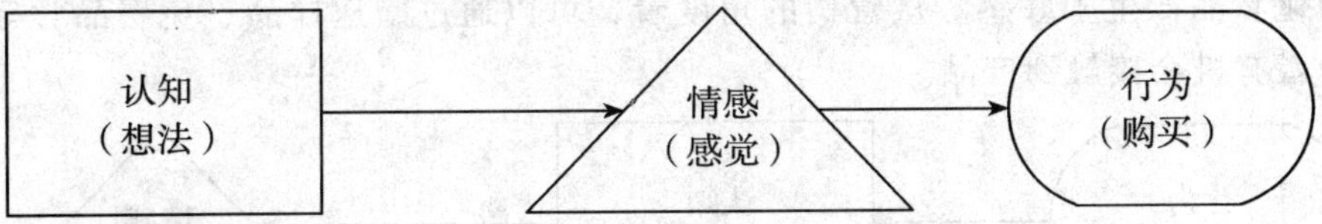

图7-1 高度参与层次

（2）低度参与层次。消费者在低度参与层次时，不会积极地搜寻和处理信息，也没有强烈的品牌偏好，而是根据被动接受的或有限的信息做出购买决策，产生购买行为，品牌评估可能在随后才发生并且很微弱，或者根本没有发生，即购买了产品却没有形成品牌态度（品牌评估）。也就是说，消费者行动在先，然后产生感觉，最后才形成想法，如图7-2所示。对于低度参与的消费者，品牌态度对于行为没有明显的影响，或者说，品牌态度的作用在缩小，因为明确的态度在购买之前并没有出现。但是，消费者在第一次购买之后所发生的微弱的品牌评估仍然有可能影响其将来的购买行为。如果对所购产品不满意，以后购买的可能性就降低。可见，在低度参与层次，由于强调通过重复简单的信息来发展出与产品属性或产品利益相关的信念，营销人员应该重视商场中的店面广告与展示，或者是将产品与广告放在人流密集的地方，以引起消费者的注意。

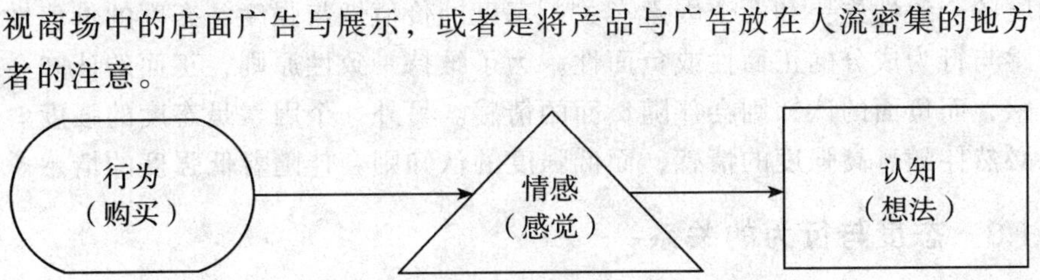

图7-2 低度参与层次

（3）经验学习层次。经验学习层次也称情绪性层次，是指消费者并未事先了解品牌的属性和利益，而是根据自己的情感或想象来对产品做出整体评估，并据此采取购买行动，随后才形成对该品牌属性和利益的认识。也就是说，消费者先有感觉，然后产生行动，最后思考，如图7-3所示。在经验学习层次，消费者对产品的形象和符号等象征意义最为敏感，会持续不断地搜寻此类信息。经验学习层次表明，当某品牌被消费者感知为富有象征意义和愉悦精神的产品时，认知过程就不是形成态度的中心了，营销人员可以直接影响消费者的品牌评估或情感过程而不必影响其品牌信念，可以运用符号和形象激发其对产品的积极情感。

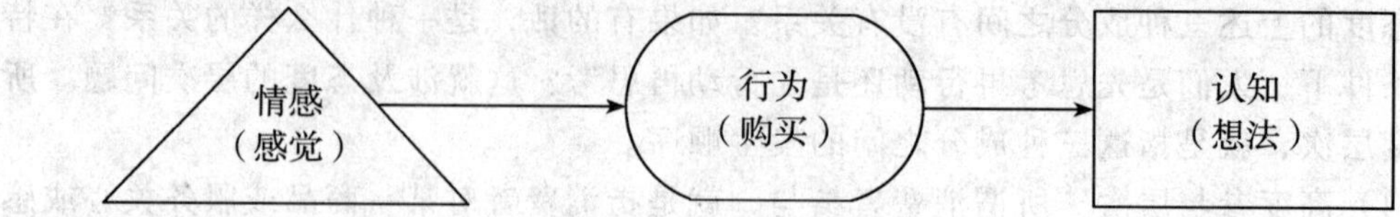

图7-3　经验学习层次

（4）行为学习层次。行为学习层次是指环境上或情境上的因素促使消费者在未形成情感与信念之前，就先采取了行动。因此，在行为学习层次，行为最先出现，接着根据该行为形成信念，最后才是情感，如图7-4所示。例如，某消费者在过生日时收到朋友送的某一品牌的化妆品，她用了一段时间后感觉很适合她的皮肤，因此对这个品牌的化妆品产生了好感。从营销的角度看，可以通过赠送样品、免费品尝等方法，使消费者有机会接触到产品。

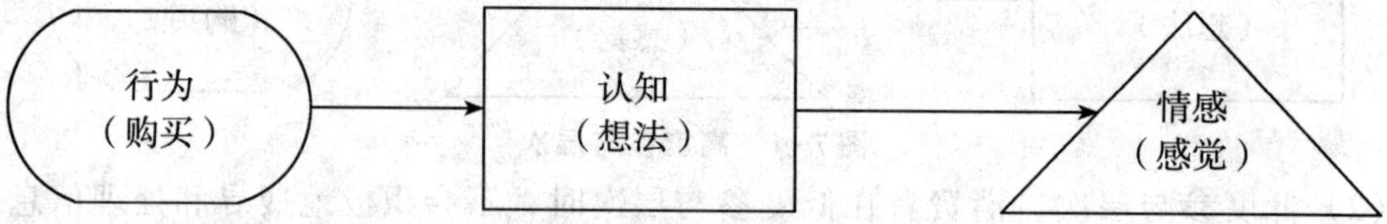

图7-4　行为学习层次

3）态度成分的一致性

态度的三种成分之间一般是协调一致的。比如，某消费者在选购商品过程中，如果他认为某一商场服务优、物美价廉、所处位置方便，他就会对这个商场比较满意，产生喜欢、愉快的情感，从而经常到该商场购物。态度的三种成分之间的相互一致性，对我们研究消费者的态度与行为的关系是非常重要的。营销人员可以通过提供信息和产品形象塑造等活动影响消费者的认知过程和情感过程，进而影响消费者的购买行为，因为态度的三种成分之间是具有一致性的。

态度的一致性主要和两个因素有关：态度的价值性与强度。态度的价值性是指认知、情感与行为成分的正面性或负面性。为了维持一致性原则，正面的认知会伴随正面的情感，而负面的认知则会伴随负面的情感。另外一个因素是态度的强度。高强度的认知必然伴随着高强度的情感，而低强度的认知则会伴随着低强度的情感。

7.1.3　态度与行为的关系

态度属于行为的指导和动力系统，对消费者的行为有很直接、重要的影响。有关态度与行为之间的关系的探讨几乎和态度本身的研究历史一样长远。大多数学者对态度和行为之间的关系基本上持肯定的意见，认为一个人的态度决定了他的行为，即我们前面论述的态度与行为的一致性。比如，你觉得不该发展烟草工业，你就不可能抽烟。

但是，研究也表明，态度的三种成分之间也可能存在不一致的现象。在通常情况下，当态度的三种成分出现冲突的时候，情感成分起主要作用。比如，我认为某人不错，可我不太喜欢他，所以不想或很少与他打交道。但是，在消费者的实际购买行为中，由于受到种种因素的影响，消费者的认知、情感和行为之间常常表现出很复杂的关系。换句话说，消费者对产品有正面的认知（信念）和情感不一定导致实际的购买，对产品有负面认知（信念）和情感也不一定不购买。

研究表明，以下因素能够导致态度和实际行为之间的差异：

（1）消费者的需要或动机。一种积极的态度要有一种明确的需要或动机才能转变为具体的行为。如果消费者不需要一辆汽车或者他已经有一辆性能较好的汽车，他就不会再买一辆新的奔驰汽车，虽然他对奔驰汽车有高度的正面评价。

（2）消费者的购买能力。积极的信念和情感转化为动机要有购买能力作为支撑，如果消费者没有能力购买奔驰汽车，他就只能买一辆不太喜欢但价钱便宜的汽车。

（3）消费者品牌信念和情感的强度以及新信息的影响。如果消费者所建立的品牌信念和情感并不强烈，或者又获得了新的信息，最初的态度就可能发生改变。

（4）缺乏直接的产品经验。研究发现，当消费者有直接的产品经验时，他们的态度就更可能与随后的行为有关。缺乏产品经验可能会导致较弱的态度倾向并和行为无关。

（5）变化的市场条件。市场条件的变化会影响消费者行为和态度之间的一致性。比如，竞争品牌的特价促销可能会诱发消费者去购买一个不太喜欢的品牌的产品，购买不到喜欢的品牌的产品也可能会导致消费者去买一个不太喜欢的品牌的产品而实际上态度却并没有发生变化。

（6）消费者对未来的预期。这是指消费者对产品未来发展趋势的预期以及对自己未来收入状况的预期等。比如，消费者预计不远的将来会有更好的物美价廉的汽车出现，或者预计自己未来的收入会大幅度减少，现在就不会花费高价购买高档汽车。

7.2 消费者态度的形成与改变

了解消费者的态度更主要是为了对其施加影响，从而最终影响消费者的行为，所以了解和掌握态度改变的知识和方法则成为本章的核心。

7.2.1 态度形成与改变的理论

人的态度不是生下来就有的，而是在一定的社会环境中形成的。刚出生的婴儿，无所谓态度，在其发育成长过程中不断接触周围事物，从而在大脑中形成了各种印象、看法，获得了相应的情绪体验就逐渐形成了对事物的态度。

态度形成与改变的理论很多，在这里我们主要介绍以下几个：

1）凯尔曼的阶段论

心理学家H. C. 凯尔曼提出态度形成有三个阶段，即服从、同化、内化。

（1）服从阶段。人为了获得物质与精神的报酬或避免惩罚而采取的表面顺从行为称为服从。服从阶段的行为不是个体真心愿意的行为，而是一时的顺应环境要求的行为。其目的在于获得奖赏、赞扬、被他人承认，或者为了避免惩罚、受到损失等。当环境中奖励或惩罚的可能性消失时，服从阶段的行为和态度就会马上消失。

服从行为和态度，在日常生活中非常普遍。比如，对于学校规定的出早操的要求，有些刚入学的大学生由于没有早起的习惯，刚开始觉得非常别扭，甚至觉得学校真是多此一举，可是学校的规定必须执行，否则就要受到惩罚，无奈只能出早操。这种不愿早起又不得不早起的行为，就是服从行为。

（2）同化阶段。这一阶段的特点是个体不是被迫而是自愿地接受他人的观点、信念，使自己的态度与他人的要求相一致。同化阶段的态度不同于服从阶段的态度，它不是在环境的压力下形成或转变的，而是出于个体的自觉或自愿。如一个人想加入某个有吸引力的社会团体，他就会承认该团体的章程，愿意以该团体的规范约束自己的行为，接受该团体对他的要求和指导，并以该团体一分子的态度对待工作与生活。以大学生出早操为例，某学生坚持了一段时间以后，由于出早操给他的身体和精神都带来了好处，即使不出操也不会受到任何惩罚，他也会主动遵守学校的这一规定。

（3）内化阶段。内化阶段是指人们从内心深处真正相信并接受他人的观点而彻底转变自己的态度，并自觉地指导自己的思想和行动。在这一阶段，个体把那些新思想、新观点纳入自己的价值体系，以新态度取代旧态度。一个人的态度只有到了内化阶段，才是稳固的，才真正成为个人的内在心理特征。

相关链接7-2

“劝”的三重境界

态度的形成从服从阶段到同化阶段再到内化阶段，是一个复杂的心理过程。当然，并不是所有的人对所有事物的态度都要完全经历这个过程。人们对一些事物的态度的形成可能经历了整个过程，但对另一些事物的态度可能只停留在服从或同化阶段。

2）认知平衡理论

认知平衡理论的创始人是美国社会心理学家弗里兹·海德。这个理论认为，认知的平衡是这样一种情境：此时，被认知的对象和情感平静地共同存在，因此，不论对认知组织的变化还是情感表现的变化都没有压力，而一旦失去这种平衡，就会产生紧张和恢复平衡的力量。

认知平衡理论用“P-O-X”模型来说明其原理。P是认知主体，O是认知客体，X是与P、O有关系的某种情境、事件观念或第三个人。P、O、X这三者具有情感或态度上的联系，态度可以是肯定的，也可以是否定的。反映P的认知结构中，三方关系既可以是平衡的，也可以是不平衡的。当三方关系均为肯定，或两方为否定，一方为肯定时，是平衡状态，否则就是不平衡状态（详情如图7-5所示）。不平衡状态就会产生心理紧张，造成恢复平衡的心理压力，从而导致态度改变、求得平衡。

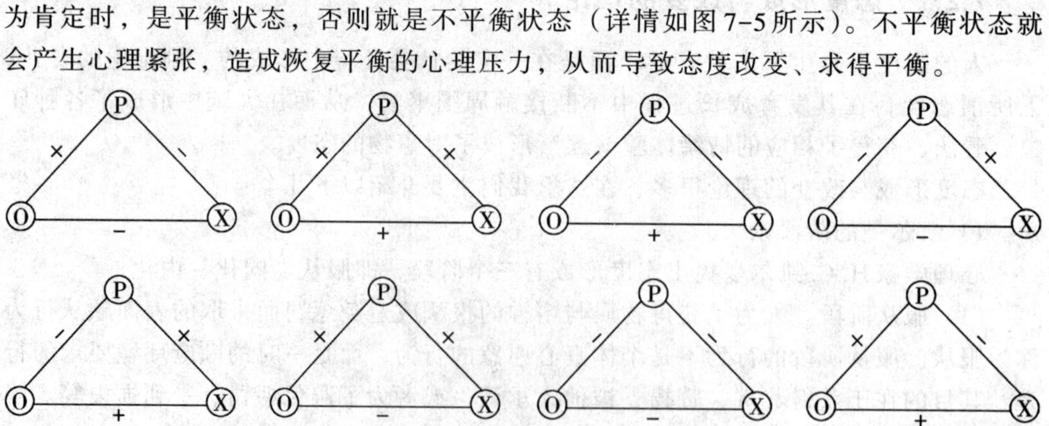

图7-5 “P-O-X”模型

3）认知失调理论

认知失调理论是美国社会心理学家费斯汀格提出的。这一理论的基本出发点是，人们在观点、态度、行为等之间具有一种一致或平衡的取向，即两个认知元素之间要达到一致的趋向。所谓认知元素，是指一个人对自身、对自己的行为及对环境所了解的事情。费斯汀格认为，每种认知结构都是由诸多基本的认知元素构成的，而认知结构的状态也就自然取决于这些基本的认知元素两两之间的关系。他将这种关系分为三种可能性：

（1）协调，此时两种元素的含义一致；

（2）不相干，此时两种元素的含义互不牵连；

（3）不协调，此时两种元素的含义彼此矛盾。

不协调的程度可以用以下公式说明：

$$\text{不协调的程度}=\frac{\text{不协调认知对象数目}\times\text{不协调认知对象的重要性}}{\text{协调认知对象数目}\times\text{协调认知对象的重要性}}$$

费斯汀格认为，作为心理上的不适，不协调的存在将推动人们去努力降低不协调的程度，并力求达到协调一致的目的。具体途径有三条：

（1）改变行为，使对行为的认知符合态度的认知。比如，“知道吸烟有危害”而“每天还在吸烟”的人，把烟戒掉。这样，两个认知元素便协调起来。

（2）改变态度，使其符合行为。比如，认为“自己比别人都聪明”，而期末考试时“两门功课不及格”的人，改变对自己原先的评价，认识到自己不过是个中等或者中等偏下的学生，这样认知便达到协调。

（3）引进新的认知元素，改变不协调的状况。比如，为了缓解吸烟问题上出现的认知不协调和心理紧张，寻找有关吸烟不会致癌，甚至在某些方面反而对身体有些益处的事例和知识。

总之，如果希望一个人形成对某个事物的积极态度，可以引导他，使他致力于得到这个事物。人们为一件事情付出越多，他们就越认为这件事有价值，而且越有压力为这件事情付出努力。

4）多属性态度模型

多属性态度模型有好几种不同的表达方式，其中费宾斯理论的影响最大。

费宾斯理论的主要观点是，人们对显著信念的评价能引发他们对事物的整体态度。简单地说，人们趋向喜欢有“好的属性”的对象，趋向不喜欢有“坏的属性”的对象。在费宾斯多属性态度模型中，对对象的整体态度由两个因素构成：显著信念与对象的联系程度以及对显著信念的评价。其公式如下：

$$A_o=\sum_{i=1}^{n}b_ie_i$$

其中：A_o为对对象的态度；b_i为对有属性i的对象的信念强度；e_i为对属性i的评价；n为与此对象有关的显著信念的数量。

对于大多数事物，我们都有一些信念。例如，我们也许相信并认为“健怡可口可乐”几乎不含热量，含有咖啡因，相对来说贵一些，是一家大公司生产的。

关于这种品牌饮料的所有信念构成了对“健怡可口可乐”的认知。这里需要指明的是，信念不必是正确的或真实的，只要消费者相信就行。

人们对于任何产品、品牌或事物都可以形成许多信念，但是由于人们的认知能力是有限的，不可能在头脑里储存关于某一事物的所有信念，所以只有很少一部分信念被激活然后被有意识地考虑到。那些被激活的信念叫作显著信念。只有对对象的显著信念才能形成人们对对象的态度，并进而产生相应的行为。因此，了解消费者态度的关键是弄清显著信念。图7-6列举了消费者对佳洁士牙膏的一些信念。

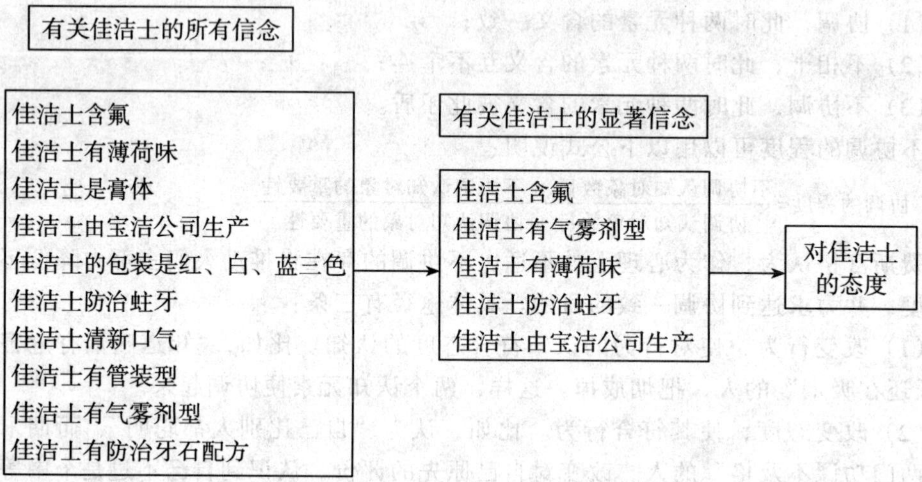

图7-6 消费者对佳洁士牙膏的一些信念

之所以能通过人们对产品或品牌的信念（尤其是显著信念）预测人们的态度和行为，是因为许多关于产品属性的信念本身具有评价性质。“防治蛀牙”“可靠的表现”“吸引人的式样”等通常被视为正面信念。一个产品或品牌与越多的正面信念相联系，每种信念的正面程度越高，则人们的态度就越积极，就越可能导致人们的购买行为。

费宾斯多属性态度模型说明了人们在整合过程中通过结合对产品的显著信念的评价和信念的强度，形成对该产品的整体态度。那么，消费者在实际的购买决策中是怎样整合他们的信念的呢？下面举例说明。

表7-1说明了消费者如何把信念的强度和信念的评价结合起来以形成对两种品牌饮料的态度。这个消费者分别对每种品牌的三个属性有显著信念。这些信念在内容、强度和评价上有所不同。

表7-1 **多属性态度模型的一个例子**

产品	饮料1（露露）			饮料2（低热量百事可乐）		
属性	不含咖啡因（i=1）	纯天然成分（i=2）	杏仁味道（i=3）	不含卡路里（i=1）	含咖啡因（i=2）	可乐味道（i=3）
信念强度	$b_{11}=10$	$b_{12}=5$	$b_{13}=8$	$b_{21}=7$	$b_{22}=6$	$b_{23}=10$
信念评价	$e_{11}=+3$	$e_{12}=+1$	$e_{13}=-1$	$e_{21}=+2$	$e_{22}=-3$	$e_{23}=+1$
总体态度	$A_{o1}=27$			$A_{o2}=6$		

其中：

$$A_{o1}=\sum_{i=1}^{n}b_i e_i=10\times3+5\times1+8\times(-1)=27$$

$$A_{o2}=\sum_{i=1}^{n}b_i e_i=7\times2+6\times(-3)+10\times1=6$$

由于$A_{o1}>A_{o2}$，可以预测到这个消费者在买饮料的时候，他更倾向于露露而不是低热量百事可乐。

这里，信念强度（b_i）是某对象与它的相关属性之间的联系被感知的可能性，可以通过让消费者为每一种显著信念与他的这种联系的可能性打分来测量。比如：

“露露不含咖啡因，你认为可能吗？”

很不可能1　2　3　4　5　6　7　8　9　10很可能

每一种显著信念都有相关的信念评价（e_i），它反映的是消费者怎么看待某属性，同样可通过让消费者对显著信念做出评价来测量。比如：

“露露不含咖啡因”

很差-3　-2　-1　+1　+2　+3很好

可见，消费者的购买行为有时可能很复杂（当然，一般像饮料这样的例行性购买消费者是不会这样仔细计算的，这里只是举例说明）。在运用显著信念和多属性态度模型来分析消费者的行为时，营销人员要把握以下两个方面：

第一，消费者对产品或品牌的信念的强度受到他们过去经历的影响。消费者在实际使用某产品后对该产品的属性或结果的信念的强度会趋于更高，而仅仅通过广告宣传或与营销人员交谈而形成的信念强度就要低得多。这是因为建立在亲身经历基础上的信念更容易被激活从而对人的态度和行为产生更大的影响。因此，营销人员可以通过分发免费样品或出售便宜的小包装试用品来增加消费者的实际接触，从而最大限度地把潜在顾客转化为现实顾客。

第二，一般来说，有关一个对象的显著信念的数量不会超过9个。如果一个消费者解释和整合信息的能力有限，那么他对许多对象所能得到的显著信念就会更少。正如表7-1所显示的，对显著信念的评价按每个显著信念的强度成比例地对对象的心理和行为产生影响。因此，积极的属性强的信念将比同等积极的属性较弱的信念对对象的态度产生更大的影响。同理，消极的信念评价按照它的信念强度“权重”成比例地影响对象的心理和行为，减少对对象的态度的积极性质。可见，对同一产品来说，由于消费者可能看重的是不同的属性，因而他可能对各属性赋予不同的“权重”，其结果就是不同的消费者对产品或品牌会产生不同的偏爱。

5）精细加工可能性模型

彼特等人提出的精细加工可能性模型（the elaboration likelihood model，ELM）有助于说明不同的广告内容在消费者态度改变过程中的作用。这一理论模型把消费者态度改变归纳为两个基本路径：中枢说服路径和边缘说服路径。中枢说服路径把态度改变看成消费者认真考虑和综合信息的结果，即消费者进行精细的信息加工，综合多方面的信息，分析、判断广告商品的性能与证据。边缘说服路径认为态度的改变不在于考虑商品本身的性能及证据，不在于进行逻辑推理，而是根据广告中的一些线索，如专家推荐、广告诉求点的多少、信息源的可信度、广告媒体的威望、广告是否给人美好的联想和体验等直接对广告做出反应。

该理论认为，广告的信息内容和策略与潜在消费者的路径选择有密切关系。处理认知性信息时，中枢路径被激活；处理情绪性信息时，边缘路径被激活。但是，路径的选择除了和广告内容有关以外，还和消费者自身的条件有关系，因此，弄清楚不同的路径起作用的条件是至关重要的。

后来的学者（Mac Innis和Jaworski）认为，消费者是否通过中枢说服路径对广告进行精细的加工取决于其MAO水平：M指动机（motivation），消费者必须处于高卷入状态；A指能力（ability），消费者必须具有必要的知识和信息加工技能；O指机会（opportunity），指消费者接触广告时的条件是促进还是妨碍信息加工的程度，如注意力分散或时间限制不利于信息加工，适当的重复有利于信息加工。只有同时满足了这三个条件，精细的信息加工才有可能。因此，当消费者具有较高的MAO水平时，中枢说服路径在品牌态度的形成过程中起主要作用，在这种情况下，广告宣传中应提供更具体、更具有逻辑性和事实性的信息；反之，当消费者的MAO水平较低时，边缘说服路径起主要作用，理性广告会因为消费者缺乏相应的信息处理的动机或能力而显得枯燥，而情感广告则容易引起消费者的共鸣。例如，促使“新新人类”购买其崇拜的青春偶像在广告上推荐的某种饮料的原因，实际上与该饮料的特性毫无关系，起作用的是对偶像的喜爱。这是因为人们在对该饮料本身的特性不太了解的情况下，只能通过该产品的外围因素（如产品包装、广告形象吸引力或信息的表达方式）来决定信息的可信性。

【教学互动7-1】

本书第3章中的3.4.2，介绍了卡尼曼的“快思维”与“慢思维”。请分析“快思维”“慢思维”与上述的“中枢说服路径”“边缘说服路径”之间的关系。

互动要求：同“教学互动1-1”。

7.2.2 影响消费者态度改变的因素

态度的改变有两种情况：一是方向的改变；二是强度的改变。比如，原来不喜欢某家商场，后来变得喜欢了，这是方向的变化；原来对某商场有犹豫不决的态度，后来表示非常愿意到这家商场购物，这就是强度的变化。当然，方向与强度也有关系，从一个极端转变到另一个极端，既是方向的改变，又是强度的改变。

影响消费者态度改变的因素主要有以下几个方面：

1）消费者本身的因素

消费者的需要、性格特点、智力水平、自尊心、受教育程度以及社会地位等，对态度的改变都会产生影响。

（1）需要。态度的改变与消费者当时的需要密切相关，如果能最大限度地满足他当时的需要，则容易使其改变态度。

（2）性格特点。从性格上看，凡是依赖性强、暗示性高或比较随和的人，都容易相信权威、崇拜他人，因而容易改变态度；反之，独立性强、自信心强的人则不容易被他人说服，因而不容易改变态度。

（3）智力水平。一般而言，智力水平高的人，由于具有较强的判断能力，能准确分析各种观点，不容易受他人左右；反之，智力水平低的人，难以判断是非，常常人云亦云，因而容易改变态度。

（4）自尊心。自尊心强的人，心理防卫能力较强，不容易接受他人的劝告，因而态度改变也比较难；反之，自尊心弱的人则敏感易变。

（5）其他如受教育程度高和社会地位高的人，要想改变他们的态度也比较难。

2）态度的因素

态度的强度、态度的价值性、态度的三种成分之间的关系以及原先的态度与要求改变的态度之间的距离等都对消费者态度的改变产生影响。

（1）态度的强度直接影响消费者态度的改变。一般来说，消费者受到的刺激越强烈、越深刻，态度的强度就越大，因而形成的态度越稳固，也越不容易改变。例如，消费者在购物过程中受到营业员的人身侮辱或在超级市场寄存物品时贵重物品被损坏或丢失，会使消费者产生强烈的愤怒或不满，因而对该商场或该超级市场产生强烈的否定情绪。这种态度一经形成就难以改变。

（2）态度形成的因素越复杂，越不容易改变。例如，一个消费者对某商场的否定态度如果只依据一个事实，那么只要证明这个事实是纯偶然因素造成的，消费者的态度就容易改变过来。而如果态度是建立在很多事实的基础上的，那么要改变态度就比较难。

（3）构成态度的三种要素（认知成分、情感成分、行为成分）一致性越强，态度越不容易改变。如果三者之间出现分歧，则态度的稳定性较差，也就比较容易改变。

（4）态度的价值性对消费者的态度产生重要影响。态度的价值性是指态度的对象对人的价值和意义的大小。如果态度的对象对消费者的价值很大，那么对他的影响就会很深刻，因而一旦形成某种态度后，就很难改变；反之，态度的对象对消费者的价值小，则他的态度就容易改变。

（5）消费者原先的态度与要改变的态度之间的距离也对消费者的态度产生重要影响。能否转变一个人的态度取决于他原来的态度如何，如果两者差距太大，不仅难以改变，还会使之更加坚持原来的态度，甚至持对立的情绪。例如，要让一个恐高症患者或在一次空难中死里逃生的人乘飞机旅行几乎是不可能的事。

3）外界条件对态度改变的影响

除了消费者和态度本身的特点影响态度的改变以外，一些外界条件也能改变消费者的态度。这些外界条件有：

（1）信息的作用。从某种意义上说，消费者的态度是他们在接受各种信息的基础上形成的。研究表明，能吸引注意力的、可理解的、可信的和容易记忆的信息具有较强的说服性。此外，信息传播的诉求特征和信息的结构特征也能影响消费者态度的改变。比如，很多广告采用恐怖诉求、幽默诉求、情感诉求等来对消费者产生影响。在信息的结构特征方面，涉及的一个最基本的问题就是单面信息和双面信息。在广告和销售展示中，营销者往往只展现产品好的一面，却一点不涉及产品可能具有的负面特征或某个竞争产品可能具有的优势。这类信息就是单面信息。而双面信息就是同时提供产品好的和不好的方面，是一种反直觉的做法，大多数营销人员都不愿意尝试这种做法。但是，对于改变那些已有的强烈态度，双面信息往往比单面信息更加有效。双面信息对于受过较高水平教育的消费者特别有效。单面信息则在巩固已有态度方面比较有效。当然，产品的类型、环境因素和广告形式都会影响这两种信息的相对有效性。

（2）消费者之间态度的影响。态度具有相互影响的特点。消费者之间进行意见交流，不会被认为是出于个人的某种利益，也不会被认为是有劝说其改变态度的目的，因而不存在戒备心理。此外，由于消费者之间的角色身份、目的和利益的相同或相似性，彼此的意见也容易被接受。事实证明，当一个人认为某种意见是来自与他自己利益一致的一方时，他就乐于接受这种意见，有时甚至主动征询他人的意见，以作为自己的参考。

（3）团体的影响。消费者的态度通常是与其所属团体的要求和期望相一致的。这是因为团体的规范和习惯力量会无形中形成一种压力，影响团体内成员的态度。如果个人与所属团体内大多数人的意见相一致，他就会得到有力的支持；否则，就会感受到来自团体的压力。比如，虽然某消费者非常想买一套家庭影院，但由于他所在团体的人们都买了电脑，所以他也就打消了买家庭影院的念头，而去买了电脑。这就是群体压力下的“从众行为”。

（4）企业形象对消费者态度的影响。一般情况下，具有良好形象的生产企业推出的产品容易得到消费者的信赖和喜欢，这是大量市场销售实践所证明的。这是因为消费者深信，名牌产品是不会让他们失望的。而商品经销企业在销售生产企业的产品过程中所表现出的经营思想、经营艺术、服务质量、服务水平及商业信誉等在某种程度上也体现了商品经销企业的形象。

7.2.3 改变消费者态度的策略

说服消费者是营销宣传的中心目标。在信息社会，消费者每天都会受到各种商品信息的轰炸，并逐步掌握了不少策略以维持已形成的消费态度。不过，即使消费者的态度固若金汤，还是可以通过很多方法突破消费者的这种“保护机制”的。在营销实践中，改变消费者态度的策略有很多，这里主要介绍以下几种：

1）改变态度的基本动机功能

改变态度的基本动机功能是通过使态度的某一功能特别突出，从而调整消费者的态度。如前所述，态度的基本功能有效用功能、自我防卫功能、价值表达功能和知识功能。消费者对同一产品的喜爱，可能是基于不同的理由，因此，可以通过改变态度的基本功能来改变消费者的态度。例如，斯沃琪手表借由新奇和有创意的外形设计，将手表由原先以计时为主要功能转变成以传达个人风格和收藏价值为主要功能，因此，调整了过去消费者对手表的看法和态度，同时也吸引了那些喜欢价值表达功能的消费者。

2）改变态度的构成成分

如前所述，态度的构成成分有三个：认知成分、情感成分和行为成分。我们可以通过改变态度构成中的任一成分，来达到最终改变消费者态度的目的。

（1）改变认知成分。改变认知成分即指改变消费者对品牌或产品的信念，其具体方法有：

①促使消费者对产品有新的积极的评价。这是最常用的策略。这种策略往往需要产品有新的形态，如标识、包装、颜色、功能等。

②提高已存在的积极信念的强度。营销人员也可以通过改变消费者已存在的积极信念的强度，来影响消费者的态度。

③降低已存在的消极信念的强度。黄油和蛋黄等食品的属性曾获得很积极的评价，因为它能给食品带来丰富和令人满意的味道。20世纪90年代后，黄油和蛋黄成为心血管疾病的罪魁祸首，消费者普遍持有负面和消极的看法。Kraft公司推出无脂色拉佐料（蛋白奶油）和蛋黄酱产品系列，重点打消消费者对高脂肪、高胆固醇食品的顾虑和消极态度，打开了市场。

（2）改变情感成分。越来越多的营销人员试图在不直接影响消费者品牌信念和行为的条件下先影响他们的情感，促使他们对产品产生好感。只要消费者以后对该类产品产生需要，这些好感就会导致购买行为。或者，好感会直接促进购买，在使用过程中建立对品牌的正面信念。营销人员建立消费者对产品的好感的方法有三种：经典性条件反射、激发消费者对广告本身的情感和增加消费者对品牌的接触。

①利用经典性条件反射。企业将消费者喜爱的某种刺激与品牌名称放在一起展示，多次反复就会将该刺激产生的正面情感转移到品牌上来。比如，极限挑战运动能够激发消费者感受力量和毅力的正面情感，如果把极限挑战运动的镜头与某运动饮料的品牌多次一起播放，就会将消费者对该项运动的喜爱转移到品牌上来。

②激发消费者对广告本身的情感。消费者如果喜爱一则广告，也能导致对产品的正面情感，进而提高购买参与程度，激发有意识的决策过程。使用幽默广告、名人广告、比较广告、情感性广告等都能增加受众对广告的喜爱。这类广告中不一定含有具体的认知信息。消费者对广告本身的态度，如喜欢或不喜欢，是营销成败的关键。

③增加消费者对品牌的接触。研究表明，大量的品牌接触也能增加消费者对品牌的好感。对于低度参与的产品，可以通过广告的反复播放提高消费者的喜爱程度，而不必改变消费者最初的认知结构。这里，重复是以情感为基础的营销活动的关键。重复的真正意义是使人们获得积极的熟悉感，从而使人们更倾向于认同和选择。不过，只有适当的重复才可以增加人们的接受性。过分的重复将产生惯性，会使消费者由于厌倦不再注意那些信息。所以，聪明的广告商总是以丰富、变化的广告画面与创意去重复强调同一主题，而很少以广告的反复播放来获得重复效果。可口可乐就是以独具风情的广告来打开不同国度的市场的。

（3）改变行为成分。行为能够直接导致认知和情感的形成，因此营销人员可以直接引发消费者的行为，然后通过行为来改变他的态度。

很多商品喜欢让消费者试吃、试用，原因在于一些消费者往往只选择自己多年来的常用品牌，对新品牌则没有兴趣，通过试吃、试用，新品牌可以增加与消费者的接触，消费者一旦觉得这些品牌不错，就会增加消费的机会。像智能马桶、电动牙刷这些商品，很难在短期内改变保守者的消费态度，但如果让他们用上一次，结果很可能就是“真香”。

在互联网时代，品牌的一个变化是：以前的品牌是广告品牌，靠广告来改变消费者的态度，而现在的品牌更是互动品牌、社交品牌，可以靠改变消费者的行为来改变消费者的态度。

【观念应用 7-1】

钢琴楼梯

恒美广告公司曾帮大众汽车做过一个“钢琴楼梯”的创意营销活动。这个活动的目的是通过将普通的楼梯变成钢琴的形式，鼓励更多的人选择步行而不是乘坐电梯，同时以此展示大众汽车的创新和环保理念。

活动的具体形式是这样的：策划者在瑞典斯德哥尔摩地铁站的楼梯上安装了一个类似钢琴的设备，通过音频技术把楼梯变成了一个巨大的钢琴键盘。当人们踩在不同的楼梯上时，就会发出不同的音调，把整个楼梯变成了一个巨大的互动乐器。

这个活动吸引了大量游客和市民前来体验，引起了广泛的关注和热议，并获得了多个国际创意营销奖项。

数据显示，当楼梯变成了钢琴，通勤者的行为也发生了改变：不同于往常习惯性地选择自动扶梯，楼梯变成了钢琴后，66%的人会舍弃自动扶梯而选择走楼梯。

资料来源　寻空．解锁消费者内心的秘密：如何运用潜意识营销？［EB/OL］．［2023-12-13］．https://baijiahao.baidu.com/s?id=1760762809049739628&wfr=spider&for=pc.

问题：这个案例对你的启示是什么？

3）利用依从技术

接受他人请求而行动，使别人请求得到满足的行为，称为依从。做广告的人和说服性专业人士（如推销员、政治家、律师等）有很多说服他人的技巧，这些技巧通常都与推销术有关。常用的技巧有以下几个：

(1)“登门槛”技巧（foot-in-the-door technique）。这是一种常见的推销术，原意是指推销员只要把脚踏进人家的大门，就能成功地实现推销的目的。现在，“登门槛”技巧泛指在提出较大要求前，先提出较小的要求，通过使别人接受较小的要求，从而改变对较大要求的态度并相应增加其接受性。很多电话推销者使用这一技巧：他们首先提一个小请求并得到人们的赞同，接下来便会竭力推销产品。

【小资料 7-1】

“登门槛”技巧

1966年，弗里德曼和费拉瑟两位心理学家通过实验证明了“登门槛”技巧。心理学家挨家挨户地找各家的主妇，声称他们正在为“安全驾驶委员会”工作，希望得到主妇们对这一运动的支持，请她们在一份请愿书上签名，这份请愿书将送到州参议员的手中，请求他们为安全驾驶立法而努力。几乎所有被请求的妇女都同意签名。

几个星期以后，心理学家再次上门要求这些签了名的主妇和一些新找来的主妇在她们的院子前面竖一块不太美观的大牌子，上面写着“谨慎驾驶”。结果以前同意在请愿书上签名（一个小要求）的主妇，55%以上同意竖这块牌子（一个大要求），而以前没签过名的主妇只有不到17%的人同意。让那些主妇同意最初的小要求，使后来依从大要求的人数增加了2倍多。

(2)“吃闭门羹”技巧（door-in-the-face technique）。这正好是与“登门槛”技巧相对应的现象，是指人们拒绝了一个较大要求后，对较小要求的接受程度增加的现象。比如，当营销代理商提出一个大请求遭到拒绝后，他们通常跟着会提出一个较小的更加合情合理的请求。在日常生活中，当有人设法以通情达理的方式对待你的时候，反过来你也会觉得难为情，也不得不以更加通情达理的方式对待他。但是，很多推销员完全明白，第一个不合理的请求是会遭到拒绝的，而这将增加第二个更合理的请求被同意的可能性。在日常生活中，售货人的标价和砍价就是对这种技术的应用。

(3)“那不是全部”技巧（that’s-not-all technique）。与鼓励拒绝相反，很多推销员通过附加免费奖励（如“请别走，买这套刀具，你还会免费得到一把剪刀和一个蒸笼”），或者在消费者拒绝购买前通过主动降低价格取悦消费者，以获得消费者的依从。这就是“那不是全部”技巧。在这种情形下，推销员看起来像是设法提供一桩好交易，因此消费者会感到难为情，不得不设法使自己通情达理。

(4) 角色扮演技巧（role-playing technique）。角色扮演是指人依照他自己的角色来行事，如师者，传道、授业、解惑，便是在扮演他自己的角色；也是指模仿别人的角色来行事，如老师不在，学生干部代替老师管理班级，也是一种角色扮演。

(5) 运用逆反心理。逆反心理泛指个人用反向的态度与行为来对外界的劝导做出反应的现象。实质上，逆反心理是个人心理抗拒反应的一种特殊形式，它并不是一种心理的变异反应，而是人在适应外部环境时的一种正常心理机能。

探究周围世界的未知事物，是人类普遍的行为反应。对一件事做不说明原因的简单禁止，会使这件事具有区别于其他事的特殊吸引力，使人自然地将更多的注意转移到这件事之上。为什么某些电影、书籍越禁止越走俏？从认知失调理论的观点来说，当人们感到禁止的理由不充分时，就找不到充分理由来遏制自己的探究欲望，从而心理的平衡会朝违反禁止的方面倾斜，使人倾向于做出偷食禁果之类的行为。实验证明，对一件东西的外部禁止越是严格，它对人们的吸引力也越大。

【教学互动7-2】

假设你是一名老师，临时要给学生加一次作业，依据本章所学到的“吃闭门羹”技巧，你应该怎样留这次作业？你觉得学生们会有什么样的反应？

互动要求：同“教学互动1-1”。

本章小结

本章主要介绍了消费者态度的有关理论及改变消费者态度的方法和技巧。态度是指个人对某一对象所持有的评价与行为倾向。态度由三种成分构成，即认知成分、情感成分、行为成分。态度具有以下特点：对象性、习得性、内隐性、稳定性与可变性。态度的功能有知识功能、价值表达功能、自我防卫功能、效用功能。态度的背后有三个层面：态度的上述三种成分——认知成分、情感成分和行为成分——之间的关系涉及态度的层次问题。所谓态度层次是指这三种成分之间的发生顺序，具体包括高度参与层次、低度参与层次、经验学习层次和行为学习层次。在通常情况下，态度的三种成分之间是一致的。但研究也表明，态度的三种成分之间也可能存在着不一致的现象。当态度的三种成分出现冲突的时候，情感成分起主要作用。

态度形成和改变的理论很多，本章主要介绍了凯尔曼的阶段论、弗里兹·海德的认知平衡理论、费斯汀格的认知失调理论、费宾斯的多属性态度模型理论及彼特等人提出的精细加工可能性模型。

改变消费者态度的策略主要有改变态度的基本动机功能、改变态度的构成成分、利用依从技术。对于改变态度的构成成分，可以分别改变态度的认知成分、情感成分和行为成分。改变态度的认知成分的方法有促使消费者对产品有新的积极的评价、提高已存在的积极信念的强度、降低已存在的消极信念的强度。改变态度的情感成分的方法有利用经典性条件反射、激发对广告本身的情感、增加消费者对品牌的接触。利用依从技术的方法有“登门槛”技巧、“吃闭门羹”技巧、“那不是全部”技巧、角色扮演技巧、运用逆反心理等。

主要概念

态度　消费者参与　高度参与层次　低度参与层次　经验学习层次　行为学习层次　显著信念　依从　“登门槛”技巧　“吃闭门羹”技巧　“那不是全部”技巧　逆反心理

基本训练

□ 知识题

7.1　阅读理解

1）消费者态度有哪些层次？每一层次的营销策略是什么？

2）导致消费者态度和实际行为之间差异的因素有哪些？

3）简述凯尔曼的态度改变的三阶段论。

4）费宾斯的多属性态度模型是怎样的？在运用显著信念和多属性态度模型来分析消费者的行为时，营销人员要把握好哪些问题？

5）态度的哪些特点能对消费者态度的改变产生影响？

6）哪些外界条件能影响消费者态度的改变？

7）如何通过改变态度的认知成分来达到改变消费者态度的目的？

8）如何通过改变态度的情感成分来达到改变消费者态度的目的？

7.2 知识应用

即测即评

□ **能力题**

7.1 实务题

找两则广告，一个例子说明情感成分的使用，另一个例子说明认知成分的使用。在你看来，为什么两家企业要采取这两种不同的方式？

7.2 综合题

影响消费者态度改变的因素有哪些？假如你想在大学生中形成对香烟消费的反对态度，那么你将侧重于态度的哪种成分？为什么？

7.3 案例分析

“商战”轮到无糖茶

近来，无糖茶越来越受到消费者的关注。在商超货架上，无糖茶饮一改往日“夹缝中求生存”的状态，或拥有了独立的货架，或被移步放置到了货架的C位。同时品牌和品类也越来越丰富，涵盖诸如东方树叶、三得利、淳茶舍、茶里王、维他等品牌，以及青柑普洱、玄米茶、桂花乌龙、橘皮乌龙、黑乌龙茶、茉莉乌龙等多个产品。来自天猫淘宝的销售数据显示，无糖茶饮的线上销售规模，五年间已突破10倍。

2022年开始，因被用作自制“乌龙茶+牛奶+咖啡”的夏日减肥饮品，进入中国26年的三得利乌龙茶突然火出了圈，在小红书上，“三得利乌龙茶减肥”相关笔记超过1万篇。与此同时，东方树叶也凭借着瓶身的“国风设计”和大面积留白，引发消费者的热情，各种DIY喝法也成功吸引了一批消费者。

在甜系饮料称霸消费市场的时代，过早贴上无糖标签的东方树叶，着实让它在冷板凳上连坐了好多年，甚至是2016年，彼时已经在消费市场存在了5个年头，但在中国最难喝的饮品TOP5中，却还能找到它的身影。所以从这一点上也可以看到，主流市场对无糖茶饮品态度的转变，其实也是经历了一个相当漫长的过程的。

当然，如果要说谁坐的冷板凳时间更长，那还要数三得利。1997年，三得利乌龙茶正式进入中国市场，并打出了“超越水的新一代饮料”的口号，成为中国市场上第一瓶无糖茶饮。不过，当时正是可口可乐、百事可乐在中国饮料市场高歌猛进之时，再加上彼时消费者对含糖饮品的喜爱远远超过无糖饮品，所以三得利并没激起什么水花。

如今，曾被消费者票选为“最难喝的茶”的无糖茶，或许怎么也没想到，终于迎来了自己的高光时刻。东方树叶也熬出了头，成为了目前国内无糖饮料市场当之无愧的霸主。

无糖茶的味道没变，变化的是消费者的消费逻辑。一方面，随着消费者健康意识进一步提升，以及代糖饮料的普及，为无糖茶饮料的崛起做好了铺垫；另一方面，前不久，世卫组织（WHO）的癌症研究机构将低热量甜味剂阿斯巴甜（aspartame）列为“可能致癌”，也引发了消费者对于代糖安全性的担忧，加速了无糖茶饮料的爆发。如今，颜值管理、体重管理、健康管理、营养管理等已经贯穿于重度消费人群，无糖饮品崛起有其必然性，其背后是中国新生代消费思维和消费行为在发生着颠覆性的变化。

然而，在千亿规模的即饮茶市场中，尚未达到百亿规模的无糖茶仍属“小众”，经过漫长市场培育期的年轻消费者对无糖饮料的要求也越来越高，当“0糖0脂0卡”成为基本操作后，谁能做出“更好喝”的无糖茶才是在这场混战中制胜的关键。

资料来源　张琳．“商战”轮到无糖茶［EB/OL］．［2023-12-13］．https://www.cmovip.com/detail/34112.html.

问题：

1）根据本章相关内容评析无糖茶爆火的原因。

2）上述案例对相关企业有什么启示？

第8章

消费者的个性、自我意识与生活方式

学习目标

通过本章学习，你应该达到以下目标：

知识目标：了解个性、自我意识的内容和特点；理解品牌个性的价值与来源、自我意识的结构及生活方式对营销人员的意义；认识和了解有关个性的理论。

能力目标：具有熟练分析消费者个性的能力；具有运用VALS2、CHINA-VALS和全球扫描系统来细分消费者的能力。

引例 蕉下：打造国内第一个真正的户外生活方式品牌

2023年春天，蕉下用先后两支品牌宣传片，打响了品牌升级的第一枪。

3月6日，蕉下发布的首支品牌视频《惊蛰令》，展现了人们走出城市在大山大河间纵舞的画面，配上歌手谭维维的音乐，"天下无路不可走"的精神态度充溢全片，全网曝光量达到7亿。

4月2日，蕉下发布的第二支品牌视频《所有的太阳》，讲述了山林间意外邂逅的一对年轻人，从初见的抵触到分别时的眷恋，真实的相处让他们逐渐打开封闭的心门。借"拥抱太阳"的主题，蕉下希望与大众在精神层面达成价值共鸣，并倡导人与人、人与户外"连接"，拥抱美好事物的生活方式，这展示了蕉下对当下社会议题的洞察，以及对品牌和消费者连接关系的思考。

两个视频中，蕉下都将走向户外、发现美好作为主题。同时，在两个视频里，蕉下2023年发布的重点新品轻量化全地形户外鞋和轻量化"暴晒级"防晒衣，以轻便的姿态，在多个不同的户外场景里展现了产品功能。

随着走向户外的普及，今天的中国消费者对于户外运动的偏好，也从硬核、刺激变成轻巧、放松。作为国内户外的头部品牌，蕉下敏锐捕捉到这一趋势，并正式提出轻量化户外概念。

然而，蕉下的野心，仍不止于此，如今，户外运动在国内早已从小众爱好成为城市居民的新生活方式。但在国内，尚未出现一个真正的户外生活方式品牌，蕉下的愿景则是成为第一个"吃螃蟹的人"。

轻量化户外新风潮

2022年是户外潮流运动在国内爆火的一年，无论是露营、飞盘，还是桨板、陆冲、腰旗橄榄球，都从原本的小众运动一跃成为城市居民的新宠儿。相比过去小众玩家崇尚对地点、运动难度要求高的硬核玩法，如今大众则更加偏好“轻量化户外运动”。所谓的轻量化户外产品，不仅意味着装备的轻便，同时意味着它应该具备一物多用、穿戴个性化、美观的特点。这也对参与其中的户外品牌提出了新的要求。

从产品到品牌的超前洞察

凭借对用户需求的洞察，蕉下的防晒衣实现了三次迭代。最早的1.0阶段，开创了防晒衣品类，该产品具有防晒功效，确保其防护能力。在2.0阶段，将防护能力做到极致，还同时兼具凉感、速干以及个性化设计。在3.0阶段，蕉下再一次前置性洞察轻量化户外的趋势，从轻量化科技、轻量化设计、轻量化套组等多个维度，为用户构建一物多用、跨越场景、轻巧便携的轻量化户外产品解决方案，实现了从产品到生活的破壁。

除此之外，当轻量化户外日渐成为大众的生活方式，只是提供产品解决方案，已经不能满足用户的需要。做一个生活方式品牌，才是下一个阶段中国户外品牌应有的样子。

从经典品到生活方式

在国内，此前也不乏一些新品牌捕捉到了生活方式品牌这一未来趋势。但成为一个真正的生活方式品牌，意味着品牌必须对用户使用场景有着全面的覆盖，同时也要在情绪价值上和用户建立起底层的深厚连接。

蕉下的轻量化户外产品方案，是系统性地梳理各个场景，找到共同的必要需求，从底层解决大众走向户外的门槛。以多功能、多场景、轻便潮流的轻量化户外产品，为用户减重减负，轻松走向户外。

在情绪价值的用户连接上，在进入轻量化户外的新阶段后，除产品上的需求转变，今天的中国新一代消费者日渐走向成熟，他们也需要真正能和其价值共通、有情感共鸣的品牌。除了功能性的满足，品牌也需要赋予消费者更多“生活与情绪价值”。

无论是在产品方案，还是品牌构建上，蕉下已经梳理出了一套系统的解法。国内目前还没有真正做好生活方式的品牌，而蕉下希望成为第一个。

资料来源　未来消费．蕉下的下一个十年［EB/OL］．［2023-12-13］．https://36kr.com/p/2203658188745609.

由上述案例可以看到，蕉下从主打防晒功能伞阶段发展至以生活方式为主的战略方向，基于用户洞察做产品的主线始终没有改变，其品牌发展也是沿着先由点到线，再由线到面的阶梯式发展路径。此次的二部曲提出轻量化户外生活方式品牌定位，也正式向公众传达了蕉下的轻量化户外产品解法，让我们看到了一个不一样的蕉下。

本章我们将分别介绍有内在联系的消费者心理的三个方面——消费者的个性、自我意识和生活方式。在许多情况下，生活方式是一个人自我意识的外在表述。也就是说，在一定的经济条件下，一个人所选择的生活方式，在很大程度上受到他的自我意识的影响。同时，生活方式又与人的个性密切相关。一方面，生活方式在很大程度上受个性的影响。比如，一个具有拘谨、保守性格的消费者，不大可能选择诸如蹦极、跳伞之类的探险活动。另一方面，生活方式关心的是人们如何生活、如何消费等外显行为，而个性侧重于从内部来描述个体，更多地反映消费者的知觉特征、情绪和情感等。可以说，二者是从不同的层面来刻画个体。基于以上的分析，本章就分别来论述消费者的个性、自我意识和生活方式。

8.1 消费者的个性

消费者在购买活动中所表现出来的千差万别的行为，主要是由消费者不同的个性心理决定的。个性是人们在一定的生理素质的基础上，在一定的社会历史条件下，通过社会实践活动形成和发展起来的。

8.1.1　个性的含义与特性

1）个性的含义

个性（在西方又称人格）一词源于拉丁语“persona”，它有两方面含义：一方面，原指演员在舞台上所戴的假面具，后引申为一个人在生命舞台上所扮演的角色；另一方面，指能独立思考、具有独特行为特征的人。由于个性结构较为复杂，因此许多心理学者从自己研究的角度提出个性的定义。西方人格心理学家奥尔波特曾综述过几十个不同的定义。美国心理学家吴伟士认为：“人格是个体行为的全部品质。”美国人格心理学家卡特尔认为：“人格是一种倾向，可借以预测一个人在给定的环境中的所作所为，它是与个体的外显与内隐行为联系在一起的。”

这里我们介绍一个比较具有综合性的定义：个性是个人在适应环境的过程中所表现出来的系统的、独特的反应方式。它是由个人在其遗传、环境、成熟、学习等因素交互作用下形成的，并具有很大的稳定性。

首先，这个定义强调了个性是人对环境做出的一种反应，而这种反应在不同的人之间是不同的，带有浓重的个人色彩。其次，这种独特的反应方式具有系统性、完整性和稳定性。最后，个性的形成主要受四种因素的影响，即遗传、环境、成熟、学习。婴儿出生后只是一个个体，并没有形成自己的个性，尚未成长为一个社会中的人，所以称他们为“未成年人”。伴随着成长，他的内部世界在丰富着、发展着、完善着，最后成长为一个从事社会实践活动的独立的个体，成长为完全的、现实的、具体的社会成员，形成了全面整体的个人、持久统一的自我，这时他便具备了自己的个性。

2）个性的特性

研究个性必须探讨它的特性，这样才能把个性心理与其他心理现象区别开来。个性具有以下几方面特性：

（1）自然性与社会性。人的个性是在先天的自然素质的基础上，通过后天的学习、教育与环境的作用逐渐形成的。因此，个性首先具有自然性，人们与生俱来的感知器官、运动器官、神经系统和大脑在结构与机能上的一系列特点，是个性形成的物质基础与前提条件。但人的个性并非单纯自然的产物，它总是要深深地打上社会的烙印。初生的婴儿作为一个自然的实体，还谈不上有个性。

个性又是在个体生活过程中逐渐形成的，它在很大程度上受社会文化、教育教养内容和方式的塑造。可以说，每个人的人格都打上了他所处的社会的烙印，即个体社会化结果。正如马克思所说：“‘特殊的人格’的本质不是人的胡子、血液、抽象的肉体本性，而是人的社会特质。”

（2）稳定性与可塑性。个性的稳定性是指个体的人格特征具有跨时间和空间的一致性。在个体生活中暂时的偶然表现的心理特征，不能认为是一个人的个性特征。例如，一个人在某种场合偶然表现出对他人冷淡、缺乏关心，不能因此认为这个人具有自私、冷酷的个性特征。只有一贯的、在绝大多数情况下都得以表现的心理现象才是个性的反映。

尽管如此，个性或称人格绝不是一成不变的。现实生活非常复杂，随着社会现实和生活条件、教育条件的变化，年龄的增长，主观的努力等，个性也可能会发生某种程度的改变。特别是在生活中经历过的重大事件或挫折，往往会在个性上留下深刻的烙印，从而影响个性的变化，这就是个性的可塑性。当然，个性的变化比较缓慢，不可能立竿见影。

（3）独特性与共同性。个性的独特性是指人与人之间的心理和行为是各不相同的。构成个性的各种因素在每个人身上的侧重点和组合方式是不同的，如在认识、情感、意志、能力、气质、性格等方面反映出每个人独特的一面，有的人知觉事物细致、全面，善于分析，有的人知觉事物较粗略，善于概括；有的人情感较丰富、细腻，而有的人情感较冷淡、麻木等。就如同世界上无法找到两片完全相同的叶子一样，我们很难找到两个个性完全相同的人。

强调个性的独特性，并不排除个性的共同性。个性的共同性是指某一群体、某个阶级或某个民族在一定的群体环境、生活环境、自然环境中形成的共同的典型的心理特点。正是个性具有的独特性和共同性才组成了一个人复杂的心理面貌。

8.1.2 个性理论

有关个性的理论很多，这里我们主要介绍在消费者行为和个性的关系研究中起着比较重要作用的几种理论。

1）卡特尔人格理论

美国心理学家卡特尔根据自己的研究，确定人格包含十六种根源特质。他把十六种因素在某些情况下可能产生的表现编成十六组，每组的问卷包括十几个问题。每个问题有三个答案，供被试者选择。然后，根据被试者得分进行统计处理，找出被试者的人格特质。这就是卡特尔的“十六种人格因素测验”（简称16PF）。

卡特尔的十六种人格因素特质是：①乐群性；②聪慧性；③情绪稳定性；④好强性；⑤兴奋性；⑥有恒性；⑦敢为性；⑧敏感性；⑨怀疑性；⑩幻想性；⑪世故性；⑫忧虑性；⑬激进性；⑭独立性；⑮自律性；⑯紧张性。

2）精神分析理论

在所有的人格理论中，内容最复杂而且影响最大的是弗洛伊德创立的精神分析理论（也称心理分析理论）。弗洛伊德的精神分析理论不仅对心理学本身产生了巨大的影响，甚至可以说，20世纪人类文化的每一个方面，几乎都受到精神分析理论的影响。正因为精神分析理论的影响太大，同时也由于该理论本身的局限性，它引起了很多学者的批评与研究，并形成了新精神分析学派。所以，后人把精神分析理论分为经典的（即弗洛伊德的）精神分析理论与新精神分析理论两种。

弗洛伊德的人格理论主要可以分为两大主题：人格结构与人格发展。这里我们主要介绍人格结构。

在弗洛伊德看来，人格是一个整体，在这个整体之内包括彼此关联且相互作用的三个部分，分别称为本我、自我和超我。由这三个部分的交互作用而产生的内驱力，支配了个人所有的行为。

（1）本我。本我是人格结构中最原始的部分，是遗传下来的本能。本我之内包含一些生物性的或本能性的冲动（最原始的动机），其中又以性的冲动和破坏性冲动为主。这些动机就是推动个人行为的原始动力。弗洛伊德把这种原始动力称作“里比多”。外在的或内在的刺激都有可能促使里比多增加，而里比多增加时就会增加个人的紧张与不安。为了缓解紧张，本我要求立即满足需求以发泄原始的冲动。所以，本我是受“快乐原则”支配的，由本我支配的行为不但不受社会规范、道德标准的约束，甚至由本我支配的一切都是潜意识的。

（2）自我。自我是个体在与环境的接触中由本我发展而来的。在本我阶段因为个体的原始性冲动需要获得满足，就必须与周围的现实世界相接触，从而形成自我适应现实环境的作用。例如，因为饥饿而使本我有原始性的求食冲动，但是哪里有食物以及如何取得食物等现实问题，必须靠自我与现实接触才能解决。因此，人格的自我部分是受“现实原则”所支配的。自我介于本我与超我之间，它的主要功能有以下几方面：一是获得基本需要的满足以维持个体的生存；二是调节本我的原始需要以符合现实环境的条件；三是管制不为超我所接受的冲动；四是调节并解决本我与超我之间的冲突。由此可见，自我是人格结构中的主要部分。

（3）超我。超我是在人格结构中居于管制地位的最高部分，是由于个人在社会化的过程中将社会规范、道德标准、价值判断等内化之后形成的结果。平常所说的良心、良知、理性等，都是超我的功能。本我寻求快乐，自我考虑到现实环境的限制，超我则明察是非善恶。所以，超我是本我与自我的监督者，它的主要功能有：管制社会所不接受的原始冲动；诱导自我使其能以合乎社会规范的目标代替较低的现实目标；使个人向理想努力并达成完美的人格。

本我、自我、超我三者不是完全独立的，而是彼此交互作用而构成人格整体的。一个正常的人，其人格中的三部分经常是彼此平衡而和谐的。本我的冲动应该有机会在合乎现实的条件下，并在社会规范许可的范围内，获得适当的满足。

3）自我论

自我论是20世纪50年代以来发展起来的一种个性理论。这里的“自我”，是指个体对自己心理现象的全部经验，它是描述性的，而不像精神分析理论那样是动力性的和解释性的。自我论的主要代表人物有罗杰斯和马斯洛。这里简单介绍一下马斯洛的观点。

马斯洛认为，心理学不应该只偏重研究挫折、冲突、焦虑、仇视等属于异常者的行为，更应该对正常人的欢愉、鼓舞、爱情、幸福等健康生活的问题加以研究。马斯洛对人类行为持乐观的看法，他认为人类的行为方式不像动物那样主要靠本能支配，人类的行为受环境及社会文化影响而有很大的可变性。

马斯洛的个性理论主要讨论两方面的问题：一方面讨论人类动机的发展；另一方面讨论自我实现者的个性特征。马斯洛把动机称为需要，又按需要的性质和彼此间的关系排列为五个层次，其中自我实现的需要是最高层次的需要。

总之，强调以人为本的自我论，将个性心理学的研究带入一个新的境界。自我论弥补了人格理论与精神分析理论的缺点，它重视整个的人、健康的人，使个性心理学的研究范围扩大，研究的目标更高。

4）人格状态理论

1964年，加拿大临床心理医生埃里克·伯恩博士在其专著《人们玩的游戏》一书中提出了一种新的人格状态理论。该理论把人格分为三个部分，或者说人格是由三种自我状态构成的，它们分别是儿童自我状态、成人自我状态和父母自我状态。

（1）儿童自我状态。一个人最初形成的自我状态就是儿童自我状态。儿童自我状态由自然的情感、思维和行为构成。一个人按他的儿童自我状态行动时，他或者想怎么干就怎么干，这叫作自然儿童自我状态；或者按他小时候所受的训练来行动，这称为顺应儿童自我状态。

儿童自我状态是一个人的人格中感受挫折、不适当、无依无靠、欢乐等情感的那一部分。此外，儿童自我状态也是好奇心、创造性、想象力、自发性、冲动性和新发现引起的激动等的源泉。儿童自我状态负责人们完全不受压抑的、表面可笑的行为，天真烂漫的行为，以及自然的言行。

儿童自我状态是人格中主管情感和情绪的部分。人们的欲求、需要和欲望大部分也由儿童自我状态掌管。每当一个人感到自己需要什么东西时，他的儿童自我状态就表达了他的愿望。比如："我还想吃一块糖!""我还没玩够!"可见，儿童自我状态表现出来的多是原始的、具有动机或动力性的东西。如果一个人的儿童自我状态疲弱，那么他就是一个缺乏活力的、刻板的人。

（2）成人自我状态。成人自我状态是人格中支配理性思维和信息的客观处理的部分。成人自我状态掌管理性的、非感情用事的、较客观的行为。当一个人成人自我状态起主导作用时，他待人接物比较冷静，处事谨慎，尊重别人。这种状态支配下的人，说话办事逻辑性强，喜欢探究为什么、怎么样等。

（3）父母自我状态。父母自我状态是人们通过模仿自己的父母或其他在其心目中具有父母般权威的人物而获得的态度和行为方式。父母自我状态提供一个人有关观点、是非、怎么办等方面的信息。

父母自我状态以权威和优越感为标志，是一个"照章办事"的行为决策者，通常以居高临下的方式表现出来。父母自我状态具有两面性：一方面是慈母式的同情、安慰等；另一方面是严父式的批评、命令等。父母自我状态告诉人们应该怎么样，也帮助人们分清功过是非。

在一个心理健康的人身上，这三种自我状态处于协调、平衡的关系中，三者都在发挥作用。在不同的情境中，有时是他的儿童自我状态起主导作用，有时是他的成人自我状态起主导作用，而有时是他的父母自我状态在支配着他的行为。哪种自我状态起主导作用，要视当时的具体情况而定。

8.1.3　个性类型

关于个性类型的划分有两种方式：一种是基于纯心理学理论研究的成果，如内倾或外倾、男性气质或女性气质、内控型或外控型、自尊或自卑等；另一种是从应用的角度划分的个性类型。

1）基于纯心理学理论划分的个性类型

基于纯心理学理论划分的个性类型主要有以下几种：

（1）内倾和外倾。最早在心理学领域内规范化地使用内倾和外倾这一概念的是心理学家荣格。他认为人在与周围世界发生联系时，人的心灵一般有两种指向：一种是指向个体内在世界，叫内倾；另一种是指向外部环境，叫外倾。具有内倾性格特点的人一般比较沉静、富于想象、爱思考、退缩、害羞、敏感、防御性强；而外倾者则爱交际、好外出、坦率、随和、轻信、易于适应环境。内倾和外倾实际上是个连续体，而不是各自独立的两个极端。大多数人处于内倾和外倾这一连续体中的某一位置上，绝对内倾或外倾的人并不多见。管理者一般认为不同的工作岗位对人格特征有相应的要求，通常不会有人挑选一个内倾的人担当推销员的工作。

（2）内控型和外控型。内控型的人，是那种坚定地认为自己是自己命运的主宰，只有自己才能控制自己的命运的一类人。这种人独立性强，不容易受外界影响而改变自己的行为。这种人如果碰到了好事，则认为是自己努力的结果；如果遇到倒霉事，也只怪自己，认为是自己造成的。因而，这种人从不怨天尤人。

外控型的人则相反。他认为一切事情都是命运主宰的，自己只是处于被动地位。因此，无论成功或失败，他们总认为是外力的结果。比如，面对一次升迁机会，如果没能如愿，内控型的人会认为自己还不合格，可能是自己工作干得不够出色或资历不够，而外控型的人则可能会骂领导，认为是领导不公正。研究表明，外控型的人相对于内控型的人对工作更不满意，对工作环境更为疏远，对工作的卷入程度更低，缺勤率更高。若对自己所处的环境不满意，内控者倾向于离职，而不是继续留在这里工作。

（3）自卑和自尊。把人分为自卑、自尊两大类型也是一种心理学的基本观点。所谓自卑，就是认为自己软弱、无能，对自己评价较低；自尊则是自视较高，认为自己了不起，对自己的能力估计较高。

一般情况下人们有时会有自卑感，这并不表明这个人有问题或不正常，相反它会构成一种追求卓越的力量，促使人做出更大的努力，最终获得成功并因此而产生优越感。但是如果过于自卑的话，就可能摧垮一个人，导致整日唉声叹气，最终一事无成。

有时人们为了掩饰自卑心理以求得心理平衡，会显出很高傲的样子，表现出强烈的自尊。但这种高傲假象很容易被识破，因为这种高自尊的人比较敏感、脆弱，而且攻击性较强，一有机会就会贬低别人以抬高自己。这种人通常不会有所作为，只是小心翼翼地把自己笼罩在高傲的幻象中，欺骗自己以求自安。这样的人是组织中事端的制造者之一。

恰当的自尊是必要的，它是维护个人心理的统整性、保持心理健康的重要前提，但一个人优越感过强、自视太高就可能变成一个专横跋扈、自吹自擂、傲慢无礼、爱贬低别人的人。这样的人在组织中与他人合作时容易发生问题。

（4）马基雅维利主义（Machiavellianism）。马基雅维利，16世纪意大利人，著有如何获得和操弄权术的专著。马基雅维利主义因此成为权术和谋略的代名词。它通常分为高马基雅维利主义和低马基雅维利主义。高马基雅维利主义者重视实效，保持情感的距离，相信结果能替手段辩护，人与人之间没有什么信义可言。“只要行得通，就采用。”

高马基雅维利主义者更愿意操纵别人，赢得的利益更多，更难被他人说服，却更多地说服别人。高马基雅维利主义者在以下几种条件下工作成效显著：①当他们与别人面对面直接交往时；②当情境中要求的规则与限制较少，并有即兴发挥的自由时；③情绪卷入与获得成功无关时。

高马基雅维利主义者的人格特点：①更相信自己；②心理稳定性好；③临危不乱；④当他们拥有自由权利时更富有创造性。例如，更多地使用欺骗手段，招法多且新，能从操纵中获得更多的满足。

“成者王侯败者寇”就是中国式高马基雅维利主义者的行为原则，“不饮盗泉之水，不受嗟来之食”则是低马基雅维利主义者的宣言。中国的传统文化褒扬后者，而贬抑前者。

【立德树人小思考8-1】

马基雅维利主义通常被视为权术和谋略的代名词。谈谈你对马基雅维利主义的看法。

2）消费者的个性类型分析

根据消费者在购买活动中的表现，可以把消费者划分为以下几种类型：

（1）D型顾客（要求型顾客，demanding customer）。要求型顾客无疑是那种畅言无忌的顾客。当他们遇到他们想要的东西时，便会马上买下来。如果某种服务在他看来不到位的话，或者他遇到什么问题的话，他会马上同你争吵。这种顾客是那种比较好战、容易惹麻烦的顾客。

研究表明，18%的顾客属于这种类型。他们总是在驱使他人，注重事情的结果，而且希望别人也如此。他们不注意细节，而且非常容易烦躁。如果你就某个技术故障做大量的解释，他们连听第二句的耐心都没有。他们不在意事情的原委，而只注重事情的结果，而且他们想要什么，就要马上得到。

①如何辨认D型顾客？D型顾客的言谈、爱好溢于言表。他们对自己的身份很敏

感。购买商品时他们要最好的。他们的服装时尚，而且价格很高。他们常富有竞争力，而且希望获胜。他们不喜欢细节，很愿意读经营方面的书。

由于具有D型特征的人把自己视为宇宙的中心，他们总是占据很大的空间，他们步履轻快，行为果敢，走在路上会把没有用的东西都踢开。如果D型的人执行某种任务正朝你走来，赶快闪开，否则你会被撞到一边。对D型人来说，他们的任务或正在做的事情是唯一重要的东西，至少他们是这样认为的。他们总是把身体的重心放在前腿，以便随时冲出去执行任务。

②与D型顾客交往时的身体语言。如果你正在为一个D型顾客服务，握手时一定要有力，眼睛正视着他，身体稍微靠前（但要保持应有的距离）。要知道他们不愿意与软弱的人打交道，他们愿意与了解他们的坚强、自信的人打交道，因此，在与他们接触时一定要把这点表现出来。

③与D型顾客交谈。与D型顾客讲话时，要直截了当，语调要洪亮、清楚、自信、直接。你的步履节奏要快，行动要雷厉风行，仿佛你正在采取措施和行动。

成功地与D型顾客交往可以使用的词语有快、马上、现在、今天、利益、底线、取胜、结果等。表8-1列举了与D型顾客交往时应做的和不应做的。

表8-1 与D型顾客交往时应做的和不应做的

应做的	不应做的
清楚、具体、击中实质	漫不经心、浪费时间
有所准备、安排有序	没有组织、丢三落四
抓住问题、不跑题	闲聊、传谣
提供的事实有逻辑性	模糊不清、漏洞百出
问具体问题	办事带有个人色彩
给出选择	替他们做决定

（2）I型顾客（影响型顾客，influential customer）。影响型顾客非常健谈。他们有一种与人交往并能得到肯定的强烈愿望。因此，他们非常乐观，说话有说服力，有鼓舞性，对人非常信任。他们的谈话充满热情，脸上总是带着微笑，当然希望你也这样。

①如何辨认I型顾客？I型性格的人非常健谈，也非常注重外表。I型性格的人喜欢阅读人物杂志，喜欢事情正在进行时的气氛。I型性格的人很容易辨认，走路时他们会停下与人打招呼，喜欢观察所有的事情。如果他们走路时撞到你身上的话，那是因为他们的注意力正集中在其他的人和事情上。I型性格的人总是迟到，谈话总是跑题，不是因为他们心不在焉，而是因为他们更喜欢的是交往，而不是谈话的主题。他们打电话时喋喋不休，热情洋溢。

②与I型顾客交往时的身体语言。I型顾客喜欢有感染力的手势。他讲话时，你要面带微笑，离他近些，使他感受到你对他的接受。

③与I型顾客交谈。由于I型顾客讲话富有表情，同他们讲话时也要富有表情，这样他们才会注意听你讲话。你的声调应该显示出你的友好、热情、精力充沛、有说服力，讲话时声调要有高低变化，语言要富有色彩，讲话节奏要快，并多用手势。

成功地与I型顾客交往可以使用的词句有乐趣、我觉得、你看起来非常漂亮、最现代的、承认、最新的、太棒了、太好了等。表8-2列举了与I型顾客交往时应做的和不应做的。

表8-2　与I型顾客交往时应做的和不应做的

应做的	不应做的
让他们畅谈自己的想法	做事时太恪守原则，不采取行动
谈论他们及他们的目标	讲话太简短，不爱讲话
询问他们的看法	注重事实、数据
告诉他们你的观点	不做决定
提供证据	讲话时显得高人一等
刺激他们的冒险欲望	陷入谈话的圈套，花太多时间交谈

（3）S型顾客（稳定型顾客，steady customer）。稳定型顾客很包容，即使是商品有问题而使他们感到很不方便，他们也不会用抱怨的方式来麻烦你。S型顾客有耐心、随和、有逻辑性和条理性。他们讨厌变化，因为他们不想让什么事打断他们的生活秩序。在为S型顾客服务时，一定要让他们有稳定感。

40%的顾客属于S型顾客。S型性格的人总是能努力多做工作，甚至是别人的工作。事实上，即使S型顾客不真正购买商品，他们也会为其他顾客考虑。

①如何辨认S型顾客？他们性格随和，衣着随便，购物时喜欢去自己熟悉、觉得可靠的地方。如果不是你把事情搞糟，或是伤了他们的感情的话，他们很有可能成为你终身的客户。

②与S型顾客交往时的身体语言。S型顾客不喜欢变化，站在他们面前时应该身体靠后，全身放松，手势的幅度要小，要创造一种安静的气氛。

③与S型顾客交谈。与S型顾客交谈时，你讲话的语调应该温和、镇定、安静，音调要低，语速要慢，行动要有节奏，要温柔体贴。

成功地与S型顾客交往可以使用的词句有考虑一下、别急、信任、保证、诺言、安全、可靠、保守、稳定、让我帮助你等。表8-3列举了与S型顾客交往时应做的和不应做的。

表8-3　与S型顾客交往时应做的和不应做的

应做的	不应做的
用个人的评论开始谈话	单刀直入进入实质
表现出对他们的真诚	简单地摆事实
耐心倾听，要有反应	要求尽快答复
提出你的观点时应有逻辑性	威胁或要求
随便、非正式地提出建议	鲁莽、速度太快
避免伤害他们的感情	打断他们
对他们做出保证	把他们的接受误认为满意
给他们时间思考	强迫他们迅速做出决定

(4) C型顾客（恭顺型顾客，compliant customer）。C型顾客是完美主义者，他们希望一切都是精确的、有条理的、准确无误的。他们天性认真，做事讲究谋略。要想使C型顾客满意，你必须掌握所有的事实、数据。他们做事严格认真、一丝不苟。C型顾客严格遵守规定，如果你在政策或做法上稍有偏误，他们马上就会让你知道。14%的顾客属于C型。

①如何辨认C型顾客？C型顾客的脸上总是面无表情，你不知道他们在想什么。他们性格保守，这从他们的衣着就能看出。他们喜欢自己动手。

如果路上有什么挡道的话，C型性格的人极不情愿将它们搬走，最后只有经过各种解决办法的分析、推理和权衡后，他们才可能把东西搬走。站着时，他们喜欢把双臂抱在胸前，一只手托着下巴好像在思考。事实上他们也总是在思考问题。

②与C型顾客交往时的身体语言。不要与C型顾客有任何身体接触，也不要挨他们太近，只要站在对面，让他们能看见你。站立时，身体重心要放在脚后跟。眼睛对视，少用或不用手势。

③与C型顾客交谈。和C型顾客交谈时，你的语调一定要控制，不要起伏太大，他们对过分的反应会起疑心。讲话时要直接而简洁，语速要慢，行动也要慢，并且显出是经过深思熟虑后采取的行动。

与C型顾客交谈时可以使用的词句有证据、证明、保证、没有冒险、研究表明、数据表明、没有责任、这些都是事实、信息、分析、思考一下等。表8-4列举了与C型顾客交往时应做的和不应做的。

表8-4　与C型顾客交往时应做的和不应做的

应做的	不应做的
有所准备	没有组织、乱七八糟
考虑问题的所有方面	强迫他们迅速做出决定
具体说明你所能做的事情	模糊不清
树立时间观念	许诺太多
引用名人的事例	太重感情
给他们时间做决定	出其不意
留给他们空间	身体接触

【教学互动8-1】

假设你是某商场的营业员，现在有上述四种类型的消费者要买同一产品。请问：(1) 你将怎样区分他们？(2) 你会怎样接待他们？

互动要求：同“教学互动1-1”。

8.1.4 品牌个性与品牌人设

品牌是一个大的概念，不仅包括产品本身（名称、功能、质量、商标），还包括品牌概念（品牌核心理念、产品概念）和品牌服务（服务人员塑造、服务质量、服务项目）。比如谈到海尔，我们就会想到“真诚到永远”的海尔口号、卡通形象“海尔兄弟”、优质服务、跨国公司，如果对公司有深入了解，还会感受到创新、竞争、团队合作的企业文化。

哈佛大学的乔治·米勒教授研究发现，消费者购物时大脑出现的候选品牌不会超过七个。特劳特则进一步发现，七个品牌其实还只是在市场竞争的初始阶段，随着市场的日趋成熟，大多数人购物时往往只记住两个品牌，并二选其一就行了。特劳特把这个原则叫作“二元法则”，指出任何一个市场最终会变成两个品牌竞争的局面。比如，可乐饮料行业是可口可乐与百事可乐，牙膏业是高露洁与佳洁士，香皂业是舒肤佳和力士，飞机制造业是波音与空中客车，等等。居于第三位以下的品牌，在消费者心目中往往被忽视，需要不断促销才能引起消费者的注意，因而存在很大的生存压力。在市场竞争白热化的今天，品牌多如过江之鲫，几乎任何一个细分市场都存在一个或多个竞争品牌。然而，随着生活水平的不断提高，人们的消费需求日趋个性化，那些老成持重的中年人、活力四射的年轻人、男人和女人、富人和穷人等，一起缔造出丰富多彩的市场多元化需求，没有任何一个品牌能满足所有消费者的口味，成为人人喜爱的“大众情人”。在这种情况下，品牌要想脱颖而出，就必须用心挖掘或制造消费者心目中的“空白点”，提炼出高度差异化的品牌核心价值，彰显个性，成为与众不同的个性化品牌。

品牌个性就是品牌的独特气质和特点，是品牌的人性化表现。品牌是由诸多要素组合而成的，消费者最初只能认识到品牌的名称、标识、口号等视觉效果的东西。当品牌进入成熟期后，产品和品牌理念都已经比较稳定，消费群体也相对稳定，这时品牌就跟一个人从不成熟进入成熟一样，具有了自己的独特气质和特点，也就是品牌的个性。品牌具有了个性，也就是自己成熟的表现，同时也会吸引那些“趣味相投”的消费者，形成认同自己个性的消费群体，并形成忠诚度。比如，成功的商业人士喜欢奔驰车，因为它代表着大气、稳重、高档、高品位。

1）品牌个性的核心价值

品牌具有价值，是企业最宝贵的无形资产。品牌的价值从何而来？实际上，品牌的价值存在于消费者的意识里。可以说，产品是由厂商生产的，而品牌却是消费者创造的，是消费者造就了品牌。在消费者眼里品牌不仅代表了某种产品，它实际上是他微妙的心理需求的折射。由此可见，品牌个性乃是品牌价值的核心，提升品牌价值就必须塑造出鲜明的品牌个性。具体来说，品牌个性具有以下价值：

（1）品牌个性的人性化价值。品牌个性是品牌的人性化表现，是品牌人格化后所显示出的独特性。一个品牌如果没有人性化的含义和象征，那么这个品牌就失去了其个性。品牌个性是吸引人类意识的主要原因，人类喜欢有人情味的东西。如果能够为品牌创造一种个性，满足消费者的情感需求，就更容易打动消费者，品牌就会成长。如同人际关系会发展一样，往往正是这种情感方面的因素，促进了消费者对品牌的忠诚。品牌个性能提供人类情感方面的诉求点和生活体验，从而使品牌得到发展。比如，百事可乐品牌创建活动中所展示出来的个性——年轻有活力、特立独行和自我张扬——迷倒了“新新人类”。新一代年轻人饮用百事可乐不仅是喝饮料，还是认可、接受百事可乐的品牌个性，把百事可乐看作他们的朋友，他们通过百事可乐来展示他们与上一辈（他们喝可口可乐）不一样的个性。正因为百事可乐有意塑造出非凡的品牌个性，使百事可乐变得人性化，因而其获得了青少年一代的高度认同，所以才能在激烈的饮料大战中与可口可乐相抗衡。可以说，百事可乐的品牌个性促进了青少年与百事可乐的情感联系，强化了他们的购买决策，进而造就了百事可乐的品牌价值。

（2）品牌个性的购买动机价值。明晰的品牌个性可以解释人们购买这个品牌的产品的原因，也可以解释人们不购买其他品牌的产品的原因。品牌个性赋予消费者一些逼真的东西，这些东西会超越品牌定位；品牌个性也使品牌在消费者眼里活起来，这些元素能够超越产品的物理性能。正是品牌个性所传递的人性化的内容，使得消费者试着接受一种产品，下意识地把自己与一个品牌联系起来，不再选择其他品牌。品牌个性切合了消费者内心最深层次的感受，以人性化的表达触发了消费者的潜在动机，从而使他选择那些独具个性的品牌。可以说，品牌个性是消费者购买的动机触动器。

（3）品牌个性的差异化价值。品牌个性最能代表一个品牌与其他品牌的差异性。差异性是现今品牌繁杂的市场上最重要的优势来源。没有差异性，一个品牌很难在市场上脱颖而出。国内许多厂商都喜欢用产品属性来展示其差异性，但这种建立在产品上的差异性很难保持。这是因为产品的差异性是基于技术的，一般比较容易仿效，而由品牌个性建立起来的差异性则能够深入到消费者的意识里，它提供了最重要、最牢固的差异化优势。个性给品牌一个脱颖而出的机会，并在消费者脑子里保留自己的位置。

2）品牌个性的来源

品牌个性作为品牌的核心价值，是构成品牌力的重要组成部分，因此塑造品牌个性就成为企业品牌管理人员的重要任务。品牌个性的形成是长期有意识培育的结果，它的形成大部分来自情感方面，小部分来自逻辑思维方面，因为品牌个性反映的是消费者对品牌的感觉，或者品牌带给消费者的感觉。品牌个性可以来自与品牌有关的所有方面。以下是品牌个性来源的重要方面：

（1）产品自身的表现。产品是品牌行为的最重要载体，企业产品随着其在市场上的拓展而逐渐广为人知，从而形成自身鲜明的个性。华为手机以高超的品质形成其最重要的品牌个性，使得手机消费者争相购买，造就了华为巨大的品牌价值。

（2）品牌的使用者。由于一群具有类似背景的消费者经常使用某一品牌，久而久之，这群使用者共有的个性就被附着在该品牌上，从而形成该品牌稳定的个性。比如，早期购买特斯拉汽车的全都是明星，如娱乐明星、科技明星、企业明星等。在其首批1 000个客户名单中，就包括谷歌的两位创始人、电影明星施瓦辛格等社会名流。有人夸张地说，这份客户名单拷贝了全球财富榜。这些人在社会中具有很强的影响力，是整个行业的意见领袖，他们带来的品牌示范效应是非常强的。

（3）品牌的代言人。借用名人，也可以塑造品牌个性。通过这种方式，品牌代言人的品质可以传递给品牌。在这一点上，耐克公司是做得最为出色的一个。耐克总是不断地寻找代言人，而且从不间断。从波尔·杰克逊到迈克尔·乔丹、查尔斯·巴克利、肯·格里菲，耐克一直以著名运动员作为自己的品牌代言人。这些运动员阐释了耐克“JUST DO IT”的品牌个性，迷倒了众多的青少年。近几年耐克还请周冬雨、王俊凯、李宇春等一众流量明星代言，以进一步推广品牌鞋潮流时尚、科技的理念，进一步扩大其市场。

而华为当年在做了一段手机业务之后，一直没有明确的代言人策略，最近几年才有这种合作。比如，华为nova邀请了当红小生易烊千玺担任其全球代言人，这对于年轻用户尤其是女性群体来说，无疑是相当有诱惑力的。华为对代言人的选择条件是要与华为的品牌调性非常匹配。易烊千玺在年轻人群体里有非常好的口碑，而且积极向上，可以帮助年轻人加强对华为的了解。华为是希望通过代言人促进消费者和华为产品之间的连接、沟通，让消费者快速了解产品特点，最终赢得市场。

（4）品牌的创始人。随着企业不断地发展，其创始人的名声渐渐广为人知，如此，创始人的品质就会成为该品牌的个性。例如，福特、比尔·盖茨，他们都以自己的形象塑造了品牌，突出了品牌的个性。许多创始人如乔布斯、任正非的形象广为人知，他们成为塑造品牌个性最有用的来源之一。

3）品牌个性的塑造

塑造品牌个性，就是建立一种象征，它能让品牌唤醒消费者的想法、追求和精神，取得消费者共鸣，使消费者产生一种认同感。其通过满足消费者的情感需求，促成消费者实现购买行为。久而久之品牌也就形成了竞争力，获得客户的忠诚及品牌的美誉度，使品牌得到发展、提升。

（1）利用创始人的形象。

品牌人格化的初级形式，只是向品牌赋予一定的形象，比如早期的海尔兄弟形象、小天鹅形象。但是，这些形象符号的功能主要是增强品牌的辨识度，并不过多承载品牌精神和企业理念。

近年来，品牌人格化的一个趋势，是用创始人的形象来做品牌的背书。简单来说，公司和品牌本身就是创始人意志的延伸，创始人担任品牌代言人，可以把抽象的品牌转化为具象、可感的“人”的形象，可以拉近用户与品牌的距离。

比如，褚橙的代言人就是它的创始人——褚时健。这位往日的“中国烟草大王”，曾亲手打造红塔集团的黄金时代，也经历过被判无期徒刑的人生低谷，但他在74岁高龄毅然携妻种橙，最终创造了“褚橙”的传奇。吃一口褚橙，不仅是为了汁多皮薄的感受，更是对褚老励志精神的追求。用户在为这份精神买单的同时，潜意识里也在表明，我也是/我也想成为这样一个不屈不挠的人。

与此同时，乔布斯的极致精神，让大家对苹果手机趋之若鹜；小米以雷军为代表的“发烧”、实惠的品牌人格，为他们带来了巨大的销量；罗振宇的“有种、有料、有趣”，让更多人知道了“罗辑思维”和“得到”。美国营销大师菲利普·科特勒说：一个成功的人格形象已经是最好的公关。总而言之，品牌人格化，看重的是人，产品即人品。

在移动互联网时代，创始人可以成为品牌“白球”，用自身的人格魅力，来打通资源“台”上的“彩球”。

【观念应用8-1】

老乡鸡的“流量密码”

2023年的国庆假期，打工人们放了一个8天小长假。可老乡鸡的鸡，却一直没有闲着。

原来，2023年是老乡鸡品牌成立的20周年。为感谢父老乡亲们的支持，老乡鸡董事长束从轩霸气放话：“10月8日中午，我请全国人民吃鸡。”

消息一出，便迅速登上热搜。虽然这波“土豪”式的营销活动带来了很高的热度，但活动准备不足，也引起了不小的争议，老乡鸡也在微博上致了歉。无论是门店的车水马龙，还是热搜引发的热议，这波营销都让老乡鸡挣足了眼球。

据悉这次老乡鸡请客吃午餐，是董事长束从轩想出来的点子。事实上，这并不是老乡鸡第一次请客吃饭。“请客营销”也只是老乡鸡各类花式营销中的一种。

老乡鸡的“走红”，首先源于那场著名的“手撕联名信”事件。2020年的元宵节，老乡鸡董事长束从轩在发给员工的鼓励视频里，亲手撕掉了多名员工要求“减薪免薪”的联名信，并且喊话员工：“就算卖车卖房，也要确保旗下16328名员工有饭吃、有班上。”

“手撕联名信”的热度刚过不久，束从轩召开了一场20世纪80年代风格的土味发布会。红砖、土墙、红色绸布盖住的长桌，以及他标志性的蓝色秋衣……在这场发布会中齐齐出场。土味十足，却意外吸引了广大网友的关注。此后，老乡鸡还通过自爆自己的食品安全问题和BUG式营销收获了一波好印象。

特别值得一提的是，不同于一般品牌，老乡鸡成功的一大特色在于特别打造了“董事长IP”。和人们印象中的高冷总裁不同，老乡鸡创始人束从轩每每出现在公众场合，都是以亲切、接地气的形象，拉近了路人缘。

束从轩是一个军人出身的60后老板，退伍后从事养殖业，养殖鸡种为肥西老母鸡。养殖业饱和后，发现快餐业与原先从事的养殖业有高度的关联性，于是开了第一家以鸡肉为特色的快餐店。开业前，他精心筹备，撰写各类餐厅运营手册，亲自抓各项管理、装修、服务工作，事事亲力亲为，创业16年，只休息13天。他顺应潮流，既能唱跳Rap，一段刘畊宏减肥操说来就来，也能一本正经地教你分辨笨鸡蛋和洋鸡蛋之间的细微差别。

资料来源　晏涛．案例解读｜又被老乡鸡刷屏了！长文拆解老乡鸡的“流量密码”[EB/OL].[2023-12-13]. https://www.163.com/dy/article/IGS7N2EG051993MA.html?spss=dy_author.

问题：老乡鸡是如何塑造和利用创始人的形象的？

（2）定位品牌角色。

对品牌进行人格化，一定要搞清楚：在与目标群体的对话中，品牌要扮演一个什么样的角色，要与目标群体建立何种关系。

一般来说，可以把品牌角色分为朋友、老师、长者、达人、专家、管家等。比如小罐茶，用8位制茶大师作为品牌人格和形象，突出表现采茶、制茶过程中的专业性，专家的身份让这个品牌在行业内具有了话语权，同时也能增加用户的信任度，所以赢得了巨大的销量。

还有“罗辑思维”，它的角色定位就是老师，每天早上播送60秒语音，为用户重组知识、更新思维方式。通过类似“传道授业解惑”的方式，“罗辑思维”的追随者和“粉丝”量迅速扩大。

因此，在品牌人格化的过程中，要时刻思考：我们的品牌定位于怎样的角色？我们的品牌能够为用户提供怎样的价值？结合产品属性和自身优势，定位好品牌角色，是至关重要的一步。

（3）代言人要与品牌的个性相一致。

个性是品牌的灵魂，它体现了品牌的价值内涵，也就决定了品牌拥有的不同消费群。比如，茅台的品牌个性是尊贵、高端，万宝路的品牌个性是阳刚、豪迈。同样，代言人也有不同的个性，有的成熟稳健，有的青春时尚……代言人个性同品牌个性吻合一致是品牌传播效果优化的关键，两者只有协调一致、精准对接，形象代言人才能很好地演绎出品牌的个性内涵，互相辉映，为品牌形象增光添彩；如果两者不一致甚至相悖，只会稀释甚至损害品牌形象，还会失去一部分品牌忠诚者的心。

例如，可口可乐与其代言人的组合就符合个性对接原则：可口可乐品牌个性彰显着自由、奔放、热情、永远执着和永远年轻的因子，其代言人一贯为青年喜爱的新生代偶像，他们浑身无不散发着青春活力，较好地吻合了品牌个性的要求，可口可乐的品牌形象因此能长久地保持鲜活的感召力。

【课程思政8-1】

代言优衣库被骂惨

2023年10月5日，日本宣布启动第二轮核污水排海，引发全网骂声一片，抵制日货清单再次登上热搜。

然而，相距不到10天，日货品牌优衣库官宣了新的代言人：女演员宋某成为秋冬时尚大使，并空降优衣库广州线下门店出席秋冬新品展会。

消息一出，网友炸锅了：说好的一起抵制日货，转身就被内娱女明星带头背刺……

不光网友不理解，就连宋某的真爱粉看到新代言也纷纷质问工作室：“品牌代言千千万，这个钱真的非赚不可吗？”

要知道，抛开一直在约的其他明星代言，貌似是核污水事件后，公开为日系品牌站台的第一人……核污水只是其一，更致命的是优衣库还曾是外资品牌抵制新疆棉联盟的其中一员。

宋某引争议，连带着于曼丽也“塌房”了，再也无法直视《伪装者》中那个为国捐躯的凄美又壮烈的经典角色。对此，网友辣评：“戏中于曼丽，戏外汪曼春。”

新品会直播后，宋某的小红书、微博评论区全面沦陷，路人缘崩盘。

2023年6月，传闻日本将排放核污水的时候，全网就掀起了一阵自发抵制日货的热潮，6·18退货潮来势汹汹。而后，关于核污水的争议声不绝于耳。

明星及其团队但凡在开展商务合作前进行了市场调研，也能有效避免陷入舆论风波之中。

以Prada为例，凭借着用谁谁出事、精准踩雷的“代言人杀手”玄学技能，Prada总被“翻车”“塌房”等负面舆情缠身，被网友调侃代言违约金才是Prada的主业。2023年，Prada高调牵手女足，成为中国女足官方合作伙伴，努力摆脱“踩雷王”品牌人设，斩获一片好评，成功扭转品牌舆情。

明星代言引发争议，理应正视消费者及粉丝的诉求，出面回应并割席，也能及时挽救声誉。宋某代言优衣库遭抵制，事前调研缺失，事后公关缺席，无疑加剧了网友及粉丝的失望情绪。当商业选择违背道德底线时，明星就该果断拒绝或及时终止合作。

这次的优衣库代言事件，还揭示了品牌与明星代言合作的新态势。长久以来，明星频繁“塌房”，消耗品牌形象和口碑的不在少数。倘若品牌没有及时割席，就容易造成“引火烧身”，连带着品牌也被加入抵制阵营。而与饱含负面争议的品牌合作，也会反向损坏明星人设与路人缘口碑。这就代表着，品牌与明星代言正式进入到双向选择阶段，彼此的关联愈来愈密不可分。

资料来源 DELLA. 代言优衣库被骂惨，内娱“嫂子之光”塌了［EB/OL］.［2023-12-13］. https://www.163.com/dy/article/IHGUMN3O051786VH.html?spss=dy_author.

问题：近年来明星代言翻车的现象你还知道哪些？你如何看待这种现象？

（4）品牌个性不能太复杂。

虽然人的个性极其复杂、难以捉摸，但是如果让品牌个性太复杂，那是没必要的。公司常常会碰上这样的问题，即一个品牌应该有多少个性特点。这并没有标准答案，但是一般不应该超过七条或八条，再多的话，公司就很难面面俱到地表达那么多的个性而不把消费者搞糊涂。最好重点建立三到四条个性特点，并使之深入人心，而不要试图通过复杂的宣传活动来推广十条或更多的个性。

（5）注重品牌人设的打造

“人设”是“人物设定”的简称，这个概念来自动漫。在动漫创作中，需要首先规划设计好每个人物的大致轮廓，包括人物的基本设定：姓名、年龄、身高、个性及兴趣等。简单来说，就是创造一个完整的人物。后来，这个概念延伸到娱乐圈，被运用到偶像的制造当中，无论是新艺人还是老艺人，都必须有清晰而讨好大众的人设，比如靳东的“老干部”人设、鹿晗的“小鲜肉”人设等。随着社交媒体的发展，“人设”也越来越多地被用在品牌营销上。

品牌人设就是一个品牌的标签，品牌有了人设，品牌个性才会更加鲜明，才更容易被受众识别和记住，同时也能凭借人设圈粉。换句话说，打造品牌人设就是定位理论中的“抢占用户心智”。事实证明，具备鲜明“人设”的品牌更受年轻人欢迎，也更容易在社交媒体上引发互动传播。

就拿太二酸菜鱼来说，品牌故事就是老板认真做鱼，因为他忘记开门甚至连店名都没想好，被顾客笑话太傻太二，所以才取名“太二”。这样的品牌故事不仅让品牌名深入人心，也利于流传，提高了品牌知名度。为了深化自身品牌形象，太二酸菜鱼还定期以品牌衍生出来的“二老板”和“小二哥”为原型创作漫画，持续在公众号、微博等自媒体输出内容，打造品牌IP形象，以IP人物的故事脚本重新包装门店，重构消费场景，突破了次元壁，拉近了与用户之间的距离。品牌人设的打造，让太二酸菜鱼变成了有温度、有个性、有喜好、有情怀的品牌，由此增强了品牌的辨识度，将自己化成了一个有血有肉的“人”，能使消费者体会到人情味，从而让消费者产生情感共鸣，最终增强对品牌的黏性。

相关链接8-1

电影中的坏人为什么不能使用iPhone?

总之，品牌建立人设的目的是将品牌形象生动化，让用户能够迅速联想与记忆，但是最主要的还是要打造好产品；否则，产品质量不过关，人设就不能立住。切不可为博眼球打擦边球，违背主流价值观。

8.2 消费者的自我意识

每个人都有自我意识，它是个体通过与父母、同伴、老师以及其他重要人物的相互作用而形成的。一个人的自我意识对他自己来说是非常重要的。自我意识与生活方式有着非常密切的关系。如前所述，在很多情况下，生活方式就是一个人自我意识的外在表述。换句话说，在一定的经济收入和能力条件下，一个人所选择的生活方式，在很大程度上受他的自我意识的影响。

从心理学的角度来看，自我意识是隐藏在个体内心深处的心理结构，是个体的意识发展的高级阶段，是个性的自我调控系统。个体正是通过自我意识来认识和调控自己，在环境中获得动态平衡，求得独特发展的。

8.2.1 自我意识的含义和特点

1）什么是自我意识

自我意识是个体对有关自己一切的知觉、了解和感受的总和，是指自己可意识到的执行思考、感觉、判断的部分。它涉及“我是谁”“我是什么样的人”“我应该是什么样的人”等一些基本的价值判断。由于每个人都需要在行为上与他的自我意识保持一致，因此，有关其自我的知觉也就构成了其个性的一个基础。这种与自我保持一致的行为，有助于维护个人的自尊，也使他在与别人交往时具有一定的预见性。例如，一个内心追求高品质生活的人，可能会希望拥有一辆豪华轿车和一栋高级别墅；而一个内心渴望自由、无束缚的人，则可能会希望拥有一辆跑车，四处旅游。这些决定了消费者往往喜欢购买那些他们认为与自己的自我概念相吻合的品牌。

2）自我意识的特点

自我意识具有如下几个方面的特点：

（1）自我意识是习得的而不是天生的。心理学研究表明，婴儿是没有自我意识的。个体自我意识从发生、发展到成熟，大约需要20年的时间。

（2）自我意识具有相对的稳定性和持久性。人的自我意识一旦形成以后，就具有相对的稳定性和持久性，除非发生重大的生活变化，否则是很难改变的。

（3）自我意识具有一定的目的性，在很大程度上对一个人的自我起到保护和加强作用。自我意识虽然是隐藏在内心深处的心理结构，但它具有很强的自我防御功能，一旦受到侵害，就会本能地做出反应。所以，我们轻易不要攻击别人的信仰，免得自讨没趣。

（4）自我意识的独特性。每个人的自我意识都是独特的，当然在不同的条件下人们可能受不同的自我意识的影响。比如，在有些情况下人们主要看重生理的自我，而在另一些情况下人们对社会的自我更在意。

8.2.2 消费者自我意识的结构

自我意识是一个具有多维度、多层次的复杂心理系统，可以从形式、内容和观念上对它进行分析。

1）自我认识、自我体验和自我调控

从形式上，自我意识表现为认知的、情感的、意志的三种形式，分别称为自我认识、自我体验和自我调控。

自我认识是自我意识的认知成分，指消费者对生理自我（如身高、体重）、心理自我（如思维活动、个性特征等）和社会自我（如人际关系）的认识。它包括自我感觉、自我观察、自我分析和自我评价等。

自我体验是自我意识的情感成分，在自我认识的基础上产生，反映消费者对自己所持的态度。它包括自我感受、自尊、自信、成就感、内疚、自豪感等。

自我调控是自我意识的意志成分，指消费者对自己行为与心理活动的自我作用过程。它包括自立、自主、自律、自我控制和自我教育等层次。

2）生理自我、社会自我和心理自我

从内容上，可以把消费者的自我意识分为生理自我、社会自我和心理自我。

所谓生理自我，是指消费者对自己的生理属性的认识，包括对自己的身体、容貌等方面的认识。消费者对化妆品、服装、健身器材等的消费，就是生理自我的表现。

所谓社会自我，是指消费者对自己的社会属性的意识，包括对自己在各种社会关系中的角色、地位、权力等方面的意识。因此，别人看待他的方式或者他认为别人看待他的方式，能够对他的购买行为产生影响。

所谓心理自我，就是消费者对自己心理属性的意识，包括对自己的人格特征、心理状态等的认识。其中，对自己人格特征的认识对消费者购买行为的影响最大。比如，常常听有的消费者这样描述买某商品的原因："它符合我的风格。"

3）现实自我、投射自我和理想自我

从自我观念上看，可以把消费者的自我意识分为现实自我、投射自我和理想自我。

现实自我是消费者从自己的立场出发对现实的自我的看法，也即对实在的自我的认识。它是消费者对自己现实的观感。

投射自我即别人眼中的自我，是消费者想象中别人对自己的看法，如想象自己在他人心目中的形象、想象他人对自己的评价以及由此而产生的自我感。但投射自我与现实自我之间往往有差距，当差距加大时，便会觉得自己不被他人所理解。

理想自我是消费者从自己的立场出发对将来的自我的希望，也是个人想要达到的完善的形象和追求的目标。理想自我虽然不是现实的自我，但它对个人的认识、情绪和行为的影响很大，是个人行为的动力和参考系。对消费者来说，理想自我是导致最多地购买自我提高产品的部分。比如，书籍、化妆品、整容手术或一些高档产品等都是导致自我发展的产品。一项针对中国年轻一代消费者的调研表明：有78%的消费者同意“我希望自己是一个现代化的中国人”，而只有18%的人认同“我希望自己是一个西方化中国人”。“西方化的中国人”意味着“跟随”、“被动”和自我的遗失，而自主、先进、适应潮流的“现代化中国人”概念才能最好地表达中国人应有的精神风貌。

4）延伸自我

消费者购买某些产品的目的，有时是表明自己的某些特别重要的方面。贝克尔发展了一种称为延伸自我的理论来解释这种现象。延伸自我说明了消费者有时根据自己的拥有物来界定自我。有些拥有物不仅是自我意识的外在显示，同时也构成了自我意识的有机组成部分，如果丧失了那些关键性的拥有物，我们将可能成为另外的个体。因此，消费者所拥有的财产或者所购买的商品常常被消费者本人看作消费者自己的自我意识的延伸或扩展。比如，如果消费者拥有一套豪华别墅，那他本人往往把自己看作是成功和富足的。可以这样理解：我就是我所拥有的，我的拥有物构成了我；如果丧失了这些拥有物，我将不成为我，而成为另外的我或另外的个体。消费者延伸的自我是自我与产品结合最紧密的一种形式。

消费者用于自我定位及延伸的物品可以划分为四个层次：

（1）个人层次：珠宝、汽车、服饰等。

（2）家庭层次：私宅、私宅内的装潢和摆设等。

（3）社团层次：邻居、籍贯，如社区关系密切的人。

（4）集团层次：特定社会阶层、相关群体等。

8.2.3 自我意识与产品的象征性

注意观察实际生活中的许多消费现象不难得出这样一个结论：商品（或劳务服务）除了具有使用价值以外，还有一种象征性的价值。换句话讲，不同档次、质地、风格的商品能反映一个人的自我形象。消费者评价、选择一件商品，不仅看其使用价值如何，还要看它是否有助于“使我成为我想象或期望的那样的人”以及“我希望他人如何看待我”。消费者总是购买那些自认为与其自我形象相一致的商品，而不去买与自我形象不一致的商品。有的时候，虽然在别人看来某种商品对他不合适，但只要消费者自认为是符合自我形象的，他就会购买。大多数消费者都希望自己所购买的商品能反映自己的自我形象，或者突出其形象的某一方面。也正是从这个意义上讲，消费者的自我概念对其购买行为具有重要的作用。

那么，哪些产品最有可能成为传递自我意识的符号或象征呢？一般来说，成为象征的产品应具有三个方面的特征：第一，应具有使用可见性。也就是说，它们的购买、使用和处置能够很容易被人看到。第二，应具有变动性。换句话说，由于资源禀赋的差异，某些消费者有能力购买，而另一些消费者则无力购买。如果每人都可拥有一辆“奔驰”车，那么这一产品的象征价值就消失了。第三，应具有拟人化性质，能在某种程度上体现一般使用者的典型形象。像汽车、珠宝等产品均具有上述特征，因此它们很自然地被人们作为传递自我意识的象征。

【教学互动8-2】

所有的产品都具有象征意义吗？为什么？举例说明。

互动要求：同“教学互动1-1”。

8.2.4　消费者的自我意识与品牌选择

消费心理学研究认为，人们可能从消费者所使用的品牌、他们对不同品牌的态度以及品牌对他们的意义等方面来判断他们的自我（个性）。消费者对自己具有明确的认知，在选择品牌时会考虑这个品牌是否适合自己的“自我形象”，他们只会购买有助于加强自己形象的品牌，这一点与人们选择性格比较接近的人做朋友是一样的。

依据自我形象来判断其个性的方法是基于心理学家罗杰斯的“自我论”的。该理论中，罗杰斯提出了“自我观念”。它是指人们由于自己的特性而进行认知的一种方法。不同的人对自己有不同的认知，从而形成自己是属于哪类人的观点。

越来越多的研究支持自我观念的理论，研究包括不同的产品领域，如汽车、清洁用品、衣服、家用电器、家具以及休闲娱乐活动等。例如，对一些购买与拥有汽车的消费者的研究表明，绝大多数汽车主的形象与汽车品牌的形象是和谐一致的。

现实自我观念与理想自我观念之中，哪一个更能反映消费者的购买行为呢？在这一问题上，目前的研究仍有分歧。但较为一致的观点是：现实自我观念与理想自我观念都与购买注意力有很大的相关性。这表明，二者同样都是选择品牌的重要指标。

然而，每个消费者的行为因其所处的境况而异。在家里看电视时喝的饮料的品牌与周末晚上和朋友在酒吧喝的饮料的品牌可能是不同的。此时有条件的自我形象，即人们希望他们在某个特定场合时的形象是品牌选择的重要因素。消费者常常根据所处的境况来选择品牌，使自我形象与周围人群对他的期望相适应。例如，人们常常对将在某种场合见到的人先进行预测和评价，然后根据他们的自我形象来选择适合这种场合的自我形象。

另外，消费者的自我意识对产品的品牌形象选择及购买行为的影响可能会成为无意识的和无须认真权衡与考虑的过程。例如，很多年轻女性也许会经常选购减肥饮料，因为她们的自我概念里包含了对苗条身材的追求，但在做出购买决策时，她们不大可能进行如此的思考。这意味着广告营销应该努力塑造产品形象并使之与目标消费者的自我意识相一致。虽然每个人的自我意识都是独一无二的，但不同消费者的自我意识之间也存在共同或者重叠的部分。例如，许多消费者的自我意识中都可能把自己视为环境保护主义者，那些以关心环境保护为诉求的公司和产品将更可能得到这类消费者的支持。白沙集团就是针对这类消费者的，它倡导环保主题，其形象诉求广告给观众描述了一种“鹤舞白沙，我心飞翔”的意境，并提出“这样的环境，需要每一双手呵护”的公益主张。这种社会责任感深深地感动了消费者，白沙集团从而在目标消费者心目中建立了良好的形象。

8.3 消费者的生活方式

生活方式指消费者对时间和金钱的态度以及消费选择的方式，简而言之，是消费者对于如何生活而选择的方式。在统计指标上十分相似的人，比如年龄、职业、收入、学历、种族、民族、生活区域都相同的人，在消费支出和商品选择方面会有很大的差别，这就是生活方式的作用。

生活方式可以通过个人的活动（activities）、兴趣（interests）和意见（opinions）来加以辨别，这也就是通常所说的AIO。生活方式影响我们的需求和欲望，同时影响我们的购买和使用行为。生活方式决定了我们很多的消费决策，而这些决策反过来强化或改变我们的生活方式。

8.3.1 生活方式的测量与分类

不同的人有不同的生活方式。即使社会阶层和职业都相同的人，他们的生活方式也可能不同。影响生活方式的因素除了社会阶层和职业外，还有动机、情绪、价值观、家庭生命周期、文化和亚文化以及过去的经历等。

测量并描述生活方式的常用方法被称作心理地图。心理地图是一种工具，这种工具使用心理的、社会的以及个人的因素，借由市场中消费者的性格、态度以及他们所接触的媒体等，来决定如何进行市场细分。利用心理地图，营销人员可以调整他们的营销策略，以适应各个不同细分市场的需求。

早期对生活方式的测量集中于消费者个人的活动，如消费者的行为、兴趣、看法等，即如前所述的AIO。现在的生活方式测量试图全方位地了解消费者的生活方式，其研究通常包括以下几方面：

•态度：对他人、地点、想法、产品等的评价性陈述。

•价值观：消费者认为什么是最重要的，以及拥有关于什么是可接受的和欲求的信念。

•活动和兴趣：消费者花费大量时间用于哪些非职业行为，如体育运动或社区服务。

•人口统计变量：年龄、收入水平、职业、家庭结构、少数民族背景、性别等。

•媒体使用特征：消费者使用哪一种或几种传播媒体。

•使用频率：对该类别产品的使用情况，即是大量使用者、中度使用者、少量使用者还是未使用者。

对生活方式的测量，首先要有大量的被试者（即被调查者），然后使用统计技术将这些被试者分组。分组一般是以态度、价值观或活动和兴趣为依据的，有时也可以以人口统计因素为依据。其他的比如媒体使用模式或使用频率等通常用作参考。

1）AIO量表

AIO量表是通过问卷调查的方式了解消费者的活动、兴趣和意见以区分不同的生活方式类型。研究人员从消费者中抽取大样本，以问卷的方式向被调查者提出一系列问题和答案，请消费者以文字表述或选择答案的方式回答。提出的关于活动方面的问题是消费者做什么、买什么、怎样打发时间等；兴趣方面的问题是消费者的偏好和优先考虑的事物；意见方面的问题是消费者的世界观、道德观、人生观、对经济和社会事务的看法等。表8-5列出了测量消费者态度、兴趣和意见因素的主要指标以及回答者的人口统计项目。

表8-5 **消费者态度、兴趣和意见测量表**

态度	兴趣	意见	人口统计项目
工作	家庭	自我表现	年龄
爱好	住所	社会舆论	性别
社会活动	工作	政治	收入
度假	交际	业务	职业
文娱活动	娱乐	经济	家庭规模
俱乐部会员	时尚	教育	寓所地理区域
社交	食品	产品	教育
采购	媒介	未来	城市规模
运动	成就	文化	生命周期阶段

研究人员通过分析消费者的回答，把回答相似的消费者归为一类，以识别不同的生活方式群体，从而为不同的细分市场制定相应的营销策略。

2）价值观和生活方式结构法

价值观和生活方式结构（values and lifestyles，VALS）法是研究人员阿诺德·米歇尔开发出来的。20世纪80年代，他根据2 713名美国消费者对800多个问题的回答，设计出一个把消费者分为9个生活方式群体的系统，称为VALS类型。VALS法综合两个视角来建立生活方式群体：一是马斯洛需要层次论；二是社会学家戴维·瑞斯曼关于内在驱动者和外在驱动者的划分。内在驱动者指从个性表达和个人品位上来判断价值的人，外在驱动者指受他人行为和反应影响而动摇决策的人。据此，VALS类型把人们归为“成就者”、“社会自觉者”和“归属者”这三类。例如，“成就者”和“社会自觉者”都是富足的，但外在驱动型的“成就者”会倾向于获得“权力象征”(如拥有一间外观给人深刻印象的房子)，而一个内在驱动型的“社会自觉者”更可能买一间具备有效动力装置的房子（如具备太阳能的）。

1989年，美国标准研究协会开发了VALS2，它不仅考虑了消费者的内在心理因素，也考虑了经济、人口、产品、媒介等因素及其变化，把一般的个性理论与研究产品扩散结合起来，按照人们的心理特征和收入、受教育程度、驱动力、购买愿望的迫切程度等背景材料将美国人细分为有明确差别的8个群体。

（1）实现者，指成功的、复杂的、积极的、能挣钱会花钱的人。他们是在许多背景上都很成功的消费者，关心社会问题，对变化持开放态度，对于上等的、补缺导向的产品的购买常常表现出文化素养。

（2）满足者，指成熟的、满意的、会思考的人。他们非常实际，偏好耐用、功能性和有价值的产品。

（3）成就者，指有成就的、职业与工作导向型的人。他们偏好对风险的预测和已确定的、有威望的产品，表示自己的成功和高贵。

（4）体验者，指年轻、有朝气、冲动和有反叛意识的人。他们在衣着、快餐食品、音乐、电影和录像上的消费占有很大的比重。

满足者、成就者和体验者都有有效的背景材料，但各自的人生观不同。

（5）有信仰者。他们有很强的原则，保守，遵循习俗和传统，偏好熟悉的产品和已知的品牌。

（6）努力争取者，指不确定的、不安全的、寻求一致的、受到资源限制的人。他们有些像成就者，但是背景材料少，关心他人的认同。

（7）制造者，指行动型的、自我满足的、传统的、家庭观念重的人。这些人偏好实用性或功能性的产品，有时喜欢自己动手设计制造自己使用的产品，常购买的产品有工具、汽车和捕鱼设备等。

有信仰者、努力争取者和制造者只有较少的背景材料。

（8）为谋生奋斗者，是处于社会底层的、受资源限制的人。这些人大多年老退休，背景材料最少，最关心目前需要的满足，是小心谨慎的购买者。

3）全球生活方式细分市场

市场营销正日益成为一种全球性活动，如果存在一种可以识别的、跨越文化差异的生活方式细分，将有助于营销人员制定跨文化的营销策略。

大型的、国际性的广告公司BSBW就发展了这样一个“全球扫描”系统。该系统是基于每年在全球14个国家或地区对15 000名消费者进行调查所获数据的基础上形成的。这14个国家或地区包括澳大利亚、加拿大、哥伦比亚、芬兰、法国、德国、中国香港、印度尼西亚、日本、墨西哥、英国、美国和委内瑞拉等。

在融合生活方式和购买数据的基础上，BSBW发现了5种全球生活方式细分市场。虽然这些细分市场或群体在上述国家或地区都存在，但研究表明，每一群体在人口总数中的百分比因国家和地区的不同而不同（详见表8-6)。

表8-6　　“全球扫描”识别的全球生活方式细分市场

奋斗者（26%）	起步中的年轻人，平均年龄31岁，很忙。他们努力奋斗去追求成功，同时承受巨大压力去实现各种目标。他们是物质主义者，追求安逸，及时行乐。由于缺乏时间、精力和金钱，他们尽一切可能寻求便利
成就者（22%）	年纪稍大并且在很多方面远远超越了奋斗者。富有、自信并处在事业高峰期。他们既是舆论领袖又是时尚倡导者。成就者塑造了社会主流价值观。他们重视地位，注重品质
受压抑者（13%）	这一群体属于社会底层，面临超过其他群体的各种各样的问题，其中很大一部分是女性。受压抑者面临经济和家庭上的各种问题，这些问题耗尽了他们的精力和资源，也剥夺了他们很多的生活乐趣
适应者（18%）	他们是年龄较大的群体，但这些人对新事物并不排斥。他们对自己和生活都很满意，在尊重新思想的同时又不放弃自己的标准。他们准备参加新的活动以丰富其晚年生活
传统者（16%）	浑身都体现出所在国家和文化的古老价值观，传统、保守、留恋过去。传统者偏爱那些已经尝试过和被认为是真实的事物，喜欢过去那些好的思维方式、饮食和生活习惯

资料来源　霍金斯，等. 消费者行为学［M］. 符国群，等译. 北京：机械工业出版社，2000：264.

生活方式测量的详尽程度有很大的不同。有的时候比较笼统，有的时候则很详细。比如，一项对海外旅游者的生活方式进行的研究中，根据旅游者是否以这样或那样的方式积极参与变革他们所生活的世界，把旅游者分成两类：“变革与震撼世界者”与“恋家者”。而另一项与流行服饰相关的生活方式的研究包括了40个陈述句，如“我选择那些适合我年龄的衣服”或“无论在什么场合，我都按照我的意愿着装”。

另外，在用心理描述法测量生活方式时，对生活方式的分类也不可以一概而论。比如，一项消费者价值观问卷调查发现，基于变化-稳定与创新-刻板这两个维度，可以将日本人划分为四种类型：成功者（有事业心）、知识分子（有个性）、团体主义者（充分利用团体获得最大好处）和依赖者（忠诚）。而在其他的国家如泰国、新加坡等则是按照完全不同的生活方式分类。美国、日本等市场经济发达国家早已将生活方式视为市场研究中的一项重要内容与方法。

8.3.2　新时期消费者生活方式的变化

互联网正以其无可比拟的优势和不可逆转的趋势渗透到经济社会的方方面面，再加上三年新冠肺炎疫情的影响，消费者的生活方式发生了很大的改变。

新时期消费者生活方式的变化主要表现在以下几方面：

其一，购物及社交沟通方式的改变。“在线便捷购物、线下社交体验”成为如今的消费者的主流生活方式。能在线上成交的，尽量在线上成交（反正可以7天无理由退货，还有品牌赠送的运费险），到线下店铺只是享受权益、体验服务、参加社交活动。与此相伴的是，快递行业几乎成了社会运转的新动脉。随着网络购物成为新常态，快递服务便成了连接实体商品与消费者的重要桥梁。不仅如此，快递行业的兴盛反映了一个更深层次的社会变迁——人们越来越依赖于“随需而至”的生活方式。

目前，对于很多需要线下体验的业态，比如餐饮、酒店、电影院，很多人都是线上下单（一是便宜，二是可以随时退/改单），然后再去线下体验。尤其是Z世代，他们愿意在手机上一家家逛品牌的线上渠道店铺，而不太情愿去步行街或街边店一家家去逛实体店。对于线下渠道，他们更青睐到超大型购物中心去，毕竟这里能满足所有的生活和娱乐需求。再加上直播电商逐渐成为主流商业形态之一，线下店铺的商业形态将会发生巨大变化。

其二，信息获取方式的改变。“两微一抖”和B站、小红书成为线上信息的第一源头。中国人的信息获取渠道正在从传统媒体（电视、报纸）和平台电商转向短视频直播间等流媒体，短视频等流媒体信息获取渗透率超过70%，而且越是下沉市场，抖音、快手线上购物越活跃。在乡镇市场，妇孺老幼集体刷抖音、快手已成为习惯。看电视的少了，刷抖音、快手的多了。

虽然线下的强制性媒体传播效果会弱化，但依然是传播的重要辅助媒介。以前，在高铁站、机场、地铁、客运汽车、小区电梯等处展示的户外广告具有强制性，广告效果较好，在短视频的冲击下，其效果递减，但仍无法替代。毕竟，广告的目的就是防止用户遗忘，并强化用户的印象。

相关链接8-2

小红书何以成为“生活观”的风向标？

其三，消费者的购买行为更加谨慎。换句话说，消费者不那么愿意花钱了，更多的消费者捂紧了钱袋子。叠加经济下行造成的影响，使人们的消费更加理性，冲动消费大幅减少。人们拼团购物成为日常生活消费形式之一；即使直播间刚冲动下单，几分钟后后悔又赶紧退单，导致直播的退货率居高不下；国产平替（有性价比的国产品牌替代国外大牌）成为消费主流；线上线下全网全域比价、看口碑……以上这些都成为很多消费者下单前的标准动作。

8.3.3 生活方式与市场营销

了解消费者的生活方式对市场营销人员是很有价值的。

首先，了解消费者的生活方式，可以预测消费者的行为。例如，一个有“绿色”价值观的人喜欢热爱大自然的生活方式。换句话说，这个人将更喜欢去购买自行车而不是汽车，更喜欢成为一个素食者而不是吃大鱼大肉的人，等等。因此，通过了解一个人的基本生活方式，就能够对他的购买行为、产品的类型和对于这个人最具有吸引力的宣传做出预测。如前面提到的两类海外旅游者——“变革与震撼世界者”与“恋家者”，前者总是积极地参与变革他们所生活的世界，比如积极介入社会和政治事务、积极参与体育活动、听音乐会、喜欢乘飞机到海外旅游等。而“恋家者”即使住在“变革与震撼世界者”的隔壁，其收入、文化水平和职业也都差不多，却有着完全不同的生活方式。家对于他们有着较重要的意义。他们花许多钱购置家具，还花费很多时间修缮、油漆和粉刷房屋。他们对汽车很感兴趣，爱看电视，爱读报纸。总之，通过对这两类人的生活方式的了解，我们就可以清楚地看出他们的购买或消费倾向。比如，我们可以预测前者要比后者更愿意旅游，或者更愿意到国外去旅游。

其次，了解消费者的生活方式，有助于选择目标消费者，进行恰当的市场定位。例如，瑞士帝豪手表是定位于高速运动中精确计时的手表，因此这家手表商的全球广告语是“压力之下，毫不屈服”，并赞助了我国澳门特区的汽车大奖赛、香港特区的赛马等。然而，并非所有的亚洲国家或地区的消费者都有这种精确计时与运动的生活方式。这家手表商发现中国的消费者不像其他亚洲人那么爱好体育，感觉到它的国际广告活动对中国人来说可能太体育化，于是这家手表商为中国制作了专门的广告，淡化了体育感，表达也更为直接。

最后，了解消费者的生活方式，有助于更为准确地把握和引导消费者的行为。例如，它可以使人们更准确地把握原先单靠人口统计指标、地理指标等难以划分的市场，如艺术、娱乐、旅游等市场。了解消费者的生活方式甚至可以用在百货商店、购物中心、超级市场中商品的摆放上。商品的传统摆放法已让位于有组织、有创意的摆放方法，商品可以不再根据其类型摆放，而是按照生活方式进行摆放。著名的老佛爷百货就做到了这一点。其管理者认为这样的摆放对消费者更具视觉刺激，更能激发购买欲望，更能使消费者在店中保持一种持久的兴奋感和冲动感。

本章小结

本章主要介绍了消费者的个性、自我意识和生活方式。

个性是个人在适应环境的过程中所表现出来的系统的、独特的反应方式。它是由个人在其遗传、环境、成熟、学习等因素交互作用下形成的，并具有很强的稳定性。个性具有以下几方面特性：自然性与社会性、稳定性与可塑性、独特性与共同性。有关个性的理论很多，本章我们主要介绍了卡特尔人格理论、弗洛伊德的精神分析理论、自我论和三种人格状态理论。关于个性类型的划分有两种方式：一种是基于纯心理学理论研究的成果，如内倾或外倾、内控型或外控型、自尊或自卑等；另一种是从应用的角度而划分的个性类型，如D型、I型、S型、C型。品牌个性就是品牌的独特气质和特点，是品牌的人性化表现。品牌个性具有以下这些价值：品牌个性的人性化价值、品牌个性的购买动机价值、品牌个性的差异化价值。

自我意识是个体对有关自己一切方面的知觉、了解和感受的总和，是指自己可意识到的执行思考、感觉、判断的部分。自我意识具有如下几个方面的特点：自我意识是习得的而不是天生的、自我意识具有相当的稳定性和持久性、自我意识具有一定的目的性、自我意识具有独特性。从形式上，自我意识表现为认知的、情感的、意志的三种形式，分别称为自我认识、自我体验和自我调控。从内容上，可以把消费者的自我意识分为生理自我、社会自我和心理自我。从自我观念上看，可以把消费者的自我意识分为现实自我、投射自我和理想自我。延伸自我说明了消费者有时根据自己的拥有物来界定自我。

生活方式指消费者对时间和金钱的态度以及消费选择的方式，简而言之，是消费者对于如何生活而选择的方式。测量并描述生活方式的常用方法被称作心理地图。心理地图是一种工具，这种工具使用心理的、社会的以及个人的因素，借由市场中消费者的性格、态度以及他们所接触的媒体等，来决定如何进行市场细分。其具体研究方法主要包括AIO量表、价值观和生活方式结构（VALS）法。AIO量表是通过问卷调查的方式了解消费者的活动、兴趣和意见以区分不同的生活方式类型。了解消费者的生活方式对市场营销人员是很有价值的。首先，了解消费者的生活方式，可以预测消费者的行为。其次，了解消费者的生活方式，有助于选择目标消费者，进行恰当的市场定位。最后，了解消费者的生活方式，有助于更为准确地把握和引导消费者的行为。

主要概念

个性　马基雅维利主义　品牌个性　品牌人设　自我意识　心理自我　延伸自我　生活方式　AIO量表

基本训练

□ 知识题

8.1　阅读理解

1）联系实际谈谈品牌个性的核心价值有哪些。

2）举例说明品牌个性的来源。

3）从自我观念上看，可以把消费者的自我意识分为哪几种？解释其含义。

4）什么是延伸的自我？消费者用于自我定位及延伸的物品可以划分为哪几个层次？举例说明。

5）了解消费者的生活方式对市场营销人员有什么价值？

6）简述AIO量表的含义。

8.2　知识应用

即测即评

□ 能力题

8.1　实务题

针对“全球扫描”系统中的5个细分市场，识别并描述与这5个细分市场相匹配的男、女电视人物或角色各一名。

8.2　综合题

分别调查10个大学生和10个大学教授群体（40岁以上），哪些产品最有可能成为他们传递自我意识的符号或象征？这两个群体在这方面有区别吗？其原因是什么？

写出一份调查分析报告。

8.3　案例分析

史上最丑鞋王火得一塌糊涂

洞洞鞋流行20年，被骂了20年，原罪在于一个字：丑！

在淘宝上搜索，各品牌的洞洞鞋，那真是各有各的丑点。无论其设计如何别出心裁、新奇独特，在视觉感受上总能给人以暴击，不愧是被评为审美灾难的一款鞋类。

诡异之处在于，无论你怎么骂它丑，一旦上脚之后，你会发现自己再也不能摆脱它了。这正是它能走过20年的原因所在。

成为“洞门”人

在网络上，对于洞洞鞋的忠实粉丝，甚至衍生了一种新的潮流门派——“洞门”。一朝入“洞门”，终生都是“洞门”人。

“当洞洞鞋从你的生命中出现过，其他的鞋子都会成为将就。”“这个世界上只有两种人，一种是穿过洞洞鞋的人，另一种是没穿过洞洞鞋的人，但没有只穿一次洞洞鞋的人。”

对于以上评价，没有穿过洞洞鞋的人，根本无法苟同，而拥有洞洞鞋的人表示不能再认同了。

就是这么一款丑出天际的洞洞鞋，在舆论场上的评价水火两重天，但丝毫不妨碍其成为现象级爆火单品。相信每一位“洞门”人爱上洞洞鞋的过程，走的都是妥妥的“黑转粉”路线。从毫不留情的狂喷，到誓死不从的抵抗，再到勉为其难的尝试，最后是矢志不渝的热爱和义无反顾的安利。

以一己之力劈开洞洞鞋市场的卡骆驰（Crocs），无疑是这条赛道中被黑得最惨的那一个，但如今也是风头最盛的主角。

丑，但有个性

丑是卡骆驰焊死在DNA里的特质。

在这20年里，什么难听的评价卡骆驰都曾收到过，但它始终坚守初心，把“难看”这一要素贯彻在整个品牌文化中，以致在2010年迎来品牌“审丑”的高光时刻：“荣获”《时代》周刊授予的“50项最糟糕的发明之一”的称号。

洞洞鞋的丑是公认的，卡骆驰也没有刻意去扭转外界对于这个品类根深蒂固的“偏见”，反而顺水推舟表明品牌的初心。2017年，卡骆驰发起一场讲述品牌多年来“被世界欺凌”的主题营销活动，喊出品牌的口号：我们很丑，但我们是独一无二的。当时卡骆驰营销总监Hedi Cooley说道：“就算被讨厌，也要保有自我个性的精神。”与其试图与黑粉和解，倒不如在黑红道路上借势而行，将品牌包装成独一无二的个性。独一份的丑陋，也可以视作独一份的“美丽”。此后，卡骆驰在这条“美丽”的路上愈发猖狂，已经达到目空一切的地步。比如，2017年和巴黎世家联名推出的恨天高版洞洞鞋。2022年，更是玩性大发地给洞洞鞋加了一个细高跟木底，离谱中又带着点搞笑气质，“巴味”十足。

不得不说，巴黎世家和卡骆驰这两个品牌，堪称天造地设的一对。它们都有着相同的共性——以“丑”为调性，用先锋而大胆的设计风格探索人们审美的包容界限。

通过跨界合作，让产品跳脱出居家休闲的单一框架，拓展洞洞鞋更具趣味性、时尚感、使用场景多样化的无限可能，也牢牢抓住了追求个性化的年轻一代消费者。

如今的洞洞鞋又加入了更多自我表达的潮流元素，鞋面上的各种配饰为洞洞鞋注入了有趣的灵魂。卡骆驰让鞋子不是日常穿搭不起眼的一部分，而是能提供个性化表达和情绪价值的创造载体。

资料来源 互联网品牌官. 史上最丑鞋王，火得一塌糊涂［EB/OL］.［2023-12-13］. https://www.cmovip.com/detail/32211.html.

问题：

1）根据本章的两个知识点来评析该案例。

2）谈谈该案例对你的启示。

第四篇　环境因素与消费者行为

第 9 章

影响消费者行为的社会环境因素

学习目标

通过本章学习，你应该达到以下目标：

知识目标：掌握社会阶层、参照群体的含义和特点；理解参照群体对消费者行为的影响方式；了解影响消费者购买角色变化的因素。

能力目标：具有运用社会阶层的特点预测其消费方式的能力；能运用家庭生命周期理论来具体分析某一（类）家庭的购买决策类型和消费特点。

引例

米博：新中产的清洁宠儿

QuestMobile发布的《2022新中产人群洞察报告》显示，85后、90后的“新中产”开始成为消费升级主力军，且人群消费规模还在持续扩大。

相比于以70后为主体的“旧中产”，这届年轻的新中产在审美观、消费观、财富观上有了许多新变化，比如他们是高科技产品的尝鲜者，领先的智能化产品、热门的新科技概念对其吸引力较强；在汽车领域更加活跃，是新能源汽车的主要受众；在追求品质生活的同时注重提高自身知识文化及身体素质；作为财富自由人群，他们有较强的理财意识，积极寻求实现资产增值的理财方式。

人群代际引发的消费偏好更迭，为品牌们释放着巨大的机遇。最近几年，一大批面向新中产的“新消费品牌”源源不断地诞生。其中，智能家居更是大热赛道。拥挤的赛道上，方太旗下的高端智能清洁品牌米博（miboi）做了个标准示范。

诞生于2020年的米博，在短短三年内，背靠着母品牌强大的科技实力和营销沟通能力，生产出了新中产家庭的“必备清洁单品”。这个刷新“方太印象”、野蛮生长的品牌背后，一整套抓住年轻新中产人的策略，正呈现在更多品牌眼前。

凭“跨界”创新产品，卡位高端智能清洁市场

产品是一切品牌的立本之源，品牌传递的一切愿景、理念、文化等，都必须立足于“产品使用体验”这一底层基础。

同时，这一届年轻人在消费上越来越务实、理性。他们不仅关注品牌们说了什么，也更关注品牌“能为我带来什么”——赢得新中产的第一步，就是打造能切实解决其生活难题的产品。

作为新品牌的米博，在上市不久，便凭借“做减法”+“跨界融合”的创新产品，以强势产品力打响了“高端”定位。比如，米博推出的“无滚布洗地机”，彻底解决了传统滚布型洗地机带来的二次污染、滚布发臭、清理麻烦等问题。

用场景内容种草，推广减法生活方式

面对热衷追求品质生活方式的新中产，基于产品创新中的“减法设计”理念和“品质生活”方式，米博延展并持续传播着品牌独有的“减法生活”。例如2023年5月4日，米博无滚布洗地机7系列的发布会上，品牌就为更多潜在用户构建出一个具象化的“减法生活图景”。

这场发布会中，米博邀请董洁作为产品体验官出席。董洁本人其实就是一个一直践行“减法生活”并“追求精致生活”的样板，或者说董洁本身就是米博目标人群的一个代表性人物。她和很多新中产一样，在生活中其实并不追求过多的物质堆砌，能够满足自己精致生活所需、彰显自我审美的产品就足够。许多年轻白领和精致妈妈，都能从她身上看到自己的“所需”。她直播间里一直传递的松弛感和舒适感，也正是当下身处焦虑环境下的新中产们所需要的。

借真实用户故事，达成高阶情感共鸣

2023年母亲节，米博讲述了一个存在于千家万户中的“爱干净的妈妈”的故事，并通过展示“米博为妈妈们节约清洁时间”，让更多妈妈们都能感同身受。

不止如此，米博还趁势在小红书上发起“听妈妈的心底话”的话题互动。以此鼓励妈妈们说出自己的愿望，也借此呼吁大众看见妈妈的隐形劳动，听见妈妈的隐秘心声，达成“为妈妈减负”的社会共识。

品牌们应该意识到，只有真正的用户故事才能更有可能激发真实用户的代入感，并撬动其自传播热情。就像此次母亲节，在妈妈们的主动发声和传播中，米博不仅突围节点营销同质化困境，收获了一大波精准的妈妈人群热度，更让“米博关注妈妈家务负担，专注为妈妈人群减负，持续释放品牌人情关怀”的心智深入人心。在用户故事的交互中，品牌与用户的情感链接不断强化。

资料来源　品哥. 三年刷新“方太印象”，米博正在成为新中产的清洁宠儿［EB/OL］.［2023-12-13］. https://www.163.com/dy/article/I6G5URPH051993MA.html?spss=dy_author.

上述案例表明，谁赢得了这届年轻的新中产，谁就等于掌握了高速增长引擎。“不只做创新功能型品牌，更要做生活方式和情感型品牌”——不管是方太还是米博，这样的品牌塑造思维革新，根本上还是源于消费人群的需求迭代。这届年轻人，尤其是物质丰盈的新中产正在阔步走向马斯洛需求顶端，他们不仅需要更优质的产品、服务、生活体验，还在进一步追求情绪、情感共鸣和自我价值实现。

消费者购买行为分析的内容主要就是在分析消费者购买决策的基础上，进一步分析影响消费者购买决策的因素。一般来说，影响消费者购买决策的因素不外乎三大方面：个人因素、环境因素和营销因素。前几章研究分析了影响消费者行为的个人心理方面的原因，本章和第10、11章将分析影响消费者行为的环境因素，它包括社会环境因素、文化因素和情境因素三个方面。

9.1 参照群体与消费者行为

群体是指由两个或两个以上的人为达到某种目标而组成的相互影响、相互作用的人群结合体。根据这一定义，群体不能太大，因为太大的群体中的成员无法意识到对方的存在，也不可能彼此都有交互作用。此外，在马路上一起围观车祸的一群人，或各自买票而进同一影院观看电影的一群人，也不能算是群体。

9.1.1 参照群体的概念与类型

所谓参照群体就是指对个人的行为、态度、价值观等有直接影响的群体。虽然个体并不一定是该群体的实际成员，但它对个体行为的影响却是很大的。

从消费者行为学的观点来看，所有影响消费者购买行为的正式和非正式群体都是人们的参照群体。消费者可以使用产品或品牌来认同某一群体或成为其中的一员。他们通过观察参照群体成员的消费方式来学习，并在他们自己的消费决策中使用同样的标准。

参照群体可以分为直接的参照群体和间接的参照群体，如图9-1所示。直接的参照群体是直接接触到人们生活的面对面的成员群体关系。他们可以是主要成员群体或次要成员群体。主要成员群体包括人们以非正式的面对面的方式经常相互影响的所有群体，如家庭、朋友或同事。相反，人们与次要成员群体的交往是非持续且更正式的，这些群体如俱乐部、宗教团体等。

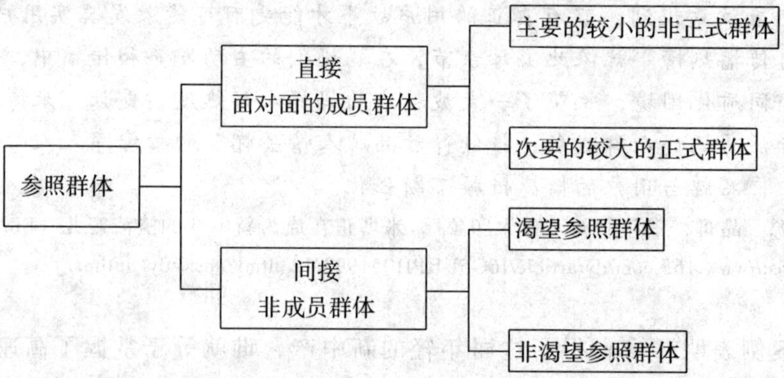

图9-1 参照群体的类型

间接的非成员群体包括渴望参照群体和非渴望参照群体。渴望参照群体是人们渴望加入的群体；非渴望参照群体是人们试图与其保持距离、避免与其有关的群体。

9.1.2 参照群体对成员行为方式的影响

大多数人都会选择一些群体作为参照群体，那么参照群体是怎样影响消费者的情感、认知和行为的呢？

1）群体规范的影响

群体规范是指群体所确立的、每个成员必须遵守的行为准则。每个群体都有特有的行为准则。这种准则，有的是明文规定的，有的是约定俗成的，但都有约束和指导成员行为的效力。群体成员的态度和行为如果符合群体规范，就会受到群体的肯定；如果成员偏离或破坏其准则，群体就会运用各种方法加以纠正。当然，群体规范不是一成不变的。随着形势的变化，它也会发生变化。此外，参照群体对成员行为的影响既可以是主动的，也可以是被迫的。也就是说，成员既可以主动模仿别人的行为，也可能在群体压力下不得不采取某种行为。后一种现象在社会心理学中又被称为从众现象，即一个人因受别人影响而按照别人的行为方式去行动。

2）信息性影响

参照群体对信息的影响是将关于消费者本人、他人、物质环境方面等的有用信息传达给消费者。对消费者来说，信息既可以直接获得，也可以通过间接的观察而得到。同时，消费者对信息的接受，既可能是他有意识地、主动地寻求来的，也可能是他在偶然的情况下或不经意间听到的，还有可能是参照群体的成员或者意见领袖热心地推荐或劝说的结果。

3）功利性影响

消费者为了获得赞赏或避免惩罚而采取的消费行为，就是功利性影响。当消费者认为参照群体能够控制奖励和惩罚，而且他们本人也希望得到相应的奖励或避免某种惩罚的时候，这种功利性影响就出现了。比如，为了得到朋友们的赞同，你会专门购买某一品牌的化妆品或摩托车。还有，一些口香糖或洗发水广告中显示人们会不喜欢别人的口腔异味或头皮屑，以此来向人们推销某种产品。

4）价值表达的影响

参照群体对价值表达的影响表现在它能影响人们的自我认同感，这是以个人对群体价值观和群体规范的内化为前提的。在这种情况下，即使没有外在的奖励与惩罚，个人也会按照群体规范来行事，因为群体的价值观已经成了个体自身的价值观。

【小资料9-1】

阿希的从众实验

美国社会心理学家阿希曾做过一个著名的从众实验。该实验以大学生为被试者。实验材料是十八套卡片。每套两张，每次向被试者出示一套卡片。其中一张卡片上有一根标准垂直线，另一张卡片上有三根长短不等的垂直线，里边只有一条垂直线与标准线等长。实验者要求被试者从A、B、C三条垂直线中选出一条与X标准线等长的垂直线（如图9-2所示）。

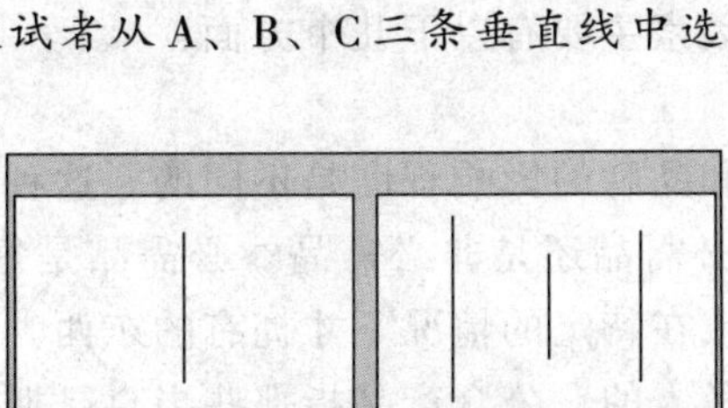

图9-2　阿希从众实验

实验设置了特殊的情境。每次实验有一个被试者参加，让几个实验者混在被试者中间冒充被试者，让他们说假话。实验时用一张圆桌，真假被试者围桌而坐，实验者每拿出一套卡片，被试者就逐一回答，但是规定好由前面几个假被试者一一口头回答，真被试者总是安排在最后第二个回答。十八套卡片呈现十八次，第一至第六次，假被试者都做了正确的选择，当然真被试者也做了正确的反应。第七次开始，假被试者都故意做出了错误的选择，实验者观察被试者的选择是从众还是独立。

实验结果发现：第一，有四分之一到三分之一的被试者保持了独立性，每次的选择反应无一次从众行为。第二，约有百分之十五的被试者平均做了总数的四分之三次的从众反应，即从众行为平均四次中有一次。第三，所有被试者做了总数的三分之一次的从众反应，即三次中有一次从众。

【观念应用9-1】

从众心理对消费行为的影响

心理学家温卡特桑对消费者行为中的从众性和依赖性进行过实验研究。他的受试者是某大学管理系的144名学生。有A、B、C3套不同质量的男用西服，实验者要求学生们就式样、色彩和尺寸等进行综合考虑，从中挑选出一套自认为最好的服装。实验在3种条件下进行：一是控制条件；二是从众条件；三是对抗或诱导条件。控制条件是让个人在没有集体影响的情况下任意挑选。在其余两种实验条件下，个人都处于小集体当中。这个小集体只有4人，3人是协助实验者的工作人员，他们名义上也是受试者，而真正的受试者只有1人，但他并不了解这种安排，以为他们和自己一样。在从众的条件下，名义的受试者事先由实验者指定，一致挑选B为最好的服装。在宣布各自的评选结果时，先由名义受试者依次发言，都说B是最好的服装。实验结果表明，在从众条件下，受试者选择B为最好服装的比例最高。

问题：评析上述案例。

9.1.3 参照群体对消费者购买决策的影响因素

参照群体不会对消费者的每项购买决策都施加影响，即使在群体影响确实起作用的情况下，消费者也会受到其他变量的影响。因此，在不同的情况下，参照群体对消费者购买行为的影响程度是不一样的。也就是说，参照群体对消费者行为的作用力的大小是不一样的。其影响因素主要有以下几个方面：

1）产品的影响程度

参照群体对不同产品和品牌的影响程度是不同的。这种不同的影响至少体现在两个方面：一是这种产品是必需品还是非必需品。必需品是每个人都必须拥有的东西；非必需品是特定阶层的人或在特定的情况下才拥有的东西。二是他人对这种产品的认识程度，即是公众的还是私人的。公众产品指那些当自己拥有和使用时能引起其他人重视的东西；私人产品指那些在家里使用的、别人无法注意到的东西。这两个方面结合起来就构成了如表9-1所示的组合。一般来说，产品的必需程度越低，参照群体的影响程度越大；产品的公众性越强，即产品和品牌的使用可见性越高，参照群体的影响力越强。

表9-1 **参照群体与产品和品牌**

	必需品	非必需品
公众的	公众必需品 参照群体对产品的影响力：弱 参照群体对品牌的影响力：强	公众奢侈品 参照群体对产品的影响力：强 参照群体对品牌的影响力：强
私人的	私人必需品 参照群体对产品的影响力：弱 参照群体对品牌的影响力：弱	私人奢侈品 参照群体对产品的影响力：强 参照群体对品牌的影响力：弱

2）个人与参照群体的关系

一般来说，个人对参照群体越忠诚，他就越会遵守群体规范，参照群体对他的影响就越大。比如，当一个人要参加一个渴望群体的活动时，他就会非常重视自己的穿着打扮，而要参加一个非渴望群体的活动时，他就会显得很随便。

3）个人特征

个人在购买中的自信程度越低，他越容易求助于参照群体成员，参照群体对他的影响就越大。特别是在购买他不太熟悉的产品或重要的产品（如汽车、保险等）时，更是这样。此外，个性、安全感、地位等也对个体是否遵从群体规范起重要作用。个人在群体中的地位能影响他对群体规范遵守的程度。一般来说，一个人在群体中越受欢迎，或在群体中的地位越高，越能够自觉地遵守群体规范，与群体保持一致。

4）参照群体的特征

群体特征指的是影响个体遵从的参照群体的特征。群体影响个体的能力随着群体规模的大小、凝聚力的高低以及领导力的强弱而不同。群体人数越多，越难以达成一致，因而其影响力就会越小。群体凝聚力或领导力越强，其影响力就越大。

9.1.4 意见领袖

参照群体中经常包括意见领袖，他们是指那些经常能影响他人的态度或意见的人。从营销的角度看，意见领袖就是指那些在非正式的产品沟通中，就某一特定的产品或服务能够提供建议与信息的一群人。显然，说服这些人购买他们的产品或服务对营销人员来说是非常重要的。很多在今天成为人们生活一部分的产品或服务最初就是受到了这些有影响力的意见领袖的推动。

1）意见领袖的特征

意见领袖一般有以下几个方面的特征：

（1）人格特征。意见领袖通常是最早出于纯粹的好奇心而试用新产品和服务的人。他们通常是社区的活跃分子，不甘寂寞。同时，意见领袖一般都比较任性，具有公开的、独特的个性，这让他们更可能以与众不同的方式去尝试那些未知的而又让人感兴趣的产品和服务。此外，意见领袖通常具有高度的自信心，可能比一般人更健谈与合群，因而他们更具有影响力。

（2）独特的产品知识。意见领袖最大的也是最明显的特征，就是对某一类产品比群体中的其他人有着更为长期和深入的介入。由于某些原因，有的人对某类产品或活动有更多的知识和经验，因而在其他人看来，他在这方面更有权威。因此，意见领袖通常是和特定的产品或活动区域相联系的。

（3）丰富的市场知识。意见领袖虽然通常是和某种产品或活动相联系的，但也有这样一些人，他们似乎了解许多产品、购物场所和市场的其他方面信息。他们一般也愿意与人讨论产品或购物，主动向他人介绍关于产品的大量信息。

2）如何发现与寻找意见领袖

对于营销人员而言，由于意见领袖对其目标消费者具有强大的影响力，因此如何发现意见领袖便是一项相当重要的工作。但是，意见领袖通常并不显眼，要定位意见领袖并不容易，于是营销人员经常试图创造意见领袖。比如，很多企业用影星、体育明星或其他社会名流来宣传其产品。用知名人士做宣传的效果在很大程度上取决于该代言人的可信度与吸引力以及人们对他（或她）的熟悉程度。如果在代言人与产品之间能够建立起联系的话，用知名人士做宣传就可能获得成功。

在某些产品领域有职业性的意见领袖。比如，计算机行业的从业人员对计算机的品牌、理发师或美容师对护发品或美容品的意见对其他消费者的影响确实很重要。

此外，意见领袖也可以通过社会学技术测量出来。比如，可以通过使用大众媒体来确定意见领袖。例如，耐克公司推测《跑步者世界》的订阅者可能是散步鞋和跑鞋等产品的意见领袖。此外，也可以通过设计调查问卷的形式来确认意见领袖（详见表9-2）。

表9-2 意见领袖调查表

提示：这是关于________（产品类别）的一份简短的调查表。请仔细阅读每个句子。对于每个句子，请写出一个数字表明你对句中意见的看法。这些数字从1到7，数字越大表明同意程度越高。
1.我对________的意见好像与别人都不一样
2.当我考虑购买________时，我向别人征求意见
3.当别人选择________时，他们不向我征求意见
4.在我购买________之前不需要和别人商讨
5.别人向我征求购买________的意见
6.我很少问别人应购买哪种________
7.我认识的人根据我告诉他们的信息选择________
8.我在购买________之前，喜欢征求别人的意见
9.我常常劝说他人购买我喜欢的________
10.当我征求别人的意见后，我购买________感觉更好

3）意见领袖与营销策略

市场营销人员应该认识到，意见领袖并不普遍适用于所有的领域。一个人可能在某个领域扮演意见领袖的角色，但在另外一个领域则不是。可见，意见领袖的重要性在不同的产品或不同的目标市场上存在很大的区别。因此，对于不同的产品或品牌应该寻找不同的意见领袖。在使用意见领袖时应该注意以下几个方面：

（1）广告模特的使用。广告在使用模特时，应力图使消费者模仿意见领袖，因此模特的选择是很重要的。观察现今市场上的营销策略，有许多企业采用影视明星、运动明星等名人来推广产品，就是希望借这些名人在该产品上所具有的意见领袖性来推广产品。这种利用名人名誉担保的推广手法能否取得成功，还受到很多因素的影响，如名人的可信度、消费者对名人的熟悉度等。此外，企业在决定由谁来进行名誉担保时，还要考虑这个名誉担保者是否具有某些特质使他适合担任该产品的代言人。例如，有些名人同时扮演很多产品的代言人，这是否会引起消费者识别或记忆方面的混乱或冲突；或者，如果代言的名人在事后发生了一些绯闻或丑闻（如吸毒等），就可能对产品造成严重的负面影响。

一般来说，在营销或广告上利用名人的方式大概有以下四种：一是证言，主要是基于强调名人自身对该产品的实际使用，而由名人来证实该产品的品质与功效。二是名誉担保，即名人用他的名誉来保证产品的质量与功效。三是演员，即名人纯粹以广告演员的身份出现在产品的广告中。在这种情况下，名人单纯只是扮演广告片中的一个角色而已，并没有任何推荐或担保的意思。四是代言人，即名人长期担任某一产品或某一公司的代表性人物。

（2）样品的赠送。赠送样品时不能随机地以任何消费者作为样本，而应该尽量将产品送到可能成为意见领袖的人手里。比如，某汽车公司为了宣传它的某款新车，向6 000名可能的意见领袖提供新车，让他们免费使用一个周末。这些人包括经理和社区领袖，也包括经常提供意见却不受瞩目的人，如理发师。随后的市场调查发现，有32 000多人驾驶或乘坐了这种汽车，而其口头赞誉则流传更广。所以，如果营销人员能够辨认出意见领袖，给他们提供产品（像上述那样借给他们）是完全值得的。

（3）正确处理顾客的抱怨或投诉。因为消费者会同其他消费者谈论他们有关产品、商店和服务的经历，而意见领袖的谈论要比一般人的影响更大，所以当顾客的期望未被满足时，企业必须及时妥当地处理他们的抱怨或投诉。甚至在有些情况下，企业应当鼓励消费者去抱怨，因为这样能增加抱怨者对产品的忠诚度。

9.1.5 口碑营销

随着互联网的兴起，口碑营销不再局限于传统意义上的口耳相传，越来越多的消费者通过微信、微博、博客、电商平台、论坛、产品讨论区、贴吧等发布和传播关于企业的各种评价，影响范围和传播的速度远远超过面对面的口碑传播。

口碑被认为是影响消费者对品牌的态度和行为的重要信息来源，著名社会学家卡茨和拉扎斯菲尔德发现，在促使消费者态度由否定、中立到肯定的转变过程中，口碑传播所起的作用是广告的9倍。对企业而言，口碑是最经济、最有力的营销方式。比如，天猫也采取口碑营销。天猫用户在天猫购买商品后可以对商品进行打分评价，可以把购买和使用商品的体验写出来，后面的用户可以根据评价对商品进行判断。商家对好评极为关注，常常想办法提升服务来赢得用户的好评。天猫的打分系统直接影响商家的商品质量和服务质量，唯有通过良好口碑才能吸引流量，获得长期大量用户。天猫同时策划论坛和购物圈来让用户表达对购买商品的建议和感受，同时提供各种奖励，鼓励用户进行口碑宣传。天猫通过努力，培养出了众多高端“淘品牌”，包括韩都衣舍、御泥坊等，都是在天猫支持下获得成功的品牌代表。

1）口碑营销的优势

不同于传统营销模式的口碑营销最大的一个优势就是宣传费用低。自媒体时代，只要你的产品足够好，有强大的UGC宣传，人人都可以为你背书，成为你的“代言人”，而且效果远优于直截了当的各类广告宣传。

口碑营销第二个重要的优势是可信度高。在一般情况下，口碑营销都发生在朋友、亲戚、同事、同学等关系较为密切的群体之间，在口碑传播过程之前，他们之间已经建立了一种长期稳定的关系。其相对于纯粹的广告、促销、公关、商家推荐等而言，可信度要更高。这个优势是口碑营销的核心，也是开展口碑营销的一个最佳理由。

口碑营销的第三个优势是消费导向成交率高。在买手机、挑饭店或者选汽车的时候，人们都特别爱从亲戚朋友那里了解产品的使用感受和体验，因为对于消费者来说，亲戚朋友不带有利益驱使的反馈意见最真实、最具参考价值，而亲戚朋友的真知灼见往往也能最终左右消费者的选择结果。

2）口碑营销的策略

怎么样让消费者“自愿”成为品牌传播者，为产品免费推广呢？其实口碑广告制造爆炸性需求，绝不是意外和巧合，是有一定的方法的。

（1）重视顾客体验。

“用户至上，体验至上”，好的产品体验会让消费者好感度倍增，并因为产品使用过程中带给他超乎期望的惊喜而推荐给身边的亲戚朋友，分享它的品质、独到之处，顺便给自己塑造一种专业、聪明、关心周边人的社交形象，实现社交心理满足。

（2）意见领袖推荐。

意见领袖是联结企业和大众的最好纽带。在自媒体时代，意见领袖能够为消费者过滤、剔除无用信息，为消费者提供更权威、更专业的购买决策参考。受同侪心理影响，消费者在做购物决定前会受到相关群体评价的影响。这就不难解释，为什么消费者在做购买决策前总是喜欢参考他们的意见，尤其是体验过该产品的领域专家。而相较于普通人，消费者对专家的专业度和权威性又更加信任。比如，董明珠是格力的意见领袖，为了证明格力的新手机质量过硬，她把手机从空中摔下，制造话题；还有张瑞敏怒砸海尔冰箱一事，通过事件发酵，海尔诚信、品质严把关的企业形象深入人心。

（3）打造故事，传播内容。

如今的产品不仅是一个产品，也是社交场传播的工具。那么，如何让产品的传播因子更有持续性和传播力呢？这就需要品牌背后有一个好的故事、好的内容做支撑，好的品牌自己会说话。

（4）周到的服务。

把口碑做到极致，让消费者对你赞不绝口，在产品优秀的基础上，再通过无微不至的用户关怀和服务来提升品牌竞争力。比如，海底捞一直懂得“口碑决定好坏”的道理，他们为用餐的顾客提供各种免费的服务，如小吃、按摩、美甲、擦鞋等。

（5）宣传广告朗朗上口。

品牌的塑造需要长久坚持以及渠道的持续投放，而一句好的广告语无疑可以达到事半功倍的效果。不要小看这句广告语，它是产品给消费者的第一印象，是促使购买的直接动因，也成为广泛传播的首要条件。比如，“困了累了喝红牛”“爱她，就请她吃哈根达斯”无时无刻不给消费者传递着自身品牌的核心价值，深入消费者内心，在消费者每次选择的时候自然就跳了出来。

【课程思政9-1】

钉钉：趣味求饶带来口碑反转

用户的负面评价一直是令品牌头疼的大问题，网络上的差评不仅会让品牌蒙尘，甚至会消磨用户好感，使品牌失去市场竞争力。不过，危机同时也是转机，只要应对妥当，负面评论也能变为正面宣传。

办公软件钉钉被教育部指名为首批通过备案的教育应用。本来是好事一桩，却没想到钉钉的“在线课堂”功能变相增加了学生的课业量。这也使得学生们在App评论区进行集合行动，将钉钉的软件评分拉低至1.3分。面对这群惹不起的学生用户，钉钉立马认怂，推出广告片《钉钉本钉，在线求饶》，吉祥物钉三多开启自黑模式，直呼“少侠们求饶命，被选中我也没办法”“不要再打一星了，不然我只能自刷”。广告片还加入年轻人喜爱的鬼畜文化，用调侃的方式玩转评论梗，最后还选在青年喜爱的B站进行发布，迅速获得了学生群体的好感。

相关链接9-1

什么商品适合口碑营销

新冠肺炎疫情影响下，在线教育不断升温，原本是一个技术支持的公益事件，却没想到演变成了负面舆情。好在钉钉反应迅速，对青年学生的社交文化洞察到位，用学生喜闻乐见的方式“低头认错”，从而疏导用户的负面情绪，重新树立口碑。

资料来源 黄天鸿. 钉钉：趣味求饶带来口碑反转［J］. 销售与市场（管理版），2020（4）.

问题：从课程思政的角度评析该案例。

9.2 社会阶层与消费者行为

任何社会都有社会等级，因而可以据此把社会分为不同的阶层。对社会阶层的划分虽然不那么简单，但它确实很有价值，因为它可以从一个方面来了解并预测消费者的行为。

9.2.1 社会阶层的特点与构成

社会阶层指的是某一社会中根据社会地位或受尊重程度的不同而划分的社会等级。显然，存在于社会中的各个社会阶层是一个连续的系统，而且划分这个系统的标准不是唯一的。也就是说，一个人位于哪个社会阶层不是单一地由某个因素决定的，而是至少由几个因素决定的。这些因素包括受教育程度、职业、经济收入、家庭背景、社会技能、住房档次以及居住的地理位置等。其中，受教育程度、职业和经济收入是尤为重要的。当然，在不同的社会里，上述各因素的相对重要性可能有差异。比如，对中国人来说，经济收入和父母亲的社会地位相对比较重要，而对英国人来说，他们可能更看重世袭成分在社会地位中的作用。

1）社会阶层的特点

社会阶层的特点主要表现在以下几个方面：

(1）社会阶层使社会出现了等级。社会阶层具有从地位高到地位低的纵向等级体系，人们可能并不知道划分这些等级的所有依据，但任何人都能知道这种等级的存在，并确定自己处在哪个社会等级，同时通过对他人社会阶层的认识来决定与其交往的方式。

(2）社会阶层的稳定性与动态性。社会阶层具有相对稳定的特点。一个人的社会阶层不会在几天之内改变，甚至几年内也不会改变。与此同时，一个人的社会阶层也是会发生变化的，尽管这种变化一般来说不是突然发生的，但很多人并不是一生中都属于一个阶层。导致一个人社会阶层发生变化的原因主要有两方面：一是个人因素，比如由于个人的努力或自甘堕落等生活变迁的原因，他的社会阶层发生变化；二是社会因素，比如社会制度的变革改变了人们的生活方式或价值观念，或者由于某种原因剥夺了某些人的权利，从而导致个人社会阶层发生变化。

(3）社会阶层内部的同质性。每个社会阶层内部都具有同质性，处在同一社会阶层的人在职业类型、居住环境、饮食习惯、社交习惯等方面趋于一致。

(4）社会阶层与收入水平的偏离。虽然收入水平是决定社会阶层的一个重要因素，但两者之间没有一对一的关系。由于社会阶层也同样取决于其他因素，如受教育程度、职业和个人品位等，因此我们常常看到收入处在中等水平的人处在较高的社会阶层；反之亦然。

2）社会阶层的构成

某个社会可以被划分为多少个社会等级或社会阶层，依划分标准的不同、社会等级之间差距的大小以及研究者的不同而不同。

美国商业心理学家和社会学家把社会阶层划分为6个。这6个社会阶层及其消费特点如下：

(1）上上层，约占人口总数的1%。他们大都具有显赫的家世，拥有巨额资产。这一阶层的消费者是名贵珠宝、古董、著名绘画作品的主要购买者及高档消遣娱乐方式的主要顾客，他们处于社会消费的最高层次，因而对其他阶层的消费者常具有示范消费的作用。

(2）上下层，约占人口总数的2%。他们主要是那些享受高薪或从事特殊行业而发财致富的人。他们大都经过艰苦奋斗而由中产阶级进入上流社会，因而有强烈的显示自我的欲望，渴望在社会及公共事务中显示其地位、身份。比起其他阶层的消费者，他们更讲究排场与追求豪华的生活，因而奢华、昂贵的商品最能满足他们的心理需要。他们是私人别墅、游艇、游泳池及名牌轿车的主要消费群体。

(3）中上层，约占人口总数的12%。这一阶层的消费者大都受过良好的教育并拥有令人羡慕的职业，如医生、律师、大学教授、科学研究人员等。他们非常重视教育的作用，重视家庭智力投资。他们偏爱高品质、高品位的商品，因为这与他们的身份相称。他们大都拥有良好的住宅、高级时装、家具等。

（4）中下层，约占人口总数的30%。这一阶层的消费者尊重传统，具有良好的公共道德，遵纪守法，喜欢购买大众化、普及性的商品，不太看重商品是否时髦。“白领阶层”是这一阶层的主体。

（5）下上层，约占人口总数的35%。这一阶层的消费者受教育程度大都较低，因而属于低收入阶层。为了生计，他们整天忙碌于工作与生活中，很少有精力和兴趣去关心社会时尚的变化；消费上多是习惯型的购买者，喜欢购买实用价廉的商品。

（6）下下层，约占人口总数的20%。这一阶层属于贫困阶层，几乎没有受过什么教育，其收入水平处于社会最底层。他们没有固定的购买模式，购买行为常具有冲动性，他们是低档商品的主要购买者。

3）中国社会的阶层结构

2001年，中国社会科学院社会学研究所陆学艺等人完成《当代中国社会阶层研究报告》，提出了“十大阶层模型”，从专家的视角对当代中国社会阶层变动状况进行了分析。按新标准划分的10个社会阶层是国家与社会管理者阶层，经理人员阶层，私营企业主阶层，专业技术人员阶层，办事人员阶层，个体工商户阶层，商业服务业员工阶层，产业工人阶层，农业劳动者阶层和城乡无业、失业、半失业者阶层。他们分属5个社会地位等级：上层、中上层、中中层、中下层、底层。

2005年，清华大学社会学教授李强采用“国际社会经济地位指数”的方法，对我国“第五次全国人口普查”数据进行分析，提出了“倒丁字形结构”。他发现我国基本社会结构比一般金字塔的结构还要差，可以说是倒丁字形的，或者说图钉形社会，即这个大头钉的钉面是大家基本解决了温饱问题，钉杆是所谓的一部分先富起来的人，钉尖是超级富豪。64. 7 %的人处在非常低的分值位置上，与其他群体形成鲜明的分界，其他群体则像一个立柱，显示了巨大的差异性。第23分组占了全部就业者的63. 2 %，其中大部分为传统意义上的农民。

基尼系数是判断收入分配公平程度的重要指标，基尼系数越大说明贫富差距越大，一般视0.4为警戒线。西南财经大学中国家庭金融调查与研究中心指出2010年中国基尼系数为0.61。但是据国家统计局统计，全国居民人均可支配收入基尼系数在2008年达到最高点0.491后，2009年至今呈现波动下降态势，2020年降至0.468，累计下降0.023。

9.2.2 社会阶层的决定因素

一个人的社会阶层是和他的特定的社会地位相联系的。处于较高社会阶层的人，必定是拥有较多的社会资源、在社会生活中具有较高社会地位的人。社会阶层并不是单纯由某一个变量如收入或职业所决定的，而是由包括这些变量在内的多个因素共同决定的。决定社会阶层的因素既有经济层面的因素，亦有政治和社会层面的因素。在众多的决定因素中，某些因素可能比另外一些因素起更大的作用。

（1）教育。人的受教育程度直接影响着他的能力、知识、技术、价值观、审美观等，而且随着社会的发展，它在划分社会阶层中所起的作用越来越大。在一般情况下，一个人所受的教育程度越高，他的社会地位就越高。

（2）职业。职业地位是人们在现代社会中的主要社会地位。其中，职业声望是人们对职业地位的一种主观评价。一般来说，职业声望越高，职业地位越高，社会名声越大，所处的社会阶层就越高。

（3）收入。收入一直被用来衡量人们的购买力和社会地位，因为没有收入就谈不上消费。收入与人们的消费方式、生活习惯等有着密切的关系。一般来说，收入高的人比收入低的人的社会地位高。因此，很多人认为应该按收入来划分社会阶层，但也有很多人不同意这样的观点。比如，我国曾经出现的“脑体倒挂”“搞导弹的不如卖茶叶蛋的”等说法，就说明了收入与社会地位之间关系的不一致。

（4）权力。权力意味着一个人在群体和社会中向别人施加影响的能力，尤其在某些国家，权力就是一切。

（5）个人成就。一个人的社会地位与他的个人成就密切相关。同是大学教授，如果你比别人干得更出色，你就会获得更多的荣誉和尊重。

（6）拥有的财物。财物是一种社会标记，它向人们传递有关其所有者处于何种社会阶层的信息。拥有财物的多寡、财物的性质同时也反映了一个人的社会地位。

（7）价值取向。个体的价值观或个体待人处世的信念是表明他属于哪一社会阶层的又一重要指标。由于同一阶层内的成员互动更频繁，他们会发展起类似或共同的价值观。这些共同的或阶层所属的价值观一经形成，反过来成为衡量某一个体是否属于此阶层的一项标准。不同社会阶层的人对艺术和抽象事物的理解、对金钱和生活的不同看法，实际折射的就是价值取向上的差异。

相关链接9-2

准确划分中国中产阶层需要多元指标

（8）阶层意识。阶层意识是指某一社会阶层的人意识到自己属于一个具有共同的政治和经济利益的独特群体的程度。人们越具有阶层或群体意识，就越可能组织政治团体、工会来推进和维护其利益。从某种意义上说，一个人所处的社会阶层是由他在多大程度上认为他属于此阶层所决定的。一般而言，处于较低阶层的个体会意识到社会阶层的现实，但对于具体的阶层差别并不十分敏感。

【立德树人小思考9-1】

近年来有人认为社会不公平，阶层固化，寒门再难出贵子。根据社会阶层的决定因素谈谈你对这个问题的看法。

9.2.3 不同社会阶层消费者的行为差异

社会阶层的轮廓提供了价值观、态度和行为的主要图像，这些可以通过对各类社会阶层的调查获得。调查表明，不同社会阶层消费者的行为差异主要表现在以下几个方面：

1）支出模式上的差异

不同社会阶层的消费者所选择和使用的产品是存在差异的。科曼发现，特别富裕的中层美国人将其大部分支出用于摩托艇、野营器具、大马力割草机、雪橇、后院游泳池、临湖住宅、豪华汽车或跑车等产品，收入水平与之差不多的上层美国人则将更多的时间和金钱用于私人俱乐部、子女的独特教育、古董、字画和各种文化事件与活动。研究还发现，很多较低阶层的家庭是大屏幕彩电、新款汽车、高档炊具的购买者。虽然这一阶层的收入比中等偏下阶层（劳动阶层）的收入平均要低1/3，但他们所拥有的汽车、彩电和基本家庭器具的价值比后者平均高20%。下层消费者的支出行为从某种意义上带有“补偿”性质。一方面，由于缺乏自信和对未来并不乐观，他们十分看重眼前的消费；另一方面，较低的教育水平使他们容易产生冲动性购买行为。

2）休闲活动上的差异

社会阶层从很多方面影响着个体的休闲活动。一个人所偏爱的休闲活动通常是同一阶层或邻近阶层的其他个体所从事的某类活动，他从事新的休闲活动往往也受到同一阶层或较高阶层成员的影响。虽然在不同阶层之间，用于休闲的支出占家庭总支出的比重相差无几，但休闲活动的类型却差别颇大。

3）对信息的利用与依赖程度的差异

一般来说，高阶层的消费者比低阶层的消费者能更多地利用不同渠道获得商品信息。这主要是因为高阶层的消费者大都受过良好的教育，相比于低阶层的消费者，他们读书、看报、翻阅杂志的时间和机会较多，因而可以充分利用不同媒体获得有价值的商品信息。而受教育程度低的消费者，平时大都很少读书、看报，却比较喜欢看电视或刷手机，因而电视、短视频等成为他们的主要信息来源。另外，不同社会阶层的消费者购买商品时对广告的依赖程度也有很大差别。国外的一项研究比较了1 000多名女性顾客在百货商店的购买行为，发现处于上层和下层的消费者之间具有明显差异。上层的消费者大约90%以上依赖广告，而下层的购买者依赖广告的仅占39%。

4）对商店选择的差异

不同阶层的消费者喜欢光顾的商店类型也很不同，并不是所有消费者都愿到高档、豪华的商店去购物，只有高阶层的消费者才比较喜欢这类购物场所。在这种环境里购物会使他们有一种优越感和自信，得到一种心理上的满足，而低阶层的消费者在这种环境里有一种自卑和不自在的感觉。因此，通常人们只到与自己地位相称的商店里购物。另外，人们选择商店的类型还与购买商品的类型有关。通常人们不愿到折扣商店购买风险高的商品（如珠宝首饰、高档时装等），高阶层的消费者更是如此。

5）购物方式上的差异

研究表明，消费者所处社会阶层与他想象的某商店典型惠顾者的社会阶层相去越远，他光顾该商店的可能性就越小。同时，较高阶层的消费者较少光顾主要是较低阶层的消费者去的商店，相对而言，较低阶层的消费者较多地去主要是较高阶层消费者光顾的商店。另一项研究发现，“客观”与“感知”的社会阶层不一致也会导致消费者在店铺惠顾上的差异。客观上属于中层而自认为是上层的消费者，较实际为上层但自认为是中层的消费者会更多地去专卖店和百货店购物。与一直是劳动阶层的消费者相比，从更高层次跌落到劳动阶层的消费者会更多地去百货店购物。同时，中层消费者较上层消费者去折扣店购物的次数频繁得多。

上层消费者购物时比较自信，喜欢单独购物。他们虽然对服务有很高的要求，但对于销售人员过于热情的讲解、介绍反而感到不自在。通常，他们特别青睐那些购物环境幽雅、品质和服务上乘的商店，而且乐于接受新的购物方式。中层消费者比较谨慎，对购物环境有较高的要求，但他们也经常在折扣店购物，对这一阶层的很多消费者来说，购物本身就是一种消遣。下层消费者由于受资源限制，对价格特别敏感，而且喜欢成群结队逛商店。

9.3 家庭与消费者行为

每个人在一生中都离不开家庭。家庭是以婚姻、血缘或有收养关系的成员为基础组成的一种社会生活组织形式或社会单位。父母、子女是家庭的基本成员。

最基本的家庭类型是核心家庭，即由父母和子女构成的家庭。核心家庭在每种文化中都非常重要。此外，还有扩展家庭，即包括核心家庭和其他亲属在内的家庭，最常见的是包括一方或双方祖父母在内的大家庭。随着社会的变迁，这种扩展家庭的数目越来越少，而一种比较特殊的核心家庭——单亲家庭——相对越来越多。

9.3.1 家庭购买决策

作为基本的消费单位，家庭购买决策是分析营销策略的一个很重要的方面。

1）家庭成员的决策角色

营销人员应该把家庭购买情形与家庭成员的决策角色放在一起考虑。通常营销人员认为个人既是决策者又是消费者（使用者），而家庭营销增加了三种可能：有时涉及一个以上的决策者，有时涉及一个以上的消费者（使用者），有时决策者与消费者（使用者）是不同的人。表9-3显示了9种可能的家庭购买模式。

表9-3 家庭购买模式

购买模式 \ 购买决策者 \ 使用者	一个成员	一些成员	所有成员
一个成员	1	2 网球拍	3
一些成员	4 冰激凌	5	6
所有成员	7	8	9 电冰箱

根据家庭成员决策角色的分析，在为家庭购买的商品制定营销策略时，要注意以下几个问题：

（1）产品是为个人购买的还是供大家一起使用的？

（2）产品是个人去选购还是大家一起去买？

（3）产品是否很昂贵？购买它是否会影响到其他产品的购买？

（4）家庭成员对产品的价值观是否存在异议？如果是这样的话，怎样才能减少冲突？

（5）要购买的产品是否可以供家庭的多个成员使用？如果是这样的话，有必要对产品进行改进以满足更多人的要求吗？

（6）哪个家庭成员会直接影响产品的购买决定？要使用什么媒体和信息来说服他

人呢？

2）家庭决策类型与决定购买角色的因素

根据家庭成员购买角色的分析，我们知道，一个家庭成员在家庭购买决策中可以扮演不同的角色，起不同的作用。在不同的家庭中，决策者的角色可以是由不同的人来完成的。据此，可以把家庭决策类型分为以下几类：妻子主导型，是妻子做决定；丈夫主导型，是丈夫在决策中担任主角；混合型或民主型，是双方共同做决定；各自做主型，是指决策完全由伴侣们独立做出。

家庭决策类型不是一成不变的，某些因素的变化也会影响家庭购买角色的变化。影响家庭购买角色变化的因素有：

（1）商品因素。商品因素包括商品的价格、商品的重要性以及商品是否具有可分享的使用性等。如果商品的价格很高，甚至能影响到家庭其他项目的开销，大多数家庭成员都会以某种方式加入决策。对于一些不太重要的商品，如卫生纸等，几乎用不着家庭统一决策。另外，当商品具有可分享的使用性时（如家用轿车、假期），集体决策的可能性也很大；当商品只由家庭的某一成员主要使用时，这一决策的制定就主要由这个成员来完成。

（2）社会阶层。不同的社会阶层可能产生不同的决策模式。一般来说，高层次或低层次的家庭倾向于采用自主的或独立的决策风格，而处于中间层次的家庭则倾向于平等或共同的决策。当然，随着财富的不断增长和受教育水平的提高，这些社会阶层的区别也在逐渐减小以至消失。

（3）家庭生命周期。在家庭生命周期的不同阶段，人们决策的方式会有所不同，特别是随着子女在家庭决策中参与程度的提高，他们会进一步影响家庭决策的制定。

（4）角色分配。家庭成员在购买决策中都扮演着一定的角色，而且角色分配得越具体，家庭成员在与他们的角色有关的方面越容易做出自主的决策。比如，妻子经常在喂养孩子方面承担着专门的角色，因此她们在购买孩子的服装和食品方面有更大的自主权。

（5）个人特征。消费者的个人特征会影响其在家庭购买决策中的作用。这些个人特征包括具有相对的权力的大小、对产品领域的介入程度以及受教育的程度等。夫妻中的一方比另一方更有权力的时候（主要与经济能力有关），这一方通常就有更大的决策权。另外，家庭中的某一成员对某一产品介入的程度越深，在这个产品领域里进行购买时，他或她就越有可能影响其他家庭成员。

以往对于家庭决策类型的研究一般都是从夫妻两方面开展的，而忽略了孩子这一重要因素。在我国，随着独生子女政策的实施，儿童作为消费者的重要性逐渐提高，儿童市场更加庞大，而且是相当重要的。不管是学龄前儿童还是青少年，他们对家庭的购买决策都有着非常重要的影响。

目前国家之所以要鼓励生育，是因为人口是一切市场需求以及社会财富创造来源，是社会经济最终决定者。在中国家庭结构中，小孩占据中心位置，很多人的人生基本上可以按照“生/养娃前”和“生/养娃后”来划分。近20年我国生育率一直很难得到提升，实际上与儿童占据家庭消费开支的比重越来越高有关。

【教学互动9-1】

以往对于家庭决策类型的研究一般都忽略了家庭决策中的一个重要参与者——孩子。你认为目前中国家庭中儿童对家庭的购买决策有着怎样的影响？

互动要求：同“教学互动1-1”。

【观念应用9-2】

顾家×乐高：以积木沙发倡导“每天一小时”

迫于生活压力，很多人为了追求“面包”投身于忙碌的工作，而忽视了对家人的陪伴。为了重视这一问题，各大品牌和媒体费了不少心思。2020年1月，顾家家居与乐高的合作别出心裁，它们用拼搭出的“18年”沙发向大家发出“每天欢聚1小时”的公益倡导。

广告片选取了孩子迈出第一步、生日等“陪伴缺失”的日常来引发父母思考，它还将孩子的成长时间输出为一个陪伴公式：“365天×24小时×18岁=157 680小时”。乍一看觉得时间很长，但将这157 680小时化成一块块乐高积木，并通过乐高专业认证大师之手拼成艺术作品后，你就会恍然大悟：原来孩子成长的18年，不过只是一张彩虹沙发大小，但是这张沙发的整体重量是500千克。

资料来源　黄丽娜. 顾家×乐高：以积木沙发倡导“每天一小时”[J]. 销售与市场（管理版），2020（1）.

问题：你如何评价顾家家居与乐高这一别出心裁的合作？

9.3.2　家庭生命周期

家庭生命周期是一个家庭在建立发展过程中经历的阶段。它是由婚姻状况、家庭成员年龄、家庭规模以及主人的工作状况等因素综合组成的。

关于家庭生命周期的各个阶段，不同学者的划分不完全一样。本书把家庭生命周期划分为五个阶段，即单身期、初婚期、满巢期、空巢期和家庭逐步解体期。当然，这只是一个模式，并不是所有的家庭都一定完全按照这个顺序发展下去。但对于家庭生命周期中的每一个大致的阶段来说，都有着许多共同的、明显的消费行为特征。

1）单身期

单身期主要是指已经成年但尚未结婚者所处的时期。在国外，很多青年有了独立生活的能力以后就离开父母的家而独闯天下。在我国，随着大学生就业人数的增多和进城打工者的日益增加，这部分人数也在逐渐增多。在这一时期，由于单身消费者没有什么经济负担，因而有较高的可支配收入，而且他们的消费心理多以自我为中心。在消费内容上，由于更时髦的娱乐导向，他们把钱大多花在服装、音乐、餐馆、度假、约会等方面。

2）初婚期

这个时期指的是结婚以后还没有生育的这一段时间。随着人们工作、生活节奏的加快以及人们观念的改变，这个时期在整个家庭生活周期中所占的时间比例有增大的趋势。由于夫妻双方都有工作，又没有养育孩子的负担，因此这一时期比较富裕。其消费心理与行为主要以夫妻为中心，即以规划和发展小家庭为核心，他们主要购买一些日常用品以及享受比较浪漫的休闲、度假等。

3）满巢期

这是一个比较长的阶段，是指从第一个孩子出生到最小的孩子也已长大成人的这段时间。孩子带来了新的需求，从而改变了消费模式：婴儿时期主要是购买玩具、食品等。学龄期主要是各种学习和教育费用，而且随着年级的升高，各种费用也越来越高，特别是高中阶段和大学阶段，仅学费对父母来说就是一笔很大的开销。尤其对于工薪阶层来说，在孩子上中学以后一直到大学毕业参加工作之前，其家庭消费主要以孩子为中心，而父母常常比较节俭，尽可能地压缩其他各种消费。对于大多数的家庭来说，孩子在毕业参加工作以后到结婚组成新的家庭之前的这一段时间，是收入和消费的高峰期。家庭收入的主要支出是一些高档的消费品，如家具、家用电器、举家外出旅游等。同时，中国的大部分家庭还要为子女的婚事做一些储备。

4）空巢期

子女成家立业以后，组成了新的家庭，成为另一个消费单位，只剩下父母二人，这一时期属于家庭生命周期的空巢期。

在空巢期，因为没有养育子女的负担，父母的经济负担已经大大减轻，他们已经具备充分享受消费的条件。此外，这一时期大部分家庭的夫妻已经到了离退休的年龄，有更多的闲暇时间供自己支配。因此，对那些经济收入较高、有一定积蓄的家庭来说，他们还有一种"补偿消费"的心理，弥补过去由于经济、时间、精力等各方面的限制而没有充分消费的缺憾，最常见的就是夫妻双双外出旅游。同时，由于年纪越来越大，他们逐渐以身体健康为消费导向，如购买各种有助于睡眠的设施、健身器材、保健用品等。

5）家庭逐步解体期

自然法则决定着家庭的最终走向。家庭生命周期的最后一个阶段是夫妻中的一人去世或生活能力极大下降不得不转向依靠子女的时期。由于老年人自身活动能力的减弱，其消费能力也相应下降。这时的消费基本上以饮食和保健为主。如果年老多病的话，医药方面的花销也不少。

本章小结

本章介绍了影响消费者行为的社会环境因素，如参照群体、社会阶层、家庭等几个方面。参照群体就是指对个人的行为、态度、价值观等有直接影响的群体。参照群体对消费者行为的影响方式主要有群体规范的影响、信息性影响、功利性影响和价值表达的影响四种。

口碑营销的优势有：宣传费用低、可信度高、消费导向成交率高。口碑营销的策略有：重视顾客体验；意见领袖推荐；打造故事，传播内容；周到的服务；宣传广告朗朗上口。

社会阶层指的是某一社会中根据社会地位或受尊重程度的不同而划分的社会等级。任何社会都可以按照不同的标准划分成不同的等级。常用的划分社会阶层的标准有教育、职业、收入、权力等。国际上一般把社会阶层划分为上上层、上下层、中上层、中下层、下上层、下下层。

家庭是构成社会组织的基本单位，家庭购买决策对于分析消费者行为有重要的作用。影响购买角色变化的因素有商品因素、社会阶层、家庭生命周期、角色分配、个人特征。家庭生命周期一般分为以下几个阶段：单身期、初婚期、满巢期、空巢期和家庭逐步解体期。

主要概念

参照群体　群体规范　从众现象　意见领袖　社会阶层　家庭生命周期

基本训练

□ 知识题

9.1　阅读理解

1）社会阶层的特点主要表现在哪几个方面？

2）不同社会阶层消费者的行为差异主要表现在哪几个方面？

3）影响家庭购买角色变化的因素有哪些？

4）影响参照群体影响力的因素有哪些？

5）在使用意见领袖时应该注意哪些方面？

6）简述口碑营销的策略。

9.2　知识应用

即测即评

□ 能力题

9.1　实务题

准备好纸和笔，花一个小时观看黄金时段的电视节目，记录所有广告。对每个使用了名人的广告，记录下名人的名字、广告的产品或服务。名人是否被用作证言、名誉担保、演员或者代言人？

9.2　综合题

从两部不同的电视剧中选出两个家庭。首先按照本章中社会阶层的分类方法确定他们的社会阶层，然后分析各家庭的生活方式和消费行为。如果他们分属不同的社会阶层，请对他们进行比较。

9.3　案例分析

母婴行业如何寻找新增量

2022年，我国全年出生人口956万人，出生率为6.77‰，这是自1950年以来中国年出生人口首次跌破1 000万。出生率下降，势必给社会的各个方面和各个行业带来不同程度的影响，首当其冲的就是母婴行业。

母婴行业，不容乐观？

出生人口的下降给母婴行业带来了直接影响，只不过并不能因为出生人口降低就对整个母婴行业持全然的悲观态度，母婴行业仍有较大的市场和发展空间。更重要的是，我国消费者对母婴产品和服务有了新的需求，而要把握住这些新需求、获得新增量，就需要预见新趋势，根据新趋势打造解决方案。

母婴行业的趋势启示

年轻一代父母的育儿观念已经改变，在健康、教育、情感等各个方面，他们都颇有心得，有一份自己的育儿经。正是在这样的转变中，新一代父母对母婴消费也有了更高的需求，他们期待在消费中使自己和孩子获得更好的价值体验。

纯粹极致健康化

新一代父母不仅关注自己的健康，更在意孩子的健康。首先，在饮食方面，无添加的健康饮食已是必然，但为了营养的考虑，"营养养育"的新方式正在流行，他们强调通过饮食实现各类营养的全方位补充和均衡。其次，在洗护用品上，纯天然、绿色安全的健康产品得到认可和推崇。最后，越来越多的家长成为成分党，每一样日用品都要保证材料的天然无污染，为孩子打造健康的生活环境。

产品服务精专化

母婴行业中，硬核的技术一直是关键，也是产品和品牌升级的重要因素。尤其是对婴幼儿来讲，技术会进一步保证他们的健康成长，所以只有专注、专业、专研才能让品牌在整个母婴行业中保持领先地位。

比如，芽芽乐能成为婴幼儿食品赛道的引领者，就在于它对胚芽米的精专。从成立至今，芽芽乐一直致力于做好宝宝胚芽米，为打造出更适合宝宝食用的胚芽米产品，芽芽乐一直在精进自身的技术和工艺，它独立研发柔性切削、分级留胚、MAP氮气保鲜等多项技术，以技术优势引领产品优势，不仅受到消费者的喜爱，还多次获得国家专利。

养育效率高效化

在过去，养孩子大多数时候是全职妈妈的任务，爸爸们在外工作，妈妈们照顾家里，但如今家庭分工不再那么明确，养育孩子成为父母的共同责任。数据显示，2022年中国已婚妈妈群体中全职太太的总人数占比为12.6%，超过六成的妈妈群体是企业白领、政府单位等职场族。如今的父母普遍兼具多重社会身份，育儿、工作和个人的生活最好可以一起抓，这就导致新一代父母对孩子的养育提出高效化的需求。

注重功能细分化

新一代父母注重多元化教育，在孩子成长的过程中，他们重视让孩子接触不同的内容，拥有多样化的学习和成长体验。所以，对消费者的新生活方式、生活理念以及细分场景需求进行更细腻的洞察，通过技术创新和极致的产品体验找到可感知的差异化价值，成为成熟品类的革新者和新品类的定义者，这样的领先密码同样适用于母婴行业。

出生率降低，确实会缩小母婴行业的市场，同时，新一代父母的需求发生改变，时常会让品牌看不清方向。但从本质上看，母婴行业是由消费驱动的，所以把握消费趋势、顺应消费趋势，就能为母婴行业找到新的市场增量。

资料来源 肖明超.出生率下降，母婴行业慌不慌［J］. 销售与市场，2023（16）：70-73.

问题：分别举实例谈谈母婴产品市场的特点，并提出你的营销对策。

第10章

影响消费者行为的文化因素

学习目标

通过本章学习，你应该达到以下目标：

知识目标：掌握文化、亚文化的含义和特点；理解中国传统文化的特点及对消费行为的影响。

能力目标：能根据所学的知识划分亚文化群并判断不同亚文化群的消费特点；具有熟练分析企业跨文化营销中的消费心理和行为的能力。

引例

青岛啤酒：用中国情义打动当代年轻消费者

2023年7月，青岛啤酒在120周年庆之际，联手著名导演贾某柯、知名男演员肖某推出了一支片名为《都在酒里》的系列微电影，通过投射三个时代中的三种人与情，赋予了品牌历史、内涵和文化鲜活的情感力，在120年的线性叙事中，呈现了一种颇有深度的“中国情义”。

在第一部微电影《诞生》中，“青岛啤酒”隐喻的是一种观念的碰撞与升维。晚清时期留洋归来的“新派”儿子欲从事酿酒事业，却被“老派”父亲认为是玩物丧志。但当父亲看到摇曳的啤酒背后所映射的“师夷长技”之后，又决然与儿子拥抱“变革”。也正是趁着这种变革，青岛啤酒诞生了，它与诸多时代浪潮一同，成为叩开国人近代化思维的力量。

第二个故事《浪潮》则将镜头对准了经历改革开放的年轻人。就像小辉跳脱出思维惯性，放弃铁饭碗，毅然决然南下打拼，“青岛啤酒”此刻隐喻的是一种敢拼、敢闯的时代精神。

第三个故事《盛名》回应了当下与未来。在小酒馆里，形形色色的人汇聚于此，肖某饰演的酒馆老板与外国大厨在这里见证了沉甸甸的人情往来。此时的青岛啤酒隐喻的是一种独有的“中国情义”，它代表的是文化的包容力、传播力和永续力，在历时性中交织了具象的人与情。

所以，当你慢慢品青岛啤酒这波《都在酒里》的故事时，并不会觉得乏味，因为它像一本厚重的书，在以小见大，在品牌的个体价值与时代洪流相互裹挟的车轮中，带你穿透历史，完成一种见微知著的探照，展现了一个与时代共振、肩负民族文化崛起的大国品牌形象。

青岛啤酒在这次传播中，遵循了品牌价值观的浸染与塑造，在把握时代脉搏的基础上，牵出了引领用户的“中国情义”价值观。

三支影片的故事虽然简单，却一直在有力地和观众沟通一个点：中国情义。无论是旧时代“师夷长技”的变革精神，还是改革开放浪潮里的拼搏奋进精神，抑或是中国当下餐桌上的人情世故、兄弟义气、生活方式……我们总能在其中洞察一些自己，甚至是朋友或父辈的影子。

在这三部微电影中，反复出现的“青岛啤酒”作为贯穿全片的意象符号，既发挥着推动剧情进展的重要作用，更将中国人情文化的含蓄与复杂体现得淋漓尽致。

中国人该有的样子是什么样子？重情义，讲规矩。而中国品牌就该是中国人的样子：重情义，讲规矩。

资料来源　品妹. 青岛啤酒：用中国情义打动当代年轻消费者［EB/OL］.［2023-12-13］. https://www.163.com/dy/article/IAE7CSDI051993MA.html?spss=dy_author.

在国人文化自信逐渐强烈的大趋势下，中国品牌要做的就是要回应时代。这是国产品牌所应当展现出来的担当。青岛啤酒植根于民族本土文化，以文化驱动产品，以精神赋能增长，其向外传递的已经不仅仅是中国品质，更是一种无形渗透的软文化，带着一种“都在酒里”的中国情义向上向外走，实现了一种更高维的价值引领。本章我们将探讨文化和亚文化对消费者行为的影响。

10.1 文化与消费者行为

现代企业在营销中必须重视社会文化因素，借助于文化营销，才能适应具有不同特色的环境，形成自身的独特优势。例如，中国是个多民族国家，仅从饮食口味而言就有南甜北咸、东酸西辣之别，在穿着上也有各自的民族风格。即使对同一商品属性重要程度的评价也由于文化价值观念的差异而不一致：日本人、中国的台湾人和香港人认为衣服的美学属性最重要，而新加坡人则认为其功能属性最重要。这些都是在长期的社会文化作用下形成的，对企业营销有深层次的影响。

10.1.1 文化概述

1）文化的含义

文化的含义十分广泛，人类社会所创造的一切成果和人类生活的各个方面都可以纳入文化的范畴。

一般说来，文化有广义和狭义之分。广义文化是人类在长期的历史发展中共同创造并赖以生存的物质与精神存在的总和。对此应从三个方面理解：首先，广义文化是与人类及人类的创造活动相联系，是以人为中心的；其次，广义文化涵盖人类历史全过程，具有传承性、发展性；最后，广义文化的外延涵盖物质创造和精神创造的全部。

狭义的文化专指人类的精神创造，是某一社会集体（民族或阶层）在长期历史发展中经传承累积而自然积聚的、共存的人文精神及其物质体现的总体体系。这个定义也要把握三点：首先，狭义文化不但以人为中心，而且以人的精神活动为中心；其次，狭义文化关注的不是个别人的精神活动，而是历经传承累积而自然积聚的、共有的、成体系的人文精神；最后，狭义文化不仅关注的是全人类的普遍共性，更注重不同民族阶层、集团人文精神的特点。

这里我们给出一个比较权威的文化的定义。1982年，世界文化大会在其总报告和宣言中对文化含义做了如此描述："文化是体现出一个社会或一个社会群体特点的那些精神的、物质的、理智的和感情的特征的完整复合体。文化不仅包括艺术和文学，而且包括生活方式、基本人权、价值体系、传统和信仰。"

2）文化的特点

文化具有以下几方面的特点：

（1）文化是后天习得的。文化是通过学习而得到的。人类个体在很小的时候就从自己周围的社会环境中学会了一整套的信念、价值观、习惯等。文化的习得一般通过三种方式：一是正式学习。在这种学习方式中，大人教孩子"如何去做"。二是非正式学习。在这种学习方式中，儿童主要是通过模仿别人的行为而获得经验。三是专门学习。在这种学习方式中，教师在专门的教学环境中告诉学生为什么要做以及怎样去做等。

（2）文化的影响是无形的。文化是无形的、看不见的，它对人的影响也是潜移默化的，所以，在大多数情况下，我们根本意识不到文化对我们的影响。人们总是与同一文化下的其他人一样行动、思考、感受，这样一种状态似乎是天经地义的。只有当我们被暴露在另一个有不同文化价值观或者习惯的人的面前时（例如，当我们到另外一个不同的地区或国家做客时），我们才会意识到自己所特有的这种文化已经塑造了我们自己的行为。

（3）社会文化既有稳定性，又有可变性。社会文化是在一定的社会环境中形成的，所以具有相对的稳定性，一种文化一旦形成，便会在一定时期内发挥作用，并通过各种形式传递下去。同时，社会文化又是动态的，它会随着时间的变化而缓慢地演变。特别是由于科技的进步和社会生产力的发展，会出现新的生活方式，同时价值观和习惯等也会发生变化。所以，对市场营销人员来说，不仅应该了解目标市场现有的文化价值观，还要了解新出现的文化价值观。

（4）社会文化的共享性。特殊的信念、价值观或风俗习惯等必须被社会中大部分成员所共享才能被认为是文化的特征，因此，文化常被看作是将社会成员联系在一起的群体习俗。社会中的各种机构都在传播文化成分，并使文化共享成为现实。这些机构主要包括家庭、教育机构、大众媒体以及宗教机构等，其中家庭是最重要的文化传播机构。

（5）社会文化的规范性。现代社会越来越复杂，文化不可能规定人的一举一动，只能为大多数人提供行为和思想的边界。这种"边界"的设置有时比较宽松，它通过影响诸如家庭、大众媒体的功能而发挥作用。

文化对个人的行为设置的"边界"，也就是我们通常所说的社会规范。社会规范是群体共享的行为和思想方面的理想模式，也就是关于特定情境下人们应当或不应当做出某些行为的规则。当个人的实际行为与规范发生背离时，他就要受到惩罚。惩罚方式多种多样，从轻微的不认同到被整个群体所抛弃不等。所以，社会规范对个人的影响更多的不是让你做什么，而是不能做什么。只有在孩提时代或学习一种新文化的过程中，遵循规范才会获得公开的赞许。在其他情况下，按文化方式行事被认为是理所当然的，而不一定伴随赞许或奖赏。文化价值观、社会规范、惩罚和消费模式的关系如图10-1所示。

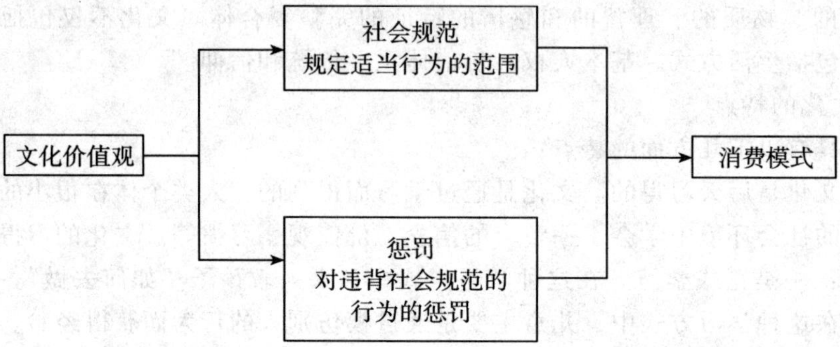

图10-1　文化价值观、社会规范、惩罚和消费模式的关系图

10.1.2　中国传统文化与消费行为

中国传统文化是指以汉族为主体的、多民族共同组成的中华民族在漫长的历史发展过程中创造的特殊文化体系。它是以几千年来的小农经济为基础，以宗法家族制度为背景，以儒家伦理道德为核心的传统农业文化、血缘文化与修养文化的统一。中国传统文化源远流长，在这种文化背景中繁衍生息的中华民族，其价值观念、思维方式、生活方式、消费观念等都有其独特性。

1）中国传统文化的主要特点

（1）讲究中庸之道。大理学家朱熹认为，中庸就是“不偏之谓中，不易之谓庸”。意思是说，在事物的发展过程中，对于实现一定的目的来说，都有一个一定的标准，达到这个标准就可以实现这个目的；否则，就不可能实现这个目的。没有达到这个标准叫“不及”，超过这个标准叫“过”。所谓“中庸之为德”，就是要经常遵守一定的标准，既不“过”，也不“不及”，做到不偏不倚。

中庸是中国人的一个重要的价值观，几千年来一直深刻地影响着我们中华民族的思想和行为。它一方面保证了民族文化发展的稳定性，另一方面也反对根本性的变革，鼓励墨守成规。

（2）注重人伦。中国文化以重人伦为其特色，即强调伦理关系。我国传统文化的核心，就是以伦理道德为核心的儒家文化，而儒家文化的伦理观念就是从最基本的血缘关系发展而来的。所以，中国传统社会的人际关系都是从夫妇、父子这些核心关系派生出来的。正所谓“一人得道，鸡犬升天”。中国人非常看重家庭成员的依存关系，以及在此基础上的家族关系、亲戚关系。

（3）看重面子。外国人学习汉语时，对“面子”一词很难理解。的确，与外国人比起来，中国人对自己的形象和“脸面”特别关注，尤其重视通过印象整饰和角色扮演而在他人心目中留下一个好的印象，以期获得一个“好名声”。因此。中国人一般比较注重给别人、自己“留面子”，而最怕的大概就是“丢人现眼”。

（4）重义轻利。中国传统文化的特点之一就是与金钱或物质利益相比，人们更注重情义，特别是在二者发生冲突的时候，追求的是舍利而取义，因而，中国人最痛恨的是“见利忘义”“忘恩负义”的人，而讲究“滴水之恩当涌泉相报”。中国文化的这种重义轻利的特点，使得中国人在正常的人际交往和工作中容易感情用事，注重“哥们义气”，并且热衷于相互之间赠送礼品，讲究“礼尚往来”。

2）中国传统文化对消费者行为的影响

因为中国文化具有上述几个基本特点，相应地，中国人的消费心理和消费行为主要表现在以下几方面：

（1）消费者行为上的大众化。儒家文化的核心就是中庸、忍让、谦和，认为“出头的椽子先烂”“枪打出头鸟”，反映在消费者行为中就是，大众化的商品有一定的市场，消费者行为具有明显的“社会取向”和“他人取向”，以社会上大多数人的一般消费观念来规范自己的消费行为，喜欢“随大溜”，赶潮流。比较明显的例子就是中国人在婚丧嫁娶方面的消费相互攀比、送礼成风。很简单的一个理由就是，别人在这方面都大操大办，如果我不这样做的话，既没面子又吃亏。

（2）“人情”消费比重大。中国人比较注重人情，强调良好的人际关系的重要性。这种特点对消费行为的最直接的影响就是比较重视人情消费。比如上面提到的婚丧嫁娶时的相互攀比和送礼，有的人为了面子，甚至不惜举债也要操办或“随礼”。因此，常常听到这样的抱怨：这个月光“随礼”就花了我半个月的工资。这种人情消费不管在城市还是在农村，都很常见。虽然很多人都觉得苦不堪言，但到头来还得“死要面子活受罪”，因为如果不这样的话，那多没面子呀！

（3）消费支出中的重积累和计划性。几千年来，中国人一直崇尚勤俭持家的消费观念，而鄙视奢侈和挥霍，对超前消费也是抱着观望和小心谨慎的态度。在购买商品的种类和功能方面，注重商品的实用性和使用价值，而较少购买用于享受的奢侈品，而且一般都是按计划购买，特别是中老年人，更少做出冲动购买和计划外购买行为。中国人消费行为中的这种重积累和计划性的特点，固然和中国人的消费水平有关（很多中国人还在为“奔小康”而努力），但更重要的还是传统文化的影响，这就是为什么有些人已经很富了，可是他们还是维持在较低的消费水平上。需要指出的是，青少年的消费观念已经有了很大的变化，比如，他们敢于超前消费，敢于标新立异等。这也是我国消费者心理和行为的一个新动向。

（4）以家庭为主的购买准则。中国人的家庭观念比较强，因而在消费行为中往往以家庭为单位来购买商品。特别是在大件商品的购买上，都要与家人一起讨论来制定决策并实施购买行为，而且所买的商品都要尽可能地满足大家的需要（儿童用品除外）。这种以家庭为主的购买准则，一方面，反映了家庭在中国人心目中的地位，而且中国人也比较重视自己在家庭中的责任和义务；另一方面，很多人长期以来生活在经济比较紧张的状态中，如果只以自我为中心来消费的话，就会影响到其他家人的生活质量。

(5) 品牌意识比较强。中国人购买商品时比较注重商品的品牌，尤其对于服装或高档消费品更是如此。这是因为一方面名牌商品代表了一定的质量和价格，可以满足人们的炫耀心理；另一方面中国人一般对商品的知识了解得比较少或者根本不愿意去了解，只注重对商品的总体印象，所以购买名牌商品既减少了购买时认知商品性能的麻烦，又减少了购买风险。中国市场上一些假冒商品的盛行和很多因素有关，其中也许和人们对名牌的偏爱甚至崇拜而又缺乏商品知识有关。

(6) 注重直觉判断的购买决策方式。中国人在思维方法方面常常依靠个人经验和直观外推可以解释的领域，对事物的认识往往采用的是直观外推、类比象征、内省体验、混沌记录、简洁隐晦的价值观和方法论。因此，中国人购物时常常先要对相关商品获得一个总体的良好印象，然后从其总体性能上寻找相应的依据，看这个印象是否正确，很少对商品进行细致的或理智的分析。也就是说，中国人购物时常常采用的是大体的和直觉的判断方法，采用的是模糊思维和综合思维。

【立德树人小思考10-1】

结合党的二十大报告中关于传承中华优秀传统文化的表述，谈谈中华优秀传统文化对消费者行为的影响还有哪些。

10.1.3 跨文化营销心理

在全球一体化进程日益加快的今天，企业的活动越来越多地冲出原有的范围，融入世界经济的大熔炉，越来越多的企业在为它们的产品寻找新的市场和消费者时发现，虽然这个世界显得越来越小，但在不同文化环境中的消费者之间仍有很多差距。这里，我们把跨文化的消费者分析限定在不同国家的消费者之间的比较上。比如，号称拥有这个星球上最好的比萨饼派送系统的多米诺比萨饼公司发现，在全世界派送比萨饼的方式是各不相同的。例如，在英国，顾客不喜欢送货员敲门，他们认为这样很不礼貌；在日本，房子没有按照次序编号，因此经常要走过几条街才能找到一个地址；在科威特，人们希望比萨饼被送到等候的汽车中，而不是送到家门口。

1）跨国营销的必要性

今天，大多数企业都在积极地向它们的国门之外推销产品。事实上，这种观点不是说是否需要在别的国家出售产品，而是如何出售的问题。因此，不论经营的是汽车还是香皂，国际营销人员都有相同的体会：在一国吸引消费者的产品在世界其他国家并不一定引起消费者的注意。比如，奇多公司在中国没有奶酪市场，因为大多数中国人不喜欢奶酪，很多人也不喜欢奶糖。因此，有些企业为了迎合当地口味而开发全新的产品。例如，在发现日本消费者对可乐不太感兴趣后，可口可乐公司为日本市场开发了30多种新的饮料。

从消费者的角度看，跨国营销的必要性表现在两个方面：

一是可以接触其他文化。因为跨国营销，越来越多的消费者能够接触到世界上其他国家人们所享有的产品及生活方式，而且有机会接受这些不同的产品和服务。一种文化环境中的消费者怎样接触另一种文化环境中人们所享用的产品，这是当今消费者行为的一个重要部分。消费者可以通过不同的方式接触外国的产品和文化。比如，他们可以通过到国外旅游、工作甚至移民的方式来接触，也可以通过电影、摄影作品等艺术形式来获取对不同文化的体验。

二是原产国效应。有一种特殊的国别优势（也可能是一种劣势）被称为原产国效应。这种效应是指产品附带的“某国制造”的标签对顾客产生的影响，或者更简单地说，是指某一品牌的产品或服务的制造国家对顾客所产生的影响。来源于具有良好形象的国家的产品和服务通常都得到较高的评价，而来源于形象不佳的国家的产品或服务则会遭到排斥。如果索尼、松下、丰田和雅马哈不是日本的顶级品牌，那么它们的威望绝不会像现在这样高。这一道理同样适用于法国的奢侈品牌，如香奈尔、酩悦香槟，以及德国的工程品牌，如奔驰、博世和奥迪等。青岛啤酒亦是如此，如果该啤酒不是得益于原产自中国这一特殊效应，那么它在海外市场根本就不可能占有一席之地，也更不可能会产生“最适合与中国菜一起饮用的啤酒”这一说法。

2）跨文化消费者分析

跨文化消费者分析的一个主要目标就是确定两个或更多个国家中消费者的异同。理解不同国家之间消费者的异同对于跨国营销人员来说是很重要的，他们必须制定合适的策略以打动具体的外国消费者。国家之间的相似性越大，就越适宜使用相对来说相似的策略。如果发现具体目标国的文化信仰、价值观、风俗习惯等有很大差异，表明需要针对每一个国家的具体情况制定出高度个性化的市场策略。

跨文化的消费者分析主要应注意以下几个方面：

（1）教育水平。教育水平是指消费者受教育的程度。一个国家、一个地区的教育水平与经济发展水平往往是一致的。不同的文化修养表现出不同的审美观，购买商品的选择原则和方式也不同。一般来讲，教育水平高的地区，消费者对商品的鉴别力强，容易接受广告宣传和新产品，购买的理性程度高。因此，教育水平的高低影响着消费者心理、消费结构，影响着企业营销组织策略的选取，使销售推广方式、方法有所差别。例如，在文盲率高的国家，用文字形式做广告，难以收到好效果，而用电视、广播和当场示范表演的形式，才容易为人们所接受。又如，在教育水平低的国家，适合采用操作使用、维修保养都较简单的产品，而在教育水平高的国家，则需要先进、精密、功能多、品质好的产品。因此，在产品设计和制定产品策略时，应考虑当地的教育水平，使产品的复杂程度、技术性能与之相适应。

（2）语言文字。语言文字是人类交流的工具，它是文化的核心组成部分之一。不同国家、不同民族往往都有自己独特的语言文字。即使同一国家，也可能有多种不同的语言文字；即使语言文字相同，表达和交流的方式也可能不同。

语言文字的不同含义对企业的营销活动有巨大的影响。一些企业由于其产品命名与产品销售地区的语言含义等相悖，给企业带来巨大损失。例如，美国一家汽车公司生产了一种牌子叫“Cricket”的小型汽车，这种汽车在美国很畅销，但在英国却不受欢迎。其原因就在于语言文字上的差异。“Cricket”一词有蟋蟀、板球的意思，美国人喜欢打板球，所以一提到“Cricket”就想到是蟋蟀，汽车牌子叫“Cricket”，意思是个头小、跑得快，所以很受欢迎。但在英国，人们不喜欢玩板球，所以一听说“Cricket”就认为是板球，从而不喜欢牌子叫板球的汽车。后来，美国公司把其在英国的产品改名为“Avengex”，意思是复仇者。这个名称说明它很有力量，结果很受欢迎，销量大增。再如，“白象”这个牌子在国内也许较受欢迎，但出口到西方国家可能会无人问津，因为“白象”一词在英语中的含义是：花了心力，耗费了金钱，但又没有多少价值。可见，语言文字的差异对企业的营销活动是有很大影响的。企业在开展市场营销尤其是国际市场营销时，应尽量了解市场国的文化背景，掌握语言文字的差异，这样才能使营销活动顺利进行。

（3）价值观念。价值观念指的是在同一文化背景下被大多数人所信奉和倡导的信念。这种信念反映了人们对某一类事物的总的看法和评价，并通过某种特定的规范来影响人们的行为。在不同的文化背景下，人们的价值观念差别是很大的，而消费者对商品的需求和购买行为深受其价值观念的影响。

（4）宗教信仰。世界上的宗教种类很多，其中比较著名的世界三大宗教是佛教、基督教和伊斯兰教。据2017年的统计资料，全世界信奉基督教的教徒已超过20亿人，信奉伊斯兰教和印度教的教徒也有10亿多人。教徒信仰的宗教不一样，信仰和禁忌也不一样。这些信仰和禁忌限制了教徒的消费行为。各种宗教对教徒都有特别的规定，而教徒一般都必须严格遵守，否则就要受到惩罚。比如，虔诚的佛教徒禁止食用肉类食品，伊斯兰教徒禁止食用与猪有关的制品，这两大宗教的教徒都不允许饮酒，而饮茶则是他们的一种日常行为。

很多节日也都与宗教信仰有关，如开斋节、古尔邦节是伊斯兰教的盛大节日，基督教的盛大节日有圣诞节、复活节等。近些年随着西方文化对我国的渗透，也由于我国信仰基督教的人数增多，我国很多人也像西方人那样过起了圣诞节。特别是在以基督教为主的国家，圣诞节前后是一次大的购物高潮，许多消费愿望会在圣诞节期间实现。

（5）审美观。审美观通常指人们对事物的好坏、美丑、善恶的评价。不同的国家、民族、宗教、阶层和个人，往往因社会文化背景的不同，其审美标准也不尽相同。有的以“胖”为美，有的以“瘦”为美，有的以“高”为美，有的则以“矮”为美，不一而足。例如，缅甸的巴洞人以妇女长脖为美，而非洲的一些民族则以文身为美，等等。因审美观的不同而形成的消费差异更是多种多样。例如，在欧美，妇女结婚时喜欢穿白色的婚礼服，因为她们认为白色象征着纯洁、美丽；在我国，妇女结婚时喜欢穿红色的婚礼服，因为红色象征着吉祥如意、幸福美满。

（6）风俗习惯。风俗习惯是人们根据自己的生活内容、生活方式和自然环境，在一定的社会物质生产条件下长期形成，并世代相袭而成的一种风尚和由于重复、练习而巩固下来并变成需要的行动方式等的总称。不同的国家、不同的民族有不同的风俗习惯，它对消费者的消费偏好、消费模式、消费行为等具有重要的影响。例如，不同的国家、民族对图案、颜色、数字、动植物等都有不同的喜好和不同的使用习惯，像中东地区严禁带六角形的包装，英国忌用大象、山羊做商品装潢图案。再如，中国、日本、美国等国家对熊猫特别喜爱，但一些阿拉伯人却对熊猫很反感；墨西哥人视黄花为死亡，视红花为晦气而喜爱白花，认为白色可驱邪；德国人忌用核桃，认为核桃是不祥之物。还有，日本人忌讳荷花、狐狸和獾，而喜欢樱花、乌龟和鸭子；俄罗斯人则认为黄色的蔷薇花意味绝交和不吉利；北非一些国家忌讳狗的图案；信奉伊斯兰教的国家忌用猪、狗做商标等。比利时人最忌讳蓝色，认为蓝色是凶兆；土耳其人绝对禁止用花色物品布置房间和客厅，他们认为花色是凶兆；日本人忌绿色，而印度人却喜爱绿色。可以说，了解不同国家和地区的风土人情，是企业做好市场营销尤其是国际营销的重要条件；如果不重视各个国家、各个民族之间的文化和风俗习惯的差异，就可能造成难以挽回的损失。

【课程思政10-1】

史上最贵的冰淇淋

2023年4月19日下午，上海车展宝马MINI展台，工作人员在发放冰淇淋时，一名中国女子想去领一盒冰淇淋，被工作人员以冰淇淋发放完为由拒绝。紧接着一名外国男子上前领取时，工作人员立即从保温箱里拿出一盒冰淇淋，并周到地教他如何品尝，与之前对待中国女子的态度形成鲜明的对比。

这种行为，让一旁拍视频的博主非常气愤，于是上前询问是否可以继续领取，谁知两名工作人员又摆手说没有了。当博主提出要看一下箱子里是否还有的时候，工作人员只把保温箱打开一条缝，并敷衍地解释每天限量，与App领券有关，再次拒绝了网友的领冰淇淋“申请”。最后，博主在视频中强调，在展台附近吃冰淇淋的，只看到外国人，并没有中国人。视频一出，舆论哗然。这不是“歧视亚裔、歧视华人”吗？宝马MINI因此被网友骂上了热搜。

随后，宝马MINI通过微博@MINI中国发文道歉，表示发放冰淇淋活动的本意是给逛展的大小朋友送上一份甜蜜，但因内部管理不细致和工作人员失职引起了大家的不愉快，对此道歉。

事件发生后，一名汽车自媒体博主自己买了两大袋冰棍前往MINI展台免费发放，甚至有人建议各大冰淇淋厂家应该抓住绝佳宣传机会，与车展厂家开展合作，比如小鹏汽车就已经开始在展台发冰淇淋了。

此后，冰淇淋事件继续在国内各平台发酵。距离上次道歉不到20个小时，宝马MINI再次通过微博@MINI中国发文道歉，表示预留了非常少的一部分冰淇淋给同事，并解释称视频里的四五个“老外”为员工，并有工作牌作证。

在第一次道歉中明确告知“活动的本意是给逛展的大小朋友送上一份甜蜜”，这次道歉又说是“预留给同事”——很难想象这种低级错误出自一个知名的跨国公司品牌之手。对这种自相矛盾、自我打脸的道歉，网民们自然不会买账，有7万多名网友到宝马MINI官方微博账号留言。在道歉微博下排名靠前的评论是“史诗级拉胯公关”“就这”“AI都比你会写”。全网都在抨击该道歉过于傲慢。

针对MINI中国的道歉声明，有媒体点评称，哪怕官方所言属实，访客到展台要冰淇淋没要到，自己的员工却可以随便吃，怎么说都说不过去。另外，MINI中国称“事件当中的两位礼仪小姐姐也是刚刚踏入社会的年轻人，可不可以请大家给她们多点宽容和空间?”声明中使用的是问号，显然有怪罪舆论的意思。对此，有媒体称，宝马MINI看起来是为两名工作人员说话，维护她们，其实是在变相甩锅，转移矛盾和视线。

相关链接10-1

肯德基的本土化

据全融界消息，在冰淇淋事件发生后，德国宝马的股票当日大跌3.62%，市值蒸发24.21亿欧元，折合人民币约183亿元。

资料来源 胡一璠，胡兴民，宋子义. 史上最贵的冰淇淋 [J]. 销售与市场，2023 (6): 78-81.

问题：你如何评价上述案例中宝马的行为？你认为宝马应该怎么做？

3）营销组合要素与跨文化营销

在一个国家内有效的营销组合策略是否在另一个国家也有效？在多数情况下，跨国营销人员对这个问题可能不太清楚。

(1) 产品。产品是在各个营销组合要素中最直接地体现其跨文化价值，因此，跨国营销人员应该随时注意改变产品，以迎合地方性的习俗和口味。全世界最大的快餐连锁店麦当劳曾在2002年出现创业以来的首度亏损，这对于以品牌形象为荣的麦当劳来说打击很大，于是麦当劳开始内部反省，如面包配料和重量等菜单标准为全球通用，但欠缺地区性口味。后来麦当劳在各地市场不再完全实施标准化，而是针对各地市场的特性制定符合本地需求的快餐策略，如在中国市场推出米饭食品等。

(2) 广告。广告是仅次于产品的第二重要的跨文化营销要素。广告在跨文化营销中的地位和作用比在单一市场的营销活动中更为重要，但它是跨文化营销的一把双刃剑。一方面，广告通过突出文化共性、强调产品共性，并且充分考虑当地文化的特点，避免与当地文化、宗教禁忌等相冲突，成为文化适应的工具；另一方面，它又是文化改造的武器，即积极主动地使用文化策略，通过消费者教育充分发挥广告策略的作用，改变消费者群体中的革新者与意见领袖的态度及价值观，使其成为主流文化的引导者，从而为企业营销开辟新的空间。

(3) 价格和分销渠道。价格在国际市场营销中有两点是值得注意的：一是在没有民族主义影响和不触犯东道国反倾销法规的情况下，以低廉价格销售产品会给消费者带来经济利益，也可以冲破由于文化差异而形成的市场进入壁垒；二是在全球营销中要做到统一产品价格是十分困难的，各国使用货币不同，国民收入不同，关税、运费不同，使企业无法在国际市场上以同一价格出售产品。定价总是根据消费者心理、竞争对手的反应来加以考虑的，这个过程包含复杂的文化因素。

分销渠道是进入一个市场必须打通的营销环节。一方面，跨国公司想在进入一个国外市场的拓展阶段就建立自己的销售渠道是不现实的，或者说，只能借助当地市场的营销网络来销售；另一方面，统一的渠道策略虽然有助于使企业的市场形象更具一致性，但不同国家和地区由于传统观念的影响，购买行为和选择购买场所及途径都形成固有的习惯，这同样需要纳入跨文化营销的策略之中。

10.2 亚文化与消费者行为

根据人口特征、地理位置、政治信仰、宗教信仰、国家和伦理背景等，可以将一种文化分成几种亚文化。这里，我们把亚文化定义为在一个较大的、更复杂的社会中存在的可识别出来的一个不同的文化群体。所谓亚文化群是共享整体文化要素的同时还共享他们独特文化要素的人群。在亚文化内部，人们的态度、价值观和购买决策方面比更大范围的文化内部要更加相似。因而，一种文化内，亚文化的差异可能导致在购买什么、怎样购买、何时购买、在什么地方购买等方面产生明显的差异。

亚文化是主文化的一部分。某一亚文化的成员所具有的独特的行为模式是建立在该群体的历史及现状基础之上的。亚文化的成员又是他们生活在其中的主文化的一部分，因此，其行为、信念等无不打上主流文化的烙印。

尽管有些亚文化群与主流社会或其他亚文化群的某些文化含义会有所相同，但是该亚文化群的文化含义必须是有特色的。这些特色可以是年龄、宗教信仰、收入水平以及性别、职业等（见表10-1）。

表10-1 亚文化的类型

人口统计指标	亚文化举例
年龄	少年儿童、青年、中年、老年
宗教信仰	佛教、基督教、伊斯兰教
民族	汉族、满族、回族、维吾尔族、白族
收入水平	富裕阶层、小康阶层、温饱阶层、贫困阶层
性别	男人、女人
家庭类型	单亲家庭、离异无子女家庭、双亲有子女家庭
职业	工人、农民、教师、会计
地理位置	东南沿海、西北地区、中原一带
社区	农村、小城市、大城市

需要说明的是，上述根据人口特征对亚文化群的划分不是绝对的，也是不可能穷尽的。比如，一个人可以同时属于青年、男人、满族、小康阶层等几个亚文化群。市场营销人员可以把上述人口特征加以组合，从而得到更小的亚文化群。这样做的目的主要是更好地进行市场细分。

从表10-1可以看出，根据不同的划分标准，可以区分出不同的亚文化类型。这里我们主要介绍性别亚文化和年龄亚文化。

【教学互动10-1】

一个人可以同时属于几个亚文化群吗？举例说明。

互动要求：同“教学互动1-1”。

10.2.1 性别亚文化

要想了解消费者的性别对消费者行为的影响，就必须对男性消费者和女性消费者购买行为的特点进行比较。

1）男性消费者的购买行为

与女性消费者相比，男性消费者的购买行为在绝对数量上要少得多。当然，对于男性自己使用的商品（如剃须刀）或家庭用的大件商品（如汽车），男性消费者或者自己购买，或者在购买决策上有很大的发言权。总体来说，男性消费者的购买行为具有以下几方面的特点：

（1）购买行为的目的性与理性。与女性相比，男性很少去“逛”商店，他们常常是在感到缺了什么的情况下才产生购买动机，所以他们购买的目的性很强，往往是为了补充缺货，而且是到了目的地（商店）后买完就走，很少能在不同的商店之间反复比较和选择。另外，男性比女性更善于控制自己的情绪，在购买活动中心境变化比女性小，因而更具有理性。特别是在购买一些高档或大型商品方面，男性消费者的购买决策过程不易受感情支配，他们更注重商品的性能、质量、品牌以及售后服务等。

（2）购买动机形成的速度与被动性。从个性的角度来说，男性比女性更果断，因而男性消费者一旦认识到了某种需要，就能很快转化为购买动机，并进而产生购买行为。即使处在比较复杂的情况下，比如几种购买动机发生矛盾的时候，男性消费者也能比较果断地处理并迅速地做出决策。男性购买动机的被动性主要体现在购买动机的形成往往是由于外界因素的作用，如家人的嘱咐，同事、朋友的委托等。男性消费者的这种被动性购买主要与他们缺乏购买经验以及承担的家务活动较少有关。

（3）购买过程的独立性与缺乏耐性。对熟悉的商品或已经决定了要购买的商品，男性消费者在购买时表现出更多的自信，不易受外界的影响。与此同时，他们在购买过程中缺乏耐性，表现为对商品挑选不仔细，不愿意讨价还价，不愿意在商店或柜台之间进行比较和衡量等。

2）女性消费者的购买行为

在我国，大部分女性都有自己的工作收入，而且由于她们承担了大部分家务（也包括购买活动），所以已婚女性在家庭中有很高的消费地位，有很强的购买力。

女性消费者购买行为的特点主要表现在以下几个方面：

（1）购买行为的主动性与购买目标的模糊性。与男性消费者购买动机的被动性相比，女性消费者的购买行为具有较大的主动性。由于大多数女性都要料理家务，她们更能及时地知道和预测是否应该补充缺货或添加新的用品。另外，一般来说，逛商店是女性的“专利”（大多数男性对此是“避之唯恐不及”的），女性的很多消费行为就是在逛商店的时候发生的。在这种情况下，女性在逛商店之前不一定有什么具体的购买目标，主要是看看有什么合适的商品，即使事先打算要购买的商品都不合适，她们也会顺便买回一些其他的日常用品或打折商品。她们常常为自己的“满载而归”而产生一定的成就感。当然，这种购买目标的模糊性是相对于男性消费者购买行为的目的性而言的。

（2）购买行为受环境因素的影响较大。由于女性消费者具有较强的自我意识与敏感性，她们在选购商品时，比较容易受购物环境因素的影响。这里的购物环境主要指的是商场环境、购物现场气氛、营业员的言行以及其他消费者的意见等。在这些环境因素的影响下，女性消费者在购买中容易出现从众行为，即“随大流”现象。比如，有时并没打算买某种商品，可是看到现场有很多人在抢购，有的女性就会不由自主地加入到购买的行列中，即使排着长队也不畏惧。从这个意义上说，女性消费者比男性消费者更容易出现冲动购买。

（3）注重商品的具体利益与实用价值。女性消费者更重视所买的商品能给她带来什么享受，商品的具体利益越能看得见越好。职业女性喜欢操作简单而又功能齐全的高科技产品，因为这样的商品既能减轻家务劳动的强度，又显示出一定的档次与品位，同时还不用仔细研究产品说明书（大多数女性对机器构造与工作原理以及说明书都不感兴趣）。另外，在我国，一般家庭的生活消费都由女性操持，她们掌管家庭收支，因而更能深刻体会到“不当家不知柴米贵”，所以更注重商品本身的实用价值。这表现为女性在购买过程中更谨慎、仔细，认真比较利害得失，追求商品的物美价廉。

（4）具有浓厚的情绪、情感色彩。女性消费者的心理特征之一就是感情丰富、细腻，富于联想甚至幻想，因此女性消费者的购买行为具有较强的感情色彩。特别是在逛商场的时候，如果一些商品的品名、款式、环境气氛等符合她们的心理需要，就能激发她们的购买动机。有的女性在特别开心或特别苦恼的时候都容易产生购买行为，而且这种情况下的购买常常具有冲动性。特别开心的时候她们觉得一切都那么美好，对预期的收入比较乐观，因而购买时出手比较大方。同样，也有的女性在非常苦恼的时候，由于无法排遣自己压抑的情绪，而去逛商场来调节自己。在这种情况下，有的人是为了赌气，也有的人是为了在购买中享受到快乐而产生购买行为。另外，与男性相比，大部分女性的攀比心理比较强，爱面子，“别人有的我也要有”，所以有时女性消费者的购买行为纯粹是为了满足自己的自尊心。

（5）消费倾向的多样化和个性化。当今中国的女性，在经济收入和家庭地位提高的同时，自我意识也不断提高。越来越多的女性开始关注自己的社会形象，希望自己与众不同。特别是在穿着打扮方面，既希望跟上社会潮流，又不愿意与别人雷同，年轻的职业女性更是如此。最常见的就是本来在商店里看好了一套衣服，在决定购买之前突然想到本单位的某位同事也有一套这样的衣服，于是放弃购买。当然，反过来也是一样，如果看到本单位的某位同事穿着和自己一样的衣服，她很可能把这套衣服“打入冷宫”。特别是对于休闲装，女性更愿意穿出自己独特的品位，以表现自己独特的风格与气质。

鉴于女性消费者在购买行为中的上述特点（当然不止这些），以及当今女性在家庭和社会中消费能力的提高，企业在制定营销策略时，应该采取适当的符合女性消费者心理需求的各种措施。例如，橱窗的设计与布置，商品的包装装潢以及色彩、款式等，都要考虑女性消费者的心理特点与购买行为特征。

以上对不同性别消费者购买行为的分析是以传统的性别角色为基础的。所谓性别角色，是指在特定社会中对男性或女性来说比较合适的行为。比如，在传统观念中，“男主外、女主内”是天经地义的。这种观念在消费活动中的表现，就是家庭中的大件商品如房子、汽车等的购买要由男人说了算，而家居用品、食品、服饰等的购买大多由女人说了算。可是，随着时代的发展，社会中的性别角色发生了很大的变化，这种变化的基本特征就是，以前被认为是男性才合适的行为现在对女性来说也可以接受了，反过来也是如此。

【观念应用10-1】

安踏李宁瞄准“女性生意”

日前，曾是安踏涅槃主力的FILA推出了“拿铁女孩”瑜伽服系列，李宁也在此前推出了主打的“揉柔裤”和“翘俏裤”，以“敢为自己”为品牌口号，发力女子运动市场。作为这片淘金地的核心玩家，以一条瑜伽裤起家的lululemon在中国也开启了跑马圈地。

转向女性生意背后，运动鞋服巨头与小而美的新锐品牌各自有不同的考量。

来自消费端的一个共识是，女性在健身运动上的消费正在不断增加。Mob研究院的数据显示，2022年91%的Z世代女性具有运动习惯，艾媒咨询的一项用户调研也显示，2021年女性消费者在健身方面的平均消费达到6 362元，同比提升近50%。

区别于一般性的大众运服消费，女性健身消费具备冲动型、强社交、高颜值三大特点。

“冲动型消费”，是指在健身运动前，“装备先行”的理念让女性更容易被种草安利，为相关运动服饰付费；

“强社交付费”，是指女性购买健身装备时，不仅仅是为了健身，而是一种社交货币，一旦接受品牌理念，将形成稳定的复购。

“高颜值属性”，是指女性天然对时尚有着关注，特别是在健身服饰日常化的趋势下，她们会更关注设计、颜值与可穿搭性，这也为品牌的“微创新”提供了很多的窗口。

消费端的三种风向带动了女子运动装备的蓝海市场，也让更多的运动服饰品牌选择躬身入局。对安踏、李宁这样的大公司而言，切入女性运动品类是一件顺其自然的事，既能对现有产品线进行补充，借助原有的品牌积淀与技术积淀形成存量用户的“心智占领”，同时也为企业增长寻求新增长极。

可以肯定的是，对于习惯了做男性生意的安踏李宁们来说，尽管女性生意是一片蓝海，但远比想象中还要更难。从这一点来说，谁能最终成为下一个lululemon或许并不重要，谁能最先讲好品牌与产品故事，做到一分钱一分货，才最重要。

资料来源　山核桃. 安踏李宁瞄准“女性生意”[EB/OL]. [2023-12-13]. https://www.cmovip.com/detail/33341.html.

问题：安踏李宁们为什么要进军女子运动市场？

10.2.2　年龄亚文化

消费者的年龄不同，其生理机能和心理活动也不同，因而其购买行为也表现出不同的特点。按照一般的分类方法，消费者在年龄段上被分成以下四类：少年儿童、青年、中年和老年。

1）少年儿童的消费行为

少年儿童时期是人的心理发展的重要阶段，这一年龄阶段的消费者属于未成年消费者。在传统上，我们把少年儿童的年龄界定为0～17岁。其又可以细分为乳婴期（0～3岁）、幼儿期（4～6岁）、童年期（7～11岁）和少年期（12～17岁）。为了简便起见，我们这里粗略地划分为儿童期（12岁之前）和少年期（12～17岁）。

（1）儿童消费者的心理特征与消费行为。在人的一生中，儿童时期无论在生理上还是在心理上，都是一个迅速发展的时期。儿童期的心理发展变化是同生理成熟趋于一致的，并且是一个呈现一定阶段性与连续性的过程。这在生理上表现为从完全依靠别人照顾到自己照顾自己并能帮助他人做事情；在心理上表现为有了一定的分析问题和解决问题的能力，并形成了最初的个性倾向；在行为上表现为逐渐地由被动变为主动。

儿童消费者的心理特征与消费行为主要表现在以下几个方面：

①从纯生理性需要逐渐向带有社会内容的需要发展。儿童在婴幼儿时期的需要主要是生理性需要，以满足生理性需要为其消费的欲望和目的。随着年龄的增长，不断接触到外界环境的各种刺激，儿童的消费欲求开始逐渐向带有社会内容的需要发展。虽然这一时期的儿童主要是商品的使用者而非购买者（他们有时也购买一些小食品等相对简单的商品），但他们逐渐会把自己的意愿告诉父母并影响父母的购买决策。

②从模仿性消费逐步向带有个性特点的消费发展。模仿是儿童的天性，特别是学龄前的儿童，在言谈举止、穿着打扮等方面都爱模仿成人或其他同龄的小朋友。随着年龄的增长和自我意识的不断提高，儿童的模仿性消费逐渐被有个性特点的消费所代替，“与众不同”的意识或“比别人强”的意识常常影响他们的消费行为。

③消费情绪从不稳定发展到比较稳定。在儿童初期，在模仿心理的作用下，儿童的消费心理很不稳定，今天喜欢这个，明天又会喜欢那个。随着年龄的增长，儿童控制自己情感的能力不断增强，而且其偏好逐渐显露出来，因而其消费情绪逐渐稳定下来。

④儿童消费品中娱乐用品的消费比重比较大。玩耍是儿童的天性之一。为了满足儿童的这一生理和心理需要，家长们毫不吝啬地为孩子们买各种玩具、富有娱乐性和知识性的少年儿童读物，带他们光顾各种有助于儿童身心发展的娱乐场所。可以说，在所有的年龄阶段中，儿童消费者的娱乐消费的比重最大。

（2）少年消费者的心理特征与消费者行为。在我国，这一年龄段其实差不多指的就是整个中学时期（包括初中和高中）。当然，高中阶段或高中阶段后期实际上已经属于青年前期，但由于这一时期的他们在经济上还没有独立，在心理上也还没有完全成熟，所以这里的少年消费者也包括了这一部分人。

少年期是由儿童期向青年期过渡的时期，不仅生理上发育比较快、变化比较大，心理上变化也非常大，是处于依赖与独立、成熟与幼稚、自觉性与被动性交织在一起的比较特殊的时期。他们的心理特征与消费行为表现可以从以下几方面反映出来：

①喜欢与成年人比拟。由于少年期自我意识的发展变化迅速，他们在主观上认为自己已经长大成人，应该有像成人一样的权利和地位，渴望像成年人那样独立地处理自己的生活，不希望家长过多地干涉。因此，少年消费者在消费品的选择上存在同成年人比拟的心理，希望按照自己的个性和爱好来购买商品。

②从受家庭的影响逐步转向受社会群体的影响。儿童消费心理主要受家庭的影响，尤其是父母的消费观念和消费行为对他们的影响很大。到了少年期以后，由于自我意识的提高和自理能力的增强，他们有了一定的独立性，特别是在集体学习和集体活动中，通过与其他人的经常接触，他们的消费观念和消费行为由受家庭影响逐渐转向受集体或群体的影响。

③购买的倾向性开始确立，购买行为趋向稳定。处于少年期的消费者，知识不断丰富，对社会环境的认识不断加深，兴趣趋向稳定，有意识的思维与行为增多。随着购买活动次数的增加，他们的感知经验越来越丰富，对消费品具备了初步的判断、分析、概括能力，购买行为趋于习惯化、稳定化，购买的倾向性也开始确立，购买动机与现实条件的吻合度有所提高。

2）青年消费者的消费行为

从心理学角度来说，青年期通常是指18岁到35岁之间的这一年龄段。青年消费者人口众多，消费能力和购买潜力都很大，在整个消费市场中处于重要的位置。美国消费者行业研究会2019年的报告显示，18岁至30岁这个群体的财富占比仅为社会整体财富的20%，但他们的消费能力却占到了四成左右。因此，了解青年消费者的购买行为特点，对市场营销人员来说是非常重要的。

青年消费者的消费行为的特点表现在：

（1）追求新颖、时尚的消费趋向。青年消费者好奇心强，对新事物比较敏感，因此他们对市场上出现的新产品最感兴趣，希望自己购买的商品能符合潮流的发展，跟上时代的步伐，所以青年往往是新商品、新的消费行为的追求者、尝试者和推广者，并逐渐影响更多的消费者。在他们的带领下，出现一轮又一轮的消费时尚。总之，一种新的消费趋势总与青年分不开，时尚的特征也从青年消费者身上最充分地表现出来。

（2）购买行为中有较强的感情色彩。与中老年人相比，青年人尤其是青年初期、中期的消费者，生活经验还不丰富，对事物的分析和判断能力还没有达到成熟阶段，他们的思想感情、兴趣爱好、性格特征还不完全稳定，因而往往容易感情用事，爱冲动。在购买商品的过程中，他们特别看重商品的外观、款式、品牌、颜色等，而对于内在质量、价格等考虑得较少，因此常常在买完某商品以后，才发现当初的决策欠考虑。可见，青年人对商品的选择往往以感情和直觉为基础，冲动性购买比较多见。

（3）具有较强的购买力和较广的购买范围。我们这里所讲的青年消费者，主要是具有独立购买能力的青年人。他们有一定的经济来源，而经济负担又不太重，特别是现在的青年人，大多没体验过什么苦日子，因此花起钱来比较大方，显示出较强的购买力。另外，他们的消费观念也比中老年人更开放，追求现代化的生活方式，注重享受和娱乐。因此，凡是能满足他们这方面消费的商品，都能引起他们的兴趣，促发其购买动机。尤其是新婚青年的购买力，更是其他年龄阶段的消费者难以比拟的。对于很多中国的传统家庭来说，父母积攒大半辈子的钱就为了操办儿女的婚事。

（4）追求个性，表现自我。青年消费者的自我意识已经达到了一定的水平，他们追求独立自主，每一种行为都力求表现出“我”的内涵，因此体现个性和表现自我成为青年消费者较强烈的心理需求。他们在购买行为上的表现为消费倾向由不成熟向成熟过渡，对能表现自己个性的商品更感兴趣。

3）中年消费者的消费行为

中年人一般是指35岁到60岁之间的人。中年人是社会的中坚力量，他们见多识广，生活经验丰富，老练而稳重，但中年人的社会负担和家庭负担都比较重，比如工作上要出成果，要为青年做好表率，在家里是上有老下有小，家庭消费支出比较大。他们在消费行为方面主要表现出以下特点：

（1）理性购买多于冲动性购买。中年人经验丰富，比较理智，会控制自己的情绪，很少感情用事。在购买活动中，他们从购买欲望的形成到购买行为的实施，都是经过深思熟虑的，很少出现像青年人那样毛手毛脚地把东西买回家后又后悔的情况。

（2）计划性购买多于盲目性购买。大多数中年人既要赡养老人，又要负担子女的生活和教育费用，因此家庭经济负担比较重。特别是近年来我国家庭用于子女教育的费用不断提高，子女受教育的费用已经成了很多家庭一笔不小的开支。因此，很多中年人不得不精打细算，量入为出，在实施购买行为前就计划好所购买商品的价格、数量、质量、用途等。计划外购买和即兴购买的现象要比青年人少得多。

（3）注重商品的实用性与便利性。由于经济条件的限制以及繁重的工作压力，中年消费者在购买商品时更注重商品的实用性与便利性。他们对华而不实的商品不感兴趣。因此，他们选择商品时着重考虑其内在质量（特别是功能、使用寿命以及操作的方便性等）和价格，然后才是款式和颜色等。就拿服装来说，中年人不会像青年人那样追新猎奇，但对服装的质量比较挑剔，希望穿得体面，穿出尊严。

4）老年消费者的消费行为

国家统计局发布的《中华人民共和国2022年国民经济和社会发展统计公报》显示，截至2022年末，全国60周岁及以上老年人口有28 004万人，占总人口的19.8%；全国65周岁及以上老年人口达20 978万人，占总人口的14.9%。预计到2050年，这个数字将增长到接近5亿。也就是说，中国正在逐步进入深度老龄化社会。这也就意味着，一个以老年人为核心消费群体的市场将逐步被打开。

在我国，老年人占总人口的比例在一段时期内将显著增加，老龄化问题日益突出。另外，我国城市的退休职工有着稳定的退休工资或社会保障金，而且大多数人都会有一定数量的储蓄金，因此城市老年人的经济状况和消费能力都要好于农村老年人。在身心方面，老年消费者的生理和心理都发生了重大的变化。

国家统计局进行的人口变动抽样调查显示，我国老年人收入的主要来源为子女或亲属供养、老年人离退休金和劳动收入以及社会保险和救济。虽然这些来源的比重随着时间的推移会有所变动，但就总体水平而言，将会随着整个社会经济的发展而不断提高，从而使我国的老年市场成为新兴的潜力巨大的市场。与之相对应，他们对消费品的需求以及表现出的消费行为有以下几方面的特点：

（1）对消费品的种类和结构有特殊的需求。老年人对消费品的种类有特殊的需求，具体表现在：在吃的方面，要求食品松软易消化，并富有营养价值；在穿的方面，要求穿着舒适、保温以及穿脱方便。在需求结构方面，老年人的大部分支出用于食品和医疗以及保健用品，而穿和用的支出相对减少。

（2）有比较稳定的消费习惯和品牌忠诚度。老年人已经形成一定的生活习惯，而且不容易改变，比较留恋过去的生活方式，对消费有一定的怀旧心理和保守心理。因此，老年消费者的消费兴趣和爱好比较稳定，对老牌子的产品有特殊感情，而培养新的习惯和爱好相对较难。

（3）购买商品讲求方便。一般老年人的体力和精力都不同程度地减弱，行动也变得不方便，所以老年消费者喜欢到方便、良好的购物环境中购物，比如购物场所交通便利、店内有供消费者休息的设施、商品陈列便于挑选、购买程序比较简单等。

（4）一部分老年消费者具有补偿性的消费行为。现在的老年人大多是在物质和精神生活相对贫乏的20世纪五六十年代度过他们的青春年华，一直没有机会满足人皆有之的各种生活追求。因此，他们从繁忙的工作和家庭负担中解脱出来后，就会产生强烈的补偿要求，希望自己的老年生活能过得幸福、洒脱。这部分消费者大多同意这样的提法："退休才是新生活的开始。"摆脱了工作负担并完成了养儿育女的任务以后，他们更愿意"换一种活法"，以享受生命、享受生活。因此，这部分老年人是很有潜力的消费者，尤其在旅游、健身、购买保健品和营养品方面是企业不可忽视的一个日益重要的消费者群体。

（5）网络和网购在老年群体中大大普及。

中国互联网大潮汹涌而至。前几年人们还在呼吁，要关注智能化带来的老年数字鸿沟，但是转眼之间，他们的冲浪热情已经俨然不逊色于年轻人。

特别是随着短视频的兴起，更加拉低了网络门槛对于年龄的限制作用，互联网由此占领了最后一块"网民空地"。

《短视频用户价值研究报告2022》显示，2022年上半年，60岁及以上短视频用户上升至11.7%，与网民结构中12%的老年用户占比接近，与老年人18.9%的全国人口占比相比，也基本处于"努努力就满员"的状态。

老年网民增多如果是种子，那最直接的果实就是老年网民网购的增多。

相关链接10-2

低龄老年人升级型消费需求明显

老年服饰线下市场本就分散不集中，线下购物费时费力，再加上近几年的新冠肺炎疫情影响，老年人也逐渐转向了线上消费。

京东消费及产业发展研究院发布的《2022"银发族"消费趋势报告》显示，"银发族"多年来成交单量及用户数均实现稳步提升，2022年前8个月"银发族"的成交单量、购物用户数、人均单量分别是2018年的3倍、1.8倍、1.7倍。

5）Z世代消费者的消费行为

Z世代是美国及欧洲的流行用语，意指在1995—2009年出生的人，又称网络世代、互联网世代，统指受互联网、即时通信、MP3、智能手机和平板电脑等科技产物影响很大的一代人。每个时代总有每个时代的消费者。伴随着Z世代消费力量的崛起，整体消费呈现多元化的趋势。单身经济、种草经济、懒人经济、夜经济、他经济等都是伴随着Z世代而起的消费形态。

从X世代到千禧一代，再到如今的Z世代，都是以年龄划分的。如今，出生于1995—2009年的Z世代已然成为新时代的焦点人群。如果说千禧一代是数字先驱者，那么Z世代就是最富个性、最具多元文化的一代。

这些传说中的95后们是移动互联网的"原住民"。他们快速接受海量信息，但丧失兴趣的速度也一样快。勇于表达对社会的观点是Z世代的普遍价值观。

仅在中国市场，Z世代就有高达2.6亿人口，成长于信息时代的他们，受到全方位多元文化的熏陶，有着独特而又个性的身份标签。多面的身份是Z世代的专属"人设"，二次元、颜值主义、易种草体质、兴趣会友等都成为他们的身份标签。

伴随着Z世代逐步迈入社会，围绕Z世代的商业机遇便不断涌现。作为新消费人群，Z世代的消费能力毫不逊色。数据显示，在中国Z世代的年开支达4万亿元人民币，占全国家庭总开支的13%。

作为新新人类，他们以兴趣划分圈层。在互联网的助力下，他们对各自的圈层有着强归属感和高参与度，由圈层文化带来的相关消费潜力正不断释放。无论是电竞、二次元、模玩手办，还是国风，Z世代都是其中绝对的消费力量。

面对Z世代，如果单纯把他们当成一个群体来看的话，品牌很难找到一个非常合适的方向。各种各样的爱好与职业，在Z世代"不设限"的人生中都能找到合适的成长空间。这些反映到消费市场，便是Z世代有着非常强烈的求异需求，个性化的、独具特色的、体验炫酷的、相对稀缺的产品和品牌更易受到他们的追捧。

相关链接10-3

Z世代消费者洞察报告

未来，消费市场将会逐渐被Z世代主宰，品牌唯有打入不同圈层的Z世代群体，方能找到制胜之道。

本章小结

本章介绍了文化和亚文化对消费者行为的影响。

文化是体现出一个社会或一个社会群体特点的那些精神的、物质的、理智的和感情的特征的完整复合体。文化不仅包括艺术和文学，而且包括生活方式、基本人权、价值体系、传统和信仰。文化具有以下几方面的特点：文化是后天习得的；文化的影响是无形的；社会文化既有稳定性，又有可变性；社会文化的共享性；社会文化的规范性。

中国传统文化的主要特点：讲究中庸之道；注重人伦；看重面子；重义轻利。

中国传统文化对消费行为的影响主要表现在：消费行为上的大众化；"人情"消费比重大；消费支出中的重积累和计划性；以家庭为主的购买准则；注重直觉判断的

购买决策方式。

跨文化的消费者分析主要应注意以下几个方面：教育水平、语言文字、价值观念、宗教信仰、审美观、风俗习惯、民族性格。

根据人口特征、地理位置、政治信仰、宗教信仰、国家和伦理背景等，可以将一种文化分成几种亚文化。本章主要介绍了性别亚文化和年龄亚文化两个方面。

男性消费者的购买行为具有以下几方面的特点：购买行为的目的性与理性；购买动机形成的速度与被动性；购买过程的独立性与缺乏耐性。

女性消费者购买行为的特点主要表现在以下几个方面：购买行为的主动性与购买目标的模糊性；购买行为受环境因素的影响较大；注重商品的具体利益与实用价值；具有浓厚的情绪、情感色彩；消费倾向的多样化和个性化。

老年消费者的消费行为的特点是：对消费品的种类和结构有特殊的需求；有比较稳定的消费习惯和品牌忠诚度；购买商品讲求方便；一部分老年消费者具有补偿性的消费行为；网络和网购在老年群体中大大普及。

伴随着Z世代消费力量的崛起，整体消费呈现多元化的趋势。单身经济、种草经济、懒人经济、夜经济、他经济等都是伴随着Z世代而起的消费形态。Z世代有着非常强烈的求异需求，个性化的、独具特色的、体验炫酷的、相对稀缺的产品和品牌更易受到他们的追捧。

主要概念

文化　原产国效应　亚文化

基本训练

□ 知识题

10.1　阅读理解

1）文化具有哪些方面的特点？

2）中国传统文化对消费行为的影响主要表现在哪些方面？

3）跨文化营销中的消费者心理包括哪些方面？

4）女性消费者的购买行为有哪些特点？

5）老年消费者的消费行为特点有哪些？

10.2　知识应用

即测即评

□ **能力题**

10.1　实务题

大学生是否可以算作一类亚文化群？为什么？市场营销人员应该怎样基于对这部分消费者的了解制定营销策略？

10.2　综合题

假设你是你所在城市旅游局的一名调研员，为了吸引来自某些国家的旅游者，比如日本和韩国，由你来负责制定促进这一活动的策略。利用图书馆和互联网搜索有关这两个国家的消费者的生活方式、风俗习惯、收入水平、消费行为等方面的资料，然后提出一项促进策略来说服这两个国家的旅游者到你市观光旅游。

10.3　案例分析

太二酸菜鱼：如何找到制胜宝典？

2022年央视"3·15"晚会直接曝光了摊在地上给国人吃的老坛酸菜：没有老坛，只有脚踩和土坑。曝光一家不卫生的酸菜企业，同时波及无数和酸菜相关的品牌产品。

在舆论风起时，一份详细明确的品牌公告能最大限度地获取用户的好感度。太二酸菜鱼的公关文，篇幅简短，每一步都配图清晰，没有过多的语言，而是拿出实拍图+资质报告，通过简洁有力的证明彰显品牌态度。在酸菜相关品牌被"围攻"的特殊时间点，太二展现出的正面公关态度，在博取消费者好感度的同时，借势"酸菜"话题再圈了一波粉。

作为在正餐市场上规模不断扩展的典型代表，太二酸菜鱼依托互联网进行创新成为"网红"品牌，并且一红就是5年，并且有继续红下去的势头。长红5年的太二酸菜鱼是如何找到制胜宝典的？

重新定义"二"文化，打入年轻消费群体

Z世代人群有着典型特征：圈层文化、精神消费、标签化、注重品质和数据、偏好兴趣社群和颜值主义。

无论是"太二"的品牌名称，还是它的门店装修，二次元风格明显。对于热衷于二次元内容的年轻人，太二酸菜鱼的整体画风都让人感到十分舒适，贴合年轻人有主张、不迁就、倔强的特点。

与此同时，太二搭乘国潮的东风，将"中二"与传统文化相结合，衍生出太二宇宙、酸菜博物馆等，通过二次元的表达方式呈现，让"二"这个字在消费者心中占据一席之地，以独特的品牌个性，收获年轻群体青睐。

特色店面IP形象，满足消费者多元需求

太二酸菜鱼基于"二"文化，定制"二老板"和"小二哥"的漫画角色，一静一动两种性格的有机搭配，使之成为品牌独有的IP。在入驻新城市时，太二官博也会发布以"二老板"和"小二哥"为主题的双色海报，融合当地的地标建筑、传统文化风俗，和消费者建立良好的关系。

在菜品上新时，太二也会给菜品主角画一个小故事，让消费者直观了解菜品；在微信表情包搜索页面，更有"太二漫画公司"的相关表情包。此类种种，无疑从多方面与年轻消费者进行沟通，满足消费者多元化的需求。

产品实力附加文化价值，造就品牌“实力派”形象

餐饮行业离不开的就是消费者对口味的终极考验。太二酸菜鱼无论是从产品细节还是包装，都秉持着认真对待的态度。“这棵酸菜，从不是配角”，太二对待酸菜可谓是“天花板”级别：腌制过程讲究时间、温度、湿度的细节，追求保留80%的水分让口感脆嫩。在原料上，坚持选用鲈鱼嫩滑的背部，保证产品口味。

太二酸菜鱼始终在讲“二”的故事，以独特的文化价值赋能品牌。从创立之初，太二提出坚持自我、特立独行的理念。坚持四人以上不接待、不收取冗杂的服务费，用实际行动践行“二”文化。同时，为保证品质，每天只卖一百条鱼，卖完就关门等宣传语也向消费者传递“二”文化落脚点——反叛不是为一时爽，而是追求品质、追求更长期的价值。

在“二”文化带来的品质、效率、人气下，太二获得了4.9的平均翻座率、超180%的年增长额、127亿元的年营业额，实现了从网红店到实力派形象的转化。

资料来源 叶川. 3·15事件后的连锁反应，太二酸菜鱼竟成最大赢家！[EB/OL].[2023-12-13].https://www.cmovip.com/detail/19306.html.

问题：从中国传统文化和Z世代人群消费特点的角度评析上述案例的成功之处。

第11章

影响消费者行为的情境因素

学习目标

通过本章学习，你应该达到以下目标：

知识目标：了解消费购买活动中的情境类型；掌握营销人员创造有利于消费者获取信息环境的方法；认识商店选址的意义、商店选址中应考虑的因素以及商品陈列的作用。

能力目标：具有熟练分析购物情境的构成因素的能力；具有初步分析、开发和利用情境商业的能力。

引例@ **玩具反斗城升级设计与布局 新店瞄准Z世代**

2023年9月1日，玩具反斗城北京北苑龙湖天街店盛大开业。作为亚洲知名玩具、游戏、休闲娱乐设施及益智类产品零售商，玩具反斗城瞄准“Z世代”市场，提供更加精简的玩具选择，并在店面设计、陈列布局与玩乐体验等方面全新升级，与其此前一系列线上线下的升级举措进一步合力推动品牌转型，从传统亲子玩具零售店转型到为儿童和童心未泯的成年人提供优质且富有启发性的玩具以及玩乐体验的玩具店。

门店视觉及布局全方位升级焕新

作为玩具反斗城在中国首家升级视觉设计的新门店，北京北苑龙湖店大面积使用明亮的白色，明黄、天蓝与粉红点缀其中，为步入其中的消费者打造沙滩与海的度假氛围，带来轻松愉悦的视觉感受。代表品牌的“R”标识依然占据店内最显眼的位置，充分彰显品牌形象。

在整体的空间布局方面，门店弱化传统设计带来的隔阂，采用开放式墙面，让店铺空间更加通透且在视觉上有明显的延伸感，充分释放空间潜力。这一设计不仅吸引消费者走进玩具反斗城这一玩乐与探索的世界，同时也能够使其更好地沉浸在购物体验中。在体验为王的零售时代，玩具反斗城还于店内多处区域设置了充满活力的游乐区和舒适的休息区，让消费者身临其境地畅玩，玩出无限畅想。

该门店在产品陈列上也进行了全面升级，不但对货架进行了轻量化设计，而且打破了按照玩具品类划分的“七大主题区域”惯有模式，以具有视觉冲击的知名IP及玩具品牌形象吸引顾客，方便他们快速找到热门商品。另外，玩具反斗城在精心研究消费者需求后，策略性地甄选玩具，大大增加了热门商品展出的空间。值得一提的是，玩具反斗城还在新店首次引进“毛小孩玩具”品类，聚焦宠物经济，为消费者提供包括狗狗叫声玩具、磨牙棒、猫抓板、逗猫棒等非常丰富的宠物玩具及用品。

新店开业缤纷活动聚集人气

开业当天，不仅有剪彩活动，更有玩具反斗城的吉祥物人偶杰菲巡游。线下的众多活动给消费者带来了惊喜感。9月1日至9月3日到店消费的顾客均获赠了特色购物袋，更有30位幸运儿抽取到价值200元的玩具。另有300位特邀顾客领取到启蒙（Keeppley）和玩具反斗城联名款积木礼盒“杰菲的手作小蛋糕”。消费满一定金额的“星卡”会员，获赠了大额券包。此外，玩具反斗城还在微信公众号进行了互动活动，多位幸运儿获得价值1 000元或500元不等的礼品卡，为新店开业增加热度。

除了丰富的活动，新店的“蛋仔派对”陈列区吸引了众多粉丝打卡。逼真的周边玩具让“蛋仔派对”这一知名游戏IP“走”出虚拟世界，与粉丝零距离互动。蛋仔派对咸鱼按摩锤造型呆萌之余，也可击退疲劳。蛋仔派对毛绒公仔“萌”力出击，各款角色一应俱全，亲肤软糯治愈心灵。蛋仔派对软胶钥匙扣多款造型随心选，为日常生活增添欢乐。

北京北苑龙湖天街店的开业对玩具反斗城来说具有里程碑式的意义，是品牌年轻化的重要一环，深刻传递了玩具反斗城不断转型顺应市场变化、深耕中国市场的决心。未来，玩具反斗城将持续在门店布局陈列、产品、运营、服务等方面合力升级，为消费者带来更多惊喜的玩乐体验。

资料来源　佚名. 玩具反斗城升级设计与布局 新店瞄准Z世代［EB/OL］.［2023-12-13］. https://www.prnasia.com/story/417025-1.shtml.

上述案例表明，在不断变化的市场中如何始终保持品牌的竞争力是任何品牌或企业不变的课题。玩具反斗城以开新店作为起点，通过视觉、服务、产品、活动等方面为顾客带来全新的购物体验，拓宽了品牌受众群体，实现了精准触达，解锁了实体玩具零售品牌的新玩法。本章我们介绍影响消费者行为的情境因素。

11.1 情境的构成

从广义上说，除了消费者本人的特征与产品本身的特征以外的环境因素都是影响消费者行为的情境因素。但是，“情境”是一个心理学的术语，它应该是以环境因素为基础的、加入了人的情感和认知成分的这样一种比较特殊的环境。所以，本书对情境的理解是：情境既不是客观的社会环境，也不是可见的物质环境，而是与二者有关的独立于消费者和商品本身属性以外的一系列因素的组合。

根据上述对情境的定义，情境的构成因素主要包括以下几个方面：

1）物理环境

物理环境实际上指的是不占据空间的物质环境，它常常表现为无形的或不可见的物理因素。

（1）颜色。色彩在现代商业空间中起着传达信息、烘托气氛的作用，通过色彩设计可以创造一个亲切、和谐、鲜明、舒适的购物环境。在商店内部环境的设计中，色彩可以用于创造特定的气氛，它既可以帮助顾客认识商店形象，也能使顾客产生良好的记忆和深刻的心理感受。不同的环境色彩能引起顾客产生不同的联想和不同的心理感受，激发人们潜在的消费欲望，同时还可以使顾客产生即时的视觉震撼。营销环境的色彩调配得当，醒目宜人，对顾客的情绪调节也具有一定的作用。店内环境色彩的运用一般不是单一的，通常是以一种色彩为主色调，但背景色彩、陈列道具与商品之间的色彩要合理科学地搭配，才能产生合理的效果。一般而言，暖色可作为点缀或局部主色调，冷色可作为背景色调。

在店内环境色彩的设计中应综合考虑季节因素、商品因素和顾客特征。例如，麦当劳快餐店的内部整体环境设计就是以暖色为主，它能创造出活跃、温暖、热烈的心理感受，这主要是基于吸引快餐店的主要顾客——儿童、青少年而考虑的。因此，在商场环境布局中，应注意运用色彩变化及顾客视觉反应的一般规律。比如，红色有助于吸引消费者的注意和兴趣，然而在有些情况下它也令人感到紧张和反感；较柔和的颜色如蓝色虽然具有较少的吸引力和刺激性，但被认为能使人平静、凉爽并给人正面的感觉。另外，在不同的季节和不同的地区，要恰当使用不同的颜色。比如，在炎热的夏季，商店的色调应以淡蓝色、淡绿色为主体，给顾客以凉爽、舒适的感觉；在冬季，应以暖色调为主体，给人以温暖如春的感觉。

【小资料11-1】

巧用色彩

在法国，有个饭店的老板把他饭店里的墙壁全部粉刷成淡绿色，令客人感觉幽雅、舒适，为此招徕不少顾客。但是，由于人们留恋这种舒适的环境，就餐时间加长，而且进餐后久久不肯离去，餐桌的利用率自然就降低了。于是，老板又把墙壁粉刷成红色和橘黄色。这种热烈的色彩一方面能刺激人们的食欲，同时又不适于客人进餐后久留，因而餐桌利用率显著上升。

(2) 气味。如同音乐能使人精神放松一样，宜人的气味也通常对人的生理有积极的影响。空气污浊、有异味的商店顾客不会久留，无味的商店使顾客感到疲倦，而在清新如野、令人心旷神怡的环境中购物，顾客会得到美的享受。商店内部如能根据所经营的商品特征适宜地散发一些宜人的气味，就会使顾客在购买活动中精神爽快、心情舒畅。因此，环境气味也是店内营销刺激中不可缺少的一味“添加剂”。

在现代商业环境条件下，商场中的气味对顾客的影响一般是正向的、积极的，大多不会形成负面感受，而且，越来越多的证据表明，气味能对消费者的购买行为产生正面的影响。比如，国外的一项研究发现，有香味的环境会使消费者产生再次造访该店的愿望，会提高消费者对某些商品的购买意愿并减少费时购买的感觉。还有的超市应用带有新烤面包香味的空气喷雾器，来营造一种温暖安全的印象，从而促进超市中面包的销售。

当然，气味有时也有消极的一面。这不仅是指商场装修中各种材料的不良气味，也包括各种香味混合后产生的某种怪味，甚至也包括不同的人有不同的香味偏好，比如，令某人愉快的香味对其他人来说却觉得厌恶。因此，在商店的布局中要充分考虑到这一点。

（3）声音。与气味一样，声音在商场中对消费者购买行为的影响既有积极的一面，也有消极的一面。其积极性的方面主要指的是背景音乐可以提高人的购买兴趣，而噪声会对顾客心理产生消极的负面影响。

在购物环境中适当的背景音乐可以调节顾客的情绪，活跃购物气氛，有时还可以缓解一些顾客排队等待的急躁心情，因此很多商业场所都播放一些背景音乐。但是，有关人员对所播放的音乐要有所选择，要考虑到购物环境的档次、主要的目标消费者群等。另外，既然是以音乐作背景，音量就不能过大，一般情况下最好不播放节奏太强劲的像摇滚乐那样的音乐，以免对一些不喜欢这种音乐的人尤其是老年人产生不利的影响。

来自商店外部的声音干扰、店内广播所播放的广告信息、店内人员的说话声以及物品在柜台上发出的各种声响等就构成了噪声。心理学的研究表明，噪声音量超过80分贝时，对于人的注意力会有严重的干扰，并容易使人产生烦躁的情绪。现在，在大型商场里，通过隔音或消音设备能有效地控制90%以上的外来噪声干扰，而小型商场对这种噪声的控制水平较低。店内广播在播放广告信息时除了应该控制音量外，还要注意播放的频率。短时间内反复地播放，会引起顾客的反感。

近年来，移动媒体的出现是品牌开始注重声音营销的一个重要原因。从整个互联网环境来看，喜马拉雅FM、蜻蜓FM、考拉FM等一众网络音频平台，挖掘出了声音在营销中的巨大潜质。据艾瑞咨询数据，接近50%的用户曾购买过音频App广告推送和呈现的商品或服务，接近40%的用户曾购买过音频节目里广告或赞助中出现的商品或服务，可见音频广告的转化率效果十分明显。从消费者角度来看，当眼花缭乱的碎片化信息抢夺着眼球时，人们也渴望视觉上的解放，开始倾向于从音频中获取信息，消磨时光。从传播特点来看，在各种移动设备的助力下，声音具备了伴随性和全场景性。也就是说，无论我们开车、通勤、做家务、护肤、运动、睡觉等，都可以接收声音信息，这是视频内容无法做到的。此外，听歌、听书、听课程、听相声……更多元的声音内容满足了人们丰富的精神需求，赢得大众的支持。在移动互联网时代，声音潜藏着巨大的营销价值，让品牌营销具有更多可能性。

（4）照明。灯光照明是对商场的“软包装”，体现着商家在一定时期内销售主体的诉求意向，也是向顾客传递购物信息的媒介。作为商场中照明使用的光源一般可分为三类：自然光源、灯光照明光源和装饰陪衬光源。其中，商店中的基本照明应该尽量利用自然光源，这样既可降低费用，又能使商品在自然光下保持原色。灯光照明光源是商店的基本照明光源，起着保持整个商场基本亮度的作用，它一般安装在屋顶天花板或墙壁上，多以日光灯等单色白光为主。顾客对这类光源一般不会形成直接的心理反应，但如果整体亮度太暗，则容易使人产生沉闷压抑的感觉，难以形成活跃的购物气氛。最后，装饰陪衬光源是指商店内以装饰或陪衬商品为主，兼作局部照明用的光源，主要起美化店内环境、宣传商品、营造购物气氛的作用。在使用这类光源时，要注意与商场内的基本灯光照明相协调，同时也要注意与所装饰的商品相协调。

2）人际环境

人际环境是指购买过程中对消费者购买行为产生影响的其他的人，包括同伴与营业员两大方面。一般来说，上街购物为消费者提供了一种家庭之外的社会体验，如结交新朋友、联络老朋友或仅仅是愿意与他人在一起。同时，有些人在购物中体验到一种权威感和受尊重感，因为营业员或服务员的工作就是为客人提供服务。所以，很多消费者在购物的同时也体验到各种社会情境。

（1）同伴的影响。人们逛商店的原因很多，比如有人把购物看作一种社交方式，以此来建立与他人的良好的关系，或者把购物看作一种展示自我的方式，如展示自己的经济地位、鉴赏能力或讨价还价能力等。因此，很多人愿意结伴去购物。

购物过程以及很多在公众场合使用的商品或品牌都是高度可见的，因而不可避免地受到包括同伴在内的社会环境的制约。对于某种消费来说，同伴的影响起着更大的作用。比如，在就餐的情况下，如果是你请客，你就必须考虑同伴的口味、特点以及食品的档次等。

同伴的作用还体现在对消费者的购买决策的影响方面。在信息的搜集、商品的选择等各方面，同伴的影响都是不可忽视的。

如今，随着网上购物的消费者越来越多，网络购物平台又奖励那些购买后反馈的顾客（如京东的评价积分奖励），消费者通过查看其他顾客的评价来决定是否购买某个商品变得越来越常见。

（2）营业员的影响。营业员与顾客在柜台的交易过程中，实现了商品与货款交换的同时，也反映出营业员的交际能力与技巧，而这种交际能力与技巧对消费者的购买行为会产生一定的影响。

交际是指人们之间的相互交往。营业员与顾客之间的买卖过程是一种特殊的商业交际活动，是通过商品与货款的交换而实现的直接或间接（现场销售或邮购）的交际活动。与一般的人与人之间的交际不同，营业员与顾客之间的交际关系是买方与卖方的关系，因此交际的范围比较窄，程序比较简单，时间也比较短，一般随着交易过程的完成双方之间的接触也就结束。也正是由于这些特点，在这样的商业交际中，营业员更应具备较高的交际能力与技巧，只有如此才能引起顾客的注意，进而使顾客产生好感，并有可能爱屋及乌地购买某商品。

3）时间观

时间也在很大程度上影响着消费者的行为。这里所指的时间主要包括两方面：一方面是指自然界客观的时间概念，比如一天中的某段时间、一周的星期几、一年中的哪些月份等。人们一般都有过这样的经验，即中午时商店和餐馆里的人都比较多，而星期一和星期二餐馆和商店里的人相对较少，春节或圣诞节是商店的销售高峰，等等。另一方面是指人们的时间感对其购买行为的影响。比如，在时间紧迫的情况下，消费者就不会花很多时间来搜集信息和选择商品，因而购买后常有不满意之感。

4）人员密度

人员密度是指营业面积与顾客之间的对比关系，它反映了商场内人们之间的拥挤状态，也是构成商场环境气氛的重要因素。没有人愿意在非常拥挤的商店中购物，因为在那样的环境中人们既没有安全感，也会体验到一种压抑感。人们改变这种处境的基本办法就是减少待在商店内的时间，同时买得更少、决策更快或更少运用店内可以利用的信息，其后果是顾客满意度降低，产生不愉快的购物经历，再次光顾的可能性降低。所以，在设计商店卖场时，要考虑到客流量与营业面积之间的关系，应尽量减少顾客的拥挤感。

5）购买任务

购买任务是指消费者当时所特定的购买目的和目标，即购买某商品是为自己使用、与家人共用还是送人。比如，家庭主妇在为家人购买节日礼品时的方式与为自己购买商品时的方式肯定有所不同。而如果是送给别人的礼品，那么这种区别就更大，因为礼品一般包含了多种象征意义：礼品的价值可以衡量送礼者对受礼者的尊重程度或受礼者对送礼者的重要程度；礼品的形象与功能隐含着送礼者对受礼者形象和个性的印象；礼品的性质表明了送礼者希望与受礼者建立的关系类型，等等。因此，即使是购买同样的商品，由于购买目的和购买目标的不同，消费者采用的购物策略和选择标准也完全不同。

6）心境

心境是一种平静、微弱而持续一定时间的情绪体验，它具有弥散的特点。心境作为一种情绪，没有激情和热情那么强烈，也不如激情和热情那样对正在进行的行为产生较大的影响，但它能影响个人行为的所有方面，而且能够在个体没有意识的情况下产生。人们描述心境的词汇一般有高兴、平和、消沉、压抑、忧伤等。

消费者的心境是消费者带到购物现场的暂时的情绪状态，它既影响消费过程，又受到消费过程的影响。比如，人们在愉悦的情绪状态下看什么都顺眼，不易与人发生冲突，因而能保证购买过程的顺利进行；相反，如果消费过程不顺利，比如没有买到称心如意的商品，消费者就会感到沮丧、不开心。

相关链接11-1

没有一个人能从超市空手而归

心境还能影响消费者的购买决策以及对不同商品的购买与消费。正面、积极的心境与冲动性购买和“举债消费”相联系。当然，负面的心境也会增加某些类型消费者的冲动性购买。另外，心境还影响对服务和等待时间的感知。一般情况下，心情好的时候对质量一般的服务也能接受，而且排队等待的时候也不会觉得时间过得太慢而倍感烦躁。

11.2 情境的类型

以上我们分析了消费情境的构成因素，下面我们来分析一下在消费购买活动中的情境类型。

11.2.1 信息获取情境

信息获取情境是指对消费者购买行为产生影响的诸如商品或商场有关信息的获取或交流的情境。对消费者来说，有些信息是无意中偶然得到的，而有些信息是通过自己有意识的搜寻而得到的。据统计，在零售商店中约有2/3的购买决定是消费者到商店后才做出的，因此营销人员应尽可能地营造便于消费者获取各种信息的环境。营销人员创造有利于消费者获取信息环境的方法至少有以下几方面：

1）利用广告帮助消费者获取信息

除了在杂志、电视等媒体上做广告之外，营销人员还可以在商店的橱窗前或柜台前放上醒目的标志，或是把产品说明书直接邮寄给消费者。此外，营销人员也可以利用现场的POP广告、购物袋或购物车上的广告来帮助消费者获取有关的商品信息。

2）利用促销帮助消费者获取信息

很多商店在搞促销的时候常常采用"买送"或"买赠"活动，但是大多数的"买送"或"买赠"活动都是针对同一商品或同类商品的。这种做法虽然有利于某厂家的某种或某类商品的销售，但是不利于消费者获取其他商品的信息。所以，商店可以通过向购买不同商品的消费者提供不同的赠品或赠券的方式让消费者获取更多的商品信息。

3）利用互联网等现代科技手段向消费者传递有关的商品信息

消费者信息来源的最新发展就是互联网，越来越多的公司在互联网上建立主页，消费者可以在方便的时候进行访问。

11.2.2　购买情境

购买情境指的是消费者在购买过程中所接触到的各种物理的、社会的以及其他各方面的环境。不同的购买情境会影响人们的消费内容和消费方式。比如，与孩子一起购物时的购买决策就比没有孩子在场时更易受到孩子的影响；如果看到某超市的收款处排着长龙，你还愿意进去买东西吗？

影响购买情境的因素有很多，除了上节中提到的营业员的服务、同伴的影响以及商店里的人员密度等社会因素以外，还有两个比较重要的因素：商场接触和商品接触。

1）商场接触

商场接触的核心问题是如何将消费者吸引到商场里来，这一方面涉及商场的位置，另一方面涉及消费者对商店形象和商店品牌的认知。

商店位置指的是商店坐落于哪个区段、交通是否便利等。在其他条件差不多的情况下，消费者一般会选择离家较近的、交通比较便利的商店。

所谓商店形象，是指消费者对商店所有特点的整体印象。这些特点包括商店所能提供的商品（如质量、价格、品种等）、服务（包括营业员的态度、付款方式以及售后服务等）、主顾、硬件设施（如自动扶梯、卫生间等）、商店气氛（如温馨、有吸引力、舒适等）以及商店声誉等。

从某种意义上说，商店本身就是一个品牌。传统上，零售商只使用制造商品牌，近几十年以来，许多商店开始发展高质量的自有品牌，如沃尔玛、西尔斯等。它们或者使用商店的名字，或者使用独立名称。这种自有品牌不仅为商店带来了可观的利润，如果发展得当的话，它们还可以成为商店的重要特色，成为吸引消费者到该店购物的原因之一。

商店品牌获得成功的关键因素是产品的高质量。只有让消费者体验到在这个商店购买的商品物有所值，消费者才会对该商店产生积极的、肯定的态度。

2）商品接触

商店内的商品陈列及商店氛围对消费者的商品接触有较大的影响。有关商品陈列的原则与方法参见11.3。商店氛围主要指商店的物理环境，它可以使消费者很乐于在商店中逗留，也可以使消费者觉得郁闷，想尽快结束购物。一项研究表明，当背景音乐节奏慢时，消费者就会在商店里平均多逗留一些时间，多花一些钱。

11.2.3 消费情境

消费情境是围绕着产品的实际使用或消费的情境。

首先，在不同的消费情境中人们会有不同的消费体验。比如，在一个服务周到、整洁优雅的快餐店里就餐，人们会变得很愉快。

其次，不同的产品可能会适用于不同的情境，比如，结婚典礼上收到的礼物与生日聚会上收到的礼物就很可能不一样。

最后，对有些产品，营销人员能直接控制消费情境，比如在服务业（如餐馆或宾馆），消费者购买的主要产品和服务就是消费环境本身；对另一些产品，营销人员无法控制其消费情境，因为消费者对这些产品的消费行为可能进行很长时间（如电冰箱可能使用10年或更长的时间）。

11.2.4 处置情境

处置情境是指消费者在产品使用前或使用后如何处理产品或产品包装的情境。消费者必须经常处置产品或产品的包装，而这种处置情境与某些行业高度相关，如二手车市场、二手服装商店等。政府和环境保护组织为了鼓励对社会负责的处置决定，也需要了解这方面的知识。对于营销商来说，为了发展更为有效合理的产品与营销计划，就必须了解情境因素是如何影响消费者的处置决定的。

消费者对产品的处置可能因产品的不同以及消费者本人的特点的不同而有所差异。比如，在一些情况下，某些产品只是简单地被扔掉；在另一些情况下，消费者可以把产品送给慈善机构，也有的人把不想要的东西卖到跳蚤市场等。

需要特别指出的是，随着人们环保意识的增强以及国家有关政策的出台，越来越多的营销商感到有责任来保证产品不会污染环境或危害健康。例如，快餐店正在使用一次性的可降解的塑料快餐盒，在购物中心设置一些分类垃圾箱等。

11.3 影响消费者行为的物质环境

物质环境可以包括很多方面，这里的物质环境主要是指与消费者购买行为有关的商店布局与商品陈列两个方面。

11.3.1 商店布局

商店布局指的是商店内外的布置和设计。商店的地理位置、店面的设计、招牌名称以及橱窗布置等都能对消费者产生或大或小的影响。

1）商圈分析

商圈是指店铺吸引顾客的地理区域，是店铺的辐射范围，由核心商业圈、次级商业圈和边缘商业圈构成。核心商业圈的顾客占到店铺顾客总数的55%～70%，是离店铺最近、顾客密度最高的区域；次级商业圈的顾客占到店铺顾客总数的15%～25%，位于核心商业圈的外围，顾客较为分散；边缘商业圈包括了所有余下来的顾客，顾客最为分散，如图11-1所示。

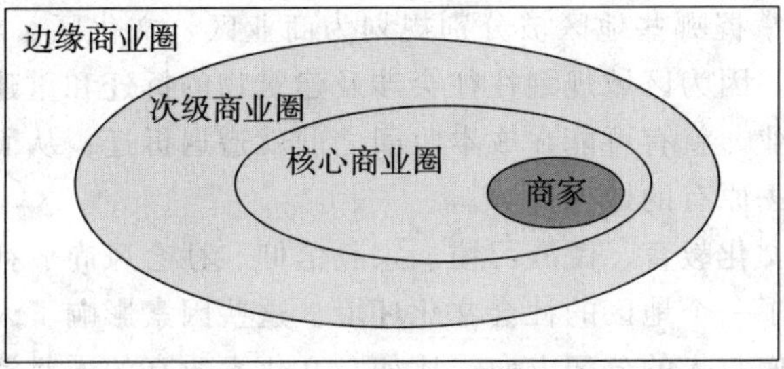

图11-1 不同商业圈的顾客分布

另外，商圈也可以按照顾客来店所需的时间来计算。按照这种方式，我们可以把商圈分为徒步圈、骑车圈、乘车圈和开车圈。徒步圈指走路可忍受的范围或距离，一般来说，单程以10分钟为限或距离在500米以内，我们称之为第一商圈。骑车圈是指骑车所能及的范围或距离，一般来说单程以15分钟为限或距离在2 000米以内，我们称之为第二商圈。乘车圈是指公共汽车所能及的范围或距离，乘车10分钟左右或距离在5 000米以内，我们称之为第三商圈。开车圈是指开车经过普通公路、高速公路来此消费的顾客群（一般是回头客或慕名而来的顾客），我们称之为第四商圈。

2）商店选址

俗话说："一步差三市。"与其他行业相比，商店的地理位置对企业的繁荣昌盛起着至关重要的作用。商店选址是指在组建商店之前对店铺的地址进行论证和决策的过程。

(1) 商店选址的意义。商店选址的意义非常重大，这是因为：

首先，商店选址是一项长期性投资，相对于其他因素来说，它具有长期性、固定性的特点。当外部环境发生变化时，其他经营因素都可以随之进行相应调整，以适应外部环境的变化，而店址一经确定就难以变动，店址选择得好，企业可以长期受益。

其次，商店选址是影响企业经济效益的重要因素。古人就非常重视"天时""地利""人和"，对于商店来说，占有"地利"的优势，就可以吸引顾客。实践证明，由于店铺所处的地理位置不同，尽管在商品质量、服务水平等方面基本相同，也可能会导致经济效益方面的差距。

最后，商店选址是制定经营目标和经营战略的重要依据。商业企业在制定经营目标和经营战略时，需要考虑很多因素，其中包括对店铺所在地区的社会环境、地理环境、人口状况、交通条件、市政建设等条件进行研究，从而为企业制定经营目标提供依据，并在此基础上按照顾客构成及需求特点，确定促销战略。

（2）商店选址中应考虑的因素。既然店铺选址的意义非常重大，那么在商店选址的时候应该注意哪些问题呢？

①地区经济。商店选址的时候首先应该考虑商店所在区域的经济发展水平。一般来说，当人们的收入增加时，人们愿意购买更高价值的产品和服务，尤其在商品消费的质量和档次上会有所提高。因此，大型商店一般应选择在经济繁荣、经济发展速度较快的地区开设。

②区域规划。在确定商店的地址之前，必须向当地有关部门咨询潜在地点的区域建筑规划，了解和掌握哪些地区被分别规划为商业区、文化区、旅游区、交通中心、居民区、工业区等。因为区域规划往往会涉及建筑物的拆迁和重建，如果事先没有了解，盲目地选址开业，就有可能在成本收回之前就遭遇拆迁，从而使企业蒙受巨大的经济损失，或者失去原有的地理优势。

③文化环境。文化教育、民族习惯、宗教信仰、社会风尚、社会价值观念以及文化氛围等因素构成了一个地区的社会文化环境。这些因素影响了人们的消费行为和消费模式，决定了人们收入的分配方向。比如，文化素质高的人对消费的环境、档次的要求比文化素质低的人要高。

④消费时尚。一段时期的流行时尚往往能在很大程度上影响消费者的消费方式和方向。比如，随着人们消费水平的提高、卫生观念的增强，人们在餐饮消费上越来越注意就餐的环境卫生，外表装修美观、舒适、洁净的饭店或餐馆就越来越为人们所青睐。

⑤商店的可见度和形象特征。商店的可见度是指商店位置的明显程度，也就是说，无论顾客从哪个角度看，都可以获得对商店的感知。商店可见度是由从各地往来的车辆和徒步旅行的人员的视角来进行评估的，其中，具有鲜明特征的商店形象容易引起人们的注意并给人留下深刻的印象。

（3）商店选址的原则。商店是经营者与消费者的接触点，是具体体现企业经营方针的场所。商店选址应注意以下几项原则：

①最短时间原则。商店的位置应位于人流集散最方便的地区，一般以吸引行车10～20分钟即可到达的人流最为理想。

②易达性原则。易达性原则即进入性原则。商业企业设点应分布在交通最便捷的区位，即最容易进入的区位。

③接近购买力原则。商业企业的利润是建立在消费者购买力基础上的，而购买力水平取决于消费者的消费水平。一般来说，商业企业的存在是以服务一定的人口为前提的，这种维持一个商业企业存在的最低服务人口数量被称为该企业的“人口门槛”。因而，商业企业选址必须考虑该区域的人口密度和人口数量。人口是购买力的基本因素，它只有与一定的消费水平相结合才能形成现实的购买力，而人们的消费水平取决于经济收入和消费倾向。

④适应消费者需求的原则。满足消费者需求是一切商业行为都必须遵守的原则，要根据消费者的收入水平、消费态度、职业、年龄等特征来决定商品结构、商品价格、促销活动等。

⑤接近中央商业中心的原则。商业活动有扩延效应，一旦一个商业中心形成，在其附近布局的企业就会有利可图。中央商业中心极其繁华，是城市人流、物流、资金流的中心，是城市商业活动的焦点。在这个中心附近取得一席之地，从事商业经营，能取得较大的利润。

3）招牌名称与门面设计

（1）招牌名称与设计。招牌是一个商店的标志，也是商店的“名片”。它包含商店的名称与标识。一个好的店名招牌，往往能激发消费者的联想和想象，引起消费者的兴趣和注意。

商店的招牌主要是对店名和经营的产品进行昭示，因此在招牌的设计上应该醒目、鲜明、新颖，给人以呼之欲出之感，使之有强烈的时代气息和艺术欣赏价值。招牌的形式一般有文字型、文图型、形象型和实物型等。招牌材料的选择，除要求强烈的质感对比外，还要考虑它的耐腐蚀、耐污染能力。制作招牌的常用材料有硬质木料、水泥、瓷砖、大理石和金属材料等。

（2）门面设计。商店的门面主要指的是商店的进出口通道及外部设施，包括前面介绍的招牌、店门、橱窗以及霓虹灯等能引起消费者注意的外观结构。

根据商店类型的不同，门面设计可以有以下几种形式：一是经营贵重商品的商店应采取“两小一大”的总体设计，即小店门、小橱窗、大招牌；二是对于经营日用品的百货商场一类的大型零售商店，在门面装饰上应采取“三大”的总体设计，即大招牌、大店门、大橱窗；三是对于农副产品、副食品、水产禽蛋类商店，一般来说消费者对门面的装饰并不看重，突出的是实用心理；四是对于专业店来说，一般这类商店比较小，在装潢上要着重突出商品特色和经营特色，店门不宜过大；五是对于超级市场和自选商场来说，门面应该采取“两大一小”的总体设计，即大招牌、大橱窗、小店门。当然，商店门面的设计并不仅限于以上几种。另外，在具体设计的过程中还要考虑很多其他的因素，如气候、地理位置等。

①店门设计。商店店门是商店的入口，因此店门的设计要考虑方便顾客的出入。一般来讲，店门要尽量设在靠街的一面，而且要尽量显眼，并注意店门大小与招牌、橱窗的比例关系，令人感觉舒适、不别扭，店门结构要简单、方便，易于开关。

②店面设计的基本要求。店面是一种装饰性、广告性很强的立面造型，它的形象不像一般建筑物那样由建筑师一次设计完成，往往是根据不同性质的商店的特殊要求，在建筑形象的基础上，再由装潢设计师设计完成。

店面设计应遵循如下基本要求：

•店面设计要与商店经营的产品品种和特色相适应。

•店面设计要与目标顾客的购买心理相适应。

•店面设计要与整个建筑物甚至整条商业街的建筑群的风格特点相适应。

•店面设计要注意提高外观形象的能见度，突出个性，在顾客心目中树立起特有的外观形象。

③橱窗布置。橱窗既是商店门面的总体装饰的组成部分，也是商店的第一展厅。它是以所售商品为主体，利用布景、道具和画面装饰为衬托，配合适当的灯光、色彩

和文字说明，进行商品的展示和宣传。

在营销活动中，橱窗既是一种重要的广告形式，也是装饰商店店面的重要手段。它把商店经营的重要商品巧妙地排列成富有装饰性和整体性的货样群，因此，在布置橱窗时，一定要显示商品并突出商品，以适应消费者的选购心理。此外，还要根据陈列商品的性质、用途和特点，考虑商品的摆布部位和展示形式，并注意橱窗布局的视觉效果，以吸引消费者的注意和兴趣。

11.3.2 商品陈列

商品陈列指的是商品在货位、货架和柜台内的摆放、排列等。从促销的角度看，商品陈列可以作为最直接的实物广告，以对消费者产生影响。

1）商品陈列的作用

国外有关调查报告指出：在对5 000名顾客的调查中发现，有82%的人在逛商店时起码看过两件陈列品；有40%的人认为他们利用陈列品来指导购买决策；有33%的人至少购买一件陈列的商品。可见，在营销活动中，商品陈列在吸引消费者进入商店挑选商品、达成交易时起着重要的作用。

商品陈列的作用具体表现在以下几个方面：

一是商品在店内通过不同形式的陈列，可以充分地展示其形态美与时尚美等，从而引发消费者的购买欲。

二是商品陈列本身就是向顾客推荐商品，特别是新的商品品种和流行商品，对消费者的购买产生引导作用。

三是对于积压的商品，通过商品陈列进行巧妙的搭配组合，使其再度引起消费者的注意和兴趣。

四是便于顾客比较和选购的商品陈列，既可促进企业间的竞争，又能反映出商品受消费者喜欢的程度，从而帮助企业生产出满足消费者需要的产品。

总之，商品陈列的主要目的就是促进商品销售，方便消费者购买。因此，商品陈列时首先要考虑的就是如何适应消费者的一般心理愿望，如商品陈列时间的长短、空间上的高低分布等。

2）商品陈列的方法

在营销实践中，商品陈列的方法是多种多样的。这里从考虑消费者一般心理的角度，介绍几种商品陈列的方法。

（1）分类陈列法，即根据商品的档次、性能、特点等分类陈列，展示某类商品有代表性的特点。这种方法有利于消费者比较和挑选商品。有时，对于已经分类的商品，可以继续采取某种方法来进行细分。比如，对于同类商品可以采取垂直陈列的方法，即按照型号或价格把同类商品按由上到下或由下到上的垂直方式陈列。

（2）组合陈列法，即把相关的一类商品陈列在一起的方法。所谓相关商品，指的是互补性商品、替代性商品、连带性商品等。这种陈列方法既方便了消费者购买，也扩大了销售量。

（3）逆时针陈列法。据有关的调查，大部分顾客逛商店时总是有意无意地按逆时针方向行走。根据这一习惯，商店在摆放商品时，应该尽可能按照商品的主次沿逆时针方向陈列。特别是一些大型的百货商店，因为其经营品种较多，如果按照这种方式陈列的话，更能方便消费者购买。

（4）专题陈列法，也称主题陈列法，即结合某一事件或节日，集中陈列有关的系列商品，以渲染气氛，营造一个特定的环境，以利于某类商品的销售。例如，在奥运会期间，企业集中推出一系列与“奥运”有关的产品，既渲染了气氛，又给企业带来了利润。

（5）特写陈列法，也称醒目陈列法，即通过各种形式，采用烘托对比等方法，突出宣传陈列某种商品。大部分商店都有成百上千种甚至更多种类的商品，要使消费者在同一时间内对所有的商品都给予同样的关注是不可能的。因而，对于需要特别宣传的商品或有特殊意义的商品，采用这种醒目的陈列方法，既有利于陈列商品的销售，也有可能带动其他商品的销售。

相关链接11-2

不同终端类型陈列方法不同

【教学互动11-1】

贵重商品和一般商品相比，在柜台摆放和布置上有什么不一样吗？应该如何区别？

互动要求：同“教学互动1-1”。

11.4 场景营销

自人类社会进入信息时代以来，传统的营销形式便一再被打破，而移动互联网的出现更是彻底颠覆了人类对于营销概念的固有认知。随着互联网行业不断向纵深方向发展，人们的购物习惯也在以前所未有的速度发生着更迭。时间的碎片化、信息的碎片化时刻促使着消费场景向更加多元化的方向迈进，“场景营销”一词也经常出现在人们面前。

11.4.1 场景营销的含义与意义

在互联网发展初期，电商获客成本远低于线下零售店铺，成本的缩减带来了价格上的绝对优势。随着时间的推移，越来越多的人涌入电商行业。为争取到线上客流量，互联网公司的引流竞争日益白热化，获客成本开始激增，优势锐减，因此线下零售行业也逐步回暖。互联网行业一线巨头们敏锐地发觉了这一市场变化，迅速开始了“互联网+零售”的新一轮市场布局，通过打通线上、线下渠道，争夺线下流量红利。场景营销就是在这一新的业态之下引申出来的概念。

1）什么是场景营销

场景营销是指针对消费者在具体的现实场景中所具有的心理状态或需求进行的营销行为，从而有效地达到企业的目标。场景营销的核心是具体场景中消费者所具有的心理状态和需求，而场景只不过是唤醒消费者某种心理状态或需求的手段。场景营销追求的是“在对的时间、对的地点、对的场景下推介对的产品或服务信息”，以触发消费者的购买欲望，进而完成消费行为。

场景营销从来没有一个固有标准，在不同的时代背景下，场景营销的表现形式也有着诸多差异。新时代的消费群体更加注重服务体验，场景的碎片化和平台的多样化使得消费者喜欢利用多个不同渠道获取产品相关信息，这迫使场景营销的定义以及覆盖面再次被延伸。准确的场景定义来源于时代背景下对人们生活方式的审视，来源于对用户未满足需求（痛点和痒点）的洞察，来源于对市场细分基础上的目标市场的把握。好的场景定义不是自我的本位诉求，不能局限于产品的功能或形式，而是要透过产品看到消费的目的或意义，使其具有某种生活态度或方式的意义。如喜马拉雅瞄准人们“充分利用时间”的需求（目标市场），开拓“新声活”场景，把“听”从消遣进化为学习、社交与娱乐，从早晨起床的音乐闹钟，到驾驶汽车时的有声小说，到晚上睡觉播放催眠音乐等，成为一种生活方式。

作为现阶段最为高效的营销模式之一，场景营销备受推崇，然而其核心并不在于营销，而在于场景。这里所说的场景，并非指一个地点或一个画面，而是品牌方或产品销售方基于用户本身的价值观和生活理念而构建出的“产品+生活主张”的综合概念输出。这种综合概念使得产品有了更为人性化的附加价值。比如，家居产品的卖点不再局限于家居产品本身的材质、设计等客观因素，而是扩展为营造温馨、舒适的家居生活。

2）场景营销的意义

营销的核心是对需求的管理，包括需求的洞察、识别、刺激、满足等。以往我们在对营销进行管理时，囿于技术手段的缺乏，只能通过性别、爱好、地域、年龄、收入等人口统计学上的指标将目标消费者进行细分，然后选择出我们的目标消费人群，进而对其展开营销行为。然而，对于一项具体的需求而言，其中的任何一项指标都太过间接而宏观了，对于需求界定的准确性太低了。即便我们综合使用多项指标也只能抽象出一个模糊的数理意义上的人影，而无助于我们真正有效识别和刺激消费者的需求。其实除了维持生命的生理性需求之外，人的需求都是对环境的应激反应。比如，当你要去参加一场酒会的时候，你才会应激于“酒会”这一外在环境，而产生对一件漂亮的晚礼服的需求。这种需求并不是由我们的生理需要所产生的，更和年龄、性别、爱好、地域、收入等没有强关联，而是由“酒会”这一场景所直接激发的。

具体地说，场景营销的意义主要包括以下几方面：

（1）提高产品体验。场景化营销除了能够满足用户基本需求之外，还带有一定的附加值，用户会认为这个活动体验做得非常到位，进而觉得办活动的产品体验也好。比如，当你在屈臣氏排队付款时，看到收银台有活动提示：“支付宝付款，随机立减1~10元。”你会觉得支付宝这项活动体验挺好的。本来你就是要来买东西的，用支付宝付款还有机会减10元，为什么不参加呢？

（2）提高用户黏度。用户体验好了，黏度也就增加了。上面提到的去屈臣氏用支付宝付款立减活动，如果觉得你在那个场景下正好有那个需求，而支付宝满足了你的需求，你用完以后觉得体验不错，以后自然会多关注支付宝的活动和使用支付宝平台。

在数字化时代，人们很多的时间都花费在虚拟世界里。除了微信、微博、活动网站外，用户在网络上的每一个痛点都可以成为供商家利用的场景。在地铁上，满满都是拿着手机看资讯的年轻人，可是时常出现信号不好的情况，对着离线页面只能无奈。新加坡图书出版商Math Paper Press利用这个场景，把图书中的段落植入到这些离线页面中，当用户访问网站遭遇断网时，就会看到这些段落和售卖书店的地址，这样既能帮用户打发时间，又能给书店带来生意。

(3) 提高用户转化率。在用户有需求的场景下推送相关的活动，解决了用户的问题，不仅能提高活动精准度，还能提高用户转化率。人的某些需求，要在特定的场景下才会被激发，找到这些场景，就找到了机会。中国香港的季风气候让人头疼，少见晴天，多是阴雨，让人心情持续低落。菲律宾宿务太平洋航空公司却抓住"下雨"这个场景，利用"雨代码"吸引大家到阳光明媚的地方旅游。雨代码，即利用防水漆在大街上喷二维码广告，平时隐形，一下雨就冒出来诱惑人——下雨太烦人？快扫二维码，来菲律宾跟阳光玩游戏！

(4) 激发用户需求。在合适的时机，为用户建立一个恰当的场景，打动他的内心情感，可以激发用户需求。人的大部分需求其实都是和具体的场景直接相关的。不同的场景会激发出消费者不同的心理状态，让消费者表现出不同的自我，进而产生不同的需求动机。

当我们进行场景化营销的时候，其实是在进行一种维度的转变。当我们从年龄、性别、爱好、地域、收入等指标去把握消费者的需求时，我们关注的是消费者的自身；当我们通过具体的场景去把握消费者的需求时，我们关注的是客观的环境。

也可以说，我们不再关心消费者在大的时间和空间尺度下的"我是谁"，而是聚焦到具体的一个小的场景下的"我是谁"。这种聚焦得益于信息技术的发展而实现(因为这需要搜集和处理更多、更全、更准确的消费者数据)，所以在移动互联网兴盛的当下，场景营销才会如此流行。

【观念应用11-1】

星巴克办公收费，一杯咖啡蹭一天的时代要结束了

星巴克给人的品牌印象是小资、时尚，这些品牌印象的背后，是用户对星巴克经营理念的高度认可和赞同。

星巴克将咖啡厅打造成社交场所，去星巴克的人往往是为了能够实现社交。这种用于工作和办公的第三空间，成功吸引了年轻消费者，助力品牌成为行业巨头。星巴克这个曾经打动无数用户的卖点，最近被星巴克自己打破了，其开辟了另一种营销模式。

2020年3月，星巴克尝试用便利店、小店的逻辑做共享办公，在日本推出第一家付费办公咖啡厅——Smart Lounge概念店。该店由星巴克日本公司与JR East铁路运营商合作开设，坐落于新干线车站里，占地185平方米，以商务用途为主。

为了满足多样化办公需求，Smart Lounge划分出不同形式的工作区域：单人座位区、个人隐私包厢、付费私人包厢以及可供多人商谈的共享会议桌——这便是这家店

最大的特色。

全封闭式共享办公空间，具有更好的隔音以及私密效果，以15分钟为单位收费，价格为每15分钟250日元（约15元人民币），用JR East交通卡付费。办公配套设施也很齐全：USB充电孔、电源插座、挂钩、LED灯、移动电源、Wi-Fi。

通过打造Smart Lounge付费办公概念店，星巴克为消费者提供了一种智能又舒适的体验，并且与人们的生活相融合，打造出一个前所未有的城市地标，成为一个可以与人们一起创作的场所和基地。

星巴克在日本的场景创新——为商务人群带来首个“办公咖啡店”，说明品牌正在积极主动地通过场景创新为细分人群提供更优体验，从而“一针见血”戳中痛点，“一举俘获”消费口碑，让自身的品牌价值刻入消费者的认知中。

资料来源 王晖．星巴克办公收费，一杯咖啡蹭一天的时代要结束了！［EB/OL］.［2023-12-13］. http://k.sina.com.cn/article_5545466650_14a891b1a01900q20l.html.

问题：星巴克为什么要做出这样的改变？该案例对你的启示是什么？

3）移动互联网时代实施场景营销的基础条件

场景营销的大门已经开启，因为所需要的前提要素渐渐齐备。这些要素主要有5个，包括移动设备、社交媒体、大数据、传感器和定位系统，其中移动设备、社交媒体、传感器、定位系统这四者制造出许多数据，后台对这些数据进行分析处理，再反馈给移动设备、社交媒体、传感器、定位系统。

（1）移动设备。移动设备聚合了其他4种原力，是获取互联网力量的关键，也是体验场景超级风暴的载体。

（2）社交媒体。社交媒体是一个双向通道。社交媒体对于场景时代是必不可少的。正是通过在线交谈，我们明确了自己的爱好、所处的位置以及我们所追求的目标。随着社交媒体和移动设备、大数据、传感器以及定位系统等技术的结合，它将成为极富个性化内容的源泉。这些内容使得技术可以理解有关你是谁、你在做什么以及你接下来可能做什么等场景。

（3）大数据。大数据之于场景时代就如同氧气一般——无处不在且必不可少。由于所累积的数据巨大，所以我们通常称之为“大数据”。想要具体将其量化，就如同尝试去测量宇宙的大小。

（4）传感器。现在的智能手机一般有7个以上传感器。迅速增长的手机应用程序通过传感器获取你的位置并知道你在做什么。传感器可以为移动设备带来个性化的好处。

（5）定位系统。无定位，不场景。移动应用程序是场景时代的秘诀，而移动地图则是最具战略意义的一类程序。

11.4.2 如何做好场景营销

做好场景营销的关键是对消费者心理状态的把握。企业需要清楚地知道自己的产品所满足的消费者需求是什么，这种需求背后的心理动机是什么，而这种心理动机又是在消费者的何种心理状态下产生的。在此基础上企业可以利用现实的场景或自己制造场景对消费者进行刺激，让消费者进入某种心理状态，从而启动消费者的行为链条。

具体而言，我们可以通过以下四步来实施场景营销：

1）洞察用户需求

明确自己的产品满足的消费者需求是什么，这种需求是由何种心理动机产生的，而要产生这种心理动机需要消费者具有怎样的心理状态。心理洞察是场景营销实施的起点，也是核心所在。

目前从众多的新零售、新品牌创新实践案例来看，不论是盒马鲜生，还是江小白，企业的营销变革都是在新的市场环境下，更加精准地重新定位目标消费者的消费需求。比如，江小白的定位很清晰，就是青春白酒，只供年轻人喝的白酒，从而在白酒市场上开辟了一个新品类。

2）设置相关场景

在洞察消费者心理的基础上，进行场景的设置或选择，通过场景将消费者带入营销所需要的心理状态。场景设置的重点是场景中的互动设置，通过互动才能让消费者真正进入该场景当中，并给予消费者及时的心理反馈，才能更有效地对消费者的心理进行刺激。

（1）消费者生活场景。

消费者生活场景主要包括以下几方面：

①家庭生活场景。家庭是消费者的主要生活空间，打造家庭生活场景是快消品场景营销的重点。

②办公室场景。当前的社会环境下，越来越多的主力消费群体都进到“写字楼”了。办公室场景已经成为主力消费场景。围绕办公室需求，可以打造更多的需求场景。

③运动场景。运动场景逐步成为主力消费场景，但运动场景的需求在许多方面完全不同于其他需求，因此打造运动场景可以创造更多新的消费需求。目前来看，快消品行业，包括零售店在内，总体还比较缺乏对这一领域的关注。

④旅游及户外场景。在旅游、户外运动逐步成为更多人的生活方式的环境下，用品市场得到较好发展，但快消品市场总体还缺乏对这一领域的研究。

⑤交通场景。目前的消费者，不是在家里就是在办公室里，不是在办公室里就是在去往目的地的路上，乘坐汽车、公共交通、高铁占据了人们更多的时间。目前来看，交通场景的市场空白还比较多，还有更大的场景需求空间。

（2）打造线下、线上两大场景。

在到家需求已经成为很多人的基本生活方式的情况下，在当前的全渠道零售市场环境下，必须结合线上、线下不同需求特点，打造不同的需求场景。

①消费人群不同。线上的消费人群与线下消费人群不完全一致，无论是消费理念，还是消费诉求，均存在一定的差异。“手机点点到家”，追求便利性是线上购买的重要特点。

②购买方式不同。线下的购买方式是“知道—兴趣—欲望—购买”，而线上的购

买方式变成了“搜索—甄别—体验—购买—评价—分享”。

线上购买要结合线上的特点，打造更加符合线上需求特点的场景。线上场景下可以做出更准确、细致的商品描述，设计出更完美的场景。

3）激发消费动机

要使消费者进入某种心理状态，就要激发他的某种消费动机。在打造场景营销的过程中，除了场景设计的激发作用，必须结合目标消费需求的实际，用有效的方法激发消费者的动机。在当前的市场环境下，以微信公众号为代表的小众媒体的推广效果越来越好。线下零售店也必须特别重视、运用好企业自媒体，运用其有效的推广手段，协同打造场景营销体系，实现最佳的营销效果。

4）进行行为引导

在成功将消费者带入某种心理状态后，即可启动消费者的行为链条，而此时我们需要对消费者行为进行引导，来实现我们的营销目标。

首先，针对不同的用户推送不同的活动。精准的用户画像可以帮助运营者制定最具有价值的营销决策，在活动运营方面就体现为精准营销——针对不同的用户行为、属性触发不同活动。

其次，针对不同的用户行为推送不同的活动。你的每一个用户的每一个消费行为本身就带有一定的场景暗示。例如，刚下载安装外卖App的用户接下来会做什么呢？浏览店铺—选择菜品—加入购物车—下单—收到外卖—确认收货—评价……这是用户使用外卖App的基本流程和会出现的场景。在这些不同的场景中，用户会有不同的需求，如果要切入用户场景去做活动的话，建议针对不同的用户行为触发不同的活动。例如，饿了么App对登录的用户触发“天降红包”活动，对下完单的用户推送“分享得红包”活动。

最后，针对不同的用户属性推送不同的活动。就像世界上没有两个完全相同的人一样，用户属性（性别、年龄、地域、星座、圈子、职业、收入、婚姻状况等）不同，用户兴趣以及对活动的期待也不同。针对用户属性触发不同的活动不仅可以提高活动营销的有效性、精准度和转化率，也能给用户带来差异化的活动体验。

【课程思政 11-1】

伊利须尽欢全民互动沉浸式场景营销

杭州亚运会期间，场内的亚运“薪火”激情传递，场外的借势营销同样热闹非凡。伊利须尽欢冰淇淋发起的“全民亚运皆尽欢”活动的借势传播就极具看点。

品牌跳出了常规赛事叙事框架，以百姓视角讲述烟火气的亚运故事，通过一场别出心裁的线下“民间亚运快闪活动”与民间运动员共同欢庆。这不仅增强用户的参与感，还将品牌“人生此刻须尽欢”的核心信息植入应用场景中，有效提升了品牌知名度，引发消费者情感共鸣与互动，同时也让须尽欢冰淇淋快速打入运动健身消费人群，为突围亚运营销提供了新的示范。

此次杭州亚运会，作为一场在“家门口”举办的国际性赛事，大众的期待感、自豪感和参与感都空前强烈。对于品牌而言，传递正向情绪至关重要。

此次须尽欢亚运快闪活动，以其独特的创意和丰富的互动体验，吸引了众多市民和游客的关注。活动现场，须尽欢雪糕车化身为杭州向导，带来一场特别的“city ride”，在街头发起中国象棋、乒乓球、霹雳舞三场民间挑战赛。本次亚运快闪活动，不仅提升了须尽欢品牌的知名度和影响力，也为杭州亚运会增色添彩，更重要的是，它传递了须尽欢对于生活、对于运动、对于挑战的态度。通过丰富多样的线下活动，为消费者创造沉浸式的线下体验、强互动的社交场景，让更多的消费者对须尽欢品牌产生了好感，进一步提升了品牌的美誉度和忠诚度。

作为杭州亚运会官方指定的冰淇淋，须尽欢完美地平衡了健康和美味，满足了消费者的“控糖”“无负担”需求，不仅实现了品牌和消费者更深度的健康生活方式联结，更将产品的“健康、控糖人群适用、高品质”等认知深深植入消费者心智。而须尽欢的线下快闪活动也是迎合了当下消费市场的需求，从“交易时代”迈向“场景时代”。本次在须尽欢亚运车的引领下，我们跟随品牌探索杭州民间的亚运赛事，与民间运动员共享欢乐，不仅点燃了群众的亚运热情，激发了民族自豪感，还通过极具烟火气的民间亚运活动拉近了与消费者的距离。

资料来源　广告营销志. 杭州亚运倒计时，看伊利须尽欢全民互动沉浸式场景营销［EB/OL］.［2023-12-13］. https://www.cmovip.com/detail/34280.html.

问题：从课程思政的角度评析伊利须尽欢冰淇淋的这次亚运场景营销活动。

本章小结

本章主要分析了影响消费者行为的物质因素和情境因素。

情境既不是客观的社会环境，也不是可见的物质环境，而是与二者有关的独立于消费者和商品本身属性以外的一系列因素的组合。情境的构成要素包括物理环境、社会环境、时间、人员密度、购买任务、心境。

物质环境主要是指与消费者购买行为有关的商店选址、商店布局与商品陈列三个方面。

商店选址是指在组建商店之前对店铺的地址进行论证和决策的过程。商店选址的原则有最短时间原则、易达性原则、接近购买力原则、适应消费者需求的原则、接近中央商业中心的原则。商店布局指的是商店内外的布置和设计。商店的地理位置、店面的设计、招牌名称以及橱窗布置等都能对消费者产生或大或小的影响。商圈是指店铺吸引顾客的地理区域，是店铺的辐射范围。商品陈列指的是商品在货位、货架和柜台内的摆放、排列等。商品陈列的方法有分类陈列法、组合陈列法、逆时针陈列法、专题陈列法、特写陈列法等。

场景营销是指针对消费者在具体的现实场景中所具有的心理状态或需求进行的营销行为，从而有效地达到企业的目标。场景营销的意义是：提高产品体验、提高用户黏度、提高用户转化率、激发用户需求。我们可以通过以下四步来实施场景营销：洞察用户需求、设置相关场景、激发消费动机、进行行为引导。

主要概念

情境　人际环境　处置情境　商圈　商店选址　商品陈列　场景营销

基本训练

□ 知识题

11.1　阅读理解

1）消费者购买活动中的情境类型有哪些？

2）时间观怎样影响消费者的行为？

3）商店选址的意义是什么？

4）商店选址时应考虑哪些因素？

5）商品陈列的作用具体表现在哪几个方面？

6）如何做好场景营销？

11.2　知识应用

即测即评

□ 能力题

11.1　实务题

询问你身边的5位同学，分别就下面的两个问题进行分析：

（1）在买自用品和礼品时的购物行为和选购标准是否存在差异？

（2）自己单独购物和有同伴陪着购物时的行为是否有差异？

11.2　综合题

假如你想开一家主要以大学生为目标顾客的餐馆，根据本章所学的知识，你怎样就商圈、选址、店内装饰装修（包括背景音乐、颜色）等方面做一份可行性报告？

11.3　案例分析

宜家门店的空间展示

凭借成熟的空间场景展示带来的极致体验式营销，宜家成为线下家装设计的“优先选择”，成为全球最大的家居零售商。进入移动互联网时代，云购物、云看展和云消费的形式层出不穷，线下门店的宣传营销一度被忽视，但是不管网络虚拟世界如何发展，人们始终需要亲身的体验与感受。

品牌门店作为消费者近距离接触品牌的空间媒介，是企业形象的明信片，消费者在旗舰店的感受会嫁接到店中商品甚至品牌上。在网上购物势头向好的当代，宜家依然保持以门店为主的销售渠道，始终依靠极致的、差异化的体验，稳坐行业龙头，这离不开宜家门店的空间展示营销。

宜家门店的产品空间展示

宜家的产品展示大体上可分为以分区（厨房区、服务区、客厅区）集合展示产品、以样板间形式展示产品和以折扣区展示产品这三类。其中，以分区集合展示产品，是将归属于某个区的同类色系、风格趋同的相似产品集合进行展示，在维护展示区整体有序风格的同时利于消费者做比较和对照。以样板间形式展示产品，是将各种配套家居组合设计成客厅或厨房等特定的家庭空间，以求充分展现每种产品在家装中的现场效果，激起消费者的购买欲望。最后，以折扣区展示产品，是将打折促销的产品摆放于同一空间中，并以标明的折扣低价进行展示，在极低价格的诱惑下，促使消费者进行消费。

宜家门店的生活空间展示

宜家样板间的设计是将生活进行“主题化”的过程，亦是形成“景观”的过程，使之与消费者生活空间形成想象的交织点，增强景观的可读性，以刺激消费。宜家样板间设计通过对客厅、厨房、儿童房、卧室等多种生活景观进行展示，呈现出一种温馨、舒适和安全的生活方式，可增强消费者的“临场感”。生活的临场感是指顾客在样板间参观时往往会想象样板间家具摆放在家里的样子，让顾客通过样板间临场感的设计与自家形成想象的沟通点，提高顾客参观的好感和兴趣，促成消费。

宜家门店的文化空间展示

宜家的文化空间通过产品、样板间设计、服务、品牌理念和与消费者的关系等多层面进行生产，其中融合了宜家的品牌文化理念、空间整体性布局观、与消费者的相处之道等多种要素。

宜家的品牌文化理念深深根植于门店的产品展示与生活展示之中，让环境传达出消费者可读可理解的文化信息，并将消费者期待中的“家”的特征一笔一笔地融合刻画到物质空间中，让消费者在“家”一般的购物空间中潜移默化地接受品牌的文化理念。宜家并不是一个封闭的购物空间，恰恰相反，它是一个人与人、人与环境互动生产宜家特有文化的空间。同时，宜家门店这一空间媒介延伸了人们对家的多种期待，其文化空间的展示无时无刻不在彰显着品牌的独特魅力。

资料来源 杨道，陈金娥. 可参观性营销：宜家门店的空间展示［EB/OL］.［2023-12-13］. https://www.sohu.com/a/655369459_121123927.

问题：

1）请结合本章知识点点评宜家门店的空间展示。

2）该案例对其他品牌旗舰店的展示设计有什么启示？

第五篇　营销因素与消费者行为

第12章

影响消费者行为的营销因素

学习目标

通过本章学习，你应该达到以下目标：

知识目标：了解商品名称、商标、包装的含义；理解价格对消费者行为的影响；掌握促销组合各要素的特点。

能力目标：具有从心理角度对媒体中的广告进行分析和评价的能力；能用所学的公共关系理论来处理企业营销中的危机问题。

引例

可口可乐又要涨价？

据报道，可口可乐总裁兼首席财务官约翰·墨菲表示，该饮料巨头将在2023下半年继续提高价格，因为该公司在需求韧性较强的背景下提高了预期。

2023年7月，可口可乐公布了2022年财报，年净利润约合人民币650亿元，早已是最赚钱的饮料公司之一了。可口可乐的董事会主席也自豪地表示：在大环境动荡摇摆的2022年，可口可乐依然取得了让人们满意的结果。是的，对比其他饮料品牌，乃至其他各行业，可口可乐都算是逆风输出的佼佼者。

对于可口可乐的涨价行为，网友们也是各抒己见。不少网友纷纷表示，我是很爱你，但如果爱你要建立在更高的消费尺度上，那我只好爱别人了。但也有大多数消费者对可口可乐涨价表示了认同，这种微量的渐进式涨价或许没有真正扎到可口可乐爱好者的心里，不仅高呼着饮料只有可口可乐和其他，并且认为少涨点无所谓，因为它几乎是最便宜的大众饮料了。

那么，可口可乐为什么非得涨价不可？

根据可口可乐公布的数据，2023年第二季度营收同比增长6%，达到120亿美元，超出了分析师的预期。可口可乐总裁称，因为需求较强不愁卖提高了预期，所以下半年可口可乐将继续提高价格。墨菲还提到，价格调整是公司为了弥补成本上涨而采取的措施。此次可口可乐价格上涨提议，并不只是针对单个市场，全球范围内预计都会落实。

事实上，受制于运输费用、劳动力成本、原材料价格的上涨以及新冠肺炎疫情带来的物流和供应链压力，许多饮料公司都做出了涨价策略。毕竟，对于快消品而言，涨价是企业提振业绩的最好法宝。

可口可乐的上一次官宣涨价还是在5年前，从那时起可口可乐开始将小罐精装可乐作为自己的主推产品，无声无息地完成单价上提。

彼时可口可乐涨价的说法也无非是成本上涨、利润缩水，2012—2018年，可口可乐经历了疯狂的业绩7连降。而提价之后，可口可乐业绩迅速迎来增长。

在涨价方面，可口可乐一直比较含蓄地进行“智能化涨价”，更多地从产品包装尺寸下手，简单来说就是，价格不变，但喝到嘴里的可乐变少了。从迷你罐、小规格等产品开始，可口可乐一直在寻找最优解，企图用温和的手段让消费者慢慢接受，从而达到涨价目的。

而此次直接提价是否合理还需辩证看待，因为提价可能会刺痛消费者、损害其市场份额，但也可能帮助可口可乐在高端消费市场中保持品牌形象，在品质和服务上提供更好的体验。

曾几何时，号称用低价策略就可以称霸中国市场的可口可乐和百事可乐几乎垄断了中国市场，这一招可谓是难逢敌手，也使得可口可乐和百事可乐赚得盆满钵满，乃至提起汽水，几乎就只剩这两家的名号，汽水界也一直是“二人转”的布局。

那么为什么可口可乐和百事可乐坚守几十年不涨价呢？原因无非有以下两点：一方面，“二人转”格局下不能随便涨价。可口可乐和百事可乐虽然平时在可乐市场“杀得昏天暗地”，但多年的争夺也让彼此达成了默契的制衡。一方轻易涨价，都可能给对手可乘之机，为了维持双赢局面，双方谁也不敢轻举妄动。另一方面，二者在中国市场上既有竞争，也有合作。面对国产汽水的来袭，双方的立场都是一致的，那就是先干掉“第三者”，这种“低价加防反”的手段让不少国产汽水苦不堪言。

资料来源　首席品牌观察. 年赚650亿，可口可乐又要涨价？［EB/OL］. ［2023-12-13］. https://www.cmovip.com/mobile/detail/33127.html.

上述案例表明，可口可乐当下的再一次涨价，除了消费者的韧性需求做后盾，更多的还是来自于上游原材料成本的压力。“浑身是糖”的可乐，对于糖的需求不言而喻，但世界糖价持续狂飙，产量减少，需求却出现反弹，无疑增加了可口可乐的生产成本。对于本土企业来说，在可口可乐和百事可乐这两座大山的围剿下，国产汽水只有不断推出新品、调整策略，才能杀出一条适合自己的新赛道。本章主要从商品因素、价格因素、促销组合因素几方面介绍影响消费者行为的营销因素。

12.1 商品因素与消费者行为

商品本身的因素，如商品名称、商标、包装等，不仅具有认识、识别及保护商品的作用，还能对消费者的行为产生影响，具有刺激或抑制消费者购买欲望的作用。

12.1.1　商品名称与消费者行为

商品名称就是企业为产品取的名字，是运用语言文字概括反映商品的主要特性的称号。

由于商品种类繁多，形态和功能各异，因此商品的名字也千差万别、多种多样。

虽然商品的名称与商品质量等重要属性无关，但一个庸俗难记、没有个性的名称不仅不会引起人们的注意和兴趣，相反还会引起人们的反感，抑制消费者的购买欲望。

1）商品命名的方法

在企业的经营活动中，给商品命名的方法有很多，这里主要介绍以下几种：

（1）根据商品的效用命名。根据商品的主要性能和用途命名，便于消费者在较短时间内了解商品的主要功效。很多工业品和药品都采用这种方法命名，如缝纫机、衣领净、感冒通等。

（2）根据商品的主要成分命名。根据商品的主要成分来命名，有助于消费者了解商品的使用价值和用途，并增加对商品的信任度，如“蜂王浆”“芝麻糊”“橙子汁”等。

（3）根据商品的产地命名。以商品的产地命名，使人觉得产品正宗、历史悠久、具有浓郁的地方特色，一般多用于各地的土特产品和名优产品，如“龙井茶”“青岛啤酒”“北京烤鸭”等。

（4）根据人名命名。以历史人物、传说人物、影视或体育明星、产品创始人等的名字命名，将特定人物与特定商品相联系，利用消费者对名人的仰慕心理来激起他们的购买欲望，如“杜康酒”“李宁运动服”等。

（5）根据外文译音命名。对于从国外进口的商品和在国内生产的合资企业的商品来说，根据其外语发音直接给商品命名，既克服了外来语翻译上的困难，又满足了消费者求新、求异的心理需要，如“阿司匹林”“可口可乐”“三明治”等。

除了以上几种常见的命名方法以外，还可以以商品的形状、制作工艺、厂名等方式命名。

2）商品命名的原则

在为商品命名时，要注意以下几个方面：

（1）商品的名称首先要简单、易记，能激发消费者的兴趣。一般来说，商品或品牌名字的字数越少越好，两到三个字为最佳。雀巢、联想、万科、海尔、肯德基、必胜客、海飞丝、饿了么、家乐福等，这些耳熟能详的品牌名基本都是两到三个字。从传播学的角度来讲，两到三个字最易传播且最容易被记住，因为我们人类最初就是从两个字开始记忆的，如爸爸、妈妈、舅舅、外公、外婆等，然后才是相对应的三个字的名字。

（2）商品的名称要与商品本身的特性或基本效用相符合，这样有助于消费者迅速地掌握商品的主要性能。有一些商品，人们从它们的名字一眼就能看出它们属于什么类型的产品，如脑白金、五粮液、雪碧、创可贴等。“劲量”用于电池，恰当地表达了产品持久强劲的特点；“固特异”用于轮胎，准确地展现了产品坚固耐用的属性。一些品牌名称甚至已经成为同类产品的代名词，让后来者难以下手。

（3）商品名称要有较强的传播力。不管给产品取一个什么样的名字，最重要的还是要能最大限度地让品牌传播出去，要能够使目标消费者记得住、想得起来是什么品牌。比如，脑白金就是一个传播力非常强的品牌名。“脑白金”这三个字朗朗上口、通俗易记，而且这三个字在传播的同时将产品的信息传递给了消费者，使人们在听到或者看到“脑白金”这个品牌名时，就自然而然联想到品牌的两个属性：一个是产品作用的部位；另一个是产品的价值。

（4）商品名称要有较浓的亲和力。商品名称的亲和力取决于用词的风格、特征、倾向等因素。比如，“舒肤佳”首先给人的感觉是倾向于中性化的用语，它不但更广泛地贴合了目标消费者的偏好，而且通过强调“舒”和“佳”两大焦点，给人以使用后会全身舒爽的联想，因此其亲和力更强。

（5）能引发消费者的联想。商品名称要富有寓意，能让消费者产生丰富、愉快、积极的联想。“百果园”这名字起得很好，一听就能联想到有好多好多水果，听着就想吃。还有“饿了么”，一听肚子就饿，饿了就想点外卖了。人是感性的，品牌名要给人以美好的联想，这样就会使消费者对品牌有良好的第一印象。

12.1.2 商标与消费心理

商品仅仅有名称是不够的，因为市场上的很多商品都有同一个名称，如电冰箱、洗衣机等。为了区别不同生产经营者生产和销售的商品之间的差异，并在需要的时候能得到法律的保护，还需要有商标。

商标就是商品的标记，是对一个品牌或品牌的一部分的专用权，其他人未经允许不得使用。商标一般用文字、图形或二者的结合形式来表示。经过向商标管理部门注册登记后，商标就具有使用专利并具有法律效力。

1）商标的心理功能

商标是商品的一种特定标记。对于商家和消费者来说，它在心理方面的功能主要表现在：

（1）保护功能。如前所述，商标一经注册登记后，就具有了受法律保护的使用专利，这就可以防止其他制造商和经销商生产或经营同名产品。这样不仅可以保护企业的合法权益，也可以使消费者免受假冒商品的侵害。

（2）识别功能。商标是区别某一产品与其他产品的标志，它既具有鲜明的形象，又具有相对的稳定性，因此它有助于消费者辨别、记忆，并在同类产品中进行比较。如果消费者使用了他认为满意的某品牌商品后，他在以后的消费行为中就会以此作为购买导向，产生重复购买并进而形成品牌忠诚。

（3）促销功能。商标作为某一具体商品质量、性能、价格和特点等的标志和保证，长期积累之后就成为产品的信用象征，获得消费者的认同，成为消费者选择商品的依据。特别是著名商标（名牌），由于其品牌知名度较高，企业具有完善的售后服务体系，顾客满意度较高，因而更能吸引消费者。

（4）标准统一功能。商标是产品质量和企业信誉的体现，同一商标的商品代表一定的质量标准和技术要求。消费者对商标或品牌的信赖与忠诚，正是建立在此基础上的。比如，一提起海尔电器，无论是电冰箱还是热水器，人们都会联想到高质量的产品与服务。

2）商标设计的心理策略

商标一般由名称、文字、符号、图案等组合而成。为了使商标能在目标市场上具有鲜明的形象并有助于消费者记忆与辨认，在构思和设计商标时要注意以下几个方面的问题：

（1）所设计的商标要容易记忆和辨认。商标的名称或符号等要尽可能简洁明快，且不容易与其他产品发生混淆。例如“海尔”“小鸭”等，其形象非常鲜明，容易记忆，消费者能在很多的商品品牌中一眼就认出来。

（2）商标的图案要别致、有个性并能引起人们的联想。商标的图案要富有美感，有个性，这不仅便于消费者识记，也能引起人们的联想，刺激人们的购买欲望。例如，可口可乐的包装设计就很有个性，十分醒目。

（3）商标与商品本身的性质应该和谐统一。商标与所代表的商品之间要有内在的联系，二者要名实相符，这样消费者就可以根据商标来推测商品及其性能，帮助消费者产生联想，如“精工”表、“健力宝”饮料等。

（4）商标的设计应避免引起法律纠纷。商标的设计要独特，不能照搬别人的创意，特别是涉及有关宗教、习俗等民族或文化禁忌的时候更要小心谨慎，一定要避免引起法律纠纷。

在商标设计中，除了要考虑上述具体的设计方案、设计准则以外，更主要的是考虑采取什么样的商标策略。商标策略指的是企业在生产经营活动中是否采用商标、采用自己的商标还是他人的商标、采用单独商标还是统一商标等。企业要根据产品的特点、本企业的实力及竞争对手的情况等，采取下列商标策略中的一种或几种：统一商标策略、分类商标策略、多重商标策略、商标与企业名称统一策略及无商标策略等。

3）商标名称与消费心理

不管是从心理学还是从营销学的角度来讲，商标名称对消费者的心理都有着直接或间接的影响。常言道，“爱美之心，人皆有之”，一个名称听起来十分美好的商标，消费者一般都是乐于接受的。所以，从这个意义上说，人们是先接受了商标，然后才接受其商品的。

一个驰名世界的品牌必须考虑到营销地区人们的语言、文化、消费心理及审美情趣，亦即必须跨越文化障碍，通过文化认同贴近消费者的消费心理。例如，商标“Coca-Cola”，如果译作“可可”，并不能唤起中国普通百姓的美好心理情绪，而又“可口”又“可乐”就能激发中国人的味觉和愉快的联想。因此，商标名称设计也要注重消费心理，针对不同地区、不同消费群体的心理喜好，赋予商标相应的名称，以赢得当地消费者的喜爱。

【观念应用12-1】

加多宝与王老吉的商标归属战未完待续

王老吉和加多宝之间的商标争夺“大型连续剧”尚未完结。2023年7月10日，广药集团与加多宝商标权纠纷案的一审判决结果认定加多宝侵权并需赔偿广药集团3.17亿元，对此判决结果，加多宝表示将提起上诉，而王老吉方面则明确表示商标属于广药集团。

7月10日，加多宝在官网发布一则声明称，收到广东省高级人民法院关于广药集团与加多宝商标权纠纷案的一审判决。该一审判决认定广东加多宝饮料食品有限公司、浙江加多宝饮料有限公司、加多宝（中国）饮料有限公司、福建加多宝饮料有限公司、杭州加多宝饮料有限公司、武汉加多宝饮料有限公司（前述六被告统称“六加多宝公司”）共同侵权，判决六加多宝公司赔偿3.17亿元。加多宝对此判决结果“表示遗憾”，认为与2019年6月17日最高人民法院的裁定精神不相符，并将立即向最高人民法院提起上诉。

关于商标一事，王老吉相关负责人告诉北京商报记者称，“商标是在广药集团”。7月10日晚间，王老吉母公司白云山发布公告回应称，“王老吉”商标法律纠纷诉讼结果对公司本期或期后利润不会产生影响。

王老吉与加多宝之间的纠纷已经持续了近十年，官司往来拉锯多个回合。商标权属争议、包装纠纷、广告语纠纷等是双方一直争论的焦点。

资料来源 郭秀娟，张函. 加多宝将上诉，王老吉提商标归属论，“凉茶争夺战”未完待续［EB/OL］.［2023-12-13］. https://m.bbtnews.com.cn/content/01/9b/303341.html.

问题：你如何看待王老吉、加多宝一直以来的商标纠纷？

12.1.3 商品包装与消费者行为

除了极少数产品以外，市场上的大多数产品在从生产领域转移到消费领域的过程中，都需要有适当的包装。所谓包装，泛指用于盛装、裹束、保护商品的容器或包扎物，以及用于装饰商品的装饰物。随着市场竞争的日趋激烈，消费者生活方式和生活习惯的变化，以及包装新工艺、新材料的应用和包装技术的提高，包装已不仅是原始的保护和储存商品的一种工具，更是美化商品、推销商品的重要手段。

俗语说：佛要金装，人要衣装。同样，商品也需要包装。商品再好，也可能因其包装不合适而卖不出好价钱。据统计，产品竞争力的30%来自于包装。随着人们生活水平的提高，精神享受的要求也越来越高，在商品竞争中，包装对商品销售的影响越来越明显。

1）商品包装的心理功能

包装是整体商品中的有机组成部分，是影响产品质量和市场营销的重要因素。虽然消费者评价商品的根本依据还是商品本身的质量，而不仅仅靠外表的包装，但事实上，包装的确能影响消费者对商品的选择。“买椟还珠”“货卖一张皮”的说法都说明了商品包装的重要性。

商品包装的心理功能主要表现在以下几个方面：

（1）便利功能。便利功能指的是商品的包装要方便消费者携带和使用。现代企业强调“以人为本”，就是要处处为消费者着想，要根据产品的性质、形状和用途等设计包装的结构、形状、材料、规格及开启方式等，以方便消费者选购、携带、运输、保管和使用。

（2）展示功能。为了便于消费者了解商品的属性，要通过包装上的文字或图案等向消费者传递有关信息，如商品的性质、质量、用途、组成成分、生产厂家、保质期、使用方法及注意事项等。比如，不同的包装可以表明不同的产品质量或档次，即高档商品在外包装材料的选择和设计上都要精美一些，而一些日用品用相对简单的包装就可以了。

（3）美化功能。包装常常和装潢结合在一起，称为包装装潢。装潢是指商品外包装上的装饰。商品包装装潢的心理功能之一就是对商品的美化作用，即通过包装的造型、色彩的搭配等，给消费者以美的享受。特别是艺术品、儿童用品等，商品的包装装潢更为重要，甚至会出现这样的情况：消费者购买某商品仅仅是因为它的艺术性包装。

（4）刺激与促销功能。产品的包装具有增加产品特色的广告作用，它有助于表明竞争产品之间的差异，起着无声推销的作用。国外对消费者行为的研究表明，有60%的人在选购商品时，是受包装装潢的吸引而购买的。因此，独特、精美的包装可以引起消费者的兴趣，激发消费者的购买欲望。

谭木匠在包装上采用分类包装的方法，高档木梳用礼品盒包装，普通木梳的外包装是黑色或蓝底白花的中式小布口袋，非常富有中国传统特色。礼品袋、礼品盒的设计使谭木匠的产品不仅有实用价值，还成为馈赠佳品，给消费者留下了高档的品牌印象。

2）商品包装的心理策略

据统计，消费者在购买商品时，有80%是在现场做出决定的，其中商品包装起着重要的作用。因此，为了提高商品的市场竞争力，就要根据消费者的心理因素，采取适当的包装策略。商品包装的心理策略主要有：

（1）便利包装。这类商品包装是以方便消费者选购、携带和使用为原则所进行的包装。比如，使用透明的包装材料，可以让消费者直接观察商品；铁盒罐头采用拉环式的开启方法让消费者感到很方便。

（2）习惯包装。习惯包装就是根据消费者不同的生活习惯来进行产品的包装，包括惯用包装（如用透明的玻璃瓶装酒）、分量包装（如适应不同规模家庭用的大包装和小包装等）、等级包装（按产品质量等级的不同采取不同的包装以适应不同消费水平的消费者）等。另外，由于不同文化背景下人们的消费习惯不一样，所以在设计产品包装时要充分考虑到这一点。

（3）多用途包装。多用途包装即复用包装策略，指的是包装内产品使用完以后，包装物本身可以供顾客用作他途。这种包装的实用性和艺术性很强，能给消费者带来实惠和方便。因此，这个策略的目的在于通过带给顾客额外的利益来扩大销售。

（4）附赠品包装。这种策略是指在包装内附赠奖券或实物，以吸引顾客购买。比如，在儿童用品中附赠小玩具。需要注意的是，所附赠的玩具必须是卫生、安全的。

（5）错觉包装。这种策略指的是利用人们的视觉误差，如容器的容积大小、形状与色彩等来设计产品的包装。比如，两种同样容量的洗发水，扁形的包装看起来要比圆柱形的显得多一些。

此外，移动互联时代的包装要能够通过社交媒体实现互动。如今的年轻人已很少走进实体店，那么可以通过线上的方式来获取其注意力。例如，可口可乐推出的“Share a Coke”活动，个性可乐罐给它的销售带来了2.5%的增长，在社交媒体上，个性可乐罐带来了14亿个印象。单向、传统的宣传方式在社交与移动互联的时代已然落伍，要挖掘每个人内心的认同感，建立基于社群的情感联系，触及消费者的内心并让他们主动分享与互动。在这个人人都是麦克风的时代，让消费者充当“传播者”的门槛并不高，年轻人每天的生活被各种社交媒体所包裹，他们试图窥探别人的生活，也希望自己的生活成为焦点。任何一个小小的细节或是创意，只要打动他了，很容易就成为他“朋友圈”中的一条新消息。

3）商品包装应注意的问题

优美、精致的包装可以为商品增色添辉，为商品的销售鸣锣开道，但在实施包装策略的过程中，又要注意避免以下两个误区：

（1）光讲究包装，忽视产品质量。时下市场竞争激烈，很多企业不仅重视包装问题，而且通过发掘“包装功能”，取得了显著的经济效益。商品包装五花八门，让人眼花缭乱，外观很是精美。也有一些企业不适当地运用包装策略，片面追求商品的“包装效果”，以此误导消费者，而忽视产品本身的问题，使一些伪劣商品得以在精美的包装外衣下大行其道，损害了消费者的利益。在商品包装与商品本体之间，包装只是辅助手段，是矛盾的次要方面。在市场竞争中，商品本体仍是第一位的，不断提高质量、开发新产品、紧密联系市场的需求，始终是企业关注的头等大事。我们在这里强调包装的作用，但不能本末倒置，走向另一个极端。优质商品加上成功的包装，才是市场竞争中永远的强者。如果商品质量欠佳，而包装精美，消费者发现上当后，第二次就不会再购买，而且商品在消费者中的口碑就会变坏，最终失去市场。所以，商家在实施包装策略时，一定要摆正包装与商品的关系，切忌用“金玉其外，败絮其中”的欺骗性包装。

（2）包装过度。这种情况是指商品包装超过了所需的程度，形成了不必要的包装保护。其表现形式是耗用材料过多、分量过重、内部容积过大、体积过大、用料过档、装潢过华、成本过高等，大大超过了保护、美化商品的要求，让消费者产生一种名不副实的感觉。

过度包装目前正受到社会的普遍质疑。据环卫部门统计，目前北京市每年产生的近300万吨垃圾中，各种商品的包装物约为83万吨，其中60万吨属于本可节省下来的过度包装物。例如月饼盒中，除铁盒外，大部分其他的材料与普通生活垃圾一起被投进垃圾压缩机。环卫部门人士坦言，这种处理方式没有使月饼盒的价值真正发挥出来，与制造月饼盒的成本相比纯粹是一种浪费。

总之，包装设计要以市场为基础。“美”不是衡量优秀包装的唯一标准，评价一个包装的好坏，应以其与产品的适合性为准，不能抛开其市场状态，完全以个人的审美观来决定。材料的高档与否并不能决定设计的品位，华美的包装未必适合所有产品，过分张扬包装的价值往往不能得到消费者的认可。只有根据不同阶段、不同地点、不同年龄层次的消费人群，做出有销售针对性的包装设计，才是优秀的包装设计。

【课程思政12-1】

“茶叶2两、包装2斤”……过度包装何时休

几十克重的茶叶被装进各式漂亮的瓶子，外加泡沫、隔板、纸盒，包装比茶叶重好几倍甚至十几倍……

“茶叶2两、包装2斤”现象多见

记者在杭州一家茶叶销售门店看到，一款120克的龙井茶分装在两个密封的铝塑口袋中，塞进两个印有樱花纹的陶瓷罐里，外边套上纸盒。纸盒卡在铺有黄绸缎的泡沫塑料里，上面盖上盖子，外层贴上锃亮的金属包装，再整套放进硬纸质的大口袋。经过测量，全部包装的重量就达到1.5千克。

在杭州武林路上一家茶叶店，一款售价980元的龙井茶叶礼盒重量超过1千克，实际茶叶净重仅150克。店员介绍说，这款畅销的茶叶礼盒包装精致，送礼很体面，不少顾客一次买两盒。

一款售价980元的绿茶，茶叶净重150克，木盒外包装超过一公斤。

业内人士表示，不少高档礼品茶外部用烤漆木盒、竹盒，内部使用瓷瓶、陶罐和手工制作的锡罐等包装，仅包装盒成本就达到上百元。部分包装豪华的茶叶礼盒，包装体积达到实需体积的3～5倍，成本甚至超过茶叶本身。

“包装越好，茶叶溢价越高。”一名茶叶代理商透露，茶叶的礼品属性强，包装的材质、色系、造型等对售价有重要影响。比如某款武夷岩茶，仅50克重的茶叶用两三斤重的红木礼盒包装，礼盒成本就达到200元，茶叶售价高达6 000元。

过度包装带来多重社会影响

茶叶过度包装有一定普遍性、长期性。近期，中消协组织专业调查人员，针对主流电商平台茶叶、食用农产品、玩具、婴童产品四个商品品类进行了过度包装问题搜索，对2 830个茶叶、900个食用农产品、920个玩具、1 510个婴童用品共6 160个商品进行了判别，其中茶叶过度包装问题比例为11.2%。

不少受访者认为，茶叶适度包装设计利于销售，但过度包装会带来多重负面社会影响。

首先是造成资源浪费和环境污染。研究表明，我国包装废弃物约占城市生活垃圾的30%～40%，这些包装废弃物大部分是过度包装产生的。

其次是重“颜值”超过重品质，华而不实扭曲茶市发展。记者采访了解到，增加一点包装成本，价格往往就能大幅上涨，因此部分茶企更多地在外包装而非茶叶品质上下功夫。

资料来源　许舜达，殷晓圣，崔力.“茶叶2两、包装2斤”……过度包装何时休！[N].新华每日电讯，2023-03-31（6）.

问题：从课程思政的角度评析上述茶叶过度包装问题。

12.2 价格因素与消费者行为

在现代市场经济条件下，价格是影响消费者购买的最具刺激性和敏感性的因素之一。深入研究价格对消费者的心理影响，把握其价格心理特性，是企业制定价格策略的基础和前提。

12.2.1 价格的作用

从最简单的意义上理解，价格是买卖双方谈判的结果。就是说，卖方出一个价位(当然比他自己预期的要稍高一些)，而买方还一个价位（要比他自己希望的低一些)，然后双方经过讨价还价，最终达成交易。那么，对于买卖双方来说，价格的作用是什么呢?

首先，对于企业来说，价格是影响营业收入的重要因素，而营业收入又是影响企业利润的关键。在营销组合中，价格是唯一能创造收入的因素，其他因素只能增加成本。不仅如此，价格也是营销组合中最不确定、最抽象的因素。比如说，在产品领域，消费者经常可以看到一个切实存在的产品实体，或者至少可以获取有关这一产品服务功能的信息；在促销领域，消费者可以看到、听到从报纸、电视或营业员那里传出的信息；在分销领域，消费者可以亲自考察商业区和商店。但是，与上述领域相比，价格是一个相当抽象的概念。当它以招牌或标签的形式表示出来时，消费者对它几乎没有直接的感观经验。也许正是因为这一点，与对于其他营销组合要素的研究工作相比，对价格问题的基础性研究要相对困难一些。

尽管如此，营销人员必须认真对待这个问题。为了获得利润，营销人员必须为产品制定一个合理的价格。所谓合理的价格，就是符合目标市场消费者预期价值的价格。这个价格既不能过高，也不能过低。如果消费者认为价格过高，预期商品的价值较低，企业就会丧失销售机会；相反，如果价格过低，消费者可能会预期商品价值比较高，企业就会失去本应该获得的利润。而且，定价过低也不一定总是能吸引更多的顾客。

其次，商品价格对消费者有着更重要的意义。对消费者来说，商品的价格代表着商品的成本，消费者当然希望商品的成本越低越好。这样，他们就可以用既定的货币换回更多的商品。因此，从历史上看，价格一直是影响消费者购买决策的主要因素，特别是在较贫穷的国家和较贫穷的群体中，情况更是这样。当然，随着经济的发展和人们生活水平的提高，在最近几十年里，非价格因素对消费者起着越来越大的作用，这一点是毋庸置疑的。

12.2.2 商品价格的心理功能

价格对消费者的作用当然不仅仅限于上述一点，否则营销人员就没有必要花费那么大的力气去研究它了。研究和营销实践都表明，商品价格在影响消费者购买行为方面具有某些普遍性的心理功能。具体地说，商品价格的心理功能主要体现在以下三个方面：

1）衡量商品价值的功能

根据经济学的理论，价格是价值的货币表现，商品价格是围绕商品价值上下波动的，就是说，商品的价值是确定商品价格的基础。在当今社会，消费者面对种类繁多、质地各异的商品，很难分清它们的内在品质，无法实际了解它们的真正价值。因此，消费者宁愿以价格来衡量商品的价值，相信“价高质好，价低质次”。

2）自我意识的比拟功能

对消费者来说，商品的价格不仅能衡量商品的价值，而且可以通过联想，把商品的价格高低同个人的愿望、情感、个性心理特征等联系起来，进行有意或无意的比拟，以满足个人的某种欲望和需求，价格所具有的这种心理功能就称作自我意识的比拟功能。

价格的自我意识比拟主要有以下几种形式：

（1）社会经济地位比拟。有些消费者只到高档、大型百货店或专卖店购买“名、特、优、新”商品，以显示自己的社会地位和经济地位。有些消费者则是大众商店、低档摊位的常客，专门购买打折、过季降价、清仓处理的廉价商品。假设这两类人的行为发生了错位，则第一种消费者会为去低档次的场所购物而感到不安，认为有损自己的社会形象，而第二种消费者去高档次购物场所购物则会产生局促不安、自卑压抑的感觉。

（2）文化修养比拟。有的消费者尽管对书法字画缺乏鉴赏能力，却要花费大笔支出购买名人字画挂在家中，希望通过昂贵的名人字画来显示自己具有很高的文化修养，从而得到心理上的慰藉。还有一些消费者本身并不喜欢看书，却要购置大量精装豪华的书籍，以显示自己的博学及高品位。

（3）生活情趣比拟。有些消费者既缺乏音乐素养，又没有特殊兴趣，却购置钢琴或高档音响设备，或者亲身实地去欣赏、体验自己听不懂的高雅音乐会，以期得到别人给予“生活情趣高雅”的评价，获得心理上的平衡。

（4）观念更新比拟。一些消费者怕别人说自己落伍，跟不上潮流，即使不会使用电脑，也要花一大笔钱购置一台最先进的电脑作为摆设，希望能够以此获得“与时代发展同步”的心理安慰。另有一些消费者受广告影响，萌发追赶科技潮流的冲动。例如，2020年10月23日，iPhone 12正式发售时，线下排起长龙。据现场“黄牛”介绍，由于缺货，iPhone12 Pro 128G版本要拿现货至少加价1 000元。国内一些消费者希望以最快速度买到并使用新品，他们愿意为此付出更高的价格，其潜在心理是树立自己观念前卫的形象，也暗示自己拥有各种优越的社会关系。

3）调节消费需求的功能

商品价格的最基本功能也许就是对消费需求的调节作用。在一般情况下，商品价格的涨跌会影响到商品需求的增减。也就是说，在其他条件不变的情况下，当商品的价格上涨时，消费需求量就会降低；当商品的价格下跌时，消费需求量就会增加。

12.2.3 影响消费者价格心理的因素

影响消费者价格心理的因素是多方面的，诸如消费者的经济状况、市场竞争状况、国家的宏观政策、消费者的时间与行为努力情况等。在此，我们仅对消费者的需求、过去的经验、参与程度的高低以及商店信誉几个方面进行简单的分析。

1）需求

需求是在一定的时期，在既定的价格水平下，消费者愿意并且能够购买的商品数量。一般说来，人们购买商品的数量取决于该商品的价格。如前所述，商品价格越高，消费者对该商品或服务的需求量就越小；反之，价格越低，消费者的需求量越大。这就是消费需求弹性，即消费者对价格变化的敏感性。需求富有弹性是指价格变化时，消费者会购买更多或更少的商品；相反，需求缺乏弹性，则意味着价格的上升或下降不会对消费者需求产生很大的影响。

2）过去的经验

在对价格信息的认知过程中，消费者会把某一商品的标价与他们在头脑中已经形成的这一商品的价格或价格范围做一个比较。消费者在头脑中为进行这些比较而形成的价格被称为内部参照价格。这一内部参照价格在消费者看来或许是一个公平的价格，对消费者的购买行为起着向导的作用。例如，某一消费者可能认为2元钱是一瓶罐装饮料的合适价格，可是当街头小店出售的饮料价格是4元钱时，消费者头脑中的内部参照价格可能会阻止消费者购买，因为他认为价格太高了。

3）参与程度的高低

关于消费者参与，我们已经在第3章进行了专门叙述。一般来说，对于消费者参与程度较低的商品或购买过程，价格对消费者的购买行为影响很小甚至没有影响。比如，对于经常使用某种品牌牙膏的消费者来说，他甚至都说不出来该牙膏的具体价格是多少。而对于那些消费者参与程度较高的商品或购买过程，商品价格对消费行为的影响就可能大些。

4）商店信誉

有时消费者会对他们经常前往购物的商场的价格信誉形成依赖，从而不会认真地比较分析价格信息。比如，经常去沃尔玛购物的人，常常只管往购物车里装东西，而不认真记住商品的价格。如果这时你问消费者购物车里的某商品是多少钱，有很多人确实答不上来。

12.2.4 定价策略

由于价格的独特作用以及影响价格因素的复杂性，企业在为产品定价的时候不能仅仅采取最原始的那种成本加利润的定价方法与策略，而是要更加注重消费者的需要，迎合消费者的心理，才能达到促进商品销售、提高市场占有率的目的。

在营销实践中，根据消费者心理和市场竞争状况采取的定价策略主要包括以下几方面：

1）定价的基本策略

常见的基本定价策略是指新产品投放市场时所采取的定价策略，包括以下四种类型：

（1）撇脂定价策略。“撇脂”一词来自短语“从顶端撇去油脂”。撇脂定价策略是企业为那些有独特优势的新产品定价时通常使用的一种高价策略，其价格一般高于竞争产品的价格。当顾客愿意以高出市场平均水平的价格购买产品的时候，撇脂定价是最合适的定价方法。

企业在向市场投放新产品时，一般先以高价来试探市场，如果销量太低的话就降价，所以撇脂定价最通常的含义是先高价后低价。比如，在一种产品经历生命周期的过程中企业可以通过降低价格来扩大市场份额，但是并不是所有的企业都能这样做，或愿意这样做。比如，面对雷克萨斯的挑战，奔驰汽车把自己定位于“富裕家庭的汽车”，甚至采取“高价限购”措施来保持自己的独特地位和优势。

（2）渗透定价策略。渗透定价是与撇脂定价相对的定价策略，即先制定相对较低的价格以便进入大众市场，然后再慢慢地提高价位。通过这种定价方法，可以迅速占领和扩大市场，适用于选择性不大、消费量多、短时间内可以打开销路的产品。

（3）满意价格策略。满意价格策略，又称平价销售策略，是介于撇脂定价和渗透定价之间的一种定价策略。撇脂定价策略定价过高，对消费者不利，既容易引起竞争，又可能遭到消费者拒绝，具有一定风险；渗透定价策略定价过低，对消费者有利，对企业最初收入不利，资金的回收期也较长，若企业实力不强，将很难承受。而满意价格策略采取适中价格，基本上能够做到使供求双方都比较满意。

（4）竞争定价策略。竞争定价策略就是随行就市定价，即在新产品刚进入市场的时候，使用与竞争者相同或相近的价格。这种方法比较简便易行，但有可能在定价时忽视消费者的需求或产品成本中的某个或全部因素。对于规模相对较小的企业来说，竞争定价策略可能是企业长期发展的最安全的策略。

2）价格调整策略

价格调整策略是指在原有商品价格的基础上提高或降低商品价格的方法。折扣、折让都可以降低基本价格，从而吸引消费者购买。这些策略有：数量折扣，当购买者购买多个产品或超过一定金额的时候，他们将获得数量折扣；现金折扣，为了鼓励购买者当场付清货款而提供的价格减让；季节折扣，是对购买过季商品提供的价格减让；促销折让，是给予促销商品的经销商的报酬，如零售商举办专门的展示活动，生产商会在零售商的下批订单中提供一定数量的免费商品。此外，还有赠送购物券、买一赠一等各种各样的策略。

【小资料12-1】

一折销售法

日本东京银座“美佳”西服店为了销售商品采用了一种折扣销售方法，颇获成功。具体方法是这样的：先发一个公告，介绍某商品品质、性能等一般情况，再宣布打折的销售天数及具体日期，最后说明打折方法：第一天打九折，第二天打八折，第三、四天打七折，第五、六天打六折，以此类推，到第十五、十六天打一折。这个销售方法的实践结果是，第一、二天顾客不多，来者多半是来探听虚实和看热闹的。第三、四天人渐渐多起来，第五、六天打六折时，顾客争相抢购。此后连日爆满，没到一折售货日期，商品早已售空。

这是一个成功的折扣定价策略，妙在准确地抓住顾客的购买心理，有效地运用折扣售货方法销售。人们当然希望买质量好又便宜的商品，最好能买到以二折、一折价格出售的商品，但是有谁能保证到你想买时还有货呢？于是出现了头几天顾客犹豫、中间几天抢购、最后几天买不着的情景。

3）心理定价策略

心理定价策略是针对消费者的不同消费心理制定相应的商品价格，以满足不同类型消费者需求的策略。心理定价策略一般包括尾数定价、整数定价、习惯定价、声望定价、招徕定价、最小单位定价和组合定价等具体形式。

（1）尾数定价策略。尾数定价又称零头定价，是指企业针对消费者的求廉心理，在给商品定价时有意定一个与整数有一定差额的价格。这是一种具有强烈刺激作用的心理定价策略。

心理学家的研究表明，价格尾数的微小差别能够明显影响消费者的购买行为。一般认为，5元以下的商品，末位数为9最受欢迎；5元以上的商品，末位数为95效果最佳；100元以上的商品，末位数为98、99最为畅销。尾数定价策略会给消费者一种经过精确计算的、最低价格的感觉，有时也可以给消费者一种商品价格打了折扣、便宜的感觉。同时，顾客在等候找零期间，也可能会发现和选购其他商品。

（2）整数定价策略。整数定价与尾数定价相反，是针对消费者的求名、求方便心理，将商品价格有意定为整数。由于同类型产品的生产者众多，花色品种各异，在许多交易中，消费者往往只能将价格作为判别产品质量、性能的“指示器”。同时，在众多尾数定价的商品中，整数能给人一种方便、简洁的印象。

（3）习惯定价策略。某些商品需要经常、重复地购买，因此这类商品的价格在消费者心里已经“定格”，成为一种习惯性的价格。

许多商品尤其是家庭生活日常用品，在市场上已经形成了一个习惯价格。消费者已经习惯于消费这种商品时只付出这么大的代价，如花2元买一块肥皂、花5元买一瓶洗涤剂等。对这些商品的定价，一般应依照习惯确定，不要随便改变价格，以免引起消费者的反感。善于遵循这一习惯确定产品价格的企业往往受益匪浅。

（4）声望定价策略。消费者一般都有求名望的心理，根据这种心理行为，企业对有声望的商品制定高于市场同类商品的价格，即为声望定价策略。它能有效地消除购买心理障碍，使顾客对商品或零售商形成信任感和安全感，并从中得到荣誉感。

微软公司的Windows 98（中文版）进入中国市场时，一开始就定价1 998元人民币，便是一种典型的声望定价策略。另外，用于正式场合的西装、礼服、领带等商品，服务对象为企业总裁、著名律师、外交官等职业的消费者，应采用声望定价策略。

（5）招徕定价策略。招徕定价策略是一种有意将商品按低于市场平均价格的价格出售来招揽、吸引消费者的定价策略。零售商利用人们在购买中的求廉心理，特意将某种或某几种商品的价格定得较低以吸引顾客。还有的商店随机推出一些降价商品，每天、每时都有一两种商品降价出售，吸引顾客经常来购买廉价商品，同时也选购其他正常价格的商品。

(6) 最小单位定价策略。最小单位定价策略是指企业把同种商品按不同的数量包装，以最小包装单位制定基数价格，销售时，参考最小包装单位的基数价格与所购数量收取款项。一般情况下，包装越小，实际的单位数量商品的价格越高；包装越大，实际的单位数量商品的价格越低。

(7) 组合定价策略。组合定价策略是指企业生产两种以上相互关联的商品时，对关联产品采取的相互补充的定价策略。具体包括两种方法：一种方法是，对于关联商品，有目的地将消费者购买次数较少或对价格较为敏感的商品定价低些，而将消费者购买次数较多或对价格不太敏感的商品定价高些，以此来取得企业的整体利益；另一种方法是，对于既可单独使用又可配套使用的商品，可实行成套购买价格优惠或赠送配套小商品的策略，以此来促进商品销售。

4）行为定价策略

行为定价来源于行为经济学。传统经济学认为消费者都是理性的，他们知道自己需要什么，但实际上消费者在消费过程中会简化消费行为，更多地利用价格参照，这其实是不理性的。把消费者不理性的现象运用到商业定价中，就是行为定价。所以，在行为定价中，不是只改变一个产品的价格，而是需要设定一个情境，例如增加一个价格选择，消费者可能就会受到商家引导，选择价格相对较高的产品。

有人为一家打印机厂商做过价格评估。他们提供三款打印机，价格分别为200美元、300美元和400美元。其中第二款的销量最大。实验者建议厂商增加一款打印机。第四款打印机并不是一款全新的产品，只是在第三款的基础上加了一两项功能，但是价格设定得更高。当增加了第四款打印机后，第三款打印机的销量大幅度上升。

可见，非理性消费者喜欢参照物或参照点。所以，在销售中，商家会用价格参照的方法引导消费者购买更高价的产品。

行为定价不只是关于产品价格的设定，还包含如何与消费者沟通价格和产品组合策略。总之，行为定价是一个复杂的体系。要根据商家面临的问题和想要达到的目标综合考虑，以确定应该采用怎样的策略，如是优化产品组合的价格，还是优化某一种产品的价格，或者其他方式，来帮助商家提升产品销量和利润。

【教学互动12-1】

行为定价与差别定价是一回事吗？为什么？

互动要求：同“教学互动1-1”。

相关链接12-1

餐饮店为什么都喜欢用“第二份半价”这招？

【立德树人小思考12-1】

结合诚信文化建设的重要性，谈谈你对行为定价策略的看法。

12.3 促销组合因素与消费者行为

企业为了取得营销活动的成功，就要采取适当的方式促进产品的销售。所谓促销，就是企业通过与消费者的信息交流来引起他们的兴趣并说服他们试用其产品的活动。这是企业销售中最显露的领域，也是试图介入消费者决策过程最积极的一个领域。所谓促销组合是指企业根据促销的需要，对广告、营业推广、公共关系等各种促销方式进行适当选择和配合运用。

12.3.1 广告

广告是一种高度大众化的信息传递方式，而且是通过媒体来进行的付费交流。在所有的促销工具中，广告大概是最显露的形式，它的渗透力比较强，也是营销人员与消费者交流产品信息的最重要的手段之一。利用广告形式传播信息，既可增加产品销量，又能树立企业形象，但广告的促销成本较高，尤其是电视广告。

1）广告的心理功能

广告的心理功能指的是广告对消费者心理和行为的作用和影响，具体表现在以下几个方面：

（1）传播功能

广告是一种十分有效的信息传播方式，无论对于已经成功的品牌（如可口可乐），还是对于刚刚面市的新产品（如一种高品质的儿童食品），通过广告宣传，对消费者都可以起到提醒、说服或通知的作用。

（2）诱导功能

随着现代传播媒介的普及和发展，人们每天都接触到各种各样的成百上千的广告。虽然广告难以改变消费者根深蒂固的价值观和态度，但是它可以将消费者对某种产品的否定态度转变为肯定态度，从而影响他们的购买决策并诱导新的消费需求。

（3）便利功能

通过各种媒体反复地传递某一商品信息，使消费者在众多的商品中可以用较少的时间搜集或选择到自己需要的产品或信息。

（4）促销功能

广告作为一种重要的促销工具，它的最基本职能就是有助于商品的销售。这也就是那么多企业不惜斥巨资做广告的原因了。

（5）教育功能

广告的教育功能包括两方面的内容：一是增加消费者的产品知识。质量上乘的广告以其科学、文明、健康、真实的内容与表现形式，可使消费者增加相关商品知识，开阔视野，掌握正确的选购和使用知识，引导消费者树立合理的消费观念。二是给消费者以美育教育。设计巧妙、制作精良的广告通过各种各样的艺术表现形式，使消费者在获得信息的同时丰富精神文化生活，得到美的享受。在现代生活中，广告已经成了人们经济文化生活的一部分，可以说是一种雅俗共赏、一举多得的美育方式。

2）广告创意决策

创意是广告的灵魂。广告创意是在了解商品、市场、竞争和受众期望的基础上，发挥创造力和想象力，激发灵感，组织加工已有知识和材料，形成一定的意念和形象，构成广告作品。

广告创意决策包括识别产品优势、开发和评估广告诉求、表述广告信息等。

（1）识别产品优势

广告的目的是推销产品的优点，即它能给消费者带来的利益，而不是产品有什么样的特性，因为特性仅仅是产品的特点，而利益才是消费者通过使用产品所得到的东西，它可以是便利、愉快、节省或安心。可见，识别产品优势，实际上就是要找到消费者对产品的期望。一般来说，广告该说什么，不该说什么，该怎样说，不该怎样说，受众心中已经有了一定的预期或期望。不要以为受众什么都不知道或什么都知道。要调查目标受众对产品的了解程度，由此进一步了解他们对产品广告的特定期望，从而确定广告诉求。

（2）开发和评估广告诉求

广告诉求反映出人们购买某产品的原因。好的广告诉求通常能激发消费者的情感或反映消费者的需求。广告宣传可侧重一个或多个广告诉求，表12-1列举了几种常见的广告诉求。

表12-1 常见的广告诉求

利益	让消费者知道产品是否能使他们省钱、赚钱或不浪费钱
健康	吸引那些注意身体或期望健康的人
爱与浪漫	通常用于化妆品的广告中
害怕	集中在社交尴尬、变老或失去健康方面，要求广告商在表述中运用关心的情感
羡慕、钦佩	这就是名人经常作为代言人被用于广告之中的原因
方便	通常用于宣传快餐店或超市
趣味与愉快	做度假、啤酒、公园、游乐场等广告的关键
虚荣与自我	常用于宣传昂贵或引人注目的商品
对环境的关注和觉悟	围绕环境保护和为社区着想

为了开发有创意的广告诉求，广告商通常需要做市场调研。评估的标准包括满意程度、独特性、可信赖程度。广告诉求首先必须使目标市场的消费者留下肯定的印象并使他们满意。其次，它还必须具有独特性，以有助于消费者从众多相互竞争的广告信息中区分出广告商的信息。最后一点也是最重要的一点，就是诉求必须可信，因为不切实际的诉求不仅浪费促销资金，也会对广告商产生不利的影响。

有效的口号或一句朗朗上口的广告词经常在消费者心目中根深蒂固，以至于他们一听到就立刻在脑海中浮现出产品的形象，比如，“钻石恒久远，一颗永留传”“今年过节不送礼，送礼只送脑白金”等。

（3）表述广告信息

广告的效果不仅取决于它所要传达的信息的内容，而且取决于广告描述其信息的方式。比如，有的广告使用理性定位，而有的广告则使用感性定位。不管使用哪种方式，广告都应该能够立即抓住读者、观众、听众的注意力。广告商必须利用广告信息使消费者对某种产品产生兴趣、唤起愿望，并最终促成购买行为。

信息的表达方式是广告中最富于创意的因素之一。常用的表达方式有生活片段、生活方式、幻想、幽默、气氛、音乐、拟人、实证、科学证据等。

3）广告媒体选择

广告在向受众传播各种信息时，必须借助一定形式的传播工具，使人们能够看到、听到或读到。比如，人们通过电视看到广告、通过广播听到广告、在报纸上看到广告，等等。电视、广播、报纸以及网络等就是广告媒体。

广告商在制作广告时选择什么样的媒体，要受到很多因素的制约，比如目标受众的媒体习惯、产品性质、信息内容以及成本因素等。常见的广告媒体的优缺点见表12-2。

表12-2 **几种主要媒体的优缺点**

媒体	优点	缺点
报纸	灵活性强，市场覆盖面广，可信度高，制作简便，成本较低	信息寿命较短，美感不足，传递率较低
杂志	可信度高，有权威性，再现质量高，精读率高，便于保存和携带，寿命长	周期较长，时效性较差，广告商责任期较长，读者增量有限
广播	传播速度快，传播空间大，对象广泛，信息传播次数多、周期短，成本较低	信息寿命较短，收听率较低，只有声音效果，很难做资料保存
电视	广告覆盖面广，收视率较高，诉求力较强，不受时空限制，传递迅速	信息寿命短，成本高，广告商责任期长，受众选择性差
户外媒体	重复展露多，成本不高，灵活性强，地理选择性强	缺乏人口选择性，高“噪声”分散注意力
网络	交互性强，个性化，受众数量可准确统计，容量无限	虚拟性强，商业信用欠缺，无法预先实际体验

4）选择广告代言人

现在的很多广告都将要说的信息由一个代表广告主的发言人来传达。这样，这个代言人也变成广告主的象征了。我们可以用消费者心目中的具有专业性、公正性的人来替广告主陈述信息以增加信服力，也可以找与消费者非常类似的或消费者非常熟悉的人来做代言人，并借助消费者对他的喜爱程度增强广告的说服力。

在采取这一策略时，经常会遇到一个困扰。消费者通常认为这些代言人是为了钱才受雇于广告主来做这些广告的，这时，如何避免消费者将代言人做广告的动机放在自利的目的上，就成为一项重要的工作。例如，雀巢咖啡为了提高商品的品位、增强广告的说服力，请著名作曲家李泰祥为其传播声誉，因为李泰祥的作品流传极为广泛，人们对他自然很熟悉，比较赞成他的推荐，所以“上等咖啡，行家品味”这一广告语为许多人所熟稔。再如，一家信用卡公司邀请几个其他跨国公司的总裁做代言人。由于一般消费者不会怀疑这些总裁做这些广告是为了钱，再加上他们的地位和威

相关链接 12-2

为什么消费者讨厌广告

望，他们就成为比较有信服力的代言人。

另外，现在也有很多的企业用专家做广告进行促销。在通常情况下，专家是某一行业的专业人士，对所属行业有较深的认识，在所从事的领域内有一定的威望和地位，言行举止有一定的权威性、科学性，而且专家有一定的知名度和可信度，用专家促销的产品要比其他产品更值得信赖。

12.3.2　营业推广

营业推广是通过提供信息引导顾客接近产品，并直接诱导其发生购买行为。营业推广通常是刺激需求迅速增长的短期工具，它能起到暂时增加产品销售量的目的。随着市场竞争的加剧，营业推广已经成为营销人员整体营销沟通方案的一个重要组成部分。而且，虽然电视广告是最有魅力的促销工具，但是越来越多的资金还是被用于营业推广。

1）消费者类型与营业推广目标

营业推广的主要目标是最终消费者、中间商和推销人员，因此要根据目标消费者的普遍行为制订营业推广计划。比如，对于忠诚的顾客和竞争者的顾客，就应该使用不同的营业推广工具，详见表 12-3。

表 12-3　**消费者类型与营业推广目标**

消费者类型	预期的结果	营业推广示例
忠诚的顾客 经常或一贯购买你的产品的顾客	强化这种行为、增加消费、改变购买的时间间隔	• 加强顾客忠诚度的营销方案，如频繁购买者俱乐部 • 激励顾客积累奖励点数或提高购买奖励
竞争者的顾客 经常或一贯购买竞争者产品的顾客	削弱对竞争者的忠诚，说服顾客开始购买你的产品	• 发送样品，说明你的产品质量比竞争者的好 • 利用抽奖、竞赛等方式使顾客对产品产生兴趣
多品牌购买者 购买产品目录中各种产品的顾客	说服顾客经常购买你的品牌	• 降低产品价格的任何促销方法，如优惠券、打折包装、奖励包装等 • 比竞争者供货更及时
价格购买者 一贯购买最便宜品牌的顾客	用低价格吸引顾客或提供附加价值来弱化价格的重要性	• 优惠券、打折包装、退货承诺、降低产品价格

2）营业推广的类型

营业推广的类型有很多，常见的方式包括优惠券、打折销售、免费试用样品、买一赠一、有奖销售、返款、现场操作演示等。

（1）优惠券

优惠券是送给消费者的一种购物券，是消费者在购买某种商品时可以获得价格减让的证明。优惠券可以直接邮寄给消费者，也可附在其他产品或广告中。优惠券是鼓励消费者试用产品和重复购买的一种比较有效的方式。

（2）发送样品

通过向消费者赠送免费试用的样品，可以使消费者了解产品效果以争取增加销售量。发送样品的主要原因是消费者通常认为试用新产品有一定的风险，很多人担心购买了他们不喜欢的东西或花了不少钱却没有得到相应的利益。这种方法可以通过向消费者直接邮寄、登门发送或在其他产品包装中附带样品的方式进行发送。一般分量不必太大，否则成本太高，比如可以使用一到两次的小包装的洗发水。

（3）奖励

奖励是对消费者购买某促销产品的额外奖赏，它能强化消费者的购买决策，增加消费，并说服不使用该产品的顾客改变品牌。比如，在消费者购买化妆品的时候，提供雨伞之类的奖励；购买银行服务的时候，提供手机或手表的奖励，等等。这种奖励也可以通过改变包装而直接让消费者受惠。如“高乐高”的“买500克送125克”，由于其加量不加价，因而受到了消费者的欢迎。

（4）频繁购买者方案

频繁购买者方案也称忠诚顾客营销方案，即对忠诚顾客的多次购买给予奖励。该方案的目的是从已经忠诚于某产品或企业的顾客身上获得更多的利益（当然，与此同时，消费者也获得利益）。一项研究表明，如果企业每年能增加5%的顾客，利润将至少增加25%，而且消费者重购率仅提高2%就可以使成本降低10%。

（5）竞赛和抽奖

竞赛和抽奖的目的就是要吸引消费者对产品或服务的兴趣，有时也鼓励消费者改变购买的品牌。消费者竞赛可以有多种形式，通常是让消费者回答有关产品的某些问题、写一篇文章或为某产品取名字等。抽奖或有奖销售的方式也有很多，这主要取决于机会和运气。比如，有的商场在搞促销活动期间，规定消费者购买满一定金额的商品就可以参加现场抽奖。有的商场更是别出心裁，打出的广告是“免费购物半小时”，即在当天的某半个小时内（这个时段是通过某种方式随机产生的），消费者凭购买商品的发票和电脑小票可以得到商场的退款。

12.3.3　公共关系

公共关系，也称公众关系，英文原词是public relations，简称PR。公共关系就是企业与公众之间的关系。与其他的促销组合要素一样，公共关系也是市场营销的重要工具。具体地说，公共关系在评估公众的态度、识别可能引发公众关注的事件、执行可赢得公众理解和认可的方案等方面起着重要的作用。

很多企业把公共关系工作人员当成可有可无的人员甚至干脆当成了“消防队员”，只有许多重要的促销计划制订以后或者出现了问题时才想到他们。其实，公共关系活动有助于企业与消费者、新闻界、政府官员、股东以及内部员工等进行沟通。通过公共关系，营销人员不但可以保持良好的企业形象，还可以让公众了解企业的近期和远期目标、介绍新产品以及对销售活动提供支持。具体地说，公共关系的基本职能应该包括以下几个方面：

1）塑造形象

企业形象是指社会公众（包括企业内部员工）对企业总的印象和评价，是企业内、外部公众长期感知和记忆而形成的对企业特色的反映。

塑造企业形象是公共关系的重要职能之一。公共关系人员要经常并且长期开展形象塑造运动。所谓形象塑造运动，是指企业为确立其在社会公众中的形象而采取的一系列有计划、有声势的行动。企业形象主要通过企业的知名度和美誉度这两个指标表现出来。知名度是指社会公众对一个企业知道和了解的程度。美誉度是社会公众对企业信任和赞许的程度。把知名度和美誉度结合起来，就可以反映出一个社会组织在社会公众心目中的大致形象。

2）信息沟通与传播

公共关系活动的一项重要内容，就是通过双向沟通有效地实现社会组织与公众的信息交流，以促进双方的了解与合作。这种信息沟通与交流的基本方式是利用各种媒介进行传播。常用的传播媒介有新闻稿、广告、板报、演讲、记者招待会、刊物、视听材料等。

3）协调关系

公共关系的一个重要功能就是它可以使组织内部和外部的各方面因素相互协调，调动各方面的积极因素。公共关系人员的协调职能主要体现在内、外两大方面。首先，要协调好内部各种关系，包括协调领导与员工之间的关系和协调各部门之间的关系。其次，要协调好组织内部与外部的各种关系，包括组织与新闻媒体的关系、与政府主管部门的关系、与所在社区的关系、与消费者的关系以及与竞争对手的关系等。

4）危机管理

俗话说：天有不测风云。在激烈的市场竞争条件下，对企业来说，突发事件和危机的发生在所难免。

所谓突发事件，是指给企业带来重大损失，给企业形象造成严重损害，影响企业公共关系的事件，比如，重大工伤事故、重大生产失误、火灾、食物中毒、由于产品质量问题使企业信誉受损、企业内部出现重大纠纷等。某些突发事件的发生会严重地影响企业生产经营活动的正常进行，甚至对企业的生存构成威胁。企业为改变危机局面所采取的公关策略与措施称为危机管理。

对于企业出现的各种各样的突发事件，公关人员应及时妥善地处理。从处理程序上来说，一般分为两大阶段：一是掌握情况。公共关系人员首先要在目击人协助下查明事故的基本情况，如事故发生、发现的时间、地点和原因；事故的后果和影响，包括伤亡人数与程度、设施损坏的程度和范围、损失造成的社会影响等；事故的现状与发展趋势，采取措施后的效果等。二是要采取对策，包括：立即设置处理事故的专门机构，制定处理事故的基本方针；与上级主管部门取得联系，以取得它们的支持和帮助；把事故及对策告知员工，以使大家同心协力、共渡难关；接触、抚慰受害者，耐心听取受害者的意见和要求；要特别处理好与新闻媒体的关系，对新闻记者既要采取主动、合作的态度，同时在事实没有完全明了之前，又要持谨慎的态度，最好事先统一认识、统一口径，并由专人负责发布消息。

【观念应用12-2】

花西子的“发疯式”公关

2023年9月，李某琦在直播间里怼怼消费者买不起79元一支的眉笔：“哪里贵了？这么多年都是这个价格，不要睁着眼睛乱说，国货品牌很难的……哪里贵了？”“有的时候找找自己的原因，这么多年了工资涨没涨，有没有认真工作？”此言论引发了消费者的强烈不满。

随后花西子公关发了一封致歉信，但是这份声明作为致歉信，确实不合格，整篇内容实际上就是一篇宣传广告，根本没有说出问题所在。在那个敏感时刻，把道歉信写成广告形式，摆明了是想蹭流量、增热度，这样的致歉信写了还不如不写。

9月26日，花西子微博官方账号在发文称想做“走向世界的高端品牌”后，又在评论区发布多条留言回应此前网友质疑，言论幼稚怪诞，似乎进入癫狂状态。不少网友评价“花西子发疯”，这个话题很快登上热搜，热度为“爆”。

无论是“一封信”还是“发疯文学”，花西子始终没有一丁点的正面错误的表现，始终在喊冤和指责大众，令人感到其态度极其傲慢和戏谑。

资料来源　陈壕．花西子为什么“发疯”？浅析其危机公关的几点错误［EB/OL］．［2023-12-13］．https://www.shichangbu.com/index.php/know_info/66710.html.

问题：你认为花西子的公关出了什么问题？

本章小结

本章主要分析了商品因素、价格因素和促销组合因素对消费者行为的影响。

商品名称就是企业为产品取的名字，是运用语言文字概括反映商品的主要特性的称号。商品命名的方法有：根据商品的效用命名、根据商品的主要成分命名、根据商品的产地命名、根据人名命名、根据外文译音命名。

商标就是商品的标记，是对一个品牌或品牌的一部分的专用权，其他人未经允许不得使用。商标的心理功能有：保护功能、识别功能、促销功能、标准统一功能。

商品包装泛指用于盛装、裹束、保护商品的容器或包扎物，以及用于装饰商品的装饰物。

商品包装的心理功能主要表现在以下几个方面：便利功能、展示功能、美化功能、刺激与促销功能。

商品价格的心理功能有：衡量商品价值的功能；自我意识比拟的功能；调节需求的功能。心理定价策略一般包括尾数定价、整数定价、习惯定价、声望定价、招徕定价、最小单位定价、组合定价等具体形式。

促销的种类主要有两类：人员促销和非人员促销。人员促销主要是指派出推销员进行推销活动。在非人员促销中，又分为广告、营业推广和公共关系等多种方式。所谓促销组合就是指这几种方式的最佳选择和运用。

商品广告就是企业以付费的方式利用各种传播媒体向目标市场的公众传递商品或劳

务信息的经济活动。商品广告的心理功能有传播功能、诱导功能、便利功能、促销功能。

营业推广是通过提供信息引导顾客接近产品，并直接诱导其发生购买行为。营业推广的类型有很多，常见的方式包括优惠券、打折销售、免费试用样品、买一赠一、有奖销售、返款、现场操作演示等。

公共关系就是企业与其公众之间的关系。公关人员的基本职能应该包括以下几个方面：塑造形象、信息传播与沟通、协调关系、危机处理。

主要概念

营销沟通　消费需求弹性　撇脂定价策略　声望定价策略　招徕定价策略　行为定价策略

基本训练

□ 知识题

12.1　阅读理解

1）商品价格的心理功能有哪些？

2）商品广告的心理功能有哪些？

3）公共关系的基本职能包括哪些方面？

4）举例说明价格对自我意识的比拟功能。

12.2　知识应用

即测即评

□ 能力题

12.1　实务题

在媒体中找出两则广告诉求不当的例子并具体分析。

12.2　综合题

运用本章所学的营销沟通与营业推广方面的知识，到你所在城市的某一商场去实习一天，描述你是怎样与顾客打交道或推荐商品的，并写出一份书面作业。

12.3　案例分析

全球最抠门的商场，一年卖了1 000亿

迪卡侬被称为体育界的"宜家"。2016年，实体零售被电商逼入萧条状态，这个品牌却在全球新增了164个门店，还首次实现营收突破100亿欧元。2020年受新冠肺炎疫情影响，多数同类品牌大受折损，迪卡侬却实现了全球零售销售额144亿欧元，净利润达5.5亿欧元。

迪卡侬一直走廉价路线。低价似乎成了迪卡侬的关键法宝。但实际上，比价格极少有品牌能拼过淘宝、拼多多，单纯的压价也无法保证连续多年实现业绩稳步增长。那么，迪卡侬是如何通过低价击穿市场的？答案是靠“抠门”。

迪卡侬广告费用只占营业额的1%，少到几乎可以忽略不计。对于消费者而言，其最直接的抠门体现在包装节省上。包装的重要性不言而喻，除传达商品文化、彰显品牌价值外，它在销售过程中可能还承担着品牌溢价的作用。为此，不乏有品牌在打造包装上花费精力，以提高商品价格。迪卡侬不仅许多商品没有外包装，就连鞋子的鞋盒都省了。他们认为，摒弃华而不实的外包装可以最大限度节约成本，让利给消费者。

迪卡侬可以低价营销的另一个原因是以自有品牌销售为主。1986年迪卡侬成立了“迪卡侬制造公司”，开始设计和生产自有品牌的产品。今天，迪卡侬的卖场里，超96%的商品属于自有品牌。这一切得益于其背后完整的全产业链。这种全产业链布局模式和宜家相似。这种完整的产业链，不仅少了中间商赚差价，有效进行成本控制，确保商品低价销售，还能保证产品研发主动权以及品质把控。

纵观国内外，凭借低价竞争成功的企业不在少数，小米、宜家、Costco、戴尔等都是典型的低价知名品牌，而低价也不乏被作为初期进军市场的一把利剑。

但低价真的是行业竞争的出路吗？全球定价行业专家赫尔曼·西蒙教授以及他的管理咨询团队经过几十年的研究发现，全球通过定位高价策略成功的企业，远远高于定位低价成功的企业。当然，这并不意味着高价定位一定比低价更具优势。

近两年，迪卡侬多次因质量问题被曝光。2021年9月，迪卡侬（上海）体育用品有限公司再被处罚。在这之前，该公司多次因生产者、销售者在产品中掺杂、掺假，以假充真，以次充好，或者以不合格产品冒充合格产品等原因被罚。2022年1月，《中国消费者报》报道，在北京市消费者协会发布的2021年运动鞋比较试验报告中，迪卡侬的运动休闲鞋不符合标准要求。

当初因低价备受青睐的迪卡侬，如今正因产品质量和品类减少被吐槽。同时，作为主打低阶入门级的运动卖场，迪卡侬可能还面临消费者流失的问题。毕竟，大众消费者从“不懂”到“懂”，从“凑合能用”到“想要更好”，这个过程快得让人猝不及防。

资料来源　九九．全球最抠门的商场，一年卖了10亿［EB/OL］．［2023-12-13］．https://www.jiemian.com/article/7299175.html.

问题：你如何看待迪卡侬的低价策略？对迪卡侬如今面临的现状，你会提出什么样的建议？

第13章

网络营销中的消费者行为

学习目标

通过本章学习，你应该达到以下目标：

知识目标：了解网络营销的含义和特点；理解我国消费者网络消费的特点；认识和了解制约消费者网上购物的心理因素；具有一定的网络营销的技巧。

能力目标：根据网上购物的优劣势分析来制定适合消费者网上购物的营销策略；根据网上购物的发展趋势制定企业在网络营销中的应对策略。

引例 从头部美容仪“翻车”看消费者的“双11”情绪

2023年10月23日，京东“双11”现货开卖当天，国产美容仪品牌AMIRO觅光被曝“阴阳售价”，旗下同款商品价格与线下相差1 600元。一时间品牌“割韭菜”等相关话题在社媒平台引发激烈讨论，“美容仪线上比线下贵1 600元”的微博话题阅读量超4 000万。

该事件缘起于某网友在小红书平台内发帖吐槽称，AMIRO觅光旗下同一款产品在线上线下的价格相差甚大。伴随事件发酵，小红书、抖音等社媒平台内，有关“觅光价格欺诈”等话题涌现。

媒体报道称，觅光官方客服于10月27日回复表示，线上线下因为平台机制不同会出现同货不同价的情况，并解释山姆超市价格是由于补贴所致。

据悉，此款产品为AMIRO觅光黄金点阵美容仪（俗称“胶原炮”）第一代。“双11”期间，在京东和天猫平台官方店铺售价分别为4 449元和4 599元，并同时在官方直播间、一些明星达人的抖音直播间售卖，预估到手价4 000元至4 599元不等。

该网友指出，在“双11”之前，该产品在线下山姆会员超市中售价为2 999元。虽然线上平台有面膜、护肤品等赠品加持，但夸张的价格反差还是令消费者自嘲：本来想薅羊毛，没想到被反薅了一把。

事实上，上述“价格差1 600元”的帖子发布于2023年8月，距离“双11”预售还有一段时间。之所以在大促节点被放大，美容仪市场生态以及主流消费群体的变迁，都是“拱火”的关键要素。

作为“消费升级”代表性品类，美容仪赛道近年来狂飙突进，迎来爆发期。欧特欧数据显示，2023年上半年全网美容仪销售榜单TOP10中，AMIRO觅光位居第一，占据15.86%的市场份额，销售额同比增长160.94%。

在零售一端，购买美容仪的消费者多为重度美肤用户，其中不仅有高净值用户，还有一波爱美的功效党。这种组合决定了价格仍然是一个颇为敏感的字眼，因为这类人群无论对于产品还是相关购买渠道等信息本就更成熟理性，“舍得花钱，但不愿当冤大头”。

从此次AMIRO觅光风波，还可注意到消费市场中的一些“惯性思维”。由于多年大促影响，结合实体零售本身的房租、柜台等硬件成本因素，消费者普遍形成的固有认知是：线上便宜、线下贵。在如今渠道细分化和多元化趋势下，这种刻板印象已被打破。

然而，在“双11”这个节点价格差被放大，觅光不仅惹来消费者反感，还被一些人解读为这是通过线下搞促销的方式在法规“大限”之前清货。

AMIRO觅光的价格风波绝非孤例，关于“最低价”的争议从未间断，在2023年疲软的市场背景下似乎在大促时达到了新高峰，背后原因首先是电商平台和主播们发起的极致价格内卷。

从2023年各大电商平台策略看，平台都在加大对“低价”标签的争夺，使尽浑身解数希望以商品“价格力”来激发消费者参与“双11”。比如，淘宝、天猫业务部门都明确“全网最低价”为核心KPI；京东2023年打出“真便宜”的“双11”口号，并联合品牌共倡“真低价”；抖音表示“将给到实实在在的价格优惠”；快手则推出了20亿元补贴红利等前所未有的扶植力度。此外，拼多多则打出“天天双十一，天天真低价”；而首次宣布全面发力“双11”的小红书，则围绕“买手”模式展开，也打出了百亿补贴的旗帜。

资料来源　林宇. 从头部美容仪“翻车”，看消费者的双十一情绪［EB/OL］.［2023-12-13］. https://www.163.com/dy/article/II8QVH310553657V.html?f=post2020_dy_recommends.

觅光事件的核心是商品定价权之争，拉扯的是对“最低价”用户心智的获取。步入全渠道运营时代，品牌的渠道平衡和价格把控力十分关键。品牌只有将定价权掌握在自己手中，才能适应当下的碎片化渠道生态，获得长期的发展。

作为本书的最后一章，本章主要介绍网络营销的含义、网络营销推广方式、网络消费者的购买行为特点及网络购物的发展趋势。

13.1 网络营销的含义与特点

自从20世纪90年代中期开始，中国互联网已经走过了20多年的发展历程。20多年来，伴随着互联网技术的发展和渗透，特别是社会化媒体的崛起，人类延续了几千年的社交及商业活动正在向网络转移，使用互联网已经成为人们日常生活的一个重要组成部分。

13.1.1　网络营销的含义

随着信息时代的到来，人类的生产方式与生活方式将以开放型和网络型为导向，这是社会发展的必然结果。在这个全新的、无接触的、网络化的市场时代，网络营销将是每一个商家的必然选择。网络营销虽然与传统市场营销一样以实现企业营销战略为目的，但它又不同于传统市场营销，有着独特的内涵与特点。“网络营销”来源于意译的英文词组“internet marketing”，基本含义是通过互联网进行市场推广活动。

网络营销目前并没有统一的定义，与许多新兴学科一样，由于研究人员对网络营销的研究角度不同，对网络营销的理解和认识也有较大差异。一般认为，网络营销是以互联网技术为基础、利用数字化的信息和网络媒体的交互性来辅助企业实现营销目标的一种新型的市场营销模式。

网络营销的实质是利用互联网对产品的售前、售中、售后各环节进行跟踪服务，它自始至终贯穿于企业经营全过程，包括寻找新客户、服务老客户，是企业以现代营销理论为基础，利用互联网技术和功能最大限度地满足客户需求，以开拓市场、增加盈利为目标的经营过程。

这里要说明的是，网络营销作为一种新型的营销模式，可以帮助企业实现产品销售、塑造品牌形象等，但它并不单纯是网上销售，而是企业现有营销体系的补充。网络营销与网上销售的区别主要表现在以下几个方面：

首先，在推广方法上，网络营销并不局限在线上推广，更会结合线下实体推广。比如，大家熟悉的美团、饿了么等平台，除了在线上实施大量的推广活动外，还结合实体店铺开展了许多线下的营销活动，从而在短期内迅速抢占了多处市场。

其次，从营销效果和目的上看，网络营销不仅仅表现在产品或服务的销售方面，还可以达到提升企业品牌价值、加强企业与顾客之间的沟通、改善客户服务等其他方面的效果。

最后，从内容上看，网络营销也不同于网上销售。根据不同的营销目的，企业在营销过程中选择的营销内容也是不同的。例如，许多传统的机械制造企业开展网络营销活动更多是为了展示企业信息和进行品牌宣传，因此其选择的内容主要与企业品牌、企业理念、企业文化等相关。

可见，网络营销是伴随着互联网进入商业应用而产生的，尤其是万维网、电子邮件、搜索引擎等得到广泛应用之后，网络营销的价值越来越明显。电子邮件诞生于1971年。1994年，基于互联网的搜索引擎出现，也是在这一年出现了网络广告。网络广告的出现使网络营销的发展进入了实质性的阶段。正是由于搜索引擎和网络广告的先后出现，1994年通常被认为是网络营销的元年。随着时代的发展，互联网技术的进步及移动互联网、智能设备的出现，网络营销的理论越来越成熟，体系越来越完善，方式越来越多样化。

13.1.2　网络营销的特点

相比于传统的营销方式，网络营销有以下几个方面的特点：

1）互动性

在网络环境下，企业可以以极低的成本通过电子公告牌系统（BBS）和电子邮件等方式，在营销全过程中即时搜集消费者的信息。消费者则有机会对产品从设计到定价和服务等一系列问题发表意见。这种双向互动的沟通方式提高了消费者的参与程度和积极性，更重要的是它能使企业的营销决策有的放矢，从根本上提高消费者的满意度。

2）整合性

企业可以借助网络对不同的营销活动进行统一设计、规划、实施，以统一的传播资讯向消费者传达信息，避免传播内容不一致产生的消极影响。

3）全球性

通过网络可以超越时间和空间限制进行信息交换，企业有更多时间和更大空间进行营销，可24小时在全球范围内搜集数据、进行市场调研，全面跟踪并及时反映消费者行为和偏好，并随时随地提供全球性营销服务。

4）隐私性

运用网络进行销售是一对一直接面对消费者的，没有推销员强势推销的干扰，企业可以通过交互式交谈与消费者建立长期良好的关系，使消费者感受到“买”是种私人行为，可以很愉快地进行。

5）高效性

互联网具有极大的信息量，其查询信息的数量及范围远超过其他媒体，并能顺应市场需求，及时更新产品或调整价格，因而能及时有效地了解并满足顾客的需求。

6）虚拟性

电子商场是“虚拟商场”，它将实际的商业购物空间转换为虚拟的信息购物空间，实现了谈判、订货、签单、支付、运送服务各环节的网上操作。消费者可以边看边逛，浏览商品，选中商品后只需点击相应按钮即可确定购买。

13.2 网络营销推广方式

随着互联网影响范围的扩大和互联网技术的发展，互联网传播方式发生了翻天覆地的变化。新的传播方式的出现和普及促使网络信息传播路径由网站向用户的单向传播发展到互动性的双向沟通。

Web1.0是互联网兴起的时代，此时各个网站有许多共同的特征，表现在以技术创新为主导模式、以点击量为盈利方式、门户合流、主营兼营的产业结构等方面。这一时期的主要推广平台有企业网站、门户网站、分类目录、网络黄页、搜索引擎、电子邮件和电子商务平台等。

Web2.0是相对于Web1.0而言的新时代，指的是一种利用Web平台由用户主导而生成内容的互联网推广模式。Web2.0更注重用户的交互作用，用户既是网站内容的浏览者，也是网站内容的制造者。相对于Web1.0而言，Web2.0最大的不同是社会化媒体的兴起。社会化媒体指互联网上基于用户关系进行的内容生产与交换平台，即人们彼此之间用来分享意见、经验和观点等的工具和平台。

网络营销推广的方式很多，这里主要介绍搜索引擎、即时通信和网络视频营销。

13.2.1　搜索引擎

搜索引擎是指根据一定的策略，运行特定的计算机程序从互联网上搜集信息，在对信息进行组织和处理后，为用户提供检索服务，将用户检索相关的信息展示给用户的系统。搜索引擎一直是网站推广的基本手段，尤其是关键词的竞价排名功能为企业的网络营销提供了更为广阔的发展空间。

中国的搜索引擎公司主要包括百度、360搜索、神马搜索、搜狗搜索等，在国内运营的国外搜索引擎公司则主要有谷歌（香港）、Bing（微软），目前行业仍是百度一家独大的局面。

近年来，随着移动互联网的快速发展，人们获取信息的需求日益增强。艾媒咨询发布的《2019—2020年中国移动搜索市场运行监测报告》显示，2019年第四季度中国移动搜索用户达7.05亿人。中国移动搜索用户市场保持稳定增长的态势，且基本覆盖整体手机网民。

搜索是网民移动端获取资讯和知识的重要渠道和流量入口，地位重要，未来面对该庞大市场的竞争将愈加激烈。庞大的市场吸引着更多互联网巨头企业布局，阿里巴巴、腾讯、百度等巨头加持的搜索引擎依靠强大的生态引流，具有良好的发展态势。数据显示，百度移动搜索用户份额占比为71.1%，其次是神马搜索、搜狗搜索和360搜索，用户份额占比分别为40.3%、32.0%、7.2%。可见，移动搜索行业头部市场主要由互联网巨头平台把持，百度依靠长久累积的用户基础占有较大优势。阿里巴巴的神马搜索、腾讯系的搜狗搜索等也各自依靠强大的生态引流，一直有着较好的成绩。

数据显示，超七成用户对商品搜索的需求度较高，在用户进行商品信息搜索的同时，搜索引擎可以提供价格比对、促销信息及购买渠道推介等服务内容，移动搜索或将成为未来商品营销的重要手段。

13.2.2　即时通信

即时通信（IM）是指能够即时发送和接收互联网信息等的业务，用户可以通过手机与其他已经安装了相应客户端软件的手机或计算机收发消息。随着即时通信的功能日益丰富，即时通信不再是一个单纯的聊天工具，而是逐渐集成了交流、资讯、娱乐、搜索、电子商务、办公协作和企业客户服务等众多功能于一体的综合化信息平台。

目前，即时通信已经取代搜索引擎成为移动互联网时代新的核心流量入口。数据显示，截至2022年12月，我国即时通信用户规模达10.38亿，较2021年12月增长3 141万，占网民整体的97.2%。其中，最受我国消费者欢迎的即时通信与社交品牌依次为微信、QQ、微博，用户份额占比分别为94.4%、71.4%和24.5%。2020年新冠肺炎疫情期间即时通信成为发展最快的应用之一。

即时通信行业在2022年依然保持了整体平稳的发展态势，主要表现为企业端即时通信市场的日渐成熟，以及个人端即时通信产品对新功能的持续探索。

在企业端，产品的日趋成熟提升了市场对企业即时通信的认可程度。在个人端，新功能的探索有望为即时通信企业带来新的增长点。一是丰富广告形式，拓宽收入来源。2022年上半年，微信在朋友圈推出“出框式广告”，让广告呈现效果不再受到朋友圈界面边框的限制，结合裸眼3D的立体效果增强视觉冲击力，进而提升广告传播效果。此外，小程序广告和2022年第三季度上线的视频号信息流广告收入也实现高速增长，成为推动即时通信广告营收增长的新助力。二是推进功能迭代，加码视频内容。QQ在2022年8月停止文字资讯类功能“看点”的运营，由短视频兴趣分享的“小世界”功能替代。这种功能的迭代体现了即时通信的信息传播由文字、图片到视频的演变趋势，在内容呈现形式、用户操作难度等方面都实现了优化。

从市场发展来看，即时通信市场的两极化差异进一步凸显：针对垂直场景或小众用户需求的即时通信应用仍将连接用户作为主要功能，以扩大用户规模、提升服务水平作为主要目标；以微信和QQ为代表的第一梯队即时通信品牌则致力于构建用户、内容和服务三者间的连接，进而完成了对即时通信平台上庞大用户流量的赋能。

1）QQ

QQ营销主要是通过QQ和QQ群与客户聊天建立信任关系，然后将企业的相关信息介绍给他们。QQ营销的好处是：有效，简便，聊天就可以，不需要什么投资（企业QQ除外）。QQ营销的弊端是：不能大范围推广，一个人不能同时和很多客户交流，即使是QQ群也是一样，QQ群里最多也只有50个活跃用户。所以，想要用QQ营销来实现大规模的推广难度比较大。

2）论坛

论坛营销就是指企业利用论坛这种网络交流的平台，通过文字、图片、视频等方式发布企业的产品和服务的信息，从而让目标客户更加深刻地了解企业的产品和服务，达到宣传企业品牌、加深市场认知度的网络营销目的。论坛营销的优势：针对性强，成功率高。论坛营销的弊端：论坛更新频率较快，信息很容易沉掉。

3）微博

微博即微型博客，是一种通过关注机制分享实时信息的广播式的社交网络平台。微博的具体内容是不被搜索引擎收录的，而且微博具有很强的实时性，一篇好的微博能通过分享被大量转载，从而增强推广效果。

最早也是最著名的微博是美国的Twitter。2006年3月，博客技术先驱Blogger创始人埃文·威廉姆斯创建的新兴公司Obvious推出了大微博服务。在最初阶段，这项服务只是用于向好友的手机发送文本信息。2009年8月新浪推出“新浪微博”内测版，成为门户网站中第一家提供微博服务的网站。2010年10月底，新浪微博注册用户数超过5 000万。2014年3月27日，新浪微博正式更名为微博。

数据显示，截至2022年四季度末，微博月活跃用户达到5.86亿，同比净增1 300万，日活跃用户达到2.52亿，同比净增300万，四季度微博的月活跃用户中来自移动端的比例达到了95%。财报显示，2022年，微博年度总营收123.7亿元，总营收下降15%。公司在第二季度开始提升运营效率，这些措施让公司2022年调整后营业利润达40.73亿元。

对于微博来说，如果要为过去几年的发展抓取几个关键词，“视频化”一定是其中之一。截至2022年第四季度，微博视频号规模突破3 900万，视频博主数量、内容占比都在不断扩大，已经与微博传统的图文形式分庭抗礼。2022年，微博10万粉丝以上的作者人数达到16.2万，他们每天发布89万条博文，其中视频占比达到40%，每天播放量达到32亿。

微博作为国内最大的公共社交平台，本就在内容垂直领域上拥有着较强的优势。坐拥5.86亿月活用户，在40个重点运营的垂直领域里，蕴藏着大量的优质内容与优质创作者。论多元赛道，微博是国内互联网平台中的佼佼者，将这些领域中优质的视频发掘出来、推动垂直领域内容的视频化，正是微博视频号努力的方向之一。

4）微信

微信是腾讯公司于2011年推出的一个为智能终端提供即时通信服务的免费应用程序。微信支持跨通信运营商、跨操作系统平台，可以通过网络快速发送免费语音短信、视频、图片和文字。

（1）微信生态的基本组成

微信生态主要由几大组成部分，分别是微信公众平台、微信商户平台、微信开放平台、微信广告等。

其中，微信公众平台是用于运营者通过公众号为微信用户提供资讯和服务的平台。

微信公众平台又分为以下四种账号类型：订阅号、服务号、小程序、企业微信。

订阅号是属于公众号最基础的一种，主要是给媒体和个人提供信息传播的方式，比如订阅号每天可以给关注用户发送一条群发信息，有基本的接收、回复信息功能，支持自定义菜单，可开发能力比较弱，所以一般适用于自媒体。

服务号是比订阅号功能更强大的一种公众号类型，适用于企业、组织，它弱化了信息传播，更注重给企业、组织提供更强大的业务服务与用户管理能力。

小程序也被微信纳入微信公众平台，作为其账号类型中的一种。它由微信提供了一种全新的开发能力、技术，使得个人以及企业可以快速开发出一种在微信内部运行的移动应用。目前，小程序已经成为中国领先的交易平台之一，2022年交易额达数万亿元人民币，并为实体经济发展作出贡献。截至2022年三季度披露的数据，小程序日活跃账户数突破6亿，同比增长超过30%，日均使用次数实现快速增长，同比增长超50%。

企业微信是一款企业辅助工具，它原属于企业号，主要用于企业内部沟通、内部办公管理。

（2）微信营销的优势

微信营销的优势主要表现在以下几个方面：

一是超级庞大的用户量。微信拥有超过10亿用户，他们存在于通讯录、微信群中，活跃在朋友圈、订阅号、服务号、小程序中。

二是完整的支付体系。微信的支付网络覆盖线上线下，线上从网络购物甚至是一些其他App购物均支持微信支付；线下从路边摊到公共交通，从一线城市到小乡镇，基本都被微信支付覆盖了。

三是超强的社交属性。微信的关系网是微信的活跃度以及留存率得以保持的根本原因。不论是亲朋好友还是同事客户，都在我们的微信好友里，这也是很多人不能舍弃微信的原因。

四是广泛的服务需求。基本上我们不离开微信，就能满足我们生活中各方面的需求。除了社交娱乐，甚至是学习（知识付费）、生活服务、投资理财等都可以从微信上找到入口。

13.2.3 网络视频营销

互联网时代，网民们越来越倾向于从视频中获取知识，短视频App琳琅满目，比如微视、抖音、快手、趣拍、微信等，市场上一片热闹，可谓正式开启了中国的小视频时代。

网络视频营销是企业将各种视频短片放到互联网上以达到一定宣传目的的营销手段。网络视频营销是“视频”与“互联网”的结合，让这种创新营销形式具备了两者的优点：它既具有电视短片的种种特征，例如感染力强、形式内容多样、肆意创意等，又具有互联网营销的优势，例如互动性、主动传播性、传播速度快、成本低廉等。可以说，网络视频营销是将电视广告与互联网营销两者的“宠爱”集于一身。从播放时间长短上看，网络视频分为长视频和短视频。长视频一般指30分钟以上的视频，短视频一般指控制在5秒～30分钟之间的视频（大多数情况下是在5分钟之内）。相较于传统视频，短视频具有生产成本低、传播和生产碎片化、传播速度快、社交属性强等特点。任何人有一台智能手机，就可以成为短视频创作者。

截至2022年12月，我国网络视频（含短视频）用户规模达10.31亿，较2021年12月增长5 586万，占网民整体的96.5%。其中短视频用户规模为10.12亿，较2021年12月增长7 770万，占网民整体的94.8%。随着移动互联网、大数据、虚拟现实等技术的不断渗透，网络视频通过用户和用户之间、用户和传播者之间的实时互动，形成一种新的网络社交形态。

最先涉足网络视频营销的是互联网企业，包括网易、腾讯等。它们或开通自己的直播平台，或开始利用微视平台进行视频直播带动消费。与此同时，很多传统企业如小米、宝马等也开始布局微视频。有的企业，如饿了么、海底捞等，开设了微视频官方账号。企业可以每天向用户提供优质的内容，以此来聚集大量粉丝，然后在此基础上对品牌、商品资源进行整合、包装，进而进行传播。

淘宝属于老牌电商的代表，抖音、快手等属于兴趣电商，兴趣电商在内容方面做得较为出色，这也导致短视频行业形成了差异化的竞争优势。抖音、快手作为短视频头部平台，用户规模远高于其他短视频应用，且随着各自集团内部短视频应用的发展，市场集中度进一步提升。截至2022年底，抖音日活跃用户数量高达6亿，快手日活跃用户数量也冲到3亿，两家在电商领域的野心被外界解读为“挟流量以令商家”，不断深入淘宝、京东、拼多多电商巨头腹地，蚕食现有电商市场规模，甚至有望颠覆现有电商格局。尽管有其他大型互联网平台不断尝试进军短视频领域，但均未能打破

“两强”的市场格局，这也无形中“劝退”着新的挑战者。同时，通过持续深耕细分垂直领域，两大平台力争形成比较竞争优势。快手先后获得北京冬奥会、2021年美洲杯、NBA等重要体育赛事的直播、视频点播及短视频版权，带动体育内容渗透和消费迅速增长，“短视频+体育”生态日趋成熟；抖音则不断加码布局音乐板块，搭建一站式音乐合作解决方案平台“炙热星河”，上线“汽水音乐”App，重点推进“2022抖音看见音乐计划”等，实现与音乐的深度绑定。

相关链接13-1

淘宝，再战短视频

总之，网络视频营销以其高体验性、互动性和直观性后来居上，成为企业扩大宣传、开展营销的一种重要方式。而且，网络视频营销操作简单，不受时间、空间的限制，因而受到越来越多企业的青睐。

【小资料13-1】

抖音：超28万中小商家在平台实现营收增长

2023年1月3日，抖音发布《2022抖音生活服务数据报告》（以下简称“报告”），这也是抖音生活服务首次发布年度数据报告。报告从整体数据、酒旅、美食、文化、公益、达人种草、用户习惯等多个角度，呈现了抖音生活服务2022年的发展情况，以及用户在平台的消费习惯。

报告显示，过去一年，抖音生活服务覆盖城市已超370个，合作门店超100万家；有16.7亿个短视频和235万个直播间，向网友提供了219万种美食选择和71万个放松休闲的好去处。值得关注的是，2022年对中小商家来说是不太容易的一年，但仍有超过28万个中小商家通过抖音生活服务实现营收增长。

近年来，随着大家消费习惯的不断改变，本地生活服务线上与线下场景的融合变得越来越紧密。抖音生活服务覆盖了餐饮、酒旅、文化消费等各类生活场景，不仅可带动商家数字化转型和销量增长，在抖音种草并体验吃喝玩乐也正逐渐成为越来越多用户的消费习惯。

资料来源 佚名. 抖音生活服务发布2022年度数据报告：超28万中小商家在平台实现营收增长［EB/OL］.［2023-12-13］. https://news.bjd.com.cn/2023/01/06/10290771.shtml.

13.3 我国网络购物市场分析

近年来，随着互联网、移动通信、物流配送体系的迅猛发展，网络消费异军突起，呈现出快速发展的态势，成为日益活跃的消费热点，在扩大消费、促进经济和社会发展中扮演着越来越重要的角色。以网络购物为典型代表的电商模式对消费者和企业都产生了巨大影响。对于消费者来说，相较于传统销售渠道，电商模式能够提供不受时间和空间限制、更加便捷的购买体验，扩大了可供消费者选择的品类范围，便于消费者挑选出更物美价廉的产品。对于企业来说，电商模式能够有效减少商品流通环节，控制中间流通成本，还可通过互联网和信息技术实现消费者行为的数据化和可视化，帮助企业更好地分析和满足消费者需求。

13.3.1 我国网络购物市场的现状和新特点

根据中国互联网络信息中心在其报告中的界定，从广义上讲，网络购物包括发生在互联网中企业之间（B2B）、企业和消费者之间（B2C）、个人之间（C2C）、政府和企业之间（G2B）通过网络通信手段缔结的商品和服务交易。从狭义上讲，网络购物仅指B2C和C2C购物。而通常我们所说的网络购物，也是针对消费者而言的，因此，这里采用中国互联网络信息中心的狭义定义：网络购物是企业和消费者之间、个人之间通过网络通信手段缔结的商品和服务交易，仅包括B2C和C2C。

1）我国网络购物市场的现状

截至2022年12月，我国网络购物用户规模达8.45亿，较2021年12月增长319万，占网民整体的79.2%。

2022年，网络零售继续保持增长，成为推动消费扩容的重要力量。全年网上零售额达13.79万亿元，同比增长4.0%。其中，实物商品网上零售额11.96万亿元，增长6.2%，占社会消费品零售总额的比重为27.2%，在消费中占比持续提升。2022年，新品消费、绿色消费、智能消费和工厂直供消费趋势相对明显，进一步推动生产制造端绿色化、数字化、智能化发展。

2）我国网络购物市场的新特点

（1）新品消费成为新亮点

2022年以来，电商平台日益重视扎根实体经济，积极帮助品牌商家挖掘新的增长点，提供营销、数据、场景支持，助力品牌推陈出新，打通新品增长路径。京东“双11”期间，共推出近2 000万款新品，成交额环比增长1.57倍，其中1 000万款新品成交额环比增长超200%。数据显示，2022年下半年在网上购买新产品或新品牌，如品牌首发商品、全新品类商品、产品升级商品、IP联名限量款等用户，占网络购物总体用户的比例达15.2%。

（2）绿色低碳消费成为新风尚

随着碳达峰、碳中和“双碳”目标的深入贯彻，消费者环保消费意识逐渐增强，绿色消费、循环消费等消费模式日益成为网购消费新潮流。数据显示，2022年下半年在网上参与过绿色消费的用户占网络购物用户总体的22.3%，其中，购买过节能家电或参与以旧换新、购买二手商品的用户比例分别达15.9%和9.6%。

（3）智能家居消费蓬勃发展

从2016年到2021年，我国智能家居市场规模由2 600亿元增长至5 800亿元，年均增长率近20%。2022年，京东“双11”期间，智能家居产品中超20个智能品类成交额同比增长超5倍。数据显示，2022年下半年在网上购买过智能家居、家电、可穿戴设备等智能产品的用户占网络购物用户总体的30.6%。其中，25～34岁、35～44岁用户2022年下半年网购过智能产品的比例最高，分别达到40.2%和34.4%。

（4）工厂直供、定制化消费异军突起

电商平台一方面通过释放消费数据生产力，引导工厂、品牌商更好地满足消费个性化和多样化需求，进一步提升数字化和柔性生产能力；另一方面通过扶持工厂直接对接消费者，持续丰富货品供给。数据显示，2022年下半年在网上购买过工厂直供、定制化产品的用户，占网络购物总体用户的比例分别达41.9%和13.4%。阿里巴巴财报数据显示，2022年第三季度电商平台M2C商品产生的支付商品交易总额同比增长超过60%。

【立德树人小思考13-1】

结合党的二十大报告关于市场经济的表述，谈谈我国目前网络购物市场存在哪些问题。

13.3.2　网络购物市场新模式

随着网络技术、流量、渠道、移动智能设备等多个层面的蓬勃发展，网络营销将进入一个新时代，伴随而来的就是网络购物市场出现了一些新的营销模式。

1）反向团购

团购就是团体购物，指的是认识的或者不认识的消费者联合起来，加大与商家的谈判能力，以求得最优价格的一种购物方式。根据薄利多销、量大价优的原理，商家可以给出低于零售价格的团购折扣和单独购买得不到的优质服务。团购作为一种新兴的电子商务模式，通过消费者自行组团、专业团购网站、商家组织团购等形式，提升用户与商家的议价能力，并极大程度地获得商品让利，引起消费者及业内厂商甚至资本市场关注。团购的商品价格更为优惠，尽管团购还不是主流消费模式，但它所具有的爆发力已逐渐显露出来。现在团购的主要方式是网络团购。

反向团购也叫逆向团购，是指由消费者针对喜欢的商品自发地发布团购信息，并通过社交网站分享链接，等参团人数达到一定数量，众多消费者聚合起来，通过第三方网站与卖家进行谈判和交易。目前影响力比较大的反向团购网站有“蘑菇自由团”、聚划算的“我想团”等。

(1) 反向团购的特征。

第一，以消费者需求为导向。反向团购与团购最大的区别在于，它是由消费者根据自己的偏好自发发起的。消费者站在自己需求的角度发起团购，只要商家提供的商品价格和质量能够达到消费者的需求，消费者就很有可能通过各种社交网站进行分享，形成口碑效应。

第二，挖掘潜在消费群体。反向团购可以帮助企业发现很多目标消费群体，并挖掘出更多潜在消费群体，据此，企业可以制定最优的营销策略，获得最大的利润。

第三，用户忠诚度高、黏性强。“小而美”社区团购网站悄然兴起，或许会成为本地化“反向团购”发展的主力军。由于它根植于本地社区，为区域居民服务，拥有高忠诚用户，这就克服了传统团购网站“消费者占了便宜就走”而无法真正赢得消费者的最大缺陷。目前，北京已经有多个这种社区型团购网站，如“回龙观团购网”“天通苑团购网”等。另外，很多企业都在进行的微博营销，从某种意义上来说，也属于反向团购的一部分架构。

(2) 反向团购的问题。

第一，成团产品种类单一，过于依赖女性市场。反向团购能成团的产品种类不是很多，并且以女性产品为主，如服装、化妆品、鞋子等。如何增加参团产品类别，并扩展男性市场，是目前这类网站需要解决的关键问题之一。

第二，成团率低，打击积极性。以蘑菇自由团为例，目前，蘑菇自由团成团与发团之比为308：25 297，约达到1：80。这对企业而言可能会显得比较被动，对企业和消费者的积极性都有一定的打击。

第三，成团周期长。从消费者发团到成团需要一个漫长的周期，很多消费者不愿意等待，或许这也是导致成团率较低的一个重要原因。来自美国科罗拉多州的So-Biz10致力于通过缩短等待时间来改善反向团购体验的经营模式也许会引发中国电商企业更多的思考。

除了上述三个最主要的问题外，如何聚集第一批种子用户，让发团、传播、成团良性循环运转起来，以及如何保障自主发起团购的用户是消费者而不是商家冒充的等，对电商而言，还需要更多的时间去探索。

2）O2O模式

O2O模式即online to offline，是指线上交易线下消费，使线上与线下有机结合的一种电子商务模式，即将线下商务机会与互联网技术结合在一起，让互联网成为线下交易的前台。该模式最大的特点就是，推广效果可查，每笔交易可跟踪。目前，O2O模式已蔓延至生活体验行业的各个角落，比如餐饮、KTV、电影、旅游、酒店等。

O2O模式的交易流程主要包括线上交易流程与线下交易流程两部分。线上交易流程又包括线上下单、线上支付、线上评价等三方面内容，线下交易主要是指线下消费。

①线上下单。商家通过O2O平台发布商品或服务消息，消费者进行对比选择，最后做出购买决策。

②线上支付。在线支付是O2O模式的核心。消费者通过第三方支付平台或网络银行等工具进行在线支付，支付成功后，O2O平台会通过短信或彩信的形式发给消费者一条包含二维码的信息。

③线下消费。消费者凭借这条包含二维码的短信或彩信到服务网点验证后，便可享受对应的服务，实施线下消费。

④线上评价。消费完成后，消费者根据实际享受到的服务，对O2O平台发布的商品或服务进行评价。

这样，从线上下单、线上支付到线下消费，再到线上评价，就形成了一个完整的O2O闭环交易流程。

3）预售模式

如今中国服装业仍普遍运用“生产开发商—各级代理商—零售商—消费者”的分销模式，也就是“以产定销”模式。这种模式最大的弊端就是，造成无法想象的高库存。据Wind数据统计，2016年9月A股有40家上市服装企业发布半年报，这些企业在报告期末的存货总量达到348.5亿元，在流动资产中占比35.08%。同时，这40家上市服装企业2016年上半年的净利润总额仅有48.53亿元，也就是说，库存总价值相当于净利润总额的7倍还多。为了排解此忧患，各商家打折促销的场面异常热闹，但这不能从根本上解决问题。

天猫原创品牌茵曼在2012年首次参加“双11”预售活动。在“双11”之前，共推出6种款式的服装，其中，有两款预售超过了2万件，效果特别惊人。这种以预售模式为代表的天猫“双11”营销创新，极大地震动了传统营销模式。

所谓预售模式，就是以消费者的需求来驱动商家生产，即利用网络平台提前一段时间发布产品信息，并在短时间内快速聚集单个分散的消费者需求订单，然后给厂商一个集采大订单，厂商可从供应链的前端、后端进行优化，从而更加精确地锁定消费者，提前备货，消除库存，进而大大降低产品成本。简单来说，预售模式就是先收集消费者需求订单，然后再进行生产、流通和销售。

这种模式不但能进一步提升用户体验和忠诚度，而且消除了库存忧患，实现了消费者和商家的双赢。但是，考虑到时间成本，预售模式需要商家具备高效的供应链管理体系，因为该模式虽有很强的精确性，但是时效性很差。消费者预期的购买时间一般不会超过3天，而服装的生产周期一般不会少于15天，这样就会损失一批潜在的消费者。这也许是该模式最大的弊端。所以，目前，预售模式只适用于具有快速响应的供应链体系的商家，比如宝缦家纺，它就拥有一条从棉纱、织布、印染、制造到销售的完整供应链，产品生产周期仅需要7天。

【观念应用13-1】

莫让“超长预售”影响网购体验

“冬天买的衣服，快到夏天了还没发货”“有的预售即便交了全款，发货也得等”“好不容易过了预售期，商家却说缺货，要取消订单”……关于网购预售的话题引发了大量讨论，不少网友称，超长的预售期正在透支自己的消费热情。

预售，指的是产品还未正式进入市场前进行的销售行为。近年来，随着互联网电商的快速发展，网购预售日益普遍。一方面，消费者可通过预售活动提前锁定爆款商品，并且还能享受“付定金立减”等优惠；另一方面，预售活动可以帮助商家开展计划性生产并及时协调仓储，降低企业成本。可眼下，这一模式却引发争议。

“3月中旬，我在网上下单了一件外套，销售界面并没有显示预售字样，但付款之后，咨询商家发货时间时才知道是预售，至少要等半个月。”在北京工作的权女士告诉本报记者，自己经历过的预售少则一两个星期，多则一个月以上。

江苏省消费者权益保护委员会的调查显示，目前，各大网络购物平台均存在预售行为，等待时间一般在8至45天不等。业内人士透露，个别“网红服装”店铺长期采用预售模式，100款新品可能只有20款是现货，有些订单硬生生地被拖成无法兑现的“空头支票”。

记者浏览多家电商平台发现，不同商家对于预售商品的标注并不统一。有些能在商品标题中清晰标注，有些只是在产品说明中附上一行小字，更有甚者，付款后才显示发货日期，具体发货日期竟还可以一改再改。此外，部分商家将预售模式作为营销宣传的手段，故意制造“奇货可居”的假象，一旦预售不及预期，就以种种理由取消订单。

资料来源　刘乐艺. 莫让“超长预售”影响网购体验［N］. 人民日报海外版，2022-04-20（8）.

问题：商家为什么青睐网上预售？

4）直播带货模式

数据显示，截至2022年12月，我国网络直播用户规模达7.51亿，较2021年12月增长4 728万，占网民整体的70.3%。其中，电商直播用户规模为5.15亿，较2021年12月增长5 105万，占网民整体的48.2%。

直播带货是指通过一些互联网平台，使用直播技术进行商品线上展示、咨询答疑、导购销售的新型网络营销方式。自2016年电商直播元年以来，直播就已经进入迅猛发展阶段。

根据中国消费者协会的划分，直播电商平台分为两种：一种是传统的电商平台开辟的直播区域，如京东直播、淘宝直播等；另一种是娱乐型社交直播平台，包括虎牙直播、斗鱼、抖音、快手等。

2020年新冠肺炎疫情暴发，很多企业遭受重创，曾经以线下销售为主的商家开始加入电商直播大军，明星、网红、素人甚至官方都涌入了直播带货市场，观看直播成为疫情笼罩下人们消遣娱乐的新方式。

直播带货可以更直观地介绍产品，顾客也愿意花时间去看去听去了解，这样更容易买到合意的商品。毕竟线下逛街时，大多数人是不愿意听导购的介绍和推荐的，而且在价格上，网上店铺和实体店之间的差距在逐渐缩小，这也使得实体店铺和线上直播相辅相成。直播带的“货”不仅仅是衣食生活中的小件商品，目前已经全方面覆盖到生活中各种需求，如家具、汽车甚至房子等。

2016年淘宝加入电商直播，开始一直不温不火，默默耕耘到了2018年才带着网红主播异军突起。到了2019年，电商直播上升为各大电商、厂商的重要战略，特别是在“双11”大战中，淘宝力推直播，超过50%的品牌商家抓住淘宝直播的新风口，全天直播带动近200亿元销售额。

电商直播发展日趋成熟，拉动企业营收。一是电商直播业务成为传统电商平台营收的重要抓手。以阿里巴巴电商直播数据为例，2022年天猫“双11”期间，62个淘宝直播间成交额过亿元，632个淘宝直播间成交额在千万元以上，新主播成交额同比增长345%。二是短视频平台对电商直播业务的探索初见成效。以2022年“双11”期间为例，抖音电商参与“双11”活动的商家数量同比增长86%，7 667个直播间销售额超过百万元；快手参与活动的买家数量同比增长超过40%。

从本质上说，“直播经济”是一种“注意力经济”或“体验经济”的延伸。主播个人的影响力、感染力，让消费者对其推荐的产品有着更高的信任度；而即时性、互动性以及社交化的消费场景，又给消费者带来了更便捷、更新鲜的购物体验，这样的特性更容易吸引用户，但也更容易藏匿问题。中国消费者协会的统计数据显示，37.3%的受访者在直播购物中遇到过消费问题，“担心商品质量没保障”和“担心售后问题”是消费者的两大主要顾虑。一些主播在“选品”时，只对产品“好不好卖”进行预判，却对产品质量疏于把关，甚至为博人眼球、提升销量，夸张表达、使用“极限广告词”等引导消费者冲动消费；一些平台支付和订单跟踪系统不完善，一旦产生消费纠纷，后期退换货就难以保障；一些商家在售卖伪劣商品后，即采取下架商品、拉黑用户等手段，导致购买者陷入维权困境……如此种种，损害的是消费者的权益，伤害的是直播经济的未来。

相关链接13-2

直播电商购物发展现状及消费者满意度调查

13.4 消费者网上购物心理分析

随着市场主导权由卖方转向买方，消费者成为市场营销活动的中心。了解消费者的网上购物心理与行为成为企业制定网络营销战略、开展网络营销活动必不可少的工作内容。

13.4.1　网络环境下消费者的购物心理特征

网络营销的最大特点在于以消费者需要为主导。消费者拥有比过去更大的选择权与自由。他们可根据自己的个性特点和需求在全球范围内找寻让他们满意的商品，不受地域限制。通过访问感兴趣的企业网站或虚拟商店，消费者可获取更多的有关商品的信息及其组合，使网上购物更有优势。

网络环境下消费者的购物心理特征主要有以下几个方面：

1）个性化消费

在网络营销环境下，消费者的消费行为从以往的盲从跟风转变成以求新动机为导向，朝着个性化方向发展。消费者可以通过网络搜索引擎更加方便、快捷、全面地了解某一商品的性价比、售后服务、顾客评价等方面的信息，并且消费者在网上购物时可以有效避免嘈杂的环境和促销人员的诱惑。

网络系统强大的信息处理能力，形成了海量的网络资源，扩大了消费者对商品选择的余地和范围，同时消除了地域、时间和其他条件的制约。网络消费者在购物时，除了关注商品的使用价值外，还重视商品的象征意义，希望通过消费来获取精神上的愉悦、舒适及优越感，以此凸显个性。因而，商家可以通过网络宣传这一途径，广泛地传播产品的市场特性，加快个性化消费品的市场传播，充分满足消费者出于求新动机的需求。

随着计算机辅助设计、人工智能、遥感和遥控技术的进步，现代企业将具备以较低成本进行多品种小批量生产的能力，这一能力的增强为个性化营销奠定了基础，但要真正实现个性化营销还必须解决庞大的促销费用问题。网络营销的出现则为这一难题提供了可行的解决途径。企业的各种销售信息在网络上将以数字化的形式存在，可以极低成本发送并能随时根据需要进行修改，庞大的促销费用因而得以节省。企业也可以根据消费者反馈的信息和要求通过自动服务系统提供特别服务。例如，可通过电子邮件向消费者传送特定的信息或致以节日的问候。

2）冲动型消费

冲动型消费是指消费者事先没有购买计划、在现场临时决定的购买。一方面，群体效应造成冲动型消费。随着社会分工的日益专业化和细致化，即便在普通日常生活用品的购买中，大部分消费者也因为缺乏相应的专业知识而难以对产品进行鉴别和评价。随着网络消费者数量的急剧上升，凭借网络了解商品信息的群体日趋增大，只要网络中发布一则新的产品信息，就有可能引发一个较大群体中的网络消费者在短期内进行冲动式购买，可见现在许多网络商品的购买行为包含了较大程度的冲动性。

另一方面，感性化引发冲动型消费。在网络平台上有着丰富的信息资源，消费者可以随时随地任意搜索自己感兴趣的资料，在判断的基础上进行更多的理性选择。但由于上网者的时间观念不断增强，消费者在过量的信息面前，缺乏充足的时间和精力进行筛选，导致消费者的购买行为在一定程度上难以完全理性，其判断商品的标准可能只停留在简单的“喜欢”或者“不喜欢”上，一旦某一购买动机得到满足，其就会马上选择购买，因此购买行为偏于感性化，促使冲动型消费增加。这一点在直播带货时表现得更为明显，这也是直播带货退货率高的原因。直播带货天然就有表演、艺术、夸张的成分，在解说中以艺术的形式夸大一些产品功能和效果，会激起消费者的感性思维，从而促进他们快速购买。此外，主播也让人产生爱屋及乌效应。在直播带货中，很多人纯粹是出于对主播的喜欢和信任而快速产生购买行为，这样的购买行为很多时候是非理性的。

3）主动型消费

在以往的传统营销模式中，消费者所选择的产品往往是企业已经设计制造出来的成品，这些产品通过各种销售渠道最终到达消费者手中。在这一模式下，消费者处于完全被动的地位。而在网络交易的过程中，消费者可以选择直接参与到企业的生产、设计以及流通环节中，可以主动向生产者提出消费需求，甚至提出设计方案，影响生产者的生产和决策。

在社会分工日益细致化和专业化的趋势下，大多数消费者对于获取与商品有关的信息和知识的心理需求并未消失，反而日益增强。这是因为消费者对购买的风险感随选择的增多而上升，而且对单向的“填鸭式”营销沟通感到厌倦和不信任。尤其在一些大件耐用消费品如电脑的购买上，消费者会主动通过各种可能的途径获取与商品有关的信息并进行分析比较。这些分析也许不够充分和准确，但消费者可从中获得心理上的平衡，降低风险感和购后感到后悔的可能性，增加对产品的信任和争取心理上的满足感。

4）求变型消费

现代社会发展和变化速度极快，新生事物不断涌现。消费者心理受这种趋势带动，稳定性降低，在心理转换速度上趋向与社会同步，在消费行为上则表现为产品生命周期不断缩短。过去一件产品流行几十年的现象已不可能再出现，消费品更新换代速度极快，品种花式层出不穷。产品生命周期缩短反过来又会促使消费者心理转换速度进一步加快。

5）便利型消费

高科技的发展意味着生活节奏的加快，消费者在购买日常用品时，不仅要求物美价廉，而且要求方便易得，以便节省时间，即求便动机。

选择网上购物可以足不出户，这对于生活忙碌的人们来说极具诱惑力。网上商店商品种类齐全，搜索简易快捷，没有时间或者空间上的限制，而且随着网上支付和货物配送手段的不断完善，消费者在极短的时间内就可得到自己想要的商品。网络营销充分满足了消费者对便利服务的需求。

13.4.2　消费者的网站依恋行为

随着网络时代迎来爆发式增长，互联网购物行业竞争形势愈发严峻。顾客在选择产品和服务时，更注重其是否与自身的个性化需求相符，因此把握顾客心理变化、提升顾客与购物网站的关系质量和提高顾客忠诚度成为购物网站形成竞争优势的重要手段之一。

1）购物网站的含义与类型

购物网站是指以互联网为主要营销传播渠道，通过向消费者直接销售商品或服务来获取利润而建立的虚拟商店。这种网站本质上是一个电子版的商店，通过精心设计的文字和图片来描述商店所提供的商品和服务，并利用网络交易系统进行市场营销活动。

购物网站一般由两部分构成：前台经营部分和后台管理部分。前台经营部分是显示在计算机屏幕上的各种描述符号，是消费者可以接触的部分。它具体包括消费者在网站中挑选商品、放入虚拟购物车、核实下单、进行结账、选择付款方式、确定配送方式及时间等一系列程序。后台管理部分一般包括网站的日常维护与更新、订单管理、配送管理、电子支付平台、库存管理和客户关系管理等。

根据交易双方性质的不同，购物网站可以分为企业对企业（B2B）、企业对顾客（B2C）、顾客对顾客（C2C）等形式。

B2B网站的交易双方都是企业，它是指供应商通过互联网为商业顾客提供成品或半成品的产业营销市场，具体包括两种基本形式：一种是企业之间直接进行的电子商务；另一种是通过第三方电子商务平台（如阿里巴巴）进行的商务活动。

B2C网站的交易双方是企业和消费者，网站的所有者和入驻企业直接面向消费者出售产品和服务，以网络零售商店为主，如天猫商城、当当网、亚马逊等。

C2C网站的交易双方都是个人，它是指个人通过电子商务平台进行的商品交易活动，淘宝网（非商城）、易趣网和拍拍网提供了这样的电子商务平台。

2）网站依恋的含义

大多数消费者都偏爱浏览固定网站并使用这些固定网站购买商品。究竟是什么原因让消费者在拥有充分选择权的情况下对特定的购物网站也就是特定的B2C企业情有独钟呢？答案就是依恋。

依恋理论最早用于描述婴儿与其照顾者之间形成的一种独特的情感纽带关系，随后被营销人员运用到消费者研究领域。人们发现依恋关系不仅存在于母婴之间，也存在于人与所有物、人与产品或品牌、人与实体商店以及人与实体空间甚至虚拟空间之间。网络环境是对现实社会的空间和人类交往方式的延伸，顾客对购物网站的依恋实质就是人与虚拟空间之间的一种依恋关系。

网站依恋是指消费者与特定购物网站之间形成的认知性和情感性心理纽带，并由此导致的对该网站的偏爱及排他性使用倾向。

近年来，中国网络购物者的增长率开始放缓，这标志着中国网络购物已经进入成熟期。新顾客增长率的递减，电商企业的数量增多，加剧了电商企业之间的竞争。此时，电商企业的“新顾客”绝大多数不是来自未使用网络购物者，而是来自其他电商的既有顾客。许多电商企业为了尽可能地吸引顾客的眼球，投入大量的营销费用与努力，希望可以锁定那些目标顾客，期望产生持续的利润，从而让企业盈利。然而，由于很多企业的产品及服务的定位缺乏竞争力，或者无法有效地平衡顾客获取成本与长期利润的关系，企业的盈利愿望往往会落空。因此，在进入成熟阶段后，电商企业针对顾客制定的成长战略也应该逐步从新顾客的获得转向对现有顾客的维系与价值提升。

3）提升消费者网站依恋度的方法

电商企业应该注重与顾客建立良好的关系，从网站特征、网站服务场景等视角研究其对顾客忠诚度的作用，从整体上提高顾客对网站的体验满意度，并加深顾客对购物网站的品牌印象。只有这样才能使顾客在与购物网站互动的过程中建立情感联系，最终使顾客对购物网站产生依恋。

具体来说，购物网站怎样才能提高消费者的网站依恋度呢？

（1）提升网站的便利性。

网站的便利性是指顾客使用网站购物可节省他们的购物时间及精力的程度。具有便利性优势的购物网站，不仅可以满足顾客的功能性购物需要，而且可以提高他们的购物效率，使顾客易于实现购物目标，并降低购物的心理成本。

一般来说，方便的购物网站应提供短暂的反馈时间，加快交易的实现速度，最小化消费者所需付出的努力，从而促使消费需要的产生。

（2）丰富网站的娱乐性。

网站的娱乐性是指顾客在使用网站购物时所感受到的快乐及有趣的程度。购物网站提供的娱乐性体验是促使顾客使用网络购物的重要因素。

与传统的实体零售方式不同，网络购物本质上是人机交互的过程。与实体商店相比，网络购物具有个体的匿名性、沟通的异步性等特征，而且由于在网络购物过程中缺少面对面的人际沟通和互动，对商品的选择和交易过程显得相对单调，因此，网络零售商和网站设计者面临的一个重要问题是如何通过在购物网站中嵌入社会和情感要素，让网络购物更富有娱乐性，从而更好地满足顾客的情感需求和社会需求。例如，增加动画界面、提供游戏下载或者为网站添加背景音乐等，都可以加强网站的娱乐效果。

（3）增加网站的社群感。

网站的社群感是指顾客与购物网站社群中的其他顾客之间形成的密切联系及由此产生的归属感。

近年来，中国电子商务界一直在探讨B2C网站需不需要建立社群及如何实现B2C企业与社交网络的融合问题。由于建设和运营社群存在高成本和高风险，许多B2C网络企业都迟疑不前。

然而，互联网的社交化、圈层化趋势让越来越多的顾客选择加入网络社群或建立圈子，这不仅能满足他们内心的关系需求，同时也可以营造属于他们自己的产品及消费体验，从而避开大量繁杂的营销信息。因此，企业必须接受这种新趋势并帮助顾客实现这种需求，更好地与顾客建立情感联系，才能获得营销上的成功。

为此，电商企业可以建立外部的社交链接，如与Facebook、人人网、新浪、腾讯等社交网站建立链接。这样不仅老客户之间、老客户与其社交圈之间、相似的消费群体之间，甚至粉丝团内部都可以相互分享、相互推荐，联合起来进行团购。他们可以在社交网络上发布和分享各自的购买体验，从而促进企业产品的销售。

(4) 构建良好的网站购物环境。

创建快速、高效、人性化的网站页面，并提供详细的商品信息和完善的售前、售中、售后服务，吸引顾客注意力，提高顾客转移成本，以达到锁定顾客和培养忠诚顾客的目的。消费者的感知收益不仅来自由于自身的资源约束而产生的对商品的感知价值或效用，还来自良好的网络购物环境，比如网站的页面设计、访问速度、人气、在线答疑服务等。电商企业应充分利用网络正反馈、网络外部性和规模效应的新经济特性，培养顾客基础，并锁定顾客。

(5) 强化顾客导向。

网站的顾客导向是指顾客感知购物网站通过个性化服务帮助自己做出购买决策，以满足自身需要的程度。

购物网站的平台价值取决于其登录特别是固定登录的客户数量，因此对于电商企业而言，做好服务的个性化和人性化非常重要。为了吸引顾客访问，电商企业应建立顾客导向的营销观，网站设计的重点应从关注工程化的设计转变为关注社会化的设计，并致力于从顾客视角设计网站以迎合他们的偏好。

【教学互动13-1】

互动问题：你有网站依恋行为吗？说说你对某一网站依恋的原因。

互动要求：同“教学互动1-1”。

13.4.3　制约消费者网上购物的心理因素

虽然网上购物具有操作方便、信息快捷、节省时间等诸多优势，但是目前一些消费者对网上消费仍有一定程度的担忧，这制约了网上购物的发展。这些心理因素主要表现在以下几个方面：

1) 传统购物习惯受到束缚

长期以来消费者形成的“眼看、手摸、耳听”的传统购物习惯在网上受到束缚；网上消费不能满足消费者的某些特定心理和个人社交动机。

2) 消费者现阶段对网络营销仍缺乏信任

所有企业在网上均表现为网址和虚拟环境。在传统的现实环境中，中小企业会受到经济规模和企业历史等条件的束缚，而在网上它们则更具自由度，可利用信息武装自己，缩小与大企业的差距。对中小企业来说，这一特点就是优点，但消费者也因此增加了鉴别、选择企业或产品的难度。一些在实体经济中可有效判别和预期产品服务质量的因素，例如对零售企业营业面积、店容店貌等的直观感受，在网上将无法体现。消费者必须重新学习或继续以现实途径进行辅助判别，这就增大了消费者判别的难度和成本。此外，网络商店较容易设立，因而也容易作假，消费者对此也会心存疑虑。因此，许多进行网络营销的企业仍会借助实体设施来提高信誉和知名度，但这反过来又会削弱网络营销的优势。

3）网络营销无法满足某些特定的心理需求

网络营销的特点决定了它不能满足某些特定的消费心理需求。由于网上购物可替代部分人际互动关系，因而也就不可能满足消费者在这方面的个人社交动机。此外，虚拟商店也无法使消费者因购物而受到注意和尊重。消费者无法以购物过程来显示自己的社会地位、成就或支付能力。而且，网络商品的价格欠缺灵活性，会令某些喜欢在现场讨价还价的消费者感到失望。

4）对网上支付机制缺乏信任感

现阶段，电子商务缺乏有效的网上支付手段和信用体系，在支付过程中消费者的个人资料和信用卡密码可能会被窃取盗用，有时还会遇到虚假订单，没有订货却被要求支付货款或返还货款，使消费者望而生畏。

5）对虚拟的购物环境缺乏安全感

互联网是一个开放和自由的系统，目前仍缺乏适当的法律和其他规范手段，如果发生纠纷，消费者的权益不能获得足够的保障。

目前网上购物的风险主要源于两个方面：一方面，消费者的私人资料如信用卡资料在传输过程中可能被截取或被盗用，而当前加密技术的发展仍不能圆满地解决这一问题；另一方面，蓄意策划的计算机病毒传播也令人望而生畏，病毒一旦在网上发作，破坏力可想而知。

【课程思政 13-1】

扫码消费岂能变成“强制关注”

“不扫码注册会员，没法点餐”“得扫码关注才可以缴停车费”“必须关注公众号才能开发票”……本应带来便利的二维码，如今却因强制关注公众号缴费、被迫授权个人信息等情况的出现，成了消费的“拦路码”。

“强制扫码”影响消费体验

“扫码点餐，必须先关注公众号，不然点不了。”家住江苏扬州的刘女士在一家餐馆扫码点餐时，却被提示要关注商家公众号并授权她的手机号码等信息。“如果不选择‘同意’就没法点餐，我只能照做。”

“但扫码关注只是一个‘开始’，之后有些商家公众号会没完没了地给我推送垃圾信息。”刘女士说，各种营销广告令她烦不胜烦，还有些商家在扫码点餐时，要求提供姓名、电话等个人信息，或者要求开通访问消费者位置信息权限，让人感到不安。

个人信息泄露带来安全隐患

商家设计“强制扫码”，背后离不开利益驱使。一名小程序开发者透露，当小程序的用户量达到1 000人以上时，店家可申请接入广告，当顾客点击或浏览广告时，店家即可分得流量费。另外，一些商家会借此进行大量引流，把公众号养“肥”后，再高价售卖变现。在此过程中，消费者的一些敏感个人信息可能被非法获取，进而增加消费者隐私泄露、被营销信息骚扰的风险。

业内人士认为，从消费者权益的角度来看，“强制扫码关注”是一种形式上的自愿、实质上的强制。

专家认为，技术进步应使百姓生活更加便捷，“强制扫码”忽视了消费者的意愿和感受。部分商家靠“霸王条款”与耍“小聪明”透支消费者信任，只能获一时之利，最终会砸了自己的生意。

资料来源　刘乐艺，何梓芸. 扫码消费岂能变成“强制关注”[N]. 人民日报海外版，2023-08-30 (8).

问题：你遭遇过“强制扫码”吗？你如何评价商家的“强制扫码”行为？

13.5 网络购物的发展趋势及应对策略

网络购物是用户通过互联网检索商品信息，并通过电子订购单发出购物请求，然后填上银行卡号码等支付信息，厂商通过邮购的方式发货，或是通过快递公司送货上门。中国的网络购物，一般的交易方式是款到发货（直接银行转账或在线汇款）、担保交易（淘宝的支付宝、百度的度小满钱包、腾讯的财付通等）和货到付款等。2014年1月26日，国家工商行政管理总局颁布《网络交易管理办法》。该办法规定网购商品7天内可无理由退货。2020年10月20日，国家市场监督管理总局发布《网络交易监督管理办法（征求意见稿）》向社会公开征求意见。该意见稿对VIP会员自动续费、平台强迫商家“二选一”、消费者差评遭删除等热点问题进行了进一步规范。此外，对业内争议较大的“零星小额”的界定问题也进行了明确。网络购物有着方便、快捷、经营成本低、库存压力小等优势，随着技术、制度等的完善，网上购物越来越普遍。

13.5.1　网络购物的发展趋势

随着网络购物平台的发展完善，越来越多的人群加入到网购行列当中。网络购物的发展趋势主要表现在以下几个方面：

1）网络购物发展的规模将逐渐扩大

电子商务的快速发展，为网络购物提供了便捷的条件。城市网络购物已不再新鲜，农村网络购物正在快速发展。随着社会消费水平的提升，消费者网络购物的热情也不断高涨。目前我国已成为世界上最大的网络零售市场。《中国互联网发展报告（2022）》显示，2021年，我国电子商务平台直播带货、内容电商和社区团购等新模式、新元素不断规范发展，全国电子商务交易额达到42.30万亿元，同比增加19.6%。

2）B2C企业呈现平台化。

网络购物的兴起冲击了实体店的发展，导致B2C企业呈现平台化，越来越多的传统企业加入其中。一方面，平台化可以降低企业的运营成本，节省大量的商铺费和人工费，企业只需支付必要的仓储费和运营费等，大大提高了营业利润；另一方面，平台化可以令企业扩展产品线，使消费者有更多的商品选择。一些B2C企业选择直接进驻天猫商城等购物平台，一方面，这些企业可以利用这些平台的庞大浏览量增加自己的客流量；另一方面，二者可以互利共赢。

3）网络购物社交化

随着互联网的发展和分享理念的广泛传播，越来越多的消费者喜欢将自己的购物体验分享到网络上，而消费者的网络购物活动也越来越多地受到其所看到的其他消费者的分享体验的影响，网络购物正在向着社交化的趋势发展。和国外的一些社交购物网站相类似，蘑菇街、美丽说等国内的社交购物网站在这一趋势下获得了迅猛发展。大型购物网站也开始建立自己的博客、社区、论坛等，以使新老顾客进行社交化购物分享体验。

4）线下线上一体化

由于受到了互联网的影响，消费者的需求发生了转变与升级——消费者习惯了网络约车的模式，习惯了免费使用互联网资源，习惯了社群分享，习惯了网购的丰富与便捷。此时的实体店对他们来说是非常传统、刻板、缺少创新与可能性的场所，但是，受限于互联网的环境，很多消费行为又不得不在线下实体店完成，这时，线上的不足与线下的不足以及消费者更高、更多的需求碰撞后出现了一个给实体店、给线上商家的市场机会——线上线下互补融合，以满足这个时代消费者的更高需求。

新零售背景下的行业场景有很多，演化而出的消费场景也是千变万化的。比如生鲜食品领域被人称道的“盒马鲜生”，就是借助大数据、城市物流等技术与支持，对线下超市完全重构的新零售业态。

5）移动端网络购物迅速发展

近几年，智能手机、平板电脑等高科技产品不断涌现并更新换代，移动支付更加便捷，客观上为消费者使用移动设备进行网络购物提供了可能。如今的生活节奏较快，在闲暇时拿出移动设备浏览自己喜欢的商品并进行购买已经成为很多消费者的习惯。伴随着5G技术的加快普及，国家逐渐完善电子商务行业相关法律法规，推动着中国电子商务的发展。近年来，我国移动网购用户不断增长。截至2023年6月，我国网络购物用户规模达8.84亿人，较2022年12月增加3 880万人，占网民整体的82.0%。移动端的便利性、碎片化、高互动等特征，让移动端成为纽带，助推网购市场向“线上+线下”“社交+消费”“PC+手机+TV”“娱乐+消费”等方向发展，实现整合营销、多屏互动等模式。

总之，从未来发展的预期看，我国互联网渗透逐步加深的势头不可逆转，网络购物供需面持续积极向好，将推动网络购物在未来较长时间内快速增长。加之我国新型城镇化正加速进行，居民消费仍有大幅上升空间。巨量人口基数奠定的庞大消费市场，无论是百货超市，还是作为新兴业态的网购，都有非常广阔的市场空间。伴随着居民收入和购买力的提升，网民的网上消费潜力还将持续释放；电商企业的发展势头旺盛，网络购物供给能力逐步增强，服务水平持续提高。这些因素的叠加效应都将有力地拓展网络购物进一步增长的空间，推动网络购物在未来较长时间内快速增长。

13.5.2　企业在实施网络营销中的应对策略

网上消费者的购买心理和行为给企业的经营理念带来了新的挑战，商家必须摆脱以往传统的经营思维局限，在营销策略、方式、手段上有所突破，建立一套适合消费者网上购物的运作机制。

1）产品定制化

其实，定制是一种古老的生产方式。在过去很长的时间里，商务意味着标准化产品的大批量生产和大批量分销，企业以其规模经济向同一化的市场传递同一价值观来创造财富。可是，消费市场经历了较长时间的供过于求的发展之后日益成熟起来，消费者对产品的鉴别和认识能力逐步提高。千篇一律的规格和样式不能满足消费者个性化的需求，产品的生命周期也变得越来越短，新产品和消费者的需求像时装流行色一样不可靠。特别是在现在的网络经济条件下，产品生产方式的针对性比较强，很多产品不仅是按照消费者的要求生产的，还打上了消费者自己的烙印。所以，各种各样的定制化产品越来越受到消费者的欢迎。例如，某运动衣零售商与耐克合作提供个性化服务：顾客挑选喜爱的耐克T恤衫，该运动衣零售商则为他们印上喜欢的字样——自己的名字、某句名言或是某个号码。这样的T恤每件30美元，是普通T恤价格的2倍。迈克尔斯公司提供的是定制相框的服务，顾客可以拿来任何希望保存的东西，比如母亲的结婚礼服、自己的出生照片、父亲当年的勋章或是有意义的家书，迈克尔斯公司会为他精心设计一个相称的相框，这当然比购买现成的相框贵得多，但它满足了消费者的特殊需要，仍然供不应求。

2）营销互动化

电子商务区别于传统营销的最显著特点就是网络的互动性，满足消费者自主、独立的购物心理。网络上的互动式营销至少要做到两点：一是对消费者信息需求的即时反馈。如果在几分钟内未给出答复，商家可能就会失去这个客户。二是在顾客阅读了在线信息后，企业必须及时提供反馈信息的方式，以便与之建立联系，还要允许顾客选择其感兴趣的信息，并且可以修改上面的内容。

3）配送社会化

对于企业来说，进行网络营销就要保证商品在最短的时间内由最近的分销网点送到消费者手中，这必须靠现代化的物流配送体系来完成。例如，海尔已建成以订单信息流为中心，以全球供应链资源网络、全球用户资源网络和计算机信息网络为支撑的现代物流体系。日日顺供应链是海尔旗下物联网时代引领的场景物流生态品牌，以诚信为核心，以社群为基本单元，做有温度的触点网络，致力成为“中国领先的供应链管理解决方案及场景物流提供商”。依托先进的管理理念和物流技术，整合全球一流网络资源，搭建起开放的科技化、数字化、场景化物联网场景物流生态平台。

4）服务人性化

网络商场经营的重点不在于吸引人潮，而是如何挖掘那些想要在网上购物的人，这就要求企业提供人性化服务。例如，热情地招呼好每一位在线顾客，适时提供良好的产品建议，创建24×7服务模式（每周7天、每天24小时为顾客服务），注重培养顾客的安全感与信任感，以含蓄的方式建立网上社团并在社团内建立情感纽带等。

5）交易安全化

对虚拟的购物环境心存戒备是网上消费者的普遍心理。他们大多数人都遭遇过诸如信息、产品质量、售后服务及厂商信用不可靠等问题。建立良好的企业形象和品牌形象，通过良好的信誉取信于顾客是满足消费者安全需要的根本措施，是网上购物成功的前提和基础。另外，建立完善的信用机制，提供公平规范的法律环境，搭建优越的技术平台，健全相应的网络配套体系，也是网上交易安全化的必要保障。特别是随着网络购物的不断发展，网络诈骗的手段也层出不穷，这就需要我国加快完善关于网络购物的法律法规。不仅要保护网络购物的过程，例如发票的开具和货物的收发，保证交易双方在诚实守信的条件下进行交易，而且要保护消费者的隐私。在网络购物交易中，对消费者的隐私保护不够完善，可能导致不法分子有机可乘，根据真实的交易信息进行欺诈，消费者难以识别以致上当受骗。

本章小结

本章首先介绍网络营销的含义及我国网络市场的现状，然后分析网络消费者的购买行为特点，最后介绍网络购物的发展趋势。

网络营销是以互联网技术为基础、利用数字化的信息和网络媒体的交互性来辅助企业实现营销目标的一种新型的市场营销模式。

相比于传统的营销方式，网络营销有以下几个方面的特点：互动性、整合性、全球性、隐私性、高效性、虚拟性。

网络营销推广的方式有：搜索引擎、即时通信（QQ、论坛、微博、微信等）、网络视频营销。

网络购物是企业和消费者之间、个人之间通过网络通信手段缔结的商品和服务交易，仅包括B2C和C2C。

我国网络购物市场新模式：反向团购、O2O模式、预售模式、直播带货模式。

反向团购也叫逆向团购，是由消费者根据喜欢的商品自发地发布团购信息，并通过社交网站分享链接，等参团人数达到一定数量，众多消费者聚合起来，通过第三方网站与卖家进行谈判和交易。

O2O模式即online to offline，是指线上交易线下消费，使线上与线下有机结合的一种电子商务模式，即将线下商务机会与互联网技术结合在一起，让互联网成为线下交易的前台。

预售模式，就是先收集消费者需求订单，然后再进行生产、流通和销售。

视频直播模式是企业将各种视频短片放到互联网上来达到一定宣传目的的营销手段。

网络环境下消费者购物心理特征主要有以下几个方面：个性化消费、冲动型消费、主动型消费、求变型消费、便利型消费。

网站依恋是指消费者与特定购物网站之间形成的认知性和情感性心理纽带，并由此导致的对该网站的偏爱及排他性使用倾向。提升消费者网站依恋度的方法：提升网站的方便性、丰富网站的娱乐性、增加网站的社群感、构建良好的网站购物环境、强化顾客导向。

制约消费者网上购物的心理因素有：传统购物习惯受到束缚、消费者现阶段对网络营销仍缺乏信任、网络营销无法满足某些特定的心理需求、对网上支付机制缺乏信任感、对虚拟的购物环境缺乏安全感。

网络购物的发展趋势：网络购物发展的规模将逐渐扩大、B2C企业呈现平台化、网络购物社交化、线上线下一体化、移动端网络购物迅速发展。

企业在实施网络营销中的应对策略：产品定制化、营销互动化、配送社会化、服务人性化、交易安全化。

主要概念

网络营销　网络购物　网络视频营销　反向团购　O2O模式　预售模式　直播带货模式　购物网站　网站依恋

基本训练

□ 知识题

13.1　阅读理解

1）我国消费者网络消费的特点是什么？

2）我国网络购物市场的新特点有哪些？

3）制约消费者网上购物的心理因素有哪些？

4）网络购物的发展趋势是什么？

5）提升消费者网站依恋度的方法有哪些？

13.2　知识应用

即测即评

□ 能力题

13.1　实务题

随机调查你身边的5名同学，询问他们最经常光顾的网站有哪些？为什么对这些网站情有独钟？如果没有的话，为什么？

13.2　案例分析

1919如何卖酒卖成食品行业销售冠军？

作为国内最大的专业酒类电商平台、全球最大的酒类连锁企业，2023年“618”

期间，壹玖壹玖酒类平台科技股份有限公司（下文简称“1919”）在天猫的商品交易总额达到2.48亿元，对比2022年同时段增长202%，包揽天猫食品行业第一、酒水类目第一，在抖音的商品交易总额为2.03亿元，在快手的商品交易总额为1.26亿元（店铺合并成交），拿下双平台行业冠军。

继2022年“双11”超越肯德基、麦当劳、星巴克等品牌在食品类目夺得天猫第一后，1919延续了这一态势，维系了自身在新零售领域的竞争力。

事实上，从2015年开始，1919就在天猫平台蝉联酒水类目各项榜单的第一。

截至2022年底，1919在全国的门店数量约3 000家，覆盖90%以上的地级市。2023年，1919提出了开5 000家门店、覆盖中国所有城市的目标——这一门店规模往往只会出现在奶茶、咖啡，或是西式快餐等行业。

1919线上活跃会员逾2 000万。更具体地说，涵盖自营电商、远场电商、近场电商、内容电商四大类型，囊括1919吃喝App、天猫旗舰店等线上门店。从订单规模来看，1919是仅次于天猫、京东的全国第三大酒饮销售平台。

线上、线下规模化门店网络的融合，为1919提供了“厂商直供+全面供应链+专业仓储物流”的模式——通过整合供应商资源、线上平台服务、线下批发零售门店服务、智能仓储物流，1919构建了国内酒类新零售综合服务和数字化垂直电商平台。

以最快19分钟送达这一服务为例，背后是线上、线下门店配合下的“分布式履约”能力。

关于分布式履约，要拆分来看。“分布”的前提是1919足具规模的线上、线下网点。线上提供规模化的订单，订单可能来自于天猫店，也可能是饿了么、美团。线下则提供终端匹配，让最接近消费者的门店，提供最具效率与服务的履约。最终，实现“最快19分钟送达”。

此外，通过对供应链的全面管理，1919实现了从厂家到消费者的全程可追溯和严密防伪。这是“快”之外，保真、全品类等服务优势的基础。

更极致的整合，是将前端营销环节中的短视频、直播，供应链的一切生产要素，乃至后端履约的客服、物流，都以1919为中心，链接成一个生态。

相关链接13-3

消费者行为学在线测试试卷（样板）

资料来源　电商在线．超越肯德基、星巴克，它如何卖酒卖成食品行业销冠？[EB/OL]．[2023-12-13]．https://www.cmovip.com/detail/32686.html.

问题：

1）分析1919的成功之道。

2）该案例对国内其他同类企业的启示是什么？

主要参考文献

[1] 费明胜，杨伊依．消费者行为学［M］．3版．北京：人民邮电出版社，2022．

[2] 孟亮．消费者行为学［M］．北京：清华大学出版社，2022．

[3] 卢泰宏，周懿瑾．消费者行为学：洞察中国消费者［M］．4版．北京：中国人民大学出版社，2021．

[4] 周欣悦．消费者行为学［M］．2版．北京：机械工业出版社，2021．

[5] 周斌．消费者行为学——理论、案例与实务［M］．北京：北京大学出版社，2021．

[6] 马瑟斯博，霍金斯．消费者行为学［M］．陈荣，许销冰，译．13版．北京：机械工业出版社，2018．

[7] 所罗门．消费者行为学［M］．杨晓燕，等译．12版．北京：中国人民大学出版社，2018．

[8] 卢泰宏，周懿瑾．消费者行为学［M］．3版．北京：中国人民大学出版社，2018．

[9] 宋晓晴，唐红梅，等．新网络营销［M］．北京：人民邮电出版社，2017．

[10] 黑马程序员．网络营销推广［M］．北京：清华大学出版社，2017．

[11] 霍金斯．消费者行为学［M］．符国群，等译．12版．北京：机械工业出版社，2017．

[12] 陈丽莎．消费者行为学［M］．北京：科学出版社，2017．

[13] 曹旭平．消费者行为学［M］．北京：清华大学出版社，2017．

[14] 费明胜．消费者行为学［M］．北京：人民邮电出版社，2017．

[15] 邵继红．消费者行为学［M］．武汉：武汉理工大学出版社，2017．

[16] 特雷维桑．非理性消费［M］．甘亚，甘兰，译．北京：人民邮电出版社，2017．

[17] 谢明慧．消费者行为学［M］．北京：经济管理出版社，2016．

[18] 姜岩．消费者与购物网站的类社会关系研究：依恋理论视角［M］．大连：大连理工大学出版社，2015．

[19] 所罗门，卢泰宏．消费者行为学［M］．杨晓燕，等译．10版．北京：中国人民大学出版社，2014．

[20] 所罗门，拉博尔特．消费心理学：无所不在的时尚［M］．王广新，译．2版．北京：中国人民大学出版社，2014．

[21] 晓玉．消费者行为学［M］．上海：上海财经大学出版社，2014．

[22] 高孟立．消费者行为学［M］．北京：北京师范大学出版社，2014．

[23] 陈祝平. 服务市场营销 [M]. 3版. 大连：东北财经大学出版社，2012.

[24] 霍金斯. 消费者行为学 [M]. 江林，等译. 10版. 北京：中国人民大学出版社，2011.

[25] 林建煌. 消费者行为 [M]. 3版. 北京：北京大学出版社，2011.

[26] 符国群. 消费者行为学 [M]. 北京：高等教育出版社，2010.

[27] 柴少宗. 消费者行为学 [M]. 北京：清华大学出版社，2010.

[28] 布莱克韦尔，等. 消费者行为学 [M]. 吴振阳，等译. 北京：机械工业出版社，2009.

[29] 姚山季. 消费者行为学 [M]. 天津：南开大学出版社，2009.

[30] 霍依尔，等. 消费者行为学 [M]. 刘伟，译. 北京：中国市场出版社，2008.

[31] 夏代尔，拉祖. 消费者行为学 [M]. 李屹松，译. 北京：中国财政经济出版社，2007.

[32] 阿诺德，普奈斯，津克汗，等. 消费者行为学 [M]. 中国版. 北京：机械工业出版社，2007.

[33] 所罗门，卢泰宏. 消费者行为学 [M]. 中国版. 北京：电子工业出版社，2006.

[34] 单凤儒. 营销心理学 [M]. 北京：高等教育出版社，2005.

[35] 匹赞姆，等. 旅游消费者行为研究 [M]. 舒伯阳，等译. 大连：东北财经大学出版社，2005.

[36] 程士安，等. 未成年消费群 [M]. 北京：中国轻工业出版社，2004.

[37] 文光，宁川. 营销的100条黄金法则 [M]. 北京：中国编译出版社，2004.

[38] 格里格，等. 心理学与生活 [M]. 王垒，等译. 北京：人民邮电出版社，2004.

[39] 海斯，等. 心理学导论 [M]. 爱丁，等译. 北京：电子工业出版社，2004.

[40] 谢斯，米托. 消费者行为学 [M]. 罗立彬，译. 北京：机械工业出版社，2004.

[41] KARDES F R. 消费者行为与管理决策 [M]. 马龙龙，译. 北京：清华大学出版社，2003.

[42] 贝克尔. 新型消费者营销 [M]. 李亚，等译. 北京：清华大学出版社，2003.

[43] 卢瑞. 消费文化 [M]. 张萍，译. 南京：南京大学出版社，2003.

[44] 龚振，等. 消费者行为学 [M]. 大连：东北财经大学出版社，2002.

[45] 希夫曼，等. 消费者行为学 [M]. 俞文钊，等译. 上海：华东师范大学出版社，2002.

[46] 陈文华. 消费心理与营销对策 [M]. 北京：中国国际广播出版社，2001.

[47] 符国群. 消费者行为学 [M]. 大连：东北财经大学出版社，2000.

[48] 李响. 服务出击 [M]. 北京：民主与建设出版社，2000.

[49] 阿塞尔. 消费者行为和营销策略 [M]. 韩德昌，等译. 北京：机械工业出版社，2000.

[50] 石文典，陆剑清，等. 市场营销心理学 [M]. 大连：东北财经大学出版社，2000.

[51] 史有春. 消费者行为 [M]. 北京：中国财政经济出版社，2000.

[52] 孙喜林. 现代心理学教程 [M]. 大连：东北财经大学出版社，2000.

[53] 彼德，等. 消费者行为与营销战略 [M]. 韩德昌，译. 大连：东北财经大学出版社，2000.